Friedrich Andrae
Auch gegen Frauen und Kinder

Friedrich Andrae

Auch gegen Frauen und Kinder

Der Krieg der deutschen Wehrmacht gegen
die Zivilbevölkerung in Italien 1943–1945

Piper
München Zürich

ISBN 3-492-03698-8
© R. Piper GmbH & Co. KG, München 1995
Gesetzt aus der Times-Antiqua
Gesamtherstellung Clausen & Bosse, Leck
Printed in Germany

Inhalt

Vorwort

Gubbio, uralte umbrische Stadt, an steiler Bergflanke hoch über dem Tal gelegen: Dem Touristen, der unten bei San Francesco sein Auto abstellt oder dem Bus entsteigt, bietet sich ein imponierender Aufblick auf das mittelalterliche Stadtbild mit der in den Himmel ragenden Fassade des Palazzo dei Consoli. Wir stehen auf der Piazza dei Quaranta Martiri. Der Platz mit dem kleinen Hain in seiner Mitte erinnert an 40 Bürger der Stadt, die am 22. Juni 1944 von deutschen Soldaten erschossen wurden. Die Namen der Opfer dieser »Sühnemaßnahme« befinden sich nur ein paar hundert Meter entfernt auf einem Denkmal am Ort des Geschehens vor fünfzig Jahren an der Via del Mausoleo.

Gedenksteine und Gedenktafeln wie in Gubbio finden sich überall in Mittelitalien, aber kein Reiseführer weist auf sie hin, kein Rundreiseprogramm fordert zum Verweilen auf. Denn nicht der Gedenktafeln wegen, sondern der schönen Landschaft, großartigen Kunst, des hervorragenden Essens und köstlichen Weines halber sind die Toskana, Umbrien, die Marken zum bevorzugten Reisegebiet der Deutschen geworden.

Die Gedenktafeln erinnern an ein damals in Deutschland kaum wahrgenommenes, seither von der deutschen Geschichtsschreibung weitestgehend vernachlässigtes, aus dem Bewußtsein der damals handelnden und miterlebenden deutschen Zeitgenossen verdrängtes und deshalb in deutscher Öffentlichkeit und bei der Mehrheit der Italienreisenden unbekanntes Geschehen im Zweiten Weltkrieg: die Tötung von Zivilpersonen durch deutsche Soldaten im Krieg der Deutschen Wehrmacht auch gegen Frauen, Kinder und alte Leute. »Uccisi per rappresaglia dai reparti tedeschi«, wie es so oder ähnlich allenthalben auf den Gedenktafeln zu lesen ist.

Die deutsche Zeitgeschichtsschreibung weist, was die Aufarbeitung der deutschen Besatzungsherrschaft und des italienischen Widerstandes betrifft, erhebliche Defizite auf. Sie hat sich über Jahrzehnte allenfalls mit den rein militärischen Kriegsereignissen in Italien seit der alliierten Landung auf Sizilien im Sommer 1943, etwa der Schlacht um Cassino, beschäftigt. Von wenigen Ausnahmen in der ehemaligen DDR abgesehen, ist hierzulande die umfangreiche italienische Literatur zur Resistenza überhaupt nicht, die anglo-amerikanische Literatur zum Thema nur zu einigen Einzelthemen wie Mussolinis Sturz, dessen neugegründete faschistische Republik oder die Befreiung Roms in Übersetzungen bekannt geworden. Der Grund dafür ist in den ambivalenten deutsch-italienischen Beziehungen der letzten 150 Jahre zu suchen, die deutscherseits vom Trauma des angeblichen zweimaligen »gemeinen Verrats der Italiener« mitbestimmt wurden. Diesem, auch in den Memoiren deutscher Beteiligter bis in die Gegenwart nachwirkenden Trauma hat lediglich Erich Kuby seine These vom »Verrat auf deutsch« entgegengesetzt. Auch Scham über die von Deutschen verübten Gewalttaten und Verbrechen gegen die Menschlichkeit mag in Deutschland die notwendige Aufklärung bisher verhindert haben. Das hat sich erst in jüngster Zeit geändert, beginnend etwa mit der Studie Gerhard Schreibers über die italienischen Militärinternierten (1990) bis hin zur Untersuchung von Lutz Klinkhammer über das Verhältnis Hitler-Deutschlands zu Mussolinis Republik von Salò »Zwischen Bündnis und Besatzung« (1993). Relevante Konferenzpapiere einer Internationalen Historiker-Konferenz in Arezzo, Juni 1994, aus Anlaß des 50. Jahrestages der im Sommer 1944 durch Deutsche verübten Massaker in der Provinz Arezzo, konnten noch nachträglich und vor Drucklegung in das Typoskript eingearbeitet werden.

Gegenstand dieses Buches ist das Verhalten der Deutschen Wehrmacht als Besatzungsmacht und kriegführende Partei gegenüber der italienischen Zivilbevölkerung im Zeitraum von Herbst 1943 bis Herbst 1944. Dargestellt werden, vor dem Hintergrund der militärischen Ereignisse und innenpolitischen Entwicklung in Italien, die Politik der »Befriedung« des besetzten Gebietes durch Repressalien, »Sühnemaßnahmen« und Vergeltung, ausgeführt auf Befehl militärischer Kommandobehörden von Einheiten der Wehrmacht. Dabei werden die sich gegenseitig bedingenden Faktoren – deutsche Besatzungswillkür und italienischer Widerstand, »Sühnemaßnahmen« gegenüber der unbeteiligten Bevölkerung im Rahmen der »Bandenbekämpfung«, Gegengewalt der Partisanen und Eskalation der Gewalt im Sommer und Frühherbst 1944 – ebenso berücksichtigt wie der mentale Hintergrund deutschen Verhaltens: Verrats-Trauma, Skru pellosigkeit der Militärs gegenüber einer kriegsmüden Zivilbevölkerung, Unverständnis gegenüber den Motiven von Freiheitsbewegung und Widerstand.

Die Darstellung strebt keine Vollständigkeit bezüglich der repressiven »Befriedungsmaßnahmen« an. Sie beschränkt sich zudem auf Handlungen und Beteiligung der Wehrmacht, einschließlich der in ihrem Verband operierenden Waffen-SS, ausschließlich denen des SD, der Gestapo und Sicherheitspolizei, sowie der faschistischen Miliz Mussolini-Italiens. Sie kehrt nur vor der eigenen Tür und verweigert sich dem Argument, die anderen seien nicht besser gewesen. Was die Alliierten taten, steht hier nicht zur Debatte: weder der Bombenkrieg gegen italienische Städte noch die Jagd alliierter Tiefflieger auf alles, was sich bewegt; auch nicht das Verhalten marokkanischer Fremdenlegionäre, von denen im persönlichen Tagebuch der Zeitzeugin Iris Origo (S. 263) zu lesen ist: Im unteren Teil des Val d'Orcia »haben die Goums das Werk vollendet, das die Deutschen begonnen hatten. Für sie gehört Plündern und Vergewaltigung als gerechte Belohnung zur Schlacht, und sie haben sich in beidem reichlich ergangen.«»Gerechte Belohnung«: General Juin, Befehlshaber des französischen Expeditionskorps, hatte sie ausdrücklich freigegeben.

Die räumlich-geographische Beschränkung auf Mittelitalien und die zeitliche auf die dreizehn Monate von September 1943 bis September 1944 findet ihre Begründung im geschichtlichen Verlauf und im Gegenstand der Darstellung: Der Zeitraum umfaßt das Kriegsgeschehen seit der italienischen Kapitulation und den Rückzug der deutschen Streitkräfte bis auf die *Goten-Linie*. In dieser Zeit war Mittelitalien Kriegsschauplatz, Frontgebiet, »Operationsgebiet«; hier wurden alle Bedürfnisse, Handlungen und Anordnungen, auch soweit sie die Zivilbevölkerung betrafen, der Kriegführung und den »militärischen Notwendigkeiten« untergeordnet. Im ebenfalls von den Deutschen besetzten Oberitalien wirkten sich Praxis und Methoden deutscher Besatzungspolitik, wirtschaftliche Ausbeutung und faktische Herrschaft von Militär und NS-Behörden in vieler Hinsicht anders aus als in Mittelitalien; auch die Partisanenbewegung, die reale Bedeutung der faschistischen Regierung und Institutionen hatten hier eine andere Qualität als im »Operationsgebiet«. Die aktive Beteiligung der Wehrmacht an Verbrechen gegen die Menschlichkeit und die rücksichtslose Durchsetzung ideologisch begründeter Vergeltungsmaßnahmen gegenüber den an eigentlichen Kriegshandlungen unbeteiligten, eher schutzbedürftigen Bevölkerungsgruppen manifestiert sich stärker und deutlicher in Mittelitalien.

Die Darstellung stützt sich auf eine Vielzahl italienischer Berichte, Untersuchungen und Einzelstudien auch zum italienischen Widerstand und Partisanenkampf. Auf direkten Rückgriff auf italienische Archive konnte verzichtet werden, weil relevantes Material entweder publiziert oder in der umfangreichen Literatur aufgearbeitet worden ist. Berichte überlebender italienischer Zeugen, die in den Nachkriegsprozessen gegen deutsche Offiziere beigezogen wurden, sind oftmals von der deutschen Verteidigung abqualifiziert worden. Deshalb, und um die Wehrmacht-Beteiligung verifizieren zu können, war eine Gegenprüfung anhand deutscher militärischer Quellen nötig. Im Deutschen Bundesarchiv, Abteilung Militärarchiv in Freiburg i. Br. fand sich dazu überraschend viel und umfangreiches Aktenmaterial. Eine erste, darauf basierende Ausarbeitung erschien unter der Überschrift: »Auch gegen Frauen und Kinder. Oktober 1943 bis Oktober 1944: Die Deutsche Wehrmacht hinterließ in Italien blutige Spuren der Vernichtung« in der Rubrik »Zeitläufte« der Wochenzeitung DIE ZEIT Nr. 41 vom 2. Oktober 1992.

Für wichtige und sachdienliche Hinweise danke ich Dr. Lutz Klinkhammer, Köln, Dr. Hartmut Köhler, Freiburg i. Br., Gräfin Elisabeth von der Schulenburg, Dr. Hans-Joachim Teichler, Bonn, und der Justizpressestelle beim Landgericht Koblenz; pars pro toto für mannigfache Hilfe bei der Beschaffung der Literatur der Staats- und Universitätsbibliothek Carl von Ossietzky, Hamburg und bei der Archivrecherche dem Deutschen Bundesarchiv/Abt. Militärarchiv in Freiburg.

Oktober 1994   *Friedrich Andrae*

Kapitel I

Achsen-Bruch

1 *Ende einer Diktatur*

Sonntag, 25. Juli 1943, Sommerabend in Rom. Die Stadt ist voller
Gerüchte, aber ruhig. Dann um 22.45 Uhr die Nachricht im italienischen Rundfunk: Mussolini ist entlassen. König Vittorio Emanuele III. hat Marschall Badoglio zum Ministerpräsidenten bestellt.
Die überraschten Römer reagieren sogleich. Das Volk strömt auf den
Straßen und Plätzen der Innenstadt zusammen, die jubelnde Menge
schwillt von Minute zu Minute an; Weinstuben, Bars, Cafés werden
wieder geöffnet, bleiben offen bis spät in die Nacht. Hochstimmung
überall.

Der deutsche Botschafter beim Heiligen Stuhl, Ernst v. Weizsäcker,
registriert nur fröhliche und vergnügte Menschen, denen offenbar der
Abgang des Duce zugleich das Kriegsende zu bedeuten scheint.[1] Ins
Café Aragno am Corso Umberto, Treffpunkt von Journalisten und
Schriftstellern, stürzt gegen zwei Uhr ein sizilianischer Journalist mit
dem Ruf:»Sie haben Mussolini verhaftet, sie haben Mussolini verhaftet!« Die Begeisterung bricht alle Dämme. »Nieder mit Mussolini!
Nieder mit dem Faschismus!« Gegenüber in der Via del Tritone bemächtigen sich einige Journalisten der Redaktionsräume der Zeitung
Il Messagero, produzieren in aller Eile ein Extrablatt, ein allzu kühn
und leidenschaftlich geratenes Flugblatt, das deshalb alsbald kassiert,
eingestampft und durch ein neues mit milderen Akzenten ersetzt
wird.[2] Die Menge intoniert die »Inno di Garibaldi« und die Freiheits-
hymnen von Mameli und Piave, auf der Piazza del Quirinale wird dem
König applaudiert, vor der Villa Badoglios in der Via Bruxelles eine
Kundgebung improvisiert und im alten antifaschistischen Quartier bei
San Lorenzo ein Volksfest inszeniert.[3] Schon mischt sich in die über-
schäumende Begeisterung auch der Ruf »*Vogliamo la pace! Via i tedeschi dall'Italia!*«

Der Staatsstreich von oben, und das ist die Entmachtung Mussolinis, kommt zwar zu diesem Zeitpunkt für die breite italienische Öffentlichkeit überraschend, war aber längst abzusehen und wurde von vielen ersehnt, erhofft oder befürchtet. Auf ihrem toskanischen Landgut La Foce im Val d'Orcia führt die aus Amerika stammende Marchesa Iris Origo ein Tagebuch in englischer Sprache, das zu den eindrucksvollsten persönlichen Zeugnissen dieser letzten Kriegsjahre zählt. Sie notiert am 26. Juli: »Wir alle haben einen Kloß im Hals. Hoffnung – Verwirrung – Angst – Zweifel – dann wieder Hoffnung – unendliche Erleichterung, ein Stein fällt uns vom Herzen, eine Tür ist aufgesprungen; wo aber führt sie hin?«[4] Früher schon, am 1. April vermerkt sie die in der Hauptstadt umlaufenden Vermutungen. Jeden Tag tauche ein neues Gerücht auf, ein neuer vager Plan, ohne jemals konkrete Formen anzunehmen. Der Name des früheren Außenministers Conte Dino Grandi, derzeit Präsident der ihrer Funktion längst entkleideten Kammer der Fasci und Korporationen, Mitglied des Faschistischen Großrates, der auch nicht mehr viel zu sagen hat, wird in Verbindung mit Umsturzplänen genannt, auch der des Generals Ambrosio, Chef des Comando Supremo.[5] Am 12. April hält Iris Origo die Möglichkeit eines Separatfriedens fest,[6] zehn Tage später wird von diesen Möglichkeiten offenbar so gut wie nicht mehr gesprochen, doch nun ist von der möglichen Einsetzung einer Militärregierung durch den König die Rede.[7] Am 26. Mai: »Derselben Gerüchteküche zufolge soll der Staatsstreich zwischen dem 20. und 30. Juni stattfinden«[8]; am 4. Juni: »(...) heißt es, der König sei endlich bereit, etwas zu unternehmen: Der Staatsstreich wird stattfinden, und danach werden Verhandlungen über einen Separatfrieden eröffnet.«[9] Die Stimmung schwankt zwischen Hoffnung und Zweifeln: Am 8. Juli notiert die Marchesa, der Staatsstreich sei noch vor Ende des Monats zu erwarten, aber, »ich glaube nicht mehr daran. Schon zu lange sind darüber nur leere Worte gemacht worden.«[10]

Auch die Deutschen sind sich ihres Verbündeten nicht mehr sicher, Zweifel an dessen Bündnistreue hat es längst gegeben; doch man will die Zeichen nicht wahrhaben, man gibt sich dem Glauben hin, die andere Seite soweit in der Hand zu haben, daß sie den Absprung nicht wagen würde. Dabei ist die militärische Niederlage der Achsenmächte im Sommer 1943 bereits besiegelt, der Ausgang des

12

von Hitler angezettelten Krieges, in den Italien hineingezwungen worden war, absehbar:

Am 23. Oktober 1942 beginnt in Nordafrika der britische Angriff unter General Montgomery auf die deutschen und italienischen Stellungen bei El Alamein, am 2. November gelingt der Durchbruch, fünf Tage später landen englische und amerikanische Streitkräfte unter dem Oberbefehl des US-Generals Eisenhower in Französisch Nordafrika; nach anfänglichem Widerstand seitens französischer Truppen der Vichy-Regierung haben sie Marokko und Algerien Ende Januar 1943 in ihrer Hand. Am 13. Mai ist der letzte Widerstand der Achsenmächte in Nordafrika gebrochen, General v. Arnim kapituliert bei Tunis, 250 000 Deutsche und Italiener gehen in Gefangenschaft.

An der deutschen Ostfront in Rußland beginnt am 19. November 1942 nordwestlich und südlich von Stalingrad die Rote Armee ihre Gegenoffensive, nach drei Tagen ist die 6. Armee eingekesselt, am 2. Februar 1943 kapituliert Feldmarschall Paulus mit dem Rest seiner Armee in den Trümmern der zerstörten Stadt.

Im Sommer dieses Jahres 1943 versucht Hitler an der Ostfront im Kursker Bogen noch einmal das Heft in die Hand zu bekommen; aber das am 5. Juli gestartete Unternehmen *Zitadelle* muß bereits am 13. Juli nach schweren Verlusten beider Seiten abgebrochen werden: nach Stalingrad die endgültige Wende des Krieges im Osten.

Drei Tage vorher setzen Briten und Amerikaner von Nordafrika aus zum Sturm auf die Festung Europa an. Der deutsche Wehrmachtbericht meldet: »In der Nacht zum 10. Juli hat der Feind mit Unterstützung starker See- und Luftstreitkräfte den Angriff auf Sizilien begonnen.«[11] Die Briten unter Montgomery landen an der Südostecke Siziliens, Amerikaner unter General Patton westlich davon im Golf von Gela. Für die Deutschen völlig unerwartet, weil sie, einem alliierten Täuschungsmanöver aufsitzend, vermuten, die Landung werde auf Sardinien oder dem griechischen Peloponnes erfolgen.[12] Mussolini inspiziert gerade eine seiner Divisionen am Lago Bracciano nördlich von Rom, der König befindet sich auf seinem Landsitz bei Pisa. Beide eilen sofort in die Hauptstadt; der Duce, um zu retten, was noch zu retten ist; der König, um die Krise auf seine Weise zu meistern: Am 15. Juli empfängt er Marschall Badoglio, der knapp zehn Jahre zuvor die italienische Invasionsarmee in Abessinien kommandiert hat, um zu hören, wie er die Lage einschätzt. Ob der König schon bei dieser Gelegenheit eine eventuelle Übernahme der Regierungsgeschäfte durch Badoglio zur Sprache bringt, wie die deutsche Abwehr erfahren haben will, oder dies noch strikt ablehnt, wie Badoglio gegenüber dem früheren Ministerpräsidenten Ivanoe Bonomi, der vor Mussolinis Coup 1922 amtiert hatte, äußert,[13] ist nicht ganz geklärt. Inzwischen nehmen auch innerhalb der Faschistischen Partei die Überlegungen für den Fall X, die Entmachtung Mussolinis, konkretere Formen an.[14]

Unberührt davon sind die alliierten Operationen auf Sizilien bei geringem Widerstand der italienischen Streitkräfte und heftiger Gegenwehr der eilends verstärkten deutschen Truppen zügig vorangekommen. Bei Beginn der alliierten Operation *Husky* standen nur zwei deutsche Divisionen aus dem Rückstau von Tunesien auf Sizilien. Hitler wird durch Berichte über die bedrohliche Lage für die deutschen Einheiten und Gerüchte über die innenpolitischen Vorgänge in Italien alarmiert. Die »zweite Front« in Europa durchkreuzt seine Absichten und das Programm der militärischen Führung, dem Gegner den Weg ins Reich möglichst fernab von seinen Grenzen zu versperren. Mussolini schlägt ein Gipfeltreffen vor, Hitler reagiert prompt, läßt dem Duce am 18. Juli eine Einladung überbringen und erklärt sich bereit, selbst nach Italien zu kommen.

Hitler und Mussolini sind zuletzt im April in Schloß Kleßheim bei Salzburg zusammengetroffen, als wegen der schweren italienischen Verluste in Afrika und Rußland und wegen einer deutlich zugespitzten innenpolitischen Krise sich ein Absprung Italiens abzeichnet. Der Duce, ein müder und kranker Mann, ein Schatten früherer und besserer Tage, kommt nach Kleßheim, um dem Partner endlich reinen Wein über die miserable Lage seines Landes einzuschenken und die Bedingungen zu nennen, unter denen Italien zur Fortführung des Krieges in der Lage und bereit ist. Aber wiederum, wie ein Jahr zuvor, ist er den suggestiven Monologen Hitlers nicht gewachsen. Der Duce habe bei der Ankunft in Kleßheim wie ein gebrochener Greis gewirkt, resümiert später Hitler gegenüber Goebbels; bei Antritt der Rückreise hingegen habe er den Eindruck eines gehobenen, tatenfreudigen Menschen gemacht.[15]

Jetzt, ein Vierteljahr später, ist in der alten Villa bei Feltre im Veneto nichts mehr davon zu merken. Der Gipfel beschränkt sich diesmal auf eine einzige Sitzung am 19. Juli, in der Hitler drei Stunden lang monologisiert, und auf einen Imbiß unter vier Augen, über den es nur das später niedergeschriebene Zeugnis Mussolinis gibt. Hitler verbreitet sich, in deutscher Sprache und ohne den Übersetzer zu Worte kommen zu lassen, über das gesamte Kriegsgeschehen, die Rohstoffversorgung, die Ernährungslage; er kündigt eine baldige Wende im U-Boot-Krieg an, verwahrt sich gegen italienische Klagen, daß Italien nur ungenügende Luftwaffenunterstützung von den Deutschen erhalte. Zur Frage Sizilien übergehend erklärt er, einerseits müsse die Insel verteidigt werden, was gesicherten Nachschub voraussetze, andererseits müsse man auch einen Rückzug ins Auge fassen, und so weiter. Die langatmigen Ausführungen laufen wie stets auf die einzige Perspektive hinaus, die Hitler immer wieder verkündet: Es gäbe nur die Möglichkeit zu kämpfen und zu siegen oder unterzugehen.[16] Erst auf der gemeinsamen Rückfahrt mit der Bahn nach Treviso rückt Mussolini mit der Forderung nach verstärkter militärischer Hilfe heraus. Die Lage sei ernst, ohne Hilfe könne Italien dem alliierten Angriff nicht mehr lange widerstehen. Hitler sagt Unterstützung zu.

In einem anderen Abteil des Zuges sitzen Feldmarschall Keitel, Chef des Oberkommandos der Wehrmacht, und der Chef des Comando Supremo, General Ambrosio, in weniger freundlichem Gespräch zusammen. Keitel präzisiert die deutschen Forderungen, die auf eine starke Verteidigungslinie in Kalabrien und Apulien, auf Sicherung des Nachschubs und Übernahme der Kontrolle Süditaliens durch die Streitkräfte hinauslaufen, alles müsse dem Krieg und der Verteidigung untergeordnet werden, auch Italien müsse einen totalen Krieg führen. Ambrosio weicht aus: Das sei eine Entscheidung, die einzig und allein der Duce treffen könne.[17]

Am selben 19. Juli fliegt die US-Air Force mit mehr als 500 Bombern einen schweren Luftangriff auf Rom. Es ist nicht der erste auf italienische Städte, bereits im November des Vorjahres waren Genua und Turin Ziele solcher Angriffe gewesen, und nach der Landung auf Sizilien hatten die Alliierten die Bombardierung italienischer Städte verstärkt. Aber es ist der erste Präzisionsangriff auf die Ewige Stadt.[18] Die Nachricht wird Mussolini in die Konferenz mit Hitler hineingereicht. »Ich teilte die Nachricht dem Führer und den Anwesenden mit. Sie schuf eine drückende, tragische Atmosphäre.«[19]

Italien ist kriegsmüde, daran gibt es nun keinen Zweifel mehr. In Feltre drängt Ambrosio Mussolini, nicht zum erstenmal, die deutschen Bedingungen abzulehnen und den Krieg binnen zwei Wochen zu beenden. Am Tag darauf ist Ambrosio erneut beim Duce zum Rapport. Beide stimmen überein, eine Ablehnung der ultimativen deutschen Forderungen werde zum Zusammenbruch der italienischen Front und damit des Regimes führen; eine Annahme bedeute aber die faktische Übernahme der militärischen Gewalt und eine Besetzung des Landes durch die Deutschen. Mussolini zeigt sich bereit, Hitler brieflich um die Entlassung Italiens aus dem Bündnis zu bitten. Ambrosio antwortet, das hätte bereits am Tag zuvor in Feltre und mündlich von Angesicht zu Angesicht geschehen müssen, jetzt sei es zu spät. Er bietet seinen Rücktritt an, Mussolini lehnt ab.

Das italienische Drama gewinnt an Tempo. Am Nachmittag erscheint General Enno v. Rintelen, Verbindungsoffizier des OKW zum Comando Supremo, im Palazzo Venezia, um die Antwort auf Keitels Ultimatum entgegenzunehmen. Mussolini stimmt den Bedingungen zu, wogegen die Deutschen vorerst darauf verzichten, die vorsorglich vorbereiteten Operationen *Alarich* und *Konstantin* anlaufen zu lassen, sich dabei allerdings in illusionärer Sicherheit wiegen.

Die innenpolitische Krise steuert derweilen auf einen Höhepunkt zu. Innerhalb der faschistischen Partei aktivieren die Verschwörer ihre Vorbereitungen für ein Komplott; der König und die bürgerlich-militärischen Gruppierungen ebenso, nur unter anderen Vorzeichen und mit je anderen Zielen. Dino Grandi wirbt unter maßgeblichen Männern der Partei und des Großrates für einen Resolutionsentwurf, den er am 24. Juli in die Sitzung des Großrates einbringen will. Carlo Scorza, Sekretär der Faschistischen Partei, erhält das Dokument am 21. Juli und legt es Mussolini vor, der es als unannehmbares, albernes Geschreibsel abtut. Am folgenden Tag gibt der König, der nur am Machterhalt des Hauses Savoyen interessiert ist, dem Duce unter vier Augen zu verstehen, daß er seinen Rücktritt wünsche: Der Krieg könne nicht mehr lange fortgesetzt werden, Moral und Disziplin der Truppe seien zusammengebrochen, von den Deutschen müsse man sich distanzieren, je eher, desto besser, und ehe es zu spät sei. Mussolini begreift nicht. Er habe wie gegen eine Mauer geredet, wird der König später berichten.[20] Während Grandi auf den Rücktritt Mussolinis und eine faschistische Lösung des Verfassungsproblems und der gegenwärtigen Krise setzt, denken Generäle, Hofbeamte und andere bereits an eine Absetzung und Verhaftung des Duce. Deutscherseits befürchtet man eher eine dritte, vom deutschen Standpunkt aus ebenso gefährliche Lösung: Die von Mussolini angestrebte Wachablösung per Revirement im Kabinett und eine neugebildete Regierung unter Führung des Duce, die auf eine politische Beendigung des Krieges hinarbeiten würde.[21]

Am 22. Juli gehen die Einladungen zur Sitzung des Großrates für den 24. Juli hinaus. Er habe eine vertrauliche Sitzung im Sinn gehabt, resümiert Mussolini später, in der jeder Erklärungen zu verlangen und zu erhalten Gelegenheit haben sollte, eine Art geheimes Komitee. In Erwartung einer langen Diskussion wird der Sitzungsbeginn auf fünf Uhr nachmittags festgesetzt, statt wie sonst üblich für zehn Uhr abends, und ohne das übliche Zeremoniell.[22] Die durchgesickerte Nachricht elektrisiert das politische Rom. Auch die deutsche Botschaft erfährt davon; Botschafter v. Mackensen setzt umgehend Berlin in Kenntnis und General v. Rintelen telegrafiert die Neuigkeit dem OKW: Der Sitzung sei unter Umständen große Bedeutung beizumessen, denn es verlaute, eine Gruppe innerhalb des Faschistischen Großrates wolle eine stärkere und energischere Staatsführung fordern. Unmittelbar vor der Sitzung appelliert Grandi – nicht als Präsident der Legislative, sondern als Soldat – in einem Handschreiben an den König, nur er allein könne jetzt noch das Vaterland retten.[23]

Die Sitzung wird zum Tribunal. Mussolini spricht als erster, droht, greift an, weicht aus; hört dann schweigend, auch erstaunt zu, wie von den ehemals Getreuen leidenschaftlich Gericht über ihn und seine Politik gehalten wird. In einer Sitzungspause rät Buffarini Guidi, ehemaliger Innenminister, dem Duce, er solle alle verhaften lassen, es handle sich um ein Komplott.[24] Mussolini winkt ab, bedeutet ihm zu schweigen, läßt das Scherbengericht weitergehen. Frühmorgens um 2.40 Uhr ruft Scorza zur namentlichen Abstimmung über die von Grandi eingebrachte Entschließung auf. In dieser wird aufgrund der gegebenen politischen und militärischen Lage des Landes die Pflicht aller Italiener verkündet, die Freiheit des Vaterlandes, Leben und Zukunft des italienischen Volkes um jeden Preis zu verteidigen. Es wird die Notwendigkeit moralischer und materieller Einigkeit beschworen und die unverzügliche Wiederherstellung der verfassungsmäßigen Ordnung und die Wiedereinsetzung der Krone, des Großrates, der Regierung, des Parlaments und der Korporationen in ihre konstitutionellen Rechte gefordert; dies zu gewährleisten wird vom Duce verlangt, er solle den König bitten, zur Ehre und Rettung des Vaterlandes wieder den tatsächlichen Oberbefehl über die Streitkräfte zu übernehmen, wie es Verfassung und Tradition des Hauses Savoyen gebieten.[25] Mit neunzehn gegen sieben Stimmen, bei drei Enthaltungen einschließlich der des Duce, wird Grandis Resolution angenommen. Mussolini packt seine Papiere zusammen, steht auf und schließt die Sitzung nach fast zehnstündiger Dauer.[26] Offenbar unbeeindruckt vom Geschehen in den Stunden vorher kehrt er mit einigen Getreuen in sein Arbeitszimmer zurück, das er gegen drei Uhr morgens verläßt, um sich in Begleitung von Scorza nach Hause in die Villa Torlonia zu begeben. Um halb neun vormittags ist er bereits wieder in seinem Büro im Palazzo Venezia, arbeitet wie gewöhnlich, empfängt mittags den japanischen Botschafter, schickt nach Grandi mit der Aufforderung, sich umgehend im Palazzo Venezia einzufinden. Grandi läßt ausrichten, er sei nicht in der Stadt. Die Spannung wächst, Mussolini scheint die ganze Angelegenheit aussitzen zu wollen. Gleichwohl läßt er durch seinen Sekretär um eine außerplanmäßige Audienz beim König für den Nachmittag nachsuchen.

Als der Duce in Zivil, nur von seinem Sekretär Cesare begleitet, pünktlich fünf Uhr nachmittags die Villa Savoia betritt, scheint alles auf eine Routineangelegenheit hinzudeuten. Wie üblich gibt er dem König zunächst einen Überblick über die Kriegslage; als er sodann über die Sitzung des Großrates berichten will, unterbricht ihn der König: Der Krieg scheine unwiderruflich verloren zu sein, er fordere deshalb Mussolini auf, zurückzutreten. Er, der König, habe bereits den Marschall Badoglio zu seinem Nachfolger im Amt des Ministerpräsidenten bestimmt. Nach einer knappen halben Stunde endet die Audienz in Schweigen.[27] Beim Verlassen der Villa Savoia wird Mussolini verhaftet, in einen bereitstehenden Krankenwagen geschoben und zur Carabinieri-Kaserne in der Via Quintino Sella gefahren. Er, der über 20 Jahre hinweg Italien beherrscht hat, wird buchstäblich jäh und ohne eine Spur zu hinterlassen von der öffentlichen Szene entführt.[28]

Grandi und seine Mitverschwörer in der faschistischen Hierarchie hatten geglaubt, den Faschismus in der bisherigen oder in einer nur abgewandelten Form retten und damit ihre eigenen Machtpositionen halten zu können – eine Illusion. Eine Genueser Zeitung trifft es mit ihrer Schlagzeile richtiger:»Letzte Sitzung des Faschistischen Großrates.« Der Faschismus überlebt den Sturz seines Duce nicht und endet in aller Stille.[29]

Im Führerhauptquartier *Wolfsschanze* werden die Nachrichten aus Rom kaum anders bewertet, als schicke Italien sich an, die Waffen niederzulegen. Es herrscht kopflose Verwirrung.[30] Hitler denkt nur an Rache und Vergeltung, mißtraut allen Freundschaftsschwüren, die Badoglio in seiner Rundfunkerklärung am Abend des 25. Juli verlautbart: Der Krieg gehe weiter, Italien halte als eifersüchtiger Wächter seiner tausendjährigen Tradition dem gegebenen Wort die Treue.[31] »Die erklären, sie kämpfen«, schimpft Hitler in der abendlichen Lagebesprechung,»aber das ist Verrat!« Die 3. Panzergrenadierdivision, der einzige einsatzbereite deutsche Verband auf dem italienischen Festland, stationiert in der südlichen Toskana, soll umgehend Rom besetzen, die ganze Regierung sofort ausheben; die Alpenübergänge müssen gesichert werden, das sei das allerwichtigste. Den italienischen König und die ganze königliche Familie, die verräterischen Faschisten und die neue Regierung überschüttet Hitler mit Wut und Haß: Die 3. PzGD soll sich dieses Gesindels bemächtigen, vor allem des Badoglio und der ganzen Bagage, dann ab mit denen ins KZ.[32] Später soll auch gleich der ganze Vatikan mit vereinnahmt werden. »Glauben Sie, daß mich der Vatikan geniert? Der wird sofort gepackt. Da ist vor allen Dingen das ganze diplomatische Korps drin. Das ist mir wurscht. Das Pack ist da, das ganze Schweinepack holen wir heraus.«[33]

Jetzt werden die für den möglichen Abfall Italiens vom Bündnis vorsorglich geplanten Maßnahmen in Gang gesetzt, vor allem die Operation *Alarich*, die der Sicherung der Alpenpässe, der Nachschubwege für die auf Sizilien kämpfenden deutschen Truppen und der Verteidigung Deutschlands möglichst weit im Süden Italiens dient. Dazu werden binnen weniger Tage mehrere deutsche Divisionen zusätzlich nach Italien verlegt, darunter die 2. FjD in die unmittelbare Nähe Roms; sie soll die Hauptstadt besetzen und gegebenenfalls den König samt seiner Familie sowie Badoglio und seine Regierung verhaften und mit Flugzeugen nach Deutschland schaffen.[34]

Am Ende der ersten Augustwoche stehen acht deutsche Divisionen in Oberitalien, das Comando Supremo wird dazu weder gefragt, noch wird es beteiligt. Hitlers Plan, Feldmarschall Rommel den Oberbefehl in ganz Italien zu übertragen, wird jedoch nicht ausgeführt; vielmehr wird Rommels Zuständigkeit als OB der Heeresgruppe B auf Norditalien beschränkt. Er erhält jedoch Weisungsbefugnis gegenüber dem als italophil geltenden Feldmarschall Kesselring, der zwar zurückstecken und Kompetenzen abgeben muß, dem aber als OB Süd und der Heeresgruppe C die deutschen Streitkräfte in Süditalien und auf den Inseln weiterhin unterstellt bleiben.[35]

Mittlerweile bemüht sich die neue italienische Regierung, den offenen Konflikt mit den Deutschen zu vermeiden und die Angelegenheit herunterzuspielen. Badoglio schickt am 27. Juli ein entsprechendes Telegramm an Hitler und bekräftigt, den Krieg entschlossen fortsetzen zu wollen. Auch die deutschen Generäle versuchen, mäßigend auf Hitler einzuwirken, Rommel ist für Abwarten, aber an eine politische Krisenlösung durch Reetablierung des Faschismus glaubt man deutscherseits nicht. Kesselring und Rintelen befürworten eine Stützung der Regierung Badoglio, diese allein könne mit hartem Durchgreifen für Ruhe und Ordnung sorgen. Badoglio, so Rintelen in einem persönlichen Bericht an den Führer am 2. August, sei das einzige Bollwerk gegen den Kommunismus, der in Norditalien eine reale Gefahr darstelle.[36] Hitler aber ignoriert die neue Regierung, für ihn ist sie illegal, obwohl sie die verfassungsmäßigen Zustände gerade erst wiederherstellt. Er glaubt Badoglios Versicherungen, der Krieg gehe weiter, ein Sonderfrieden werde nicht angestrebt, kein Wort und wird in seiner Haltung durch ein von der deutschen Abwehr abgehörtes Funkferngespräch zwischen dem Britenpremier Churchill und US-Präsident Roosevelt nur bestätigt. In dem abgehörten Funkgespräch ist von einem Waffenstillstand die Rede, die Initiative zu Verhandlungen solle aber nicht von den Alliierten ausgehen, man könne noch ein oder zwei Tage warten, und sich dann eventuell an Vittorio Emanuele III.

wenden.[37] Tatsächlich fällt die Regierungsentscheidung über eine Kontaktaufnahme mit den Westalliierten in einer Audienz Badoglios beim König am 28. Juli.[38]

Die nachfolgenden Sondierungen entgehen den Deutschen nicht, aber sie erfahren keine Einzelheiten und können sich nur in Vermutungen ergehen. Spätestens seit dem 3. August besteht bei ihnen der Verdacht, daß etwas im Gange ist. Weil erste Fühlungnahmen auf diplomatischem Wege die italienische Regierung jedoch nicht weiterbringen, versucht Badoglio über die militärische Schiene mehr zu erreichen. Seit dem 19. August verhandelt General Castellano in Lissabon mit Eisenhowers Stabschef Bedell-Smith. Die Alliierten beharren auf der von Churchill und Roosevelt in Casablanca Ende Januar geforderten bedingungslosen Kapitulation. Ein weiteres Hinauszögern würde schlimme Folgen für Italien haben. Castellano wird gefragt, ob er die italienische Bereitschaft zur Kapitulation erklären könne; er bejaht und bekommt den Text des »militärischen Waffenstillstandes« (später »kurzer Waffenstillstand« genannt) ausgehändigt. Aber die Angelegenheit hat auch einen politischen Aspekt. Die Italiener hoffen auf amerikanische Zusicherungen, vor allem bezüglich einer zweiten Landung starker alliierter Streitkräfte nördlich Roms, was der italienischen Regierung und den italienischen Streitkräften den Frontwechsel wesentlich erleichtern würde. Sie versuchen deshalb auf Zeitgewinn zu taktieren, um nicht abschließen zu müssen, bevor diese weitere Landung erfolgt und Königshaus und Regierung vor dem deutschen Zugriff schützen würde. Die Alliierten sagen nicht nein, sichern aber auch nicht das zu, was Badoglio erhofft, und machen eine Luftlandung bei Rom davon abhängig, daß die Kapitulation vorher unterschrieben und die Zusage für eine Waffenhilfe der italienischen Streitkräfte gegen die Deutschen gegeben werde. Sie setzen den Italienern eine Frist: Bis Mitternacht vom 1. auf den 2. September müssen sie sich entschieden haben.[39]

Am 3. September um 17.15 Uhr unterzeichnet General Castellano in Cassibile bei Syrakus unter einem Zelt in einem Olivenhain die Kapitulation Italiens.[40] In letzter Minute schlittert Italien aus dem Achsenpakt heraus.

2 Waffenstillstand

Am späten Nachmittag des 8. September 1943, 18.30 Uhr Greenwich Mean Time, gibt der alliierte Oberbefehlshaber in Europa, General Dwight D. Eisenhower, über Radio Algier den in Cassibile vereinbarten Waffenstillstand bekannt. Etwa anderthalb Stunden später wird eine Erklärung des seit fünfundvierzig Tagen amtierenden Ministerpräsidenten Marschall Badoglio über den italienischen Rundfunk verbreitet: Seine Regierung habe erkannt, daß der ungleiche Kampf gegen eine weit überlegene feindliche Streitmacht unmöglich fortgesetzt werden könne; um die Nation vor weiterem und größerem Schaden zu bewahren, habe sie um einen Waffenstillstand ersucht. Dem Ersuchen sei stattgegeben worden.[41]

An diesem Nachmittag sind Marchesa und Marchese Iris und Antonio Origo auf dem Rückweg von Siena nach La Foce, ihrem Gut in den Crete-Hügeln des Val d'Orcia. Sie haben in Siena Freunde besucht und Geschäfte erledigt und eine atmosphärische Veränderung der allgemeinen Lage gespürt: Italienische Soldaten haben Straßensperren errichtet, die Landstädtchen San Quirico d'Orcia und Buonconvento quellen über von Truppen; in Siena machen bestürzende Neuigkeiten die Runde: Neapel sei von Flugzeugen der US-Luftwaffe bombardiert, das Zentrum völlig zerstört, auch auf Frascati seien eine große Anzahl Bomben gefallen, und von der Bucht von Neapel aus sei ein großer alliierter Flottenverband gesichtet worden, ganz offensichtlich sei die ersehnte Landung zu erwarten. Die an einer Straßensperre in Buonconvento – südlich von Siena an der alten römischen Via Cassia – die Passierscheine kontrollierenden Soldaten grinsen übers ganze Gesicht: »Bald brauchen Sie diese Passierscheine nun nicht mehr!« »Was wollen Sie damit sagen?« »Ja, haben Sie es denn noch nicht gehört? Der Kaplan hat es uns gerade erzählt. Badoglio hat im Rundfunk gesprochen. Der Waffenstillstand ist geschlossen. E'la pace, la pace incondizionata.« Die Origos fahren weiter in die hereinbrechende Dämmerung, vor den Bauernhäusern lodern Freudenfeuer, die Neuigkeit verkündend. Am späten Abend, als die offiziellen Erklärungen über den Rundfunk gekommen sind, können sich die Bauern vor Freude kaum fassen, weitere Freudenfeuer werden geschürt, sie lachen, singen und tanzen.[42]

22

Andere Orte in diesem Teil der Toskana bieten dasselbe Bild: Auf den Hügeln brennen Jubelfeuer, Menschen strömen zusammen in den Gassen und auf den Plätzen in Colle Val d'Elsa, in San Gimignano, in Abbadia San Salvatore am Monte Amiata. In die spontanen Kundgebungen der Freude mischt sich die Hoffnung auf ein nahes Ende des Krieges. In Abbadia, Standort der größten Quecksilbermine Europas, stimmt die Volksmenge jubelnd die *Bandiera rossa* an, den traditionellen canto des Partito Communisto, Symbol für die in zwanzig Jahren faschistischer Herrschaft noch nicht verschütteten Ideale der Minenarbeiter. Am folgenden Tag wird ein Sympathiestreik von fünfhundert Arbeitern in Colle Val d'Elsa und von vierzig in Poggibonsi organisiert.[43]

Ähnliches ereignet sich fast überall in Italien, die Einwohner von Frascati in den Albaner Bergen haben allerdings an diesem Tag nichts zu jubeln. Von elftausend Menschen, die in der dichtbewohnten Stadt lebten, sind sechstausend tot, verschüttet unter den Trümmern ihrer Häuser, in Panik aus der fast völlig zerstörten Stadt geflohen: Opfer eines amerikanischen Luftangriffes, eines Irrtums des US-Nachrichtendienstes: Er sollte dem deutschen Oberkommando Süd gelten, aber das Hauptquartier des Feldmarschalls Kesselring befindet sich nicht in der Stadt, sondern außerhalb.

Der Luftangriff auf Frascati ist Teil der für diesen Tag geplanten Operationen, er soll die unmittelbar bevorstehende Proklamation des Waffenstillstandes anzeigen, den General Castellano fünf Tage vorher unterzeichnet hat und dessen absolute Geheimhaltung bis zu diesem 8. September ein wesentlicher Teil der Vereinbarung ist. Die äußerste Geheimhaltung während der Fünf-Tage-Frist soll den Alliierten helfen, ihre Vorbereitungen für eine Landung in der Mitte Italiens zu treffen, aber auch der italienischen Seite ermöglichen, die Maßnahmen zu ergreifen, die im Abkommen von den Alliierten zu Vorausbedingungen gemacht werden: Einstellung aller Feindseligkeiten seitens der italienischen Streitkräfte, Freilassung aller alliierten Kriegsgefangenen, Auslieferung aller Flugzeuge, Kriegsschiffe und allen Kriegsmaterials an die Alliierten, Öffnung der Häfen, Rückführung aller italienischen Streitkräfte aus Griechenland, vom Balkan, aus Südfrankreich hinter die Grenzen des Mutterlandes und ihre Demobilisierung.

Das ist mehr als ein Waffenstillstand, mit Rücksicht auf italienische Empfindlichkeiten aber wird der Begriff *unconditionel surrender* im eigentlichen Abkommen vermieden, wie früher schon in der gemeinsamen Proklamation Roosevelts und Churchills an das italienische Volk am 16. Juli. Die Forderung nach bedingungsloser Kapitulation in der Casablanca-Erklärung der beiden Staatsmänner vom Januar richtete sich nur an Deutschland, mit dem es keine Friedensverhandlungen geben sollte: Eine beschwichtigende Erklärung in das Ohr Stalins, der die Westalliierten im Verdacht hat, sie wollten mit Hitler einen Separatfrieden schließen. In den Zusatzklauseln zum Abkommen von Cassabile, die dem italienischen Unterhändler Castellano erst nach Unterzeichnung des sogenannten kurzen Waffenstillstandes überreicht werden, heißt es dann allerdings: »Die italienischen Streitkräfte zu Lande, zu Wasser und in der Luft, wo immer sie sich befinden, kapitulieren hierdurch bedingungslos.«[44]

Zur Koordinierung der alliierten Operationen begibt sich der US-General Maxwell D. Taylor nach Rom. Der Luftlande-Spezialist soll mit dem italienischen Generalstab vor allem die Besetzung der Flugplätze rings um die Hauptstadt durch amerikanische Luftlandetruppen in der Nacht zum 9. September vorbereiten. Inzwischen aber hat sich die Lage verändert. Zwar bleibt die deutsche Seite bis zuletzt im Ungewissen, was Datum, Zeitpunkt und Einzelheiten des Ausscherens Italiens aus den Kriegshandlungen betrifft; daß aber etwas in der Luft liegt, wird trotz aller gegenteiligen Versicherungen und Dementis seitens italienischer Politiker und Militärs zumindest erahnt: Die Zusammenziehung von fünf italienischen Divisionen unter General Carboni rings um Rom, darunter die mit schweren deutschen Panzern ausgerüstete Division *Centauro*, die Errichtung von Panzersperren und Feldbefestigungen an den Straßen nach Rom, strenge Kontrollen und ähnliche Maßnahmen machen die Deutschen mißtrauisch, auch wenn ihr Zweck nur mit der Versicherung kaschiert wird, dies alles diene ausschließlich der Abwehr eines feindlichen Angriffs. Die 3. PzGD, die nördlich der Tiber-Mündung bis in die Höhe von Tarquinia in einem breiten, bis über die Via Cassia reichenden Streifen mit Küstenschutzaufgaben betraut ist, liegt bereits seit dem 24. August in Alarmbereitschaft.[45]

Marschall Badoglio strebt eine Aufschiebung der Kapitulationsbekanntgabe an. Mißverständnisse, wegen der Geheimniskrämerei mangelhafte psychologische und operative Vorbereitung auf den Frontwechsel, innenpolitisches Hickhack, Furcht vor deutschen Repressalien, die abzuwehren den italienischen Streitkräften nicht zugetraut wird, bringen ihn dazu, taktisch zu kalkulieren. Genauso illusionär ist seine Spekulation, die Deutschen würden ungehindert durch die Italiener freiwillig nach Norden abziehen und wie von Zauberhand verschwinden. Tatsächlich erfahren Minister und hohe Regierungsbeamte in Rom ebenso wie die Stabschefs der Marine und Luftwaffe erst in letzter Minute von den Waffenstillstandsbedingungen.

Eisenhower kann die Bekanntgabe der Kapitulation Italiens nicht länger hinauszögern, etwa bis zum 12. September, wie Badoglio spekulierend insistiert: Das Landungsunternehmen ist angelaufen, die alliierten Streitkräfte sind eingeschifft und unterwegs, die Landung ist binnen 24 Stunden fällig. Lediglich das Luftlandeunternehmen bei Rom kann, ohne auf die Rückkehr General Taylors zu warten, noch gestoppt werden. Des italienischen Taktierens und Hinhaltens überdrüssig, handelt Eisenhower und gibt nach Rückversicherung bei Roosevelt und Churchill die Kapitulation bekannt. Nach Radio Algier verbreitet auch BBC am Abend die Nachricht, erst da sieht Badoglio sich gezwungen, seinerseits mit einer Erklärung nachzuziehen.[46]

Gestern, notiert der Reichsminister für Volksaufklärung und Propaganda Dr. Joseph Goebbels am 9. September 1943 in seinem Tagebuch, habe sich im Laufe des Tages in Italien eine sensationelle Entwicklung herausgestellt; davon wüßten bereits die englischen und amerikanischen Morgenblätter zu berichten, ein Beweis dafür, daß die Italiener Deutschland nach Strich und Faden betrügen; auch sei in der angloamerikanischen Presse zu lesen, Italien habe die Absicht, bedingungslos zu kapitulieren. Am Nachmittag verdichten sich die Nachrichten, bis sich »über den Sender London der wahre Tatbestand herausstellt. Badoglio hat, ohne uns vorher ein Wort davon zu sagen, die bedingungslose Kapitulation angeboten und mit den Feindmächten einen Waffenstillstand abgeschlossen. Dieser tritt sofort in Kraft.«[47]

Hitler zitiert seinen Propagandaminister zu sich in sein ostpreußisches Hauptquartier. Er sei über die Entwicklung sehr empört, vermerkt Goebbels.[48]

Gegen 20 Uhr an diesem 8. September trifft im Auswärtigen Amt in Berlin ein Telegramm des Gesandten Rahn aus Rom ein: Der italienische Außenminister Guariglia habe ihn kurz nach 19 Uhr zu sich gebeten und ihm eröffnet,»daß Marschall Badoglio sich angesichts der aussichtslosen militärischen Lage gezwungen gesehen hat, um einen Waffenstillstand zu bitten. Der Marschall hat ein diesbezügliches Telegramm an den Führer gerichtet.« Rahn habe geantwortet:»Das ist Verrat am gegebenen Worte«, worauf Guariglia entgegnete, er protestiere gegen das Wort Verrat, das italienische Volk habe sein Äußerstes gegeben und Unendliches gelitten.[49]

Das Telegramm Badoglios trifft eine Stunde später in Berlin ein und wird sofort ins Führerhauptquartier weitergeleitet. Die Erklärung des italienischen Ministerpräsidenten wird zur gleichen Zeit und gleichlautend dem Heiligen Stuhl und den verbündeten Regierungen in Tokio, Budapest, Bukarest, Sofia, Agram und Preßburg übermittelt: Die italienische Regierung könne nicht weiterhin die Verantwortung für die Fortsetzung des Krieges übernehmen, sie könne nicht vom Volk verlangen, den Kampf fortzusetzen»ohne irgendeine Hoffnung, wenn nicht auf den Sieg, dann doch wenigstens auf Verteidigung.«[50]

Die amtliche deutsche Mitteilung wird am folgenden Tag verbreitet: Darin ist von Verrat die Rede, auf den die deutsche Führung vorbereitet gewesen sei und deshalb alle militärischen Maßnahmen gegen diesen verräterischen Anschlag auf die Verteidigung Europas getroffen habe. Auch die Wehrmachtberichte vom 9. und vom 10. September sprechen vom Verrat der Regierung Badoglio.[51]

Daß in Italien unliebsame Dinge im Gange sind, wird im OKW seit Wochen vermutet, auch wenn bis zuletzt die Ungewißheit bleibt, wann und wie Italien ausscheren würde. Am 17. Juli äußert Hitler anläßlich eines Lagevortrages des OB der Marine, Großadmiral Raeder, die Ansicht, die demoralisierte italienische Armee sei dabei zusammenzubrechen, nur barbarische Mittel könnten die Nation retten.[52] Bei ähnlicher Gelegenheit im August: Sein ganzes Gefühl stehe dafür, daß Italien Verrat üben werde, bisher spreche alles hundertprozentig für Verrat. Der Führer habe den italienischen Verrat absolut sicher erwartet, notiert Goebbels, er sei »sozusagen der einzige gewesen, der fest damit gerechnet hatte«.[53]

Goebbels, in der Nacht zum 9. September in der *Wolfsschanze* eingetroffen, eilt am Morgen zu seinem Führer, der die italienische Sache als eine »riesengroße Schweinerei« betrachtet und fest entschlossen ist, in Italien »Tabula rasa« zu machen. Auch Goebbels greift sofort das Wort vom Verrat auf, das nunmehr die deutsche Propaganda bestimmt und bis heute aus dem deutschen Bewußtsein nicht verschwunden ist. »Die Hintergründe des Verrats liegen nun offenbar«, der Führer habe mit seinem Argwohn recht behalten.[54]

Die Vorgänge in Italien, das hinhaltende Taktieren Badoglios, die teils unwahren, der Verschleierung dienenden, teils in Unkenntnis der Dinge falschen Aussagen italienischer Regierungsstellen und Militärs gegenüber den deutschen diplomatischen und militärischen Offiziellen waren in der Tat dazu angetan, Mißtrauen zu wecken, nur: Verrat, das waren sie nicht.

Die Deutschen glauben, düpiert zu werden, einer riesigen kollektiven Lügenkomödie beizuwohnen;[55] die grobe Täuschung, der sie meinen aufgesessen zu sein, ist jedoch lediglich die Folge alliierter und italienischer Geheimhaltung, die ihre Gründe hat. Die deutschen Nachrichtendienste haben weitgehend versagt: Erst um 14.50 Uhr am 8. September trifft im Führerhauptquartier ein auf Veranlassung Himmlers übersandtes Fernschreiben ein, des Inhalts, ein V-Mann beim Oberkommando der italienischen Luftwaffe habe am 4. September (!) ein Ferngespräch mitgehört, wonach die italienischen Verhandlungen mit dem Feind abgeschlossen seien.[56] Hätte Hitler präzise Beweise gehabt, so ein italienischer Historiker, wäre seine Rache über die Monarchie und Badoglio gekommen und hätte diese hinweggefegt; dann hätte er eine neue Regierung eingesetzt, die den Waffenstillstand hätte wieder aufkündigen müssen.[57] Auch der die deutschen Truppen in Italien kommandierende Oberbefehlshaber Süd, Feldmarschall Kesselring, beeilt sich, mit kurzer Verzögerung den angeblichen italienischen Verrat in einem Tagesbefehl vom 12. September anzuprangern: »Italienische Regierung hat gemeinsten Verrat begangen, indem sie hinter unserem Rücken Waffenstillstand mit dem Feind abschloß.«[58]

Was hier von den Militärs, der deutschen Propaganda, der deutschen Führung in ständig wiederholter Sprachregelung Verrat genannt wird, ist die Folge einer realpolitischen und militärischen

27

Zwangslage, ein Akt der Notwehr gegenüber einem Partner, der von Bündnissen und Verträgen nur dann und solange etwas hält, wie sie seiner Politik nützen und der Zukunft des deutschen Volkes nicht im Wege stehen. Die Aufkündigung eines Bündnisses, wenn es um die Wahrung der Lebensinteressen oder die Fortexistenz eines Gemeinwesens geht, ist immer und ausschließlich eine realpolitische Entscheidung. Sollte für Italien nicht gültig sein, was Hitler zwanzig Jahre zuvor in seiner Kampf-Schrift für Deutschland in Anspruch genommen hatte? »Es kann keine außenpolitische Erwägung von einem anderen Gesichtspunkt aus geleitet werden als dem: *Nützt es unserem Volk jetzt oder in Zukunft, oder wird es ihm von Schaden sein?*«[59] Von dieser Maxime hatte Hitler sich in den Jahren zuvor reichlich leiten lassen. Und was er seinerzeit auch Italien zugestand, »es wird sich kein Italiener bereit finden, eine andere Politik zu machen als eine *pro-italienische*«,[60] sollte das jetzt »Verrat« sein? Hitler zetert über die Politik Badoglios und verdrängt, was er 1924 an gleicher Stelle schrieb: »Wer also Bündnisse mit fremden Nationen aufbauen zu können glaubt auf einer *pro-deutschen* Gesinnung der dort leitenden Staatsmänner, ist entweder ein Esel oder ein unwahrer Mensch. Die Voraussetzung zur Aneinanderkettung von Völkerschicksalen liegt niemals in einer gegenseitigen Hochachtung oder gar Zuneigung begründet, sondern in der Voraussicht einer Zweckmäßigkeit für beide Kontrahenten.«[61]

Nicht ganz verdrängt: Noch eben hat Goebbels am 10. September in seinem Tagebuch notiert, über den Verrat der Italiener sei gar nicht zu diskutieren, er werde in der ganzen Welt als einzig dastehend anerkannt, als er schon im nächsten Satz festhält, er habe Hitler, während des morgendlichen Spazierganges am vorangegangenen Tage im Führerhauptquartier gefragt, ob über kurz oder lang etwas mit Stalin zu machen sei. Hitlers Antwort war kein kategorisches Nein, vielmehr meinte er, daß man eher etwas mit den Engländern als mit den Sowjets machen könnte.[62] Als aber Goebbels knapp zwei Wochen später, am 22. September fragt, ob er eventuell bereit wäre, mit Churchill zu verhandeln, oder ob er das grundsätzlich ablehne, repliziert Hitler, er sei mit Stalin schon eher zu verhandeln bereit, allerdings glaube er nicht, daß das zu einem Ergebnis führen könnte. Aber, und damit knüpft Hitler an seine Äußerung von 1924 an, »Grundsätze gibt es in der Politik in Persönlichkeitsfragen überhaupt nicht.«[63]

Der sogenannte Stahlpakt, den gemäß der Präambel zwei Regime und zwei Revolutionen abschlossen, war ein solches Zweckbündnis, keine Liebesheirat, noch gründete es auf gegenseitigem Vertrauen. Unverblümtes imperialistisches Machtstreben hatte die beiden Diktatoren Hitler und Mussolini zusammengeführt. Die oft und auch jetzt 1943 wieder beschworene »Kampfgemeinschaft« war nichts anderes als ein Bündnis auf Zeit und Gelegenheit, im übrigen die propagandistische Fassade eines Gebäudes, dessen Risse von Anfang an nur mühsam kaschiert werden konnten. Italien war nur zögernd Hitlers Krieg beigetreten, von Hitler eher genötigt und durch den Stahlpakt verpflichtet. 1943 aber ist das italienische Volk kriegsmüde. Deshalb entspricht die nach dem Sturz Mussolinis möglich gewordene Entscheidung, den Krieg zu beenden, dem Friedenswunsch der Bevölkerung, während die deutsche Führung den Krieg bis zum »Endsieg« weiterführen will. Die Nutzlosigkeit dieses Krieges ist auch die einzige, aber durchaus realistische Begründung für die von Badoglio getroffene politische Entscheidung. Von »Nibelungentreue« wissen Italiener nichts, und von »Sieg oder Untergang« halten sie nichts, beides sind rein deutsche Spezialitäten.[64]

Goebbels drängt Hitler am 9. September, sich mit einer Rede an das deutsche Volk zu wenden. Hitler erklärt sich damit einverstanden, obgleich die italienischen Verhältnisse noch nicht ganz zu übersehen sind. Am folgenden Tag wird Hitlers Rede, wie üblich ein umfängliches, monologisches Zwiegespräch mit sich selbst, vom deutschen Rundfunk übertragen:[65] »Befreit von der schweren Last der seit langer Zeit auf uns drückenden Erwartung« schildert er den »Verrat« der neuen italienischen Regierung und des Königs, holt dazu weit aus, nennt sich glücklich, Mussolini, diesen großen und treuen Mann, als seinen Freund bezeichnen zu dürfen, kündigt jene Maßnahmen an, die das Deutsche Reich vor einem ähnlichen Schicksal wie Italien bewahren sollen. »Die Interessen der nationalen Kriegführung des deutschen Volkes sind für uns ebenso heilige wie verpflichtende.« Der Unterlegene werde in diesem Krieg vernichtet, deshalb könne es nur Sieg für Deutschland geben. »Wir sind daher gewillt, in kalter Entschlossenheit im großen und im einzelnen immer jene Maßnahmen zu treffen, die geeignet sind, die Hoffnungen unserer Gegner zuschanden zu machen.« Italien betreffend, würden das sehr harte sein.

29

Noch am Abend des 8. September um 20 Uhr läßt General Jodl, Chef des Wehrmachtführungsstabes, auf Weisung des Führers durch seinen Adjutanten das Stichwort *Achse* auslösen; weitere Maßnahmen zu ergreifen, wird im Moment nicht für nötig erachtet.[66] Italien, das aus dem Krieg aussteigen wollte, wird Kriegsschauplatz.

3 *Das dreigeteilte Italien*

Mit der Ausgabe des Stichwortes *Achse* wird die faktische Machtübernahme in Italien und allen von Italien besetzten Gebieten Südosteuropas und Südfrankreichs durch die Deutsche Wehrmacht eingeleitet; weil die Operationen längst bis ins Detail geplant und durch Truppenverschiebungen vorbereitet sind, können Hitlers Truppen dazu fast aus dem Stand antreten.[67] Dennoch kommt Eisenhowers Bekanntgabe der Kapitulation für die Deutschen ebenso überraschend, wie sie Badoglio noch mitten in den Vorbereitungen trifft. Wegen dieses Überraschungsmomentes brauchen die Deutschen für einen Teil ihrer Maßnahmen eine Anlaufzeit bis zu 48 Stunden. Die italienische Marine nutzt den günstigen Augenblick; noch in der Nacht zum 9. September verläßt sie mit einem wesentlichen Teil der Flotte ungehindert den Kriegshafen La Spezia. Auch die italienische Luftwaffe kann viele ihrer Maschinen dem deutschen Zugriff entziehen. Hingegen verlaufen die Entwaffnung des italienischen Heeres und die militärische Besetzung des Landes einigermaßen nach Plan, wie von Feldmarschall Keitel bereits am 30. August vorgegeben: »Die wichtigste Aufgabe besteht darin, die italienische Armee so schnell wie möglich zu entwaffnen«,[68] und wie vom OKW am 7. September vorsorglich und detailliert angeordnet. So muß der Ausgabe des Stichworts *Achse* in der Nacht zum 9. September lediglich die Weisung nachgeschoben werden, alle bei deutschen Kommandobehörden vorhandenen italienischen Verbindungsstäbe in Sicherheitsverwahrung zu nehmen.[69] Goebbels ist sich am 10. September sicher, daß die militärischen Maßnahmen, die in den letzten sechs Wochen getroffen worden sind, eine gewisse Garantie dafür bieten, daß aus dem italienischen »Verrat« kein nationales Unglück entsteht. Die politischen und militärischen Aktionen seien »im Laufen«.[70]

Goebbels letzte Bemerkung ist unfreiwillig doppelsinnig, denn schon am 3. September, dem Tag der Unterzeichnung des Waffenstillstandes, sind zwei Divisionen der britischen 8. Armee nördlich von Reggio di Calabria auf dem Festland gelandet.[71] Das deutsche XIV. Panzerkorps, das auf Sizilien hinhaltend Widerstand geleistet hatte, mußte bereits Mitte August die Insel räumen, konnte sich aber ohne große Verluste an Menschen und Material über die Straße von Messina absetzen. Am 3. September verfügt der OB Süd auf dem Festland mit der 10. Armee (OB: General v. Vietinghoff-Scheel) und den dieser unterstellten XIV. und LXXVI. Panzerkorps sowie dem 11. Fliegerkorps über drei Panzer-, drei Panzergrenadier- und zwei Fallschirmjäger-Divisionen, darunter die FjPzD *Hermann Göring*, außerdem auf Sardinien und Korsika über eine Division und eine SS-Brigade. Die Hauptlast der Verteidigungs- und Rückzugskämpfe in Süditalien hatte das XIV. PzK (KomGen: General Hube) zu tragen. Auf die italienischen Heeresverbände ist seit der Unterzeichnung des Waffenstillstandes kein Verlaß mehr, womit deren 7. Armee für die Verteidigung Süditaliens ausfällt. Die Deutschen müssen sich allein und ohne Hilfe von Verbündeten hinhaltend kämpfend in aller Eile nach Norden absetzen.

Die Briten setzen nach. Am 8. September landen weitere britische Einheiten bei Tarent und stoßen von dort in Richtung Bari und Foggia vor. Die Amerikaner stehen nicht zurück: In den Morgenstunden des 9. September geht die 5. US-Armee unter General Clark mit starken Kräften an der Küste des Golfs von Salerno an Land,[72] zwei Tage später ist die Stadt in ihrer Hand. Die Deutschen hatten nicht unbedingt an dieser Stelle mit einer Landung gerechnet, hatten vielmehr befürchtet, die Italiener gehofft, daß die Landung weiter nördlich in der Nähe Roms erfolgen werde. Clark aber wollte sichergehen und deshalb innerhalb der Reichweite der von den US-Basen auf Sizilien operierenden Langstreckenjäger der Air-Force bleiben. Die Schiffsbewegungen entgehen den Deutschen nicht, am 7. September wird ein Flugzeugträger-Verband und ein großer Geleitzug aus 125 Schiffseinheiten nördlich Palermo ausgemacht,[73] aber das OKW zieht daraus die falschen Schlüsse. In Windeseile werden Verstärkungen nach Süden geschafft, Teile der Division *Hermann Göring* und der 1. und 2. FjD rücken im Geschwindmarsch aus Kalabrien und Latium heran, die 16. PzD tritt zum Gegenangriff auf den Brückenkopf an. Die Hoffnung, mit den gelandeten Amerikanern kurzen Prozeß machen und sie rasch ins Meer zurücktreiben zu können, entspringt einem Wunschdenken.

Hitler plante zunächst für den Fall des Ausscheidens Italiens aus dem Bündnis, sich in Norditalien am Apennin festzusetzen, dort eine möglichst kurze Front aufzubauen und zu halten.[74] Dann ändert er seine Pläne und begründet später den Sinneswandel gegenüber bulgarischen Gesprächspartnern: Die Räumungs- und Absetzoperationen aus Sizilien, Kalabrien und Apulien seien so gut verlaufen, daß man jetzt eine viel weiter südlich gelegene Linie halten wolle, die sich südlich von Rom quer über den italienischen Stiefelschaft hinwegzöge.[75] Der OB Süd unterstützt solche Vorstellungen, macht Hitler auch Hoffnung, gegen die Alliierten bei Salerno einen durchschlagenden Erfolg erzielen zu können, der WFSt ignoriert das und bleibt vorerst bei seiner Absicht, eine Verteidigungslinie im Norden aufzubauen.

Die Besetzung Mittel- und Norditaliens geht allerdings nicht ganz ohne Widerstand der Italiener über die Bühne. In Rom, Bari und Neapel kann er nur mit aller Härte gebrochen werden, die Deutschen greifen hier rücksichtslos wie befohlen durch. Die Alpenpässe aber sind am 9. September fest in deutscher Hand, die 4. italienische Armee an der französischen Grenze löst sich von selbst auf, Einheiten von Rommels HGr. B besetzen am selben Tag Triest und sperren die Verkehrswege zum Balkan. 32 südlich davon stehende italienische Divisionen sind abgeschnitten.[76]

In Ermangelung von Befehlen des Comando Supremo muß der Befehlshaber der in der Toskana staionierten italienischen 5. Armee, General Caracciolo di Froleto, am Nachmittag des 8. September auf eigene Verantwortung handeln, als auch ihn die Nachricht vom Waffenstillstand überrascht: Er befiehlt der noch in Reorganisation befindlichen Division *Ravenna*, mit den einsatzfähigen Bataillonen die deutsche 3. PzGD am Marsch auf Rom zu hindern. Das unterbleibt, weil schließlich ein Befehl des Generalstabschefs Roatta eintrifft, der einer Anordnung zur Kapitulation gleichkommt: »Non attacare ma reagire con forza ad ogni atto di violenza«.[77] Statt dessen ergreift die 3. PzGD die Initiative. Sie erfahre soeben, daß Chiusi von deutschen Truppen besetzt sei, notiert die Marchesa Origo am 10. September in

ihrem Tagebuch, die Deutschen kontrollierten damit die Eisenbahn-
linie von Florenz nach Rom und requirierten alle Autos von der
Straße weg. Die Telefonverbindung nach Rom und nach dem Norden
sei unterbrochen.[78] Tatsächlich kann eine Abteilung Panzergrenadiere Chiusi kampflos besetzen und dort wie an anderen wichtigen
Plätzen und Orten in der Toskana eine Besatzung etablieren, während das Gros der Division nach Süden auf Rom marschiert: Viterbo
und das Hauptquartier der 5. Armee in Orte werden besetzt, aber am
Rande der Hauptstadt stößt die 3. PzGD auf Widerstand.[79]

Die 2. FjD geht noch in der Nacht zum 9. September gegen die um
Rom zusammengezogenen italienischen Streitkräfte vor, dringt am
nächsten Tag in die Stadt ein und bricht nach zum Teil heftigen Kämpfen den Widerstand, der sich immerhin zwei Tage lang behaupten
kann. »Am Abend unterrichtet uns der deutsche Sender, daß die Italiener kapituliert haben. Deutsche Truppen werden die Hauptstadt in
einem Umkreis von 50 Kilometern besetzen und den Vatikanstaat
verteidigen.«[80]

Ebenfalls am 9. September gelingt es dem II. Btl/FjRgt 6, das Comando Supremo im Handstreich auszuheben: Die in Foggia gestarte-
ten Fallschirmjäger springen über dem in Monterotondo, 20 Kilometer nordöstlich von Rom oberhalb der altrömischen Via Salaria
befindlichen Hauptquartier ab, besetzen nach hartem, für die Deutschen verlustreichen Kampf gegen die zum Schutz des Comando Supremo eingesetzten, zahlenmäßig überlegenen Italiener das Kastell
und schalten damit die Kommandozentrale des italienischen Heeres
aus. Heereschef Ambrosio und Generalstabschef Roatta allerdings
hatten sich schon tags zuvor abgesetzt.[81]

Auch viele Deutsche verlassen fluchtartig Rom, darunter Botschafter Rahn und Angehörige der Botschaft, was Kesselring übel vermerkt, in seinem Stab herrscht verbitterte Stimmung über solches
Verhalten. Die Kämpfe in Rom werden durch ein Abkommen zwischen dem deutschen Oberbefehlshaber Süd und dem italienischen
Stadtkommandanten, General Conte Calvi di Bergolo, Schwieger-
sohn des Königs und Kommandeur der Division *Piave* beendet, aber
auch danach gibt es hier und da noch vereinzelt Schießereien; in der
Hauptstadt herrscht ein ziemliches Durcheinander.[82]

Am 11. September ist Rom fest in deutscher Hand, hört Iris Origo in den Frühnachrichten im Rundfunk, das Telefonnetz und der Rundfunk werden von den Deutschen kontrolliert. »Dieselbe Nachrichtensendung informiert uns«, notiert die Marchesa in ihrem Tagebuch, »daß der König und Badoglio sich jetzt zu den Alliierten geschlagen und das Land ohne Regierung gelassen haben.«[83] Badoglio wird am 9. September in aller Morgenfrühe vom Anmarsch deutscher Truppen auf Rom und ersten Kämpfen in den Vorstädten in Kenntnis gesetzt und handelt sofort. Gegen fünf Uhr machen sich der König und seine Familie, Badoglio und einige andere in mehreren Autos auf den Weg nach Osten zur adriatischen Küste, die sie am Abend in Ortona südlich von Pescara erreichen. Gegen Mitternacht schiffen sich der König, die Königin, der Kronprinz, Badoglio, General Ambrosio und andere hochgestellte Persönlichkeiten auf der Korvette *Baionetta* ein, die am nächsten Morgen die Gesellschaft in Brindisi an Land setzt und unter den Schutz der Alliierten stellt. Auf der Mole von Ortona, Provinz Chieti, haben die republikanisch gesinnten Bewohner der später weitgehend zerstörten Stadt diesen Augenblick der Geschichte auf einer Tafel verewigt: »Von diesem Hafen aus floh in der Nacht des 9. September 1943 der letzte König von Italien mit dem Hof und mit Badoglio und überließ das gepeinigte Vaterland der deutschen Wut.«[84] Am folgenden Tag besetzen die Deutschen Ortona.

Drei Tage später notiert Goebbels im Tagebuch: »Am frühen Abend kommt die beglückende Meldung, daß es durch einen Handstreich gelungen ist, den Duce zu befreien.«[85] Mussolini war nach seiner Verhaftung am 25. Juli nahezu sechs Wochen lang aus dem Blickfeld der Öffentlichkeit verschwunden, lediglich ein kleiner Kreis von Eingeweihten wußte von seinem Verbleib: Zunächst auf der Insel Ponza vor Gaeta, seit Anfang August auf der Sardinien vorgelagerten kleinen Insel La Maddalena, schließlich seit Ende August in einem schwer zugänglichen, praktisch nur über eine Seilbahn erreichbaren Sporthotel auf dem Campo Imperatore am Gran Sasso d'Italia.

Hitler reagiert nach Mussolinis Verschwinden sofort und ordnet an, die Befreiung des Duce umgehend einzuleiten, sobald sein derzeitiger Aufenthaltsort in Erfahrung gebracht worden ist. Planung und Vorbereitung des Unternehmens liegen bei der Luftwaffe, d. h. beim Kommandeur des XI. Flieger-Korps General Student, und bei der

Marine; dem einschlägig bewanderten SS-Sturmbannführer Otto Skorzeny erteilt Hitler persönlich den Auftrag, Mussolinis Haftort auszukundschaften. Am 10. September beginnt die konkrete Vorbereitung; am 12. startet die 1. Kompanie des Lehrbataillons/FjRgt 7 unter Führung des Oberleutnants v. Berlepsch mit Lastenseglern vom Flugplatz Pratica di Mare bei Rom, landet auf dem Campo Imperatore in der Nähe des Hotels, während die Talstation der Seilbahn von einer anderen deutschen Einheit besetzt wird, und befreit den Duce unter Assistenz von Skorzeny und einigen SS-Leuten. Wenige Tage später ist Mussolini bei Hitler in der *Wolfsschanze*, die Begrüßung ist außerordentlich herzlich und freundschaftlich. Noch am Abend des 15. September gibt die offizielle Nachrichtenagentur in Rom bekannt, der Duce habe wieder die oberste Führung des Faschismus in Italien übernommen.[86]

Allerdings hält er sich vorerst in Hirschberg bei Weilheim in Oberbayern auf, beschützt von einer SS-Ehrenwache, die ihm auch vor Augen führt, von wessen Gnaden er von hier aus eine neue faschistische Republik gründen und eine neue Regierung bilden darf. Am 18. September wendet sich Mussolini mit einer Ansprache über den Rundfunk an das italienische Volk: Er rechnet mit dem König und Marschall Badoglio ab, nicht der Faschismus habe die Monarchie, sondern die Monarchie den Faschismus verraten; deshalb müsse ein neuer Staat aufgebaut werden, der ein Staat der Bauern, Arbeiter und Handwerker sein werde.[87] Vier Tage darauf genehmigt er am 22. September die Ministerliste der Regierung der neugegründeten *Repubblica Sociale Italiana*.[88]

Die Explosion der Freude im ganzen Land am Abend des 25. Juli hatte den spätestens seit Ende 1942 vollzogenen Bruch zwischen dem faschistischen System und der italienischen Gesellschaft signalisiert, zugleich den ersten Schritt auf einem mühe- und leidvollen Weg in eine neue politische Ordnung. Manche hofften auf eine Wiederherstellung der präfaschistischen Ordnung, andere glaubten, einen *Faschismus ohne Mussolini* in die Zukunft retten zu können. Beides war gleich illusionär, dazu waren einerseits die Veränderungen in der italienischen Gesellschaft während der zwanzig Jahre faschistischer Herrschaft zu groß gewesen, andererseits bröckelte der Faschismus nach Mussolinis Sturz aus dem Leben Italiens weg, fast ohne wirksame Reaktion seiner intellektuellen Vertreter. Was übrig blieb, waren nostalgische Reminiszenzen, die mit deutscher Hilfe in Mussolinis Neuauflage einer faschistischen Republik eine Scheinrealität erlangten.[89]

In Wirklichkeit ist Italien seit den Septembertagen 1943 für zwanzig Monate ein dreigeteiltes Land: Im Süden das monarchische Italien, das *befreite* Königreich Vittorio Emanueles III., vorerst mit einer konservativ-liberalen Militärregierung Badoglio, mit Generälen in deren Schlüsselpositionen und unter dem Schutz alliierter Streitkräfte; in der Mitte und im Norden Mussolinis faschistische Republik von Saló, Versuch der Restitution einer faschistischen Diktatur, in Wahrheit Satellit Hitlers und zunehmend vom Krieg gebeutelt und verwüstet, in der die eigentliche Macht beim OB der deutschen HGr C/Süd, dem Bevollmächtigten des Deutschen Reiches bei der neuen italienischen Regierung, Botschafter Rahn, und dem Höchsten SS- und Polizeiführer und rechten Arm Himmlers, SS-General Wolff liegt. Die beiden demokratisch nicht legitimierten Regierungen repräsentieren nur äußerlich ihren Teil des Landes, für die italienische Bevölkerung war die Flucht des Königs und der Regierung Badoglio der eigentliche Verrat, nicht am Deutschen Reich und Hitler, sondern an Italien und am italienischen Volk. Italien südlich des Garigliano und später südlich der Goten-Linie am Apennin war *befreit*, aber noch nicht frei, ein Staat, an dem die Italiener keinen Teil hatten; die Restitution Mussolinis und die RSI lehnte die Mehrheit der Bevölkerung sowieso ab. So blieb als Hoffnung, auch als Versprechen auf die Zukunft, schließlich das dritte, das illegale Italien der immer stärker werdenden, für die Deutschen sich zum militärisch-logistischen Problem auswachsenden *Resistenza*, des freiheitlich-republikanischen, antimonarchischen und antifaschistischen, auf ein neues demokratisches Italien setzenden Widerstandes.[90] *Italia erat omnis divisa in partes tres.*

Kapitel II

Italien wird Kriegsgebiet

1 *Besetztes Land*

Mit Tagesbefehl vom 12. September 1943 gibt der Oberbefehlshaber
Süd der deutschen Streitkräfte bekannt: Das ihm unterstellte, von
deutschen Truppen besetzte Gebiet ist ab sofort Kriegsgebiet, in dem
fortan deutsche Kriegsgesetze gelten, nicht anders als im Reichsgebiet. Eine Ordinanza Feldmarschall Kesselrings verfügt, Zivilbehörden und Verwaltungen hätten ihre Funktionen wie bisher zu versehen, droht der italienischen Bevölkerung zugleich an, alle strafbaren
Handlungen gegen die Deutsche Wehrmacht würden künftig nach
deutschem Kriegsrecht durch Kriegsgerichte bestraft, Organisatoren
von Streikmaßnahmen und Sabotage per Schnellverfahren verurteilt
und erschossen. Ruhe und Ordnung sind zu bewahren. Eisenbahn-
und Postverbindungen werden schnellstens wiederhergestellt, aber
bis auf weiteres ist jeglicher private Postverkehr untersagt, private
Telefongespräche sind auf ein Minimum zu reduzieren, sie werden
zudem streng überwacht; Arbeitsniederlegungen sind verboten, jeder
Verstoß dagegen wird mit Erschießen bedroht.[1] Für den früheren Ministerpräsidenten Bonomi eine Okkupation wahrhaftig mit aller preußischer Strenge.[2]

Zur Aufrechterhaltung von Ruhe und Ordnung droht der Feldmarschall alsbald durch Verordnungen vom 23. September und später mit
drakonischen Maßnahmen: Alle Arten von Schuß- und Jagdwaffen
samt Munition, Handgranaten, Sprengmittel und sonstiges Kriegsmaterial sind binnen 25 Stunden abzuliefern; italienische Polizei und
Bürgermeister haften dafür, daß dies ordnungsgemäß geschieht. Wer
Angehörige der Deutschen Wehrmacht oder einer deutschen Dienststelle angreift, verletzt oder tötet, oder in anderer Weise tätlich gegen
die Besatzungsmacht vorgeht, ist des Todes; ebenfalls, wer Angehörige einer feindlichen Streitmacht versteckt, beherbergt oder ihnen
in anderer Weise behilflich ist. Arbeitsniederlegung ohne ersichtlich

triftigen Grund, Anstiftung dazu, Behinderung oder Störung des Arbeitsablaufes ziehen Haft-, Gefängnis- oder Geldstrafe nach sich, in schweren Fällen Todesstrafe. Verbreitung von Nachrichten feindlicher Rundfunksender sowie Besitz von Funkgeräten, Amateur-Funkeinrichtungen und Abhören fremder Funkstationen sind verboten; Zuwiderhandlung wird mit dem Tode bestraft. Verstöße gegen Anordnungen und Arbeitsregelungen seitens der Deutschen Wehrmacht oder der Besatzungbehörden werden mit Gefängnis oder Geldbuße geahndet. Alle nach deutschem Recht strafbaren Handlungen werden durch ein Militärgericht nach Kriegsrecht abgeurteilt.[3]

Durchführung und Durchsetzung der Kriegsgesetze in ihrem jeweiligen Befehlsbereich obliegt den regionalen und lokalen deutschen Militärbehörden, die kraft Besatzungsrecht sogleich die für notwendig erachteten, in der Regel nicht weniger drakonischen Ausführungsverordnungen erlassen.

So setzt der deutsche Stadtkommandant von Rom am 19. Dezember die nächtliche Ausgangssperre auf die Zeit zwischen 19 Uhr abends und 6 Uhr morgens fest; wer in dieser Zeit auf der Straße angetroffen wird, ist festzunehmen und nach Kriegsrecht zu bestrafen; generell werden alle Fahrerlaubnisse zurückgezogen, ebenso alle früher bewilligten Ausnahmen von der Sperrfrist. Drei Tage später wird jeder Wohnungswechsel untersagt; im Eingang jedes Hauses ist eine Liste der Hausbewohner deutlich sichtbar anzubringen; wer ohne Genehmigung Personen ohne ordentliche Registrierung beherbergt, wird nach Kriegsrecht bestraft. Der Beginn der Ausgangssperre wird am 24. Dezember für die Weihnachtstage auf 21 Uhr hinausgeschoben.[4]

Der OB der 10. Armee regelt Anfang Dezember die Erfassung von Nahrungsmitteln und droht ebenfalls mit harten Strafen: Auf Nichtbefolgung der Ablieferungspflicht für landwirtschaftliche Erzeugnisse, Schwarzschlachtung, ungenehmigtes Mahlen von Getreide und Pressen von Oliven steht der Tod, nur in leichten Fällen kann davon abgesehen werden.[5]

Ähnliche Anordnungen werden von Feldmarschall Rommel und den lokalen Militärbehörden im Befehlsbereich der HGr. B erlassen: Am 14. September ordnet General Raapke für Triest und Umgebung unter anderem an, jedermann habe an seinem Arbeitsplatz zu bleiben, alle Tätigkeiten seien fortzuführen, Radfahren sei gänzlich untersagt.

Sofortige Wiederaufnahme der Arbeit in den Industriebetrieben wird in Turin gefordert. Der Stadtkommandant von Mailand erläßt am 15. September ein Besitzverbot für Waffen, verfügt umgehende Abgabe derselben und droht mit Todesstrafe für Sabotage an Wehrmachtgerät und Wehrmachtgut. »Unkenntnis dieser Anordnungen begründet weder mildernde Umstände, noch wird sie überhaupt akzeptiert.«[6] In Florenz verbietet der Militärkommandant Oberst v. Golden noch im Juli 1944 das Radfahren.[7] Die Taktik ist überall und stets die gleiche: Wechsel zwischen Anordnung und Einschüchterung mit dem Ziel, die italienische Bevölkerung zu veranlassen, sich zu unterwerfen, will sie schlimmere Repressalien vermeiden.[8]

Mit einer in Livorno am 28. September angeschlagenen *Notificazione* kündigt Stadtkommandant Oberst Dallmer-Zerbe an, wegen einiger Vorfälle in den vergangenen Nächten – Schüsse auf deutsche Soldaten, Unterbrechung und Zerstörung von Telegrafenleitungen – seien fünfzig männliche Einwohner verhaftet und als Geiseln festgesetzt worden. Sollten sich derartige Vorfälle wiederholen, würden zunächst in einer ersten Rate diese erschossen, nütze das auch nichts, zusätzlich eine weit größere Anzahl.[9]

Die eingeschüchterte Bevölkerung fügt sich, jedenfalls fürs erste. Die Deutsche Wehrmacht beeilt sich, das öffentliche Leben so rasch wie möglich unter volle Kontrolle zu bekommen, wozu sie bei den italienischen Streitkräften indirekte Unterstützung findet, deren passive Haltung und Mangel an Widerstand das deutsche Vorgehen mehr als nur erleichtern: Über Nacht wird Italien zum militärisch völlig besetzten Land.[10]

Die Wehrmachtführung schätzt allerdings die Lage zu rosig ein, wenn sie in ihrem Kriegstagebuch gleichsam zu Protokoll gibt: Bei der Zivilbevölkerung sei nach Anfangsjubel über den Frieden Ernüchterung eingetreten, das deutsche Auftreten habe allen Schichten größte Achtung, wenn nicht Furcht eingeflößt; das Bürgertum fühle sich geborgen, die Bevölkerung auf dem Land verhalte sich loyal und freundlich, nur in den großen Städten sei entschiedene Ablehnung und deutschfeindliche Haltung festzustellen; schwache Aufstandsbewegungen hätten durch Respekt vor der Wehrmacht erstickt werden können, mit zunehmender deutschfeindlicher und kommunistischer Tätigkeit sei jedoch zu rechnen.[11]

Weshalb der OB/HGr. B Feldmarschall Rommel am 18. September an die Italiener in Norditalien appelliert: »Die Deutsche Wehrmacht hat Italien besetzt; sie wird nicht nur die italienische Erde verteidigen, sondern auch die Rechte des Volkes gegen jeden schützen, der Ruhe und Arbeit in diesem Land zu stören versucht; wer kommunistische und anarchistische Bestrebungen gegen die Sicherheit des italienischen Volkes unterstützt, ist ein Feind seines Vaterlandes und verfällt einer strengen Bestrafung durch ein Militärgericht nach den härtesten Gesetzen.«Kommunisten und Ihr alle, die solchen Parolen folgt, seid gewarnt!«[12]

Deutsche Besatzungspolitik: Was in solchen Anordnungen und Verlautbarungen angedroht wird, entspricht der Strafverfolgung im Reichsgebiet und der Urteilspraxis des Volksgerichtshofes, wenn auch nicht dem Völkerrecht. Kesselring kann deshalb nicht ohne gewissen Zynismus die Unterwerfung Italiens unter deutsches Kriegsrecht ankündigen, während die deutsche Führung behauptet, das besetzte Italien würde nicht als feindliches, sondern als verbündetes Land behandelt.[13]

Tatsächlich führen sich die Deutschen in dem von ihnen besetzten Teil Italiens als die wahren Beherrscher auf, obgleich seit dem 23. September wieder eine faschistische Regierung existiert, der wenigstens den Anschein der Souveränität zu geben Mussolini sich bemüht. Eine neue Miliz wird gebildet, auch ein neues Heer aufgebaut. Am 27. September tritt die neue Regierung erstmals zu einer Kabinettssitzung zusammen, nicht in Rom, wie Mussolini es lieber gesehen hätte, sondern in Norditalien, in La Rocca delle Caminate in der Nähe der Hauptquartiere von Rommel und Wolff. Rom könne als *offene Stadt* nicht Regierungssitz sein, argumentiert die deutsche Seite, der Duce muß sich fügen.[14] In einer Botschaft an die Völker des Dreierpaktes bekräftigt Mussolini das unauflösbare Bündnis zwischen dem faschistischen Italien, dem nationalsozialistischen Deutschland und dem Reich des Tenno. Die neue Regierung werde entschieden mit allen Kräften auf den Endsieg hinarbeiten, der von den italienischen Streitkräften zusammen mit den deutschen und japanischen errungen werde, um die Welt von der Unterdrückung durch eine internationale Clique zu befreien.[15] Gegen die Anhänger der Regierung Badoglio werde er nicht vorgehen, betont der Duce in einer Kabinettserklärung am 29. September, auch nicht gegen die alten Gegner des Faschismus, die einzig in einer Militärregierung einen Ausweg aus der chaotischen Krisensituation gesehen oder sich nach dem 25. Juli zu ihren alten Überzeugungen bekannt hätten. Zur Rechenschaft werde er nur jene Leute ziehen, die jahrelang in hohen Ämtern mit Ehren und Auszeichnungen überhäuft worden, im entscheidenden Moment dann aber zum Feind übergelaufen seien: Solche Verräter sollen von einem Sondergericht unbarmherzig abgeurteilt werden.[16]

In Wirklichkeit ist Mussolinis RSI kein souveräner Staat, die faschistische Regierung nicht unabhängig, sondern eine Marionettenregierung, von der die Deutschen kaum Notiz nehmen: Sie geben ihre eigenen Befehle aus, und alle zittern vor ihnen.[17] Mussolinis Sohn Vittorio trägt dem Auswärtigen Amt in Berlin Klage über Maßnahmen deutscher Behörden vor, die bei der italienischen Bevölkerung den Eindruck erwecken, als ob der Duce lediglich ein Exekutivorgan der deutschen Regierung sei.[18] Dem ist so. Goebbels kommentiert, der Duce habe keine Ahnung, wie es um seine wirkliche Lage bestellt sei, er überschätze die Wirkungsmöglichkeiten seiner Partei und lebe vollkommen neben den Tatsachen.[19] Aus Italiens Katastrophe habe er nicht die moralischen Konsequenzen gezogen, die Hitler erwartet habe. Ihm fehle der Zug zum weltweiten Revolutionär und Umwälzer.[20] Die Italiener sehen das mehrheitlich ganz ähnlich. »Zu tief ist die Enttäuschung, zu heftig die Abscheu, die die Italiener mit Mussolinis Namen verbinden – und nun ist keinerlei Gefühlsregung mehr für ihn da, nur noch Überdruß und Gleichgültigkeit. Seine Uhr ist abgelaufen.«[21] Was die italienische Bevölkerung noch motiviert, ist lediglich der Selbsterhaltungstrieb; enttäuscht, zynisch, ausgelaugt erwarten sie nur mehr Leiden und Entbehrungen: eine besiegte Nation.[22]

Gleichwohl ist Mussolini noch eine Frist von 22 Monaten gegeben, in der er an der Spitze von Restitalien steht: bewacht von der SS-Leibstandarte *Adolf Hitler*, kontrolliert vom deutschen Verbindungsoffizier Oberstleutnant Jandl, in seiner Gesundheit überwacht von deutschen Ärzten. Er wird eher wie ein Gefangener in allen Ehren gehalten, denn als Chef einer souveränen Regierung.[23] Immer wieder gibt es Reibungen mit den Deutschen, beklagt sich der Duce über das, was diese anordnen, ohne ihn vorher zu fragen, oder was ihm an Schaustellung seiner »Macht« vorenthalten wird. Die faschistische

Polizei verfüge über keine Waffen, läßt er seinen Botschafter Anfuso in Berlin Klage führen,[24] auch die neuaufzustellenden Streitkräfte nicht, soweit diese nicht fern von Italien an der Ostfront in Rußland eingesetzt sind. Die Beschwerden laufen ins Leere, Ribbentrop weist sie eiskalt und hochmütig zurück, kontert seinerseits mit Vorhaltungen über die Unzuverlässigkeit faschistischer Beamter und die mit zweifelhaften Elementen durchsetzte Verwaltung.[25]

Im Frühjahr 1944 reist Mussolini nach Deutschland, um sich bei Hitler Anerkennung als gleichberechtigter Bündnispartner zu verschaffen. Aber das neuerliche Treffen in Kleßheim am 22. und 23. April verläuft wie gehabt: Mussolini trägt Klagen vor, kommt aber nicht auf das Entscheidende zu sprechen. Hitler liest ihm die Leviten, kritisiert den Faschismus als morsches und substanzloses System, vermerkt ärgerlich, nicht nur unter den internierten italienischen Soldaten seien kommunistische Parolen im Umlauf, und monologisiert wie üblich.[26] Anschließend besichtigt der Duce italienische Einheiten auf dem Truppenübungsplatz Grafenwöhr und ist von dieser Besichtigung sehr beeindruckt.[27]

Die tatsächliche Verteilung der Machtbefugnisse und Befehlsgewalt ist unter militärisch-operativen Gesichtspunkten zunächst eine rein militärische Angelegenheit der für Norditalien verantwortlichen HGr. B und der in Mittel- und Süditalien operierenden HGr. C. Über die Abgrenzung der Befehlsbereiche hatte es allerdings schon im August während der Vorbereitungsphase zum Fall *Achse* Meinungsverschiedenheiten zwischen den beiden Oberbefehlshabern gegeben. Sie erzwangen eine Befehlsregelung seitens des OKW,[28] die jedoch das Zuständigkeitsgerangel zwischen den beiden Feldmarschällen nicht aus der Welt schaffte.

Neben der Befehlsgliederung vom 16. August und deren Neufassung vom 9. September[29] sind die Kompetenzvielfalt und der in vielen Bereichen anzutreffende Kompetenzwirrwar begründet in der »Anordnung des Führers über die Bestellung eines Bevollmächtigten des Großdeutschen Reiches in Italien und die Gliederung des besetzten italienischen Gebietes« vom 10. September:[30] Um im gemeinsamen Kampf des Deutschen Reiches und des Faschistischen Italien den Erfolg zu gewährleisten, bestellt Hitler Botschafter Rahn zum Bevollmächtigten, der seine Weisungen durch den Reichsminister des Auswärtigen erhält. Das von deutschen Truppen besetzte Gebiet wird in *Operationszonen* und das *übrige besetzte Gebiet* gegliedert. Die Befugnisse der Wehrmachtbefehlshaber richten sich nach allgemein geltenden Grundsätzen. Der HöSSPF Wolff wird zum Sonderbeauftragten bei der italienischen Regierung bezüglich aller polizeilichen Angelegenheiten bestellt, die Bestellung weiterer Sonderberater behält sich Hitler vor.

Operationszonen, deren Grenzen nach militärischen Gesichtspunkten bestimmt werden, sind das Gebiet des Apennin, die Gebiete südlich davon sowie die italienischen Küsten und Alpengebiete; in ihnen sind Militärbefehlshaber zuständig, denen zivile Berater als Oberste Kommissare zugeordnet werden mit der Befugnis, Zivilverwaltungen einzurichten und deren Leiter ein- und abzusetzen.

Auch das *besetzte Gebiet* erhält einen Militärbefehlshaber, neben dem italienische Präfekten amtieren, denen deutsche Verwaltungsberater beigegeben werden, die in politischen Angelegenheiten ihre Weisungen von Rahn erhalten. Kesselring soll Botschafter Rahn über wichtige Angelegenheiten von außenpolitischer Bedeutung laufend unterrichten; ebenso die Obersten Kommissare, den Militärbefehlshaber im *besetzten Gebiet* und die Sonderberater.

Seit Bildung der neuen Regierung Mussolini können alle Maßnahmen ziviler oder militärischer Art außenpolitische Bedeutung erlangen, was Rahn mancherlei Gelegenheit bietet, sie als solche zu reklamieren, um seinen Einfluß geltend zu machen.[31] Auch die Kriegsführung gegen den äußeren Feind und die Partisanen im Inland sowie die militärische Besatzungspraxis gehören dazu, während dem für das *besetzte Gebiet* zuständigen Militärbefehlshaber nur rein militärische Befugnisse wie Sicherungsaufgaben, Unterbringung usw. zugestanden werden.[32]

Die Kompetenzdependenzen werden weiter verkompliziert durch die Einrichtung der Operationszonen *Adriatisches Küstenland*, bestehend aus den Provinzen Friaul, Görz, Triest, Istrien, Fiume, Quarnano und Laibach, und *Alpenvorland*, bestehend aus den Provinzen Bozen, Trient und Belluno. Als Oberste Kommissare werden der Gauleiter und Reichsstatthalter von Tirol und Vorarlberg Hofer im *Alpenvorland* und der Gauleiter und Reichsstatthalter von Kärnten Dr. Rainer im *Adriatischen Küstenland* eingesetzt, beide erhalten die grundsätzlichen Weisungen für ihre Tätigkeit direkt von Hitler selbst.[33]

Da über diese Regelungen nur die Obersten Reichsbehörden, die beiden Gauleiter sowie RAM Ribbentrop, FM Keitel, Reichsleiter Bormann und Reichsführer SS Himmler, nicht aber die nachgeordneten Dienststellen informiert werden, sind fortdauernde Kompetenzstreitigkeiten vorprogrammiert: So melden die beiden Gauleiter sofort Gebietsansprüche an,[34] die sie jedoch zunächst nicht durchsetzen können. Erst im Herbst 1944 werden die ihnen unterstellten Provinzen offiziell zum deutschen Hoheitsgebiet erklärt. Wie Hitler und Himmler lassen sich diese Reichskommissare kaum von traditionellen völkerrechtlichen Vorstellungen leiten, wenn es um die Umsetzung ihrer expansiv-imperialistischen Machtvorhaben geht; Verträge spielen keine Rolle, das Konzept des Territorialstaates wird durch einen willkürlichen und diffusen, biologistisch und rassistisch begründeten Rechtsbegriff ersetzt.[35]

Während die Zuständigkeiten der beiden Feldmarschälle wesentlich auf den militärischen Bereich beschränkt bleiben, konkurrieren bei der eigentlichen, faktischen Besatzungsherrschaft drei andere Institutionen miteinander, häufiger gegeneinander:

– die Wehrmacht, repräsentiert durch den Bevollmächtigten General bei der neuen italienischen Regierung, General Toussaint, in der Funktion eines Territorialbefehlshabers;

– die politische Führung in Gestalt des Bevollmächtigten des Großdeutschen Reiches, Botschafter Rahn;

– die Polizei und die SS, vertreten durch den HöSSPF SS-Obergruppenführer und General der Polizei, später Generaloberst, Wolff.[36]

Unklare Kompetenzregelungen, Überschneidungen in den Zuständigkeits- und Befehlsbereichen, das Gegeneinander rivalisierender, statusbewußter militärischer, politischer und parteilicher Spitzenfunktionäre gehört zum mit großer Fertigkeit umgesetzten Führungsprinzip des *divide et impera*, typisches Herrschaftsmerkmal und Machtinstrument nationalsozialistischer Herrschaftswirklichkeit.

Wie das in der Besatzungspraxis in Italien aussieht, wird aus einem Bericht des»Sonderbeauftragten für Überprüfung des zweckmäßigen Kriegseinsatzes« General v. Unruh vom 15. Februar 1944 an Reichsleiter Bormann ersichtlich: Erstens regiere Botschafter Rahn Italien unter Ausnutzung Mussolinis und der italienischen Regierung mittels eines Mindestaufwandes an Menschen, sei aber offensichtlich in seiner Machtstellung nicht restlos glücklich; auch scheine Rahn den Bevollmächtigten General nicht für erforderlich zu halten und deshalb dessen Verwaltung in verkleinertem Umfang an sich nehmen zu wollen, um Druck auf die italienische Regierung ausüben zu können; Militärkommandanturen benötige Rahn auch nicht, die enge Verbindung zum HöSSPF und dessen Exekutive genüge ihm vollkommen. Zweitens übermittle Feldmarschall Kesselring seine Befehle für die Kriegführung dem Bevollmächtigten General als territorialem Herrn, der sie in die Tat umzusetzen habe; der oberste Luftwaffenbefehlshaber in Italien, FM v. Richthofen, und der Kommandierende Admiral Meendsen-Bohlken verfügten zudem über weitgehende Selbständigkeiten. Drittens gibt General Toussaint seine Wünsche direkt an Botschafter Rahn weiter, stimmt sie mit ihm ab und setzt sie parallel zu den Maßnahmen der italienischen Regierung, aber selbständig mit seinen Militär- und Platzkommandos, die seine Macht repräsentieren, in Zusammenarbeit mit den Präfekten durch.[37]

Der HöSSPF Wolff, vor Zeiten Adjutant Himmlers, ist dessen verlängerter Arm in Italien, verantwortlich für die Sicherung und Aufrechterhaltung der deutschen Besetzung; ab 23. September wird er zudem Sonderbeauftragter für Polizeifragen Mussolinis, im August 1944 außerdem noch Bevollmächtigter General anstelle des nach Prag abgeschobenen Generals Toussaint. Unterstellt sind ihm die SS- und Polizeiführer in Mittelitalien, Oberitalien-Mitte und -West, Bozen und in der Operationszone *Adriatisches Küstenland*, wo der wegen Bereicherung und ähnlicher Delikte aus Polen strafversetzte HSSPF Globocnik amtiert, der über reichliche Erfahrungen in Sachen Judendeportation und -vernichtung verfügt.[38]

In der Befehlsregelung vom 16. August war für die Abgrenzung militärischer Zuständigkeiten eine territoriale Trennungslinie zwischen den Befehlsbereichen des OB Süd und des OB/HGr. B vorgesehen, die ungefähr auf dem Kamm des Apennin verlief. Mit der Neufassung vom 9. September befiehlt Hitler eine weiter südlich verlaufende Linie Elba – Piombino – Perugia – Porto Civitanova,[39] wobei den beiden Oberbefehlshabern in ihren jeweiligen Befehlsbereichen alle Landstreitkräfte des Heeres, der Waffen-SS und der Luftwaffe sowie alle

Militärkommandanturen unterstehen.[40] Die Weisungen zur Kampf-führung des OB Süd und der HGr. B werden mit Führerbefehl vom 4. Oktober präzisiert, ohne das zunächst vorgesehene Weisungsrecht Rommels gegenüber Kesselring; die Kompetenzstreitigkeiten wer-den auch damit nicht bereinigt. Kesselrings wiederholte Eingaben machen schließlich eine abermalige Neuregelung notwendig, die am 6. November erfolgt.[41] Der OB Süd erhält nunmehr den Oberbefehl über ganz Italien mit der neuen Bezeichnung OB Südwest; Rommel soll aus der HGr. B eine möglichst kleine und beweglich zu haltende Heeresgruppe z. b. V bilden, die Operationsstudien zur Küstenver-teidigung erarbeiten soll.[42]

Auch zum politischen Vertreter des Reiches hat der OB Süd / Süd-west ein mehr oder weniger von Rivalitäten, Einmischung seitens Rahn und Kompetenzstreitigkeiten bestimmtes Verhältnis; wobei Rahn vordringlich die Durchsetzung des Primats der Politik betreibt und Kesselring primär an der Berücksichtigung militärischer, für die Kriegführung als notwendig erachteter Erfordernisse interessiert ist.

Nicht anders das Gerangel um Zuständigkeiten zwischen Kessel-ring und Wolff: Hier ist es die Kompetenzabgrenzung bei der Parti-sanenbekämpfung, bis schließlich Hitler mit einem Machtwort im Frühjahr 1944 das Hickhack zu beenden sucht, aber damit nicht viel ändert. Der HöSSPF nutzt seinen Spielraum und den Zuständig-keitswirrwar, um sich Zuwachs an Befugnissen und Macht zu si-chern. Da seine Maßnahmen stets Kontakte mit der faschistischen Regierung voraussetzen, wächst Wolff immer stärker die Rolle eines auch politischen Verhandlungspartners zu, die er mehr und mehr mit der ihm übertragenen Aufgabe eines Beraters Mussolinis zur Funk-tion eines Aufsehers der faschistischen Regierung verschmilzt.[43] Machtinstrument ist ihm dabei die Sicherheitspolizei, deren Hand-lungsspielraum auszudehnen er sich befleißigt, wobei Konflikte mit den bei Sicherungsaufgaben konkurrierenden militärischen Dienst-stellen nicht ausbleiben können.

Außerdem ist die Funktion des HöSSPF in Italien, ebenso wie in anderen besetzten Ländern, nicht allein unter repressiven und si-cherheitspolizeilichen Aspekten zu sehen, auch die rassenideologi-sche Komponente muß einbezogen werden: Etwa die Durchsetzung der vom Eichmann-Referat im Reichssicherheitshauptamt geplanten und in Gang gesetzten judenfeindlichen Maßnahmen,[44] wie zum Beispiel die Nacht-und-Nebel-Aktion gegen die römischen Juden im Oktober 1943:

Gegen vier Uhr in der Frühe des 16. Oktober, das jüdische Laubhüttenfest hatte eben begonnen, umstellt eine aus drei Kompanien deutscher Polizeiregimenter gebildete Sondereinheit in aller Heimlichkeit und unter Vermeidung von Lärm das römische Ghetto, sperrt alle Zugänge, durchkämmt das Ghetto Haus für Haus; nach zehn Stunden ist die Aktion beendet. Von rund 8000 in Rom, aber nicht alle im Ghetto lebenden Juden werden 1259 festgenommen, von denen 1007 zwei Tage später nach Auschwitz deportiert werden, wo sie am 23. Oktober eintreffen.[45] Papst Pius XII. wird am Mittag von der fast unter seinen Augen ablaufenden Aktion unterrichtet, daraufhin der deutsche Botschafter beim Heiligen Stuhl in den Vatikan zur Entgegennahme eins vom Kardinalstaatssekretär Maglione mündlich vorgetragenen Protestes zitiert, der aber keine praktische Auswirkung hat, weil der Papst sich aus Furcht vor Repressalien zu mehr nicht aufraffen kann.[46]

Vorangegangen ist eine Erpressung: Der Vertreter Wolffs in Rom, Obersturmbannführer Kappler, hatte alsbald nach der deutschen Besetzung der Stadt den römischen Juden die Herausgabe von 50 Kilogramm Gold abverlangt, anderenfalls werde er 300 Geiseln sistieren. Am 6. Oktober teilt Botschaftsrat Moellhausen dem Auswärtigen Amt mit, Kappler habe aus Berlin vom Eichmann-Referat im RSHA den Befehl erhalten, die achttausend in Rom wohnenden Juden festzunehmen und nach Oberitalien zu bringen, wo sie liquidiert werden sollen, aber der Stadtkommandant von Rom, General Stahel, wolle das nur zulassen, wenn der Reichsaußenminister zustimme. Berlin antwortet: Kappler handele auf direkte Führerweisung, Rahn und Moellhausen sollten sich auf keinen Fall in die Angelegenheit einmischen.[47] So geschieht es. Die Aktion gegen die römischen Juden, obzwar eine Angelegenheit des SD, läuft nicht ohne Kenntnis und Beteiligung der Wehrmacht ab: Eine Demarche des in Rom lebenden deutschen Bischofs Hudal am 16. Oktober bei General Stahel kann diesen nicht bewegen, die Aktion zu stoppen. Stahel hatte sogar die ihm als Leibgarde zugeteilte 5. Kompanie des Polizeiregiments 15

Kappler zur Verfügung gestellt und sich statt dessen zum eigenen Schutz einer Einheit des FjRgt 2 bedient.[48]

Rom bekommt die Pressionen der deutschen Besetzung – und eine Verhaftungswelle – mehr als jede andere italienische Stadt zu spüren. Antonio Origo berichtet: Die Stadt quillt über von deutschem Militär, viele Gebäude sind beschlagnahmt, nicht nur die großen Hotels. Viele Familien, die aus unterschiedlichen Gründen das Licht der Öffentlichkeit scheuen müssen, verlassen Haus und Wohnung, verwischen ihre Spuren nach allen Regeln der Kunst, verstecken sich bei Freunden, werden mit gefälschten Ausweisen und Lebensmittelkarten versehen. Offiziere, oppositionelle Politiker und vor allem Juden müssen am meisten um ihre Sicherheit fürchten, man nennt sie die *sepolti vivi*, die Lebendig-Begrabenen. Verstecke bieten Klöster, Katakomben, Dachböden, sogar Kuppeln und Gewölbe von Kirchen. Die Untergetauchten treffen sich heimlich in Gotteshäusern, Kellern und Höhlen, um den Widerstand zu formieren.[49] Auch Ivanoe Bonomi gehört zu den Gefährdeten. Die durch SS verstärkte deutsche Polizei beginne politische Geiseln zu arrestieren, notiert er, »mir wird geraten, mich in Sicherheit zu begeben. Ich gehe, zusammen mit meinem Freund Casati, in ein schützendes Versteck im Lateranspalast«.[50]

Florenz macht auf den ersten Blick noch einen ganz normalen Eindruck, notiert Iris Origo, abgesehen von den überall präsenten deutschen Truppen; aber unter der Oberfläche mache sich Angst breit, die deutsche SS und faschistische Miliz hätten bereits viele Leute verhaftet, vor allem Antifaschisten, und das zumeist in den frühen Morgenstunden, wenn die Opfer noch im Bett liegen, eine ebenso übliche wie heimtückische Methode von SD und Gestapo, willkürlich und unberechenbar. »Es gibt kaum noch Familien, bei denen nicht alle in Angst erstarren, wenn es nach Anbruch der Dunkelheit an der Tür läutet.«[51]

2   Entwaffnung

Mit dem in der Nacht zum 9. September vom OKW ausgegebenen Stichwort *Achse* wird der Heeresgruppe B neben der Sicherung der Alpenpässe als wichtigste Aufgabe die Entwaffnung der italienischen

Streitkräfte zugewiesen, was ihr nach Überwindung erster Überraschungsmomente alsbald überall im Land und in den von Italien besetzten Gebieten auf dem Balkan, in Griechenland und auf den Inseln im östlichen Mittelmeer gelingt. Die Demobilisierung, Übernahme militärischer Einrichtungen und Vereinnahmung militärischen Gerätes verläuft zwar nicht allerorts ohne Pannen, trifft auch, zumindest anfangs, hier und da auf Widerstand einzelner italienischer Verbände, aber davon abgesehen wird das Unternehmen schnell und – aus deutscher Sicht – überaus erfolgreich abgeschlossen. Dazu tragen zweifellos die strukturellen Schwächen vor allem des italienischen Heeres, Führungsmängel bei den Stäben, schlechter Ausbildungsstand, mangelhafte Ausrüstung und Bewaffnung der Soldaten und die weitverbreitete Kriegsmüdigkeit bei.[52] Bereits am 7. September macht die illegal erscheinende Zeitung der Kommunistischen Partei mit der Schlagzeile auf: »Volk und Heer wollen den Frieden«. »Das ganze italienische Volk will Frieden um jeden Preis«, notiert Goebbels im Oktober. »Man will Schluß machen.«[53] Den deutschen Intentionen kommt das gelegen: Gemäß den Richtlinien des OKW vom 30. August soll nämlich, um die Entwaffnung zu beschleunigen und zu erleichtern, die Parole ausgegeben werden, der Krieg sei für die Italiener beendet, jeder Soldat könne nach Ablieferung der Waffen nach Hause gehen oder als Helfer in die Wehrmacht übertreten.[54]

Der deutsche Erfolg ist allerdings auch Ergebnis eines nicht nur zupackenden, sondern oft auch brutalen Vorgehens, das seine Begründung womöglich in der zahlenmäßigen Unterlegenheit der deutschen Kräfte findet, die mit hartem Durchgreifen kompensiert wird. Vor allem aber sind es die rabiaten völkerrechtswidrigen Befehle, mit denen die oberste Wehrmachtführung und auch die Befehlshaber in Italien, die Feldmarschälle Rommel und Kesselring, die ihnen unterstellten Soldaten aufputschen.

Im übrigen ist die deutsche Streitmacht in Italien zu diesem Zeitpunkt nicht einmal so klein: Die HGr. B verfügt in Ober- und Mittelitalien über das GenKdo Witthöft, dem die 44. und 71. Infanteriedivision und die Brigade Doehla unterstellt sind, über das LXXXVII. AK mit der 76. und 94. ID, das II. SS-PzK mit der SS-PzGD *Leibstandarte Adolf Hitler* und das LI. GebK mit der 65. und 305. Infanteriedivision.[55] Zentrale Aufgabe der Heeresgruppe C/Süd bleibt auch nach der Verkündung der italienischen Kapitulation die Kriegführung gegen die Alliierten, während die Entwaffnung italienischer Truppen zweite Priorität hat. Die HGr. C besteht am 8. September aus dem XI. Fliegerkorps mit der 2. FjD und der 3. PzGD im Gebiet um Rom, aus der dem Wehrmachtsbefehlshaber Korsika unterstellten 90. Panzerdivision auf Sardinien und der SS-Sturmbrigade *Reichsführer-SS*, und aus der im Kampfbereich Süditalien operierenden 10. Armee, der das XIV. Panzerkorps mit der FjPzD *Hermann Göring*, der 16. Panzerdivision, der 15. PzGD und Teilen der 1. Fallschirmjägerdivision, sowie das LXXVI. PzK mit der 26. PzD, der 29. Panzergrenadierdivision und der Masse der 1. FjD unterstellt sind.[56]

Die königlich-italienischen Streitkräfte zählen zu dieser Zeit nominell mehr als 1,5 Millionen Mann, von denen etwa ein Drittel, 80 Generäle und eine halbe Million Soldaten, zur 5. Armee des verdienten Weltkrieg-I-Generals Carracciolo di Feroleto gehört und auf Mittelitalien vom toskanisch-emilianischen Apennin im Norden bis zur südlichen Grenze der Provinz Frosinone und auf Sardinien verteilt ist. Das sind 30 größtenteils sehr lädierte Divisionen, von denen lediglich die 10000–12000 Mann starke Division *Ariete* in Rom halbwegs modern ausgerüstet ist.[57] Die ursprünglich zur Verteidigung des italienischen Stiefels in Kalabrien und Apulien stehende 7. Armee des Generals Arisio umfaßt nicht mehr als 130000 schlecht bewaffnete Soldaten.[58]

Von den anderthalb Millionen Soldaten werden 1007000 entwaffnet: 430000 im Befehlsbereich des OB Südost, davon durch die 2. Panzerarmee in Albanien und Jugoslawien 165000, und 265000 im Bereich der HGr. E in Griechenland und auf den Inseln; im Operationsgebiet der Heeresgruppe C sind es etwa 102000 Mann, im Befehlsbereich der HGr. B circa 416000, darunter 82 Generäle und 13000 Offiziere; etwa 59000 Italiener entwaffnet die 19. Armee in Südfrankreich. Rund 190000 italienische Soldaten entscheiden sich für die Bündnistreue und gehen auf die deutsche Seite über.[59]

Die Beute der Deutschen Wehrmacht an Waffen, Gerät und anderem Kriegsmaterial ist immens. Allein der HGr. B fallen 236 Panzer, 1138 Feldgeschütze, 536 Militärlastwagen, 797 Flugabwehr- und 536 Panzerabwehrgeschütze, 2558 Granatwerfer, 5926 Maschinengewehre, 386900 Gewehre und 4053 Pferde und Mulis in die Hände.[60]

Kesselring kann in seinem Abschlußbericht am 26. September für seinen Befehlsbereich noch mehr vorweisen: 383 Panzer und Panzer-spähwagen, 113 Sturm- und 1562 Feldgeschütze, 70 Panzerabwehr- und 459 Flugabwehrgeschütze, 501 Granat- und 173 Flammenwerfer, 16597 Maschinengewehre, 598206 Gewehre und Handfeuerwaffen; dazu 1769 Militärlastkraftwagen, 309 Pkw, 409 Motorräder, 6000 Pferde und Mulis, 53400 Tonnen Munition und Sprengmittel, 74500 Pionier- und allgemeines Gerät, 20650 Tonnen Treibstoff und Öl.[61]

In Norditalien ist das Unternehmen Demobilisierung am 10. September weitgehend beendet, »die bisher gemeldete Zahl beläuft sich auf 90000 entwaffnete italienische Soldaten, es handelt sich hierbei aber nur um eine Teilmeldung«, Widerstand wird noch in Cremona und Triest geleistet.[62]

In Mittelitalien besetzt die in kleineren Verbänden weit über die südliche Toskana, das nördliche Latium und Umbrien gestreute 3. PzGD nach Ausgabe des Stichwortes *Achse* die wichtigsten Punkte militärischen Interesses und entwaffnet die kaum und nur vereinzelt Widerstand leistenden Einheiten der italienischen 5. Armee: Die aus zwei Kompanien Panzergrenadiere und zwei Spähtrupps einer Aufklärungsabteilung bestehende Kampfgruppe Borchert kann durch geschicktes Auftreten, unterstützt von der Kriegsmarine, rund 6000 Mann zweier Küstendivisionen entwaffnen; die Flak-Abteilung der Division besetzt die Garnisonen Montefiascone, Viterbo, Orte und Orvieto, wo sich 4000 Flugschüler ergeben; Major Dannenberg gelingt es, in Perugia 3000 Soldaten einer Ersatzdivision zu überreden, sich auf die deutsche Seite zu schlagen.[63]

Mit Flugblättern werden die italienischen Soldaten aufgefordert, sich nicht von der feindlichen Propaganda täuschen zu lassen. »Begreift die Lage so, wie sie tatsächlich ist«: Alle Alpenpässe, Straßen, Eisenbahnen seien in deutscher Hand, in Mailand und Turin herrsche wieder Ordnung, Genua, La Spezia und die gesamte Küste von Nizza bis Neapel werde von deutschen Truppen verteidigt, Rom stehe unter deutschem Schutz. »Der König ist ein Verräter und zum Feind übergelaufen, Marschall Badoglio ist auf der Flucht, der Duce ist befreit.«[64] Radio Rom fordert am 15. September alle Offiziere und Soldaten auf, sich umgehend bei der nächsten deutschen Kommandantur zu melden, Freiwilligenkorps sollen den Krieg gegen die Alliierten fortsetzen. Auch in Florenz fordert die Wehrmacht mit Flugblättern die Soldaten auf, sich den deutschen Kommandobehörden zu stellen und sich vom Eid auf den König zu lösen.[65]

General Carracciolo schlägt sich in Zivil nach Florenz durch und erfährt dort, daß er ein Befehlshaber ohne Truppen ist. Er macht sich auf den Weg nach Rom und erlebt dabei hautnah Selbstaufgabe und Auflösung seiner Armee. Im Kriegsministerium in Rom hat man keine Verwendung für ihn, daraufhin taucht er in einem Kloster unter. Dort wird er im Habit eines Klosterbruders von Deutschen verhaftet, später von einem republikanischen Gericht zum Tode verurteilt, dann zu Haft begnadigt und 1945 von Partisanen befreit.[66]

General Amellini und vierzig andere höhere Offiziere werden aus Florenz verschleppt, vermutlich nach Pavia ins Gefängnis. Im Frühjahr 1944 sind unter den Opfern des Geiselmassakers in den römischen Fosse Ardeatine vier italienische Generäle und einige mehr Offiziere, die, zum Tode oder zu lebenslanger Haftstrafe verurteilt, aus dem römischen Stadtgefängnis Regina Coeli herausgeholt und als »Kriminelle« erschossen werden.[67]

Allenthalben werden demoralisierte italienische Soldaten nach ihrer Entwaffnung gefangengenommen und unter entwürdigenden Umständen sistiert. Giuseppe Rossi berichtet, wie das abläuft: Die in den Kasernen von Florenz gefangengenommenen Soldaten werden wie eine Viehherde im Stadion zusammengetrieben, von wo aus sie, in plombierten Waggons, nach Deutschland deportiert werden sollen. Die Verladung erfolgt auf der nahegelegenen Stazione Campi di Marte unter strengen Sicherheitsvorkehrungen: Um die Perrons wird ein Sperrgürtel deutscher Truppen gebildet, durch den an die Züge heranzukommen unmöglich ist. Die Eltern können ihre Söhne nicht sprechen, viele Bewohner der Stadt bieten ein Lösegeld auch für ihnen unbekannte Soldaten. Manche Soldaten bitten vergeblich darum, wenigstens eine Postkarte abschicken zu dürfen. Eine Rotkreuzhelferin versucht trotzdem an einen Zug heranzukommen, wird aber von einem Deutschen mit dem Gewehrkolben zurückgestoßen. Als sie sich darüber bei einem deutschen Offizier beschwert, dreht der sich um und belobigt ostentativ den gewalttätigen Soldaten.[68] Andernorts geschieht ähnliches.

Die italienischen Soldaten befinden sich in einem Dilemma: Entweder sie lassen sich entwaffnen und riskieren, als Gefangene nach

Deutschland deportiert zu werden, oder sie behalten ihre Waffen, lösen sich aus ihrem Eid auf den König und schwören dem Deutschen Reich und seinem *Führer* die Treue; einzig mögliche Auswege sind die Selbstauflösung ganzer Truppenteile und die Desertation: Viele machen sich auf eigene Faust davon und auf den Weg nach Hause oder schlagen sich in die Wälder und ins Gebirge, wo sie alsbald die ersten Partisanengruppen bilden.[69]

Nur die Königliche Flotte kann sich größtenteils der Auslieferung entziehen, weil einige wenige Admirale schon am 6. September wissen, was gespielt wird. Unbehelligt von deutschen Seestreitkräften kann sie noch in der Nacht zum 9. September die Häfen verlassen und Kurs auf Malta nehmen; zurück bleiben nur unfertige, reparaturbedürftige, nicht fahrbereite und kleine Einheiten. Zwar befiehlt die deutsche Marineleitung am 9. September, die auf See angetroffenen italienischen Schiffe zur Rückkehr in Häfen nördlich von Civitavecchia zu zwingen, andernfalls sie zu versenken, aber beides mißlingt. Lediglich die Luftwaffe kann einen Teilerfolg mit der Versenkung des Schlachtschiffs *Roma* und eines Zerstörers verbuchen; das Gros der Flotte erreicht unbeschädigt Malta: Fünf Schlacht- und Linienschiffe, acht Kreuzer, rund 50 Zerstörer, Torpedoboote, Korvetten und 30 U-Boote.[70] Auch die italienische Luftwaffe bringt den größten Teil ihrer Maschinen in Sicherheit.[71]

Nicht überall geht die Demobilisierung der italienischen Streitkräfte glatt über die Bühne. Vor allem außerhalb Italiens, im Befehlsbereich des OB Südost, in Griechenland und auf den Inseln gibt es erhebliche Gegenwehr. Am 9. September teilt Feldmarschall Keitel dem Auswärtigen Amt mit: »Italienische Soldaten, die sich nicht zur Fortführung des Kampfes an deutscher Seite zur Verfügung stellen, sind zu entwaffnen und gelten als Kriegsgefangene«, ergänzt dann aber noch, in Zusammenarbeit mit dem Generalbevollmächtigten für den Arbeitseinsatz Sauckel sollen alle Fachkräfte für die Rüstungswirtschaft ausgesondert und eingesetzt, Mitglieder der Faschistischen Partei dem Reichsführer SS, alle übrigen den Generalstäben des Heeres und der Luftwaffe im Verhältnis 7 : 1 als Arbeitskräfte für den Bau des Ostwalls zur Verfügung gestellt werden.[72] Drei Tage später, am 12. September 1943: »Auf Befehl des Führers ist mit allen italienischen Truppenteilen, die ihre Waffen in die Hände von Aufständischen haben fallen lassen oder überhaupt mit Aufständischen gemeinsame Sache gemacht haben, nach Gefangennahme wie folgt zu verfahren:

1. Die Offiziere sind standrechtlich zu erschießen.
2. Uffz. und Mannschaften sind unmittelbar, unter möglichster Umgehung des Transportweges durch das Reich, nach dem Osten durch AWA/Chef Kriegsgef. zur Verfügung Gen.St.d.H./Gen.Qu. zum Arbeitseinsatz zu verbringen.«

Unterschrift: gezeichnet »Der Chef OKW Keitel.«[73]

Am 15. September läßt die Wehrmachtführung Regelungen zur Behandlung entwaffneter italienischer Soldaten folgen: Diese sollen eindeutig erklären, wo sie stehen wollen. »Wer nicht für uns ist, ist gegen uns.« Drei Gruppen seien zu unterscheiden: Erstens die bündnistreuen Soldaten, die an der deutschen Seite weiterkämpfen; zweitens solche, die nicht weiter mitmachen wollen; drittens Soldaten, die Widerstand leisten oder mit dem Feind oder *Banden* paktieren. Von letztgenannter Gruppe sind die Offiziere zu erschießen, die übrigen zum Arbeitseinsatz an die Ostfront zu deportieren.[74]

»Irgendwelche sentimentalen Hemmungen des deutschen Soldaten gegenüber badogliohörigen Banden in der Uniform des ehemaligen Waffenkameraden sind völlig unangebracht«, kartet der OB Süd Anfang Oktober nach. »Wer von diesen gegen deutsche Soldaten kämpft, hat jedes Anrecht auf Schonung verloren und ist mit der Härte zu behandeln, die dem Gesindel gebührt, das plötzlich seine Waffen gegen seinen Freund wendet. Diese Auffassung muß beschleunigt Allgemeingut der deutschen Truppen werden.«[75]

Die Weisungen werden befolgt: So vermerkt das Kriegstagebuch des XIV. PzK am 11. September, bei der Entwaffnung werde rücksichtslos Waffengewalt angewendet, auch seien entsprechend scharfe Befehle an die Truppe ausgegeben. In Nola hätten die Kasernen nur unter Panzereinsatz besetzt werden können, man habe einen General gefangengenommen, die übrigen Offiziere erschossen. Durchgeführt wird diese Aktion von Einheiten der Division *Hermann Göring*; entgegen dem Eintrag im KTB kann sich General Pentimalli aber seiner Gefangennahme entziehen.[76] Auch im Befehlsbereich des Genkdo Witthöft verläuft die unter dem Stichwort *Rosenmontag* gestartete Aktion rücksichtslos und überraschend.[77]

54

Erzielt wird mit den drastischen Weisungen nur ein Klima der Rache und Angst auf beiden Seiten, dessen Folgen nicht auf sich warten lassen. Gegen die italienischen Verbände auf der Insel Kefalonia wird »wegen des gemeinen und verräterischen Verhaltens« und gemäß einem gegen alles Kriegsvölkerrecht verstoßenden Mordbefehls des OKW vom 18. September mit brutaler Härte vorgegangen. Über die am 15. 9. erteilte Weisung hinaus wird befohlen, auf Kefalonia ab sofort keine Gefangenen mehr zu machen.[78] Mindestens 5170 italienische Soldaten werden niedergemetzelt, obgleich sie sich großenteils schon ergeben haben. Zuvor gemachte Gefangene werden auf das Festland überführt, ohne Rücksicht auf die an Bord der Transportschiffe vorhandenen oder nicht vorhandenen Rettungsmittel. Viele der vollgepferchten, nicht als Kriegsgefangenentransporte gekennzeichneten Schiffe werden durch Feindeinwirkung versenkt, mindestens 13288 Italiener kommen dabei um, Rettungsmaßnahmen werden ausschließlich für das deutsche Begleitpersonal eingeleitet.[79]

Die Demobilisierung der italienischen Streitkräfte ist ein ganz düsteres Kapitel in der Geschichte der bilateralen Beziehungen zwischen Deutschland und Italien, sie hinterläßt einen tiefschwarzen Fleck auf dem angeblich so reinen Schild der Deutschen Wehrmacht. Die Berufung auf »Handeln auf höheren Befehl« zieht nicht, denn es ging auch anders: Der Kommandeur des LXXVI. Panzerkorps, General Herr, versucht per ausdrücklichen Befehl unnötige Zwischenfälle und Übergriffe in seinem Bereich zu unterbinden;[80] auch General v. Senger und Etterlin, Wehrmachtbefehlshaber Korsika, lehnt es ab, gefangene Offiziere als Freischärler erschießen zu lassen, weil die Erschießung von Offizieren, die rechtmäßige Befehle ihrer Regierung ausführen, gegen sein Gewissen ist.[81]

Doch das sind Ausnahmen. Die Befehle, die von deutschen Generälen ohne Protest angenommen und weitergegeben, von deutschen Offizieren und Soldaten exekutiert wurden, waren rechtswidrig. Ihnen zu gehorchen bestand deshalb keinerlei Pflicht. Wer sie dennoch befolgte, handelte verbrecherisch, zumindest als Mittäter.

Rechtswidrig ist auch der Befehl zur Erschießung italienischer Offiziere, wenn die ihnen untergebenen Truppen ihre Waffen nicht niederlegen oder in die Hände von Aufständischen fallen lassen; wobei

»Aufständische« diejenigen Truppenteile und Soldaten sind, die an ihrem Eid auf den König festhalten. Gleiches gilt für die Weisung, in Zivil angetroffene italienische Soldaten ohne jede Formalität zu erschießen. Gegen jedes Recht verstößt auch der sogenannte *Kugelerlaß* vom 4. März 1944, der die Deportation wiederaufgegriffener flüchtiger Offiziere und Unteroffiziere und deren Überstellung an die Gestapo anordnet, die ihrerseits diese Gefangenen auf Himmlers Geheiß in das Konzentrationslager Mauthausen verbringt und dort im Geheimen ermorden läßt.[82]

Wie viele italienische Soldaten diesen Mordbefehlen zum Opfer fielen, ist nicht mehr genau zu ermitteln: Die Zahl bewegt sich zwischen mindestens 5200 und maximal 6300 ermordeten Männern aller Dienstgrade, zusätzlich die rund 13 300 beim Transport von den griechischen Inseln aufs Festland umgekommenen Soldaten.[83]

Doch auch das ist noch nicht alles. Soldaten, die sich zwar entwaffnen lassen, aber sich weigern, weiterhin Krieg zu führen oder den neuzubildenden Streitkräften von Mussolinis RSI beizutreten, werden der deutschen Kriegswirtschaft als Zwangsarbeiter zugeführt. Etwa 600 000 Mannschaften, Unteroffiziere und Offiziere müssen alsbald vor allem im Reich in Betrieben aller Art arbeiten und damit gezwungenermaßen helfen, die prekäre Lage auf dem Arbeitsmarkt zu entspannen und die Kriegsmaschinerie am Laufen zu halten. Ab 20. September handelt es sich dabei nicht mehr um Kriegsgefangene nach völkerrechtlicher Definition, sondern gemäß Führerbefehl um *italienische Militärinternierte.*[84] Vermutlich entspringt dieser Befehl hauptsächlich politischen Überlegungen der deutschen Führung: Sie will die Republik von Salò nicht mit der zusätzlichen Hypothek hunderttausender italienischer Kriegsgefangener in deutschen Lagern belasten. Aber als Militärinternierte gilt für sie fortan nicht mehr die Genfer Konvention über die Behandlung von Kriegsgefangenen. Sie sind schutzlos[85] und deshalb schlimmen Drangsalierungen ausgesetzt. Für die Mehrheit der über 600 000 Militärinternierten wird die Zeit in deutschen Lagern im wahrsten Sinne des Wortes zur Hölle, am Ende der Leidenszeit werden nach unvollständigen deutschen Angaben mindestens 20 000 in den Lagern umgekommen sein.

Die Bilanz der Demobilisierung wird sich, ohne die bei Kampfhandlungen gefallenen Soldaten, aber mit den im Arbeitseinsatz an der deutschen Ostfront getöteten und vermißten Internierten auf 45000 Tote belaufen, richtiger: auf 45000 Ermordete.[86]

An der trostlosen Lage der Militärinternierten kann auch Mussolini nichts ändern. Er setzt sich zwar im Frühjahr 1944 für eine Verbesserung der Lagerzustände ein, doch nützen wird das ebensowenig wie vorher mehrfaches Insistieren der italienischen Botschaft bei der deutschen Regierung.[87]

Inzwischen hat der Duce mit dem Aufbau einer neuen republikanischen Streitmacht begonnen. Anfang Oktober plant er, die Jahrgänge 1923/25 auszuheben und Freiwillige per Aufruf zu gewinnen, aber das deutsche Oberkommando will ihm statt der gewünschten 25 Divisionen nur vier und dazu 25 Bataillone Miliz zugestehen. Im Dezember ist er einverstanden, die für die Aufstellung benötigten Rekruten aus neueingezogenen Jahrgängen entsprechend dem deutschen Wunsch zur Ausbildung ins Reich zu verbringen, zusätzlich Anfang des neuen Jahres mehrere Jahresklassen Miliz einzuziehen und zur Arbeitsleistung ebenfalls nach Deutschland zu schicken.[88] Im Juli 1944 wird mit dem von Mussolini per Dekret am 21. Juli verfügten Aufbau der *Brigate nere*, der Schwarzen Brigaden begonnen, die vor allem, als eine Art italienische SS, anstelle der *Guardia Nazionale Repubblicana* in der Partisanenbekämpfung eingesetzt werden soll, weil auf die GNR nicht mehr unbedingter Verlaß ist. Im März 1944 verfügen die Streitkräfte der RSI über 170000 Mann, im wesentlichen aus den neu einberufenen Jahrgängen 1924/25. Ein Jahr später, kurz vor Kriegsende 1945, hält die Republik von Salò rund 800000 Soldaten unter Waffen, davon die Hälfte im Heer, 150000 bei der GNR und 110000 bei den Schwarzen Brigaden.[89]

3 *Dem Gegner eine Wüste hinterlassen*

Hitlers zorniges Versprechen, er wolle in Italien »Tabula rasa« machen, ist zunächst auf den angeblichen Verrat der Badoglio-Clique gemünzt, impliziert aber katastrophale Folgen auch für das italienische Volk, das, wie es das Gesetz der Geschichte verlange, auf das härteste bestraft werden müsse.[90] Ausführungsbestimmungen erfolgen sofort: Für die weitere Kampfführung in Italien befiehlt Hitler am 12. September, den Vormarsch der alliierten Streitkräfte so hinhaltend zu verzögern, daß Zeit für Räumung und Zerstörung gewonnen werde, die rücksichtslos durchzuführen sei.[91] In praxi geschieht das bereits: Auf ihrem Rückzug durch Apulien und Kalabrien seit Anfang September hinterlassen die Truppen Kesselrings eine Spur der Verwüstung und des Schreckens,[92] mehr als für einen hinhaltenden Rückzug erforderlich. Das taktische Ziel, die alliierten Truppen in Kalabrien zu hindern, ihren arg bedrängten Verbänden im Landekopf von Salerno schnell zu Hilfe zu kommen, wird aber durch die vorgenommenen Zerstörungen, wie Kesselring die Lage am 11. September beurteilt, erreicht.[93]

Befehl und Praxis entsprechen Hitlers Grundsätzen für die Kriegführung der verbrannten Erde, die er in Italien nicht zum ersten Mal praktiziert. Die Formel ist einfach: Zerstören und vernichten, was dem Feind in irgendeiner Weise nützlich sein könnte; abtransportieren und an sich bringen, was immer der eigenen Kriegführung dienlich ist. Das läuft auf die staatlicher- wie militärischerseits betriebene Ausplünderung eines ganzes Landes hinaus und hinterläßt dem Gegner eine Wüste.[94] Dazu im Frühsommer 1944 der OB Südwest in einem Befehl zur Kampfführung: Die »Zerstörungen aller Art müssen viel mehr als bisher mit sadistischer Phantasie durchgeführt werden.« Im Zusammenhang mit Anordnungen zur Vorbereitung der *Barbara-* und der *Bernhard*-Stellung ist die Rede von einer vor der HKL zu schaffenden *Wüstenzone*.[95]

Bereits Ende September 1943 beginnt die Zerstörung Italiens in so schrecklicher, alle Befürchtungen oder Erwartungen – je nach Standpunkt – übertreffender Konsequenz, daß der Nachrichtenoffizier Ic im Stab der 16. PzD, Udo v. Alvensleben, sich fragt: »Wofür wird dieses Volk bestraft?« Aber er drückt sich um die Antwort, obgleich er sie kennt: Rache für angeblichen Verrat, Haftung des ganzen Volkes für die Taten seiner nicht von ihm gewählten Führer, heißen sie Mussolini oder Badoglio oder Vittorio Emanuele III., die selbst nicht die Verantwortung für ihre Handlungen übernehmen wollen, sondern sich ihr durch die Flucht entziehen.[96]

Für die in der Führer-Weisung generell angeordnete Zerstörung geräumter Gebiete wird am 18. September eine vom Chef des OKW, Feldmarschall Keitel, unterzeichnete detailliertere Durchführungsanordnung als »geheime Kommandosache! Chefsache! Nur durch Offizier!« erlassen, die unter dem bezeichnenden Namen *Nero-Befehl* in die Geschichte des Zweiten Weltkrieges eingegangen ist: »Bei Durchführung der befohlenen Rückzugsbewegungen ist neben den befohlenen Räumungs- und Bergungsmaßnahmen im größten Maße von Zerstörungen aller Art Gebrauch zu machen«. In Bürokraten-Deutsch wird sodann detailliert die Vernichtung eines von Menschen bewohnten Landes angeordnet, wobei alles und jedes betroffen ist: Einrichtungen der Energieversorgung, Grundstoff- und verarbeitende Industriebetriebe, Hafenanlagen und Transportmittel aller Art, Eisenbahnanlagen und Verkehrswege, Straßen, Brücken, Tunnel. Betroffen sind auch Betriebe der Ernährungswirtschaft, produzierende wie weiterverarbeitende; was abtransportiert werden kann, ist wegzuschaffen: Vorräte, Lebensmittel, Vieh, Pferde, andere Tiere. Rollendes Eisenbahnmaterial und Kraftfahrzeuge sind zum Abtransport des Räumungsgutes zu nutzen; kann mangels Transportkapazität der Abtransport nicht geleistet werden, ist alles zu vernichten, ohne Rücksicht auf die Menschen. Die wehr- und arbeitsfähige Bevölkerung, Männer in erster Linie, ist in Richtung Norden zu deportieren, wo ihre Arbeitskraft genutzt werden kann; *Rückführung* lautet hierfür die Vokabel, aber es handelt sich in Wahrheit um Deportation. Nicht zerstört werden sollen einzig Kunstdenkmäler, Kirchen, belegte Krankenhäuser, Lazarette und auch der Vatikan, dessen Hoheitsrechte nicht verletzt werden dürfen. »Es muß erwartet werden, daß die verantwortlichen Befehlshaber aller Grade ohne jede Schonung und Rücksicht die Räumung und Zerstörung mit größter Energie durchführen, eingedenk des beispiellosen Verrates und der Opfer an deutschen Soldaten, die uns dieser Verrat kostet. Die Schädigung des Feindes muß über aller menschlichen Rücksicht stehen.«[97]

Obzwar dieser Befehl von einem deutlich artikulierten, den Haßtiraden Hitlers voll entsprechenden Rachebedürfnis motiviert zu sein scheint, steht er, die deutsche Kriegführung betreffend, nicht allein: Wenige Tage zuvor hat FM v. Manstein an der Südfront in Rußland ähnliches angeordnet, noch vorher wurde bei der Räumung des Kaukasus eine dem *Nero-Befehl* ähnliche Führer-Weisung ausgeführt, wie später auch bei der Aufgabe des Gebietes ostwärts des Dnjepr.[98] Die Worte »rücksichtslos«, »ohne Rücksicht auf« und »Rücksichtslosigkeit« sind Standardvokabeln aller Befehle, Weisungen und Anordnungen, die das Prinzip »Wüste« in die Tat umsetzen sollen.

Kesselring erhält für die Durchführung der Zerstörungen vom OKW zwei bis drei Pionierkompanien aus Pionierschulen zugewiesen;[99] bis Ende September auch 1700 Tonnen Sprengstoff,[100] obgleich gemäß *Nero-Befehl* die erforderlichen Sprengmittel in erster Linie aus der Beute aufgebracht werden sollten, was offenbar nicht reichte. Weitere Durchführungsbestimmungen erläßt das AOK 10 noch am 18. September, die neben anderem auch die Zerstörung der Wasserleitungen Apuliens betreffen.[101] Vier Tage später erhält das LXXVI. PzK dazu genau Anweisung: Die Zerstörung des Acquedotto Pugliense, der ganz Apulien, vor allem die Städte Foggia, Bari, Brindisi und Tarent versorgt, ist von großer Bedeutung; sie ist bei Caposede, 25 Kilometer nördlich von Eboli anzusetzen, wo Quellwasser erfaßt wird.[102]

Ende Oktober zieht der OB Südwest Erfolgsbilanz: Gesprengt wurden 12 210 m Brücken, 1930 m Durchlässe, 6565 m Tunnel, 668 700 m Bahngleise, dazu aufgerissen 116 300 m Bahngeleise, außerdem zerstört 77 Lokomotiven, 2043 Waggons.[103]

Etwa zur gleichen Zeit beziehen die deutschen Verbände die *Bernhard*-Stellung, eine Verteidigungslinie, die am Garigliano von dessen Mündung im Westen zum Sangro und an diesem entlang bis zur Adria verläuft. Die brutalen Befehle für den Ausbau der Stellung veranlassen den Ic der 3. PzGD zu der bemerkenswerten Feststellung, die Bevölkerung sei beunruhigt, ihre zunehmend feindselige Haltung werde mitverursacht durch ungerechte Vergeltungsmaßnahmen und militärisch nicht zu rechtfertigende Zerstörungen.[104] Bevor nämlich ein Gebiet vor einer Verteidigungsstellung der möglichst restlosen Zerstörung anheimfällt, ist es in einer Tiefe von 5 Kilometern rücksichtslos von der Bevölkerung zu räumen und das Wiederbetreten zu verbieten; Zivilisten, die ab eines bestimmten Zeitpunktes innerhalb der 5-km-Zone angetroffen werden, sind zu erschießen. Auch für den rückwärtigen Raum solcher Stellungen gibt es eine Räumungszone, die meist eine Tiefe von 10 Kilometern hat. Die Evakuierung der Bevölkerung soll dabei möglichst nachts und in geschlossenen Gruppen erfolgen; zurückbleiben sollen nur arbeitsfähige Männer zum Stellungsbau. »Grundsatz: Der deutsche Soldat kämpft, der Italiener arbeitet für ihn.«[105]

Auch später noch wird nach solchen Grundsätzen mit deutscher Gründlichkeit verfahren: Zwecks Küstenschutz soll aus einem fünf bis zehn Kilometer tiefen Küstenstreifen am Tyrrhenischen Meer die Bevölkerung evakuiert werden, aber nur in dem Umfang, wie taktische und schießtechnische Notwendigkeiten dies erfordern. Die verbleibenden Bewohner sind anzuweisen, bei Kampfhandlungen in den Häusern zu bleiben. Wer trotzdem die Straße betritt, ist zu erschießen. Der Kommandierende General des XIV. PzK ist der Auffassung, der Raum zwischen Viktor- und Bernhardlinie sei von allen Lebensmittelvorräten »freizumachen«, damit der feindliche Verpflegungsnachschub für Truppe und Bevölkerung noch schärfer belastet würde. Notfalls sollen eine Zwangsabgabe verfügt und bei Nichterfüllung harte Zwangsmaßnahmen angeordnet werden, in Rußland habe man damit gute Erfahrungen gemacht.[106]

General Witthöft erläßt im Sommer 1944 zum Ausbau der Goten-Stellung am Südabhang des toskanisch-emilianischen Apennin genaue Richtlinien darüber, wie beispielsweise ein unbehindertes Schußfeld hergestellt werden soll: Häuser sind zu räumen, danach abzutragen oder zu sprengen, die Trümmer soweit zu beseitigen, daß der Feind keinen Schutz in ihnen finden kann; Bäume werden in Höhe eines Meters abgeholzt, damit die Stümpfe für den anstürmenden Feind ein Hindernis sein können. Bei der Evakuierung der Bevölkerung soll bedacht werden, welche Menschen noch gebraucht werden; alle anderen sind rücksichtslos zu entfernen.[107]

Die Evakuierungsmaßnahmen dienen einem doppelten Zweck. Sie sollen einerseits Spionage und Sabotage im Frontgebiet zu unterbinden helfen, andererseits soll die italienische Bevölkerung zum Stellungsbau eingesetzt werden. Aber das auf diese Weise erfaßte Arbeitspotential reicht gleichwohl für den Stellungsbau nicht aus. FM Kesselring ordnet deshalb am 18. September die Bildung von Arbeitsbrigaden an: 120 zu je 500 Mann, insgesamt sechzigtausend. Die Erfassung der arbeitsfähigen Männer und die Aufstellung der Arbeitsbrigaden wird den italienischen Zivilbehörden oktroyiert, von denen Kesselring zusätzlich die Dienstverpflichtung aller männlichen Angehörigen der Jahrgänge 1910–1925 im Großraum

Neapel und in den Städten im frontnahen Gebiet sowie den Abtransport zu den Einsatzorten zum Stellungsbau hinter der Front fordert.[108]

Der eigentliche Zweck der Maßnahme: »Feldmarschall Kesselring möchte Hitler eine Platte von 170000 Italienern auf einmal servieren.«[109] Tags zuvor ist nämlich vom OKW eine Weisung an den OB Süd und die HGr. B sowie nachrichtlich an den Bevollmächtigten für den Arbeitseinsatz, Fritz Sauckel, und das Auswärtige Amt ergangen: Der OB Süd habe unverzüglich Maßnahmen zur Rückführung wenigstens der wehrfähigen männlichen Bevölkerung aus seinem Befehlsbereich zu veranlassen, vornehmlich aus den größeren Städten und nach Oberitalien. »Hierfür ist die Anwendung aller geeigneter Maßnahmen freigegeben«; was das heißt wird nicht erläutert. Aber neben der Anwendung von Zwang soll an die Bevölkerung appelliert werden, die Erfordernisse der Verteidigung italienischen Bodens gegen die Gefahr der Vernichtung und Verelendung des Landes einzusehen, die nun einmal die Gewinnung von Arbeitskräften notwendig mache. Falls Appelle und Aufrufe nichts bringen, ist vor Einsatz aller verfügbaren Machtmittel gegenüber italienischen Behörden, die diese Anordnung ausführen sollen, nicht zurückzuschrecken: Zum Beispiel Auflagen hinsichtlich Kontingentierung und die Erzwingung der Gestellung bestimmter Kontingente durch Festsetzung von Geiseln. Reichen die Transportmittel nicht aus, ist Fußmarsch in die vorbereiteten Auffanglager nördlich des Apennin anzuordnen, begleitet von schwerbewaffneten Kommandos unter Schutz von Panzerspähwagen. Aktiver und passiver Widerstand ist rücksichtslos zu brechen.[110] So geschieht es. Die Männer im wehrfähigen Alter werden mit Gewalt zusammengetrieben und nach Deutschland deportiert.[111] Kesselrings Anordnung über die Aufstellung von Arbeitsbrigaden ist der Vollzug dieses OKW-Befehls.

Als Reaktion auf ein Schreiben Sauckels vom 29. September an den Militärbefehlshaber in Italien über Aufgabe und Aufbau der Arbeitsverwaltung in Italien erläßt Rommel am 1. Oktober für seinen Befehlsbereich eine Verordnung über die Aushebung der Jahrgänge 1910 bis 1925: Die Pflicht zur Arbeit begründet er damit, dieser Krieg sei ein totaler Krieg, soweit die Männer Italiens nicht mehr Gelegenheit hätten, mit der Waffe für Freiheit und Ehre ihres Vaterlandes zu kämpfen, hätten sie die Pflicht, ihre volle Arbeitskraft in diesem Kampf einzusetzen.[112] Inzwischen sind die italienischen Militärinternierten auf dem Wege zum Arbeitseinsatz in Deutschland. Am 21. September weist das OKW die beteiligten Kommandostellen nochmals darauf hin: Der größte Nutzeffekt aus den Militärinternierten werde gewonnen, wenn sie möglichst ausnahmslos der Rüstungswirtschaft zugeführt werden. Für lokale Arbeitszwecke wie Stellungsbau, Ausbau der Küstenverteidigung oder Flugplatzbau solle zwar in erster Linie auf örtliche Arbeitskräfte zurückgegriffen werden, doch strebe die Wehrmachtführung andererseits an, wehrfähige Italiener in möglichst großer Anzahl nach Deutschland zu schaffen (recte: zu deportieren), um aus der Rüstungsindustrie sogenannte uk-Gestellte für den Frontdienst freizubekommen, im Verhältnis von einem Deutschen zu drei Italienern; vorgesehen sei zur Zeit der Austausch von bis zu 500 000 Italienern gegen 150 000 Deutsche.[113]

Die Zwangsrekrutierung »freiwilliger« Arbeitskräfte und die Zwangsarbeit der Militärinternierten ist ein Dauerthema der Demarchen des Duce vor allem bei Botschafter Rahn, aber auch bei Hitler selbst. Im Frühjahr 1944 beklagt sich Mussolini in Kleßheim über mangelnde Anerkennung der italienischen Anstrengungen zur Bereitstellung von Arbeitskräften: Sauckel verlange eine Million Arbeiter, Göring 200000 für seine Flak, Kesselring 62000 für Stellungsbau, die Kriegsmarine 27000, insgesamt 1,3 Millionen, die er, der Duce, auch bereit sei zu stellen; aber einen kleinen Dank dafür möchte er schon haben.[114] Wiederholte Klage im Sommer: In einer Note, die Mussolini am 20. Juli, am Tag des Stauffenberg-Attentats, Hitler überreicht, weist er darauf hin, der OB Südwest habe erst vor einigen Monaten 70000 Arbeiter in Anspruch genommen, der Luftwaffenbefehlshaber in Italien, FM v. Richthofen, zur selben Zeit 60000; seither sei die RSI aufgefordert worden, erneut nahezu eine Million Arbeiter zu stellen, welchem Verlangen sie unmöglich nachkommen könne. Er schlägt vor, statt dessen solle erst einmal das Arbeitskräftepotential der Militärinternierten für den deutschen Produktionsprozeß voll ausgeschöpft werden.[115]

Neben der brutalen Ausbeutung italienischer Arbeitskräfte dient die materielle Ausplünderung des Landes der deutschen Kriegswirtschaft. Die wirtschaftliche Nutzung Italiens und Ausnutzung aller ökonomischen Ressourcen sei für die weitere erfolgreiche Kriegführung notwendig, erklärt Rommel bereits am 11. September 1943. Die Wehrmacht ist durch den mit allen Vollmachten ausgestatteten General Leyers und seinen Stab vor allem in Norditalien an der systematisch und rigoros betriebenen, durch die deutschen Behörden vorzüglich organisierten Ausbeutung auch der letzten ökonomischen Ressourcen zu Lasten der inneritalienischen Wirtschaftslage vertreten.[116] Im Befehlsbereich des OB Süd/Südwest wird im Verfolg des sich über ein Jahr hinziehenden deutschen Zurückweichens bis zum Apennin die Ausplünderung ebenfalls in großem Stil betrieben. Schon in den Durchführungsanordnungen zum Stichwort *Achse* vom 2. August 1943 heißt es unter »Verwaltungsbestimmungen«, Punkt 6: »Aus Räumungsgebiet sind ital. rollendes Eisenbahnmaterial, Kraftfahrzeuge, einschließlich Instandsetzungsmaterial und Treibstoffvorräte zurückzuführen.«[117] Zum Führerbefehl vom 13. September über die italienische Kriegswirtschaft erläßt Generaloberst Jodl am gleichen Tag eine Weisung über die vollständige Ausnutzung der italienischen Industrie, mit der der Abtransport kriegswichtiger Anlagen, vor allem Werkzeugmaschinen aus dem Operationsgebiet südlich des Apennin angeordnet wird.[118] Ansonsten geht alles mit: Maschinen, Kraftwagen aller Art, Edelmetalle, Rohstoffe und Fertigwaren, Lebensmittel, Vieh und Pferde.[119] »In Ergänzung des Befehls, aufzugebendes Gelände dem Feind nur als Wüste zu überlassen, wird nachdrücklichst darauf hingewiesen, daß dem Gegner vor allem auch möglichst keinerlei Schlachtvieh in die Hände fällt«; was nicht abzutransportieren ist, muß getötet werden.[120] Im Juni 1944 gibt das GenKdo des LXXV. AK genaue Anordnungen über wirtschaftliche Zerstörungsmaßnahmen auf dem Gebiet von Handel und Industrie und über Maßnahmen zur wirtschaftlichen Räumung, die einen zwanzig Kilometer tiefen Küstenstreifen von Castiglione della Pescaia bis zur französischen Grenze betreffen.[121] Da kommt einiges zusammen, gewaltige Rohstoffmengen zum Beispiel, aber allzu publik soll das nicht werden; eventuellen italienischen Einsprüchen soll mit dem Hinweis begegnet werden, daß die Italiener nach eigenen Aussagen gar nichts gehabt hätten.[122]

Die Gold- und Notenreserven der italienischen Nationalbank werden nach Franzensfeste (Fortezza) in Südtirol geschafft, wo der Schatz bis zur deutschen Kapitulation bleiben soll, geschützt gegen Luftangriffe, bewacht gegen Partisanen,[123] aber nicht sicher vor Goldgelüsten deutscher Dienststellen und Regierungsinteressenten: RAM Ribbentrop fragt am 6. Oktober bei Botschafter Rahn an, ob der Goldschatz tatsächlich in Norditalien gelandet sei; der läßt das durch Moellhausen telegrafisch bejahen.[124] Bald danach übermittelt der Minister durch Botschaftsrat Hilger den Wunsch, für besondere geheime Aufwendungen des Auswärtigen Amtes im Rahmen deutsch-italienischer Politik 20 Millionen Reichsmark möglichst in Goldmünzen abzuzweigen.[125] Andere kommen auf die Idee, Mussolinis RSI möge die Kosten der Verteidigung des Landes durch die Deutschen selbst tragen. Rahn schlägt vor, die Finanzierung des laufenden deutschen Truppenbedarfes als Kriegskostenbeitrag von der RSI abzufordern, Hitler stimmt zu. Die deutschen Truppen sind nicht billig zu haben: Auf eine Milliarde Lire beläuft sich nach vorläufiger Schätzung der Monatsbedarf allein der beiden in Italien stehenden deutschen Heeresgruppen. Das ist nicht alles, auch die Organisation Todt ist, obgleich sie die Verteidigungstellungen überwiegend mit italienischen Zwangsverpflichteten baut, ein beträchtlicher Kostenfaktor. Damit Rüstungsminister Speer den Führerauftrag, alle »zur Sicherung der Kriegswirtschaft in Italien notwendigen Maßnahmen« zu treffen – die Umschreibung für Ausplünderung und Auspowerung des Landes auf großdeutsche Art –, durchführen kann, braucht er Geld. Wofür? Für Aufkauf und Abtransport von Rohstoffen und Vorräten, Ingangsetzung und Umstellung italienischer Betriebe auf Rüstungsproduktion, 10 bis 15 Milliarden Lire in den nächsten zwei Monaten. Der Gesandte I. Klasse Schnurre weist in einer Aufzeichnung über Besprechungen mit den Interessenten darauf hin, solche Beträge würden die italienische Finanzkraft binnen kürzester Zeit sprengen, galoppierende Inflation sei die Folge. Anfang Februar 1944 einigt man sich; das heißt, die italienische Seite hat zu unterschreiben, was ihr vorgelegt wird: Die Regierung der RSI verfügt frei über das Gold der Banca d'Italia, allerdings nach Vorgaben. So wird sie der deutschen Regierung zur treuhänderischen Verwaltung durch das Auswärtige Amt einhundert Millionen Lire (= zehn Millionen Reichsmark) »in effektivem Gold« für die italienischen Botschaften im Ausland überantworten; weitere 260 Millionen Lire (= 26 Millionen Reichsmark), selbstverständlich auch in effektivem Gold, als Abführung des von Italien in Jugoslawien beschlagnahmten Betrages; den verbleibenden Restbetrag stellt Italien für die gemeinsame Kriegführung zur Verfügung, wovon 1000 Millionen Lire (= 100 Millionen Reichsmark) sofort fällig werden.[126]

Ausplünderung und Bankraub von Staats wegen werden begleitet von privater Bereicherung deutscher Soldaten. Der Ic der 16. PzD notiert im September 1943 in seinem persönlichen Tagebuch: Verrohung, Räuberei und Disziplinlosigkeit deutscher Truppen nehmen zu, trotz strenger Befehle und harten Durchgreifens der Feldgendarmerie, mit denen die Befehlshaber dem entgegenzuwirken versuchen.[127] Anderswo geschieht Gleiches. General Balck, XIV. PzK, rügt den Zustand seiner Truppe, deren Angehörige mehrfach italienischen Frauen auf offener Straße Uhren, Armbänder und andere Wertgegenstände abgenommen haben. In Florenz treibt im August 1944 ein »Uhrenmarder« sein Unwesen; zur gleichen Zeit »requirieren« Fallschirmjäger in und um Florenz in großem Stil Gebrauchsgegenstände jeglicher Art, vorzüglich Uhren und Damenpelzmäntel. Die nicht nur in Florenz beobachtete tägliche Zunahme der Plünderungsfälle kommt auch dem Heeresrichter zu Ohren und stimmt ihn bedenklich.[128]

Es sei zweifellos in den vergangenen Wochen in Italien von deutschen Soldaten in einem Ausmaß geplündert worden, resümiert Korvettenkapitän Becker, wie man es bisher für unvorstellbar gehalten habe. In Florenz seien Juwelierläden ausgeplündert worden, mit italienischen Militärstiefeln würde ein schwungvoller Handel betrieben, in einem Urlauberzug habe er 12 Doppelzentner Getreide in Säcken entdeckt. Offiziere sähen dem gelassen zu, hielten dieses Beschaffungswesen für selbstverständlich und beriefen sich auf Befehle, mit denen solches Verhalten gebilligt und dazu empfohlen werde, aus Italien herauszuholen, was man nur könne, das Land müsse ausgeschlachtet werden.[129] Um Ordnung und Sicherheit wiederherzustellen, hebt General Witthöft Anfang Oktober 1943 das den Regimentskommandeuren bisher zugestandene Beschlagnahmerecht auf, um die wahllosen Requirierungen abzustellen, und droht Plünderern scharfe Strafen an. Plünderungen im Zuge der Absetzbewegungen, vor allem von Lebensmitteln, Wäsche und sogar Einrichtungsgegenständen, hätten »in übelsten Erscheinungsformen zugenommen«, konstatiert der OB der 10. Armee im Juni 1944, dagegen müsse mit schärfsten Mitteln angegangen werden.[130] Einige Wochen später sieht sich auch der OB Südwest genötigt, dem Treiben seiner marodierenden Soldaten Einhalt zu gebieten, mit der Begründung allerdings, die plündernden Soldaten schädigten das Ansehen der Wehrmacht. Deshalb sei jeder auf frischer Tat ertappte Plünderer an Ort und Stelle ohne kriegs- oder standgerichtliches Verfahren zu erschießen. Die Drohung hilft nur für kurze Zeit, auf Intervention des OKW hin muß Kesselring seinen Befehl bald darauf abmildern. Danach grassiert die Seuche weiter, je näher es dem Ende zugeht, um so stärker.[131]

Kapitel III

Italien wehrt sich

1 *Widerstand*

Rasch und effektiv meistern die deutschen Streitkräfte die nach der italienischen Kapitulation entstandene Situation; binnen zwei, drei Tagen haben sie Italien im harten, oft genug brutalen Griff militärischer Okkupation. Nach erstem Schock und anfänglicher Passivität, mit der die deutschen Maßnahmen vielerorts hingenommen werden, formiert sich allmählich Widerstand, unorganisiert zunächst, in Art und Stärke örtlich unterschiedlich. Oft ist es eher passive Resistenz oder Verweigerung. Die Italiener sehen die Okkupanten nicht als Freunde oder Verbündete – das sind sie nur in der Vorstellung ihrer faschistischen Führer. Ihre Rebellion ist vielerorts eine Volksbewegung, vor allem im Kriegsgebiet im mittleren Italien, wo die Wehrmacht präsenter ist als in Norditalien und die vollziehende Gewalt stärker herauskehrt als die Repräsentanten der RSI. In den Abruzzen und in Latium, in den Marken, in Umbrien und in der Toskana richtet sich dieses Aufbegehren in erster Linie gegen die Übergriffe deutscher Soldaten, gegen Gefangennahme, Deportation und Zwangsarbeit, aber auch gegen die, nach Überzeugung der meisten Menschen im Land, völlig sinnlose Weiterführung und Verlängerung eines Krieges, der nur Leid, Tod und Vernichtung von Heim und Hof bringt; ein Aufbegehren von Bewohnern dieser Regionen ohne Unterschied des Geschlechtes, Alters, des Standes und der sozialen Klasse, eine Rebellion ohne Vorbehalt und, anfangs, ohne bestimmte, gar ausformulierte politische Ziele, außer dem der Freiheit und der Hoffnung auf ein Ende des Krieges. Nicht sogleich und nicht überall mit derselben Intensität, aber je näher die Front rückt, je repressiver sich die Okkupanten verhalten, wird Widerstand eine patriotische Angelegenheit, die sich auch gegen die Faschisten im eigenen Lande richtet.[1]

Die Anordnungen der deutschen Militärbehörden verfehlen zunehmend ihre Wirkung, obgleich sie unbarmherzig exekutiert werden. Die Abschreckung verringert nicht die Kraft der Rebellion, wie von deutscher Seite erhofft. Im Gegenteil, die Übergriffe deutscher Soldaten, einzelner und ganzer Einheiten, fordern den Widerstand nur um so mehr heraus. Da helfen auch keine drastischen Maßnahmen der »Selbstreinigung« durch kriegsgerichtliche Aburteilung von Wehrmachtangehörigen, die auf frischer Tat ertappt werden. Auch in dieser Hinsicht ergehen Weisungen an die Truppe, die für eigenmächtige Handlungen Strafen bis hin zur Todesstrafe androhen. Die Übergriffe, zu denen vor allem Plünderungen für private Zwecke gehören, und die oft genug von Offizieren, auch höheren Chargen, durch Wegsehen oder Augenzudrücken geduldet werden, nehmen dadurch nicht ab, sondern eher zu. FM Rommel listet am 14. Oktober 1943 solche Fälle auf und ersucht die Herren Kommandierenden Generäle und Divisionskommandeure, die erforderlichen Maßnahmen zur Aufrechterhaltung der Disziplin mit aller Schärfe zu treffen. Solches geschieht bei der 16. PzD und wird der Truppe zur Abschreckung bekannt gemacht: »Zwei sehr gut beurteilte Sodaten waren von ihrem Wachtmeister über Land geschickt worden, um Lebensmittel zu besorgen. Statt dessen gaben sie sich daran, etwa 15 Häuser systematisch zu durchsuchen, Schränke und Kommoden zu erbrechen und Geld, einen goldenen Ring, Stoffballen und Wäsche mitzunehmen. Die Bewohner der Häuser wurden dabei mit der Waffe bedroht. Beide Soldaten wurden am darauffolgenden Tage als Plünderer zum Tode verurteilt. Die Truppe ist eingehend zu verwarnen«.[2]

Vergewaltigung oder der Versuch dazu scheinen ebenfalls häufiger vorzukommen, und nicht immer sind die Soldaten, die sich solche Übergriffe zuschulden kommen lassen, auch angetrunken; soweit Militärbehörden davon Kenntnis erhalten, wird dafür ebenfalls die Todesstrafe verhängt. Allerdings, »Selbstjustiz« italienischer Männer, mit denen diese sich gegen die Vergewaltigung ihrer Frauen, Töchter, Schwestern zur Wehr setzen, sei es auch nur Notwehr beim Versuch, die Tat zu verhindern, wird als »feindliche Handlung« gegen die Besatzungsmacht in toto angesehen und in der Regel mit einer »Sühnemaßnahme« geahndet: So am 7. Oktober in Bellona, nördlich von Neapel, und öfter, Bellona bleibt kein Einzelfall.[3]

Was die italienische Bevölkerung erbittert, ist die menschenverachtende Überheblichkeit vieler, sicher nicht aller deutscher Soldaten.

70

Wie sollte es auch anders sein, wenn am 15. November in der Nähe von Pisa aus einem Wehrmachts-Kfz grundlos Schüsse auf italienische Straßenarbeiter abgegeben werden, von denen einer verwundet, ein zweiter getötet wird, und Nachforschungen nach den Tätern erfolglos bleiben.[4]

Solche Vorkommnisse kräftigen nur Groll und Widerstand, die sich zunächst gegen die Demobilisierung der italienischen Streitkräfte richten und gelegentlich zur Rebellion mit Unterstützung der Bevölkerung führen. So wehren sich in Piombino italienische Militäreinheiten gegen deutsche See- und Landstreitkräfte, die Hafen und Stadt übernehmen wollen; am 10. September kommt es zu einem Nachtgefecht, bei dem ein deutscher Zerstörer von der italienischen Küstenartillerie in Brand geschossen wird und aus dem die Italiener zunächst einmal als Sieger hervorgehen.[5]

Die deutschen Militärbehörden fürchten den Widerstand, der so offensichtlich Rückhalt in der Bevölkerung findet, und sie befürchten, daß sich italienische Soldaten in größerer Anzahl der Entwaffnung durch Flucht entziehen und in den Untergrund gehen oder ihre Waffen den sich bildenden Widerstandsgruppen überlassen könnten. Eine berechtigte Annahme, von der ausgehend die Wehrmachtführung am 12. September ihren berüchtigten Befehl erläßt.[6]

Auch die sofort nach dem 8. September eingeleiteten Dienstverpflichtungen, Aushebungen und Deportationen zur Zwangsarbeit in Oberitalien und Deutschland schüren die Empörung der Bevölkerung. In den Abruzzen werden im Herbst 1943 die Männer brutal zusammengetrieben und mit Lastwagen zum Stellungsbau an die Front am Sangro gekarrt, ohne ihnen die Möglichkeit zu geben, ihre Familien zu benachrichtigen; sie vegetieren unter miserabelsten Umständen, einem Sklavendasein nicht unähnlich, kujoniert von deutschen Unteroffizieren und Dienstgraden, die sie unter schlechten klimatischen Bedingungen, im Gebirge sind die Spätherbstnächte schon recht kalt, zur Arbeit antreiben.[7]

Die Angst vor Zwangsmaßnahmen, vor allem vor der Deportation nach Deutschland, vor einer Reise womöglich ohne Wiederkehr, wirkt sich prompt auf Stimmung und Haltung der Bevölkerung aus, die zunehmend feindseliger wird. Deshalb finden die ab Herbst 1943 bis ins Frühjahr und in den Sommer 1944 hinein verbreiteten Aufrufe an die arbeits- und wehrdienstfähigen Männer jüngerer Jahrgänge, sich »freiwillig« zum Arbeitseinsatz zu stellen, ebensowenig positive Resonanz wie die offiziellen Einberufungen und Gestellungsbefehle; auch dann nicht, wenn sie von den Behörden der RSI statt von den deutschen Militärkommandanturen ausgegeben werden, und schon gar nicht, wenn diese »Einberufungen« im Namen der Organisation Todt erfolgen, die den Verteidigungsausbau, wie überall in Europa, auch in Italien ausführt. Da hilft auch keine Strafandrohung, eher bewirkt diese das Gegenteil. Ein im Frühjahr 1944 ausgegebener Gestellungsbefehl für die Angehörigen der Jahrgänge 1922, 1923, 1924 schließt mit der Ankündigung, wer sich bis 25. Mai 24 Uhr nicht gestellt habe, werde erschossen. Als ein Aufruf im Spätsommer 1944 an alle Männer im Alter von 16 bis 60 Jahren ebensowenig fruchtet, wird kurz und hart nachgekartet: Alle Männer dieses Alters haben sich am 31. August mit ihren Arbeitspapieren beim deutschen Militärkommandanten zu melden, Verweigerer werden hingerichtet.[8]

Ende Juni 1944 werden Prämien ausgesetzt für die »Erfassung« männlicher Arbeitskräfte, die dringend »für die neuen Vorhaben der deutschen Rüstungsindustrie« benötigt werden. Die »Erfaßten« sind in Florenz oder Rimini »abzuliefern«, als Transportbegleitung ins Reich ist je 10 Italiener ein bombengeschädigter oder verdienter deutscher Soldat vorzusehen, dem anschließend Heimaturlaub zu gewähren ist; die Prämienregelung gilt auch »für die im Zuge der Bandenbekämpfung eingebrachten Zivilpersonen« der Jahrgänge 1899–1926. In einem fast gleichlautenden Befehl des LI.GebK werden Mitte Juli statt Urlaub »je nach Anzahl der erfaßten Zivilpersonen Prämien in Gestalt von Marketenderwaren« in Aussicht gestellt. Der Ia/LI.GebK, Graf Klinkowstroem, fügt hinzu: Der sowieso schon als »geheime Kommandosache« deklarierte Befehl sei »abwärts der Divisionen nur mündlich bekanntzugeben« und »nach Kenntnisnahme zu vernichten.«[9]

Gegen Deportation zur Zwangsarbeit, Demontage von Fabriken und Abtransport von Maschinen, Rohstoffen und Material nach Deutschland gibt es lokale Streiks. Als die Maßnahmen Anfang 1944 verstärkt werden, treten am 1. März nahezu 1,2 Millionen Arbeiter, vor allem in den Industriezentren Norditaliens, Turin und Mailand, in den Generalstreik, der erst nach einer Woche am 8. März wieder abgeblasen wird. In Mittelitalien mangelt es zwar an größeren Industriestandorten oder sind die Betriebe im Hinterland der Front bereits demontiert, dennoch wird auch hier gestreikt. In den industriellen Regionen der nördlichen Toskana, z. B. in S. Croce sull'Arno, beteiligen sich 1500 Arbeiter der Gerbereien; auch in Pistoia, Pisa, Empoli, Prato haben die Streikaufrufe Erfolg, die faschistische Presse in Florenz schätzt die Zahl der Streikenden auf immerhin 12000. General Toussaint führt den Streik natürlich auf kommunistische Hetze zurück. Die in Verbindung mit dem SD getroffenen Gegenmaßnahmen bestehen im wesentlichen aus polizeilicher Besetzung der Großbetriebe, Aussperrung und Einstellung der Lohnfortzahlung. Trotz Androhung von Verhaftung und Deportation der »Rädelsführer« und derjenigen, die ihre Arbeit nach Beendigung der Aussperrung nicht wieder aufnehmen, setzt der von den örtlichen illegalen Befreiungskommittees initiierte Streik ein Zeichen des Widerstandes.[10]

Auch der Räumung ganzer Ortschaften widersetzt sich die Bevölkerung immer häufiger, gleichgültig, ob es sich dabei um Evakuierung aus der Frontlinie oder um Vertreibung wegen Verdachts auf Rebellenschlupfwinkel handelt. Im Oktober 1943 warten zum Beispiel in Istonio, Region Abruzzen, 40000 Menschen, Einwohner der Stadt und Flüchtlinge aus dem unmittelbaren Kriegsgebiet und aus geräumten Ortschaften, auf baldige Ankunft der Alliierten. Die Stadt soll geräumt werden, der Räumungsbefehl wird jedoch kaum befolgt, die am Tage vertriebenen Menschen kehren nachts wieder zurück; deshalb ergeht der Befehl, die einzelnen Stadtteile systematisch zu durchkämmmen, gegebenenfalls von der Waffe Gebrauch zu machen; zurückbleiben dürfen nur Schwerkranke, Blinde und Gelähmte, von Seuchen befallene Greise, Schwangere und kleine Kinder. Die Soldaten der 16. PzD weigern sich unter Berufung auf die Aussichtslosigkeit ihres Tuns und angesichts des verzweifelten Elends der Bewohner, diesen unsinnigen Befehl durchzuführen.[11]

Für die männliche Bevölkerung bleibt als Alternative zu Deportation, Zwangsrekrutierung und angedrohter Todesstrafe nur die Flucht in die Wälder und Berge: Soldaten, die schmachvoller Entwaffnung oder Internierung entgehen wollen, junge Männer, die sich der Zwangsrekrutierung entziehen, verstärkt durch ehemalige Kriegsgefangene, überwiegend Briten und Jugoslawen, die, das

Durcheinander der ersten Stunden nach der Kapitulation nutzend, sich aus den Lagern davonmachen, sammeln sich in den Wäldern oder machen sich einzeln oder truppweise auf den Weg nach Süden, den Alliierten entgegen.[12] Für die Wiederergreifung entwichener Engländer und Amerikaner setzen die Deutschen eine Kopfprämie aus, »1800 Lire oder 20 engl. Pfund je Kopf nach Wahl des Italieners, der den Kriegsgefangenen ergriff«.[13] Aber die Italiener verschmähen das Kopfgeld zumeist und solidarisieren sich eher mit den Briten und Amerikanern. Sie helfen ihnen, sich zu ihren eigenen Leuten durchzuschlagen, oder bilden mit ihnen zusammen eine Widerstandsgruppe. Deshalb wirbt die Wehrmacht V-Leute an und versucht sie, als entflohene italienische Soldaten oder englische Kriegsgefangene getarnt, in Widerstandsgruppen einzuschleusen mit dem Ziel, sich ihrer bei der Partisanenbekämpfung als Einweiser zu bedienen; offenbar mit Erfolg.[14]

Im mittleren Italien sind es im Herbst 1943 vor allem britische Offiziere, die, der Gefangenschaft entronnen, die Führung von Widerstandsgruppen übernehmen, damit aber auch riskieren, bei Wiederergreifung erschossen zu werden. Iris Origo berichtet: In Foligno sollen »Banden von entkommenen englischen Kriegsgefangenen zusammen mit italienischen Soldaten und Offizieren einen regelrechten Guerillakrieg gegen die Deutschen führen«. Zwei Briten, die durch La Foce gekommen seien, wären von einem italienischen Offizier aufgefordert worden, sich einer ähnlichen Kampfgruppe anzuschließen. Auch in deutschen Berichten und Meldungen ist häufig von Partisanen unter englischer Führung oder in englischen Uniformen die Rede.[15]

Zuweilen setzen entflohene Gefangene, vor allem Jugoslawen, die Bevölkerung in Angst und Schrecken. In der Nähe von Anghiari, Provinz Arezzo, befindet sich in Renicci ein *campo di concentramento* mit etwa 4500 Kroaten und Serben, bewacht von 500 Italienern. Am 14. September planen die KZ-Häftlinge offenbar einen Ausbruch, notiert Don Giglioni, Pfarrer in Anghiari und zugleich Lagerkaplan in Renicci. Unter der Bevölkerung macht sich deshalb große Furcht breit, und Don Giglione wird um Intervention beim italienischen Lagerkommandanten angefleht. Der befiehlt seinen Soldaten, auf dem Posten auszuhalten, komme was wolle, worauf die Bevölkerung sich beruhigt. Das geschieht um zwei Uhr nachmittags; gegen fünf Uhr erscheinen unvorhergesehen drei deutsche Militärlastwagen, daraufhin: *Succede il finimondo*, folgt der Weltuntergang. Zuerst machen sich die italienischen Offiziere fort, fürchtend, die Deutschen wollten sie festnehmen und deportieren, dann die Soldaten, schließlich flüchten auch die Gefangenen in alle Himmelsrichtungen, am Abend ist das Lager leer; die Angst der Bevölkerung allerdings war unbegründet, die Flüchtenden haben nichts anderes im Sinn, als wegzukommen.[16]

Widerstand im Herbst 1943 besteht in Mittelitalien aus spontanen, örtlich begrenzten Rebellionen gegen die Okkupanten. Sie werden von der Bevölkerung unterstützt und allmählich zu einer Volksbewegung, wenn nicht an Zahl, dann doch nach Charakter.

Ihr schließen sich im Laufe der folgenden zwanzig Monate Tausende und Abertausende, organisiert in Partisanenbrigaden, unorganisiert in kleinen ad hoc gebildeten Gruppen oder auch nur als Helfer an.[17] Spontaneität ist auch das Kennzeichen der ersten kleineren und größeren Aktionen, zumeist Sabotage, Überfälle, um Waffen in die Hände zu bekommen, oder auch nur, um Luft abzulassen, aus Zorn und Enttäuschung darüber, daß die Deutschen nach dem 8. September nicht über den Brenner zurück in ihr Großdeutsches Reich verschwinden, wie ihnen italienische Zeitungen, Flugblätter und Wandparolen anraten.[18]

Die frühesten Widerstandsgruppen bilden sich in den Abbruzzen, Marken und in der Toskana. Sie werden durch das gebirgige, großenteils dicht bewaldete und schwer zugängliche Gelände begünstigt und finden in nur den Einheimischen bekannten und in stundenlangem Fußmarsch erreichbaren Höhlen und Schutzhütten sichere Unterschlupfe.[19] In den Gebirgsregionen des Gran Sasso, der Monti Sibillini und der Majella, im Pratomagno und in den Alpi Apuane finden sich Gruppen zusammen, die sich auf eine antifaschistische, oft sogar noch ältere sozialrevolutionäre, gegen Staat und Herrschaft gerichtete Tradition stützen können.[20]

Eine erste größere Gruppe entsteht im bewaldeten Gebirgsmassiv des Bosco Martese, etwa 30 Kilometer westlich von Teramo. Die etwa 300 versprengten italienischen Soldaten, Carabinieri und Offiziere, denen sich mehr als hundert entflohene britische und jugoslawische

Kriegsgefangene zugesellen und die mit cincr Battcric Gebirgsartille-
rie und schweren Maschinengewehren ausgerüstet sind, erhalten Zu-
zug aus Teramo, von Tag zu Tag mehr; am Ende sind es zwölfhundert
junge Leute, die Waffen, Munition und Lebensmittel mitbringen.
Binnen einer Woche sind damit 1600 Mann im Bosco Martese zusam-
mengekommen. Zu den Anführern, meist italienische Offiziere bis
zum Rang eines Oberstleutnants, gehört ein jugoslawischer Major,
der über Erfahrungen im Guerillakrieg verfügt. Am 25. und 26. September greifen tausend deutsche Gebirgsjäger, unterstützt von
schwerer Artillerie, die Rebellen an, liefern sich mit diesen ein veri-
tables Gefecht, in dem sie sich blutige Köpfe holen; statt eines neuen
Versuchs, in den Bosco Martese einzudringen, ziehen sie sich zurück,
lassen aber die unbeteiligte Zivilbevölkerung ihren Fehlschlag büßen.
Sie drohen mit Bombardement auf Teramo, mit Erschießung von
100 Geiseln für jeden getöteten deutschen Soldaten und mit weiteren
Repressalien. Tatsächlich werden die sieben Gefangenen, die sie gemacht haben, und zwei weitere Geiseln auf dem Rückmarsch füsi-
liert; daraufhin wird der in die Hände der Rebellen gefallene deutsche
Major Hartmann von diesen hingerichtet. In der Nacht löst sich die
Widerstandsformation auf und verschwindet gruppenweise aus der
Gegend.[21]

Auch auf dem Colle San Marco bei Ascoli Piceno bildet sich eine
Widerstandsgruppe aus versprengten Soldaten und jungen Leuten
aus der Stadt, ähnlich der im Bosco Martese und wohl auch mit dieser
in Kontakt stehend; alles in allem etwa 200 Mann unter Führung eines
italienischen Offiziers. Am 3. Oktober greift hier dieselbe deutsche
Gebirgsjäger-Einheit nach heftiger Artillerievorbereitung an. Die
Gruppe verteidigt sich zwar entschieden, doch die jungen Leute sind
viel zu unerfahren, als daß sie ernsthaft Widerstand leisten könnten.
Als der Rest der Gruppe sich am nächsten Tag zerstreut, bleiben
25 Tote und 60 Gefangene zurück.[22]

Bosco Martese und Colle San Marco sind Beispiele auch für die
anfängliche Ineffektivität einer hauptsächlich emotional bestimmten
Rebellion, die noch nicht über Erfahrungen im Kleinkrieg verfügt,
nicht weiß, daß bewaffneter Widerstand und Guerillakrieg nicht mit
den Methoden regulärer Kriegführung, etwa der »offenen Feld-
schlacht«, in der die jungen Leute auf dem Colle San Marco dem deut-

schen Angriff begegnen wollen, erfolgreich sein kann, vielmehr Mut und Patriotismus für ausreichende Qualifikation im Partisanenkrieg hält.

Der bis auf 1400 Meter Höhe ansteigende Pratomagno zwischen Casentino und Valdarno mit seiner undurchdringlichen Macchia ist ebenso ein ideales Gelände für Partisanen wie die Apuanischen Alpen mit Garfagnana und Lunigiana im Nordwesten der Toscana oder das Waldgebiet um den über 1700 Meter hohen Monte Amiata südlich von Siena. Deshalb entstehen hier Zentren des *kleinen Krieges*; deren Ortschaften aber bekommen als Reaktion darauf die deutschen Vergeltungsmaßnahmen besonders hart zu spüren.

Ebenso ergeht es Städten im Rückzugsgebiet deutscher Truppen, in denen es vereinzelt zu spontanen Volkserhebungen kommt, wie z. B. Matera, zu dieser Zeit Operationsgebiet des Rgt 1/1. FjD: Als die Stadt in Trümmer gelegt werden soll, rebelliert am 21. September die Bevölkerung, bezahlt aber ihren Mut mit dem Opfertod von zwölf Geiseln.[23]

Wenige Tage später bricht in Neapel der Sturm los.

2 *Aufruhr in Neapel*

Im Sommer 1943 hatten nach der Landung der Briten und Amerikaner auf Sizilien 105 alliierte Bombenangriffe auf Neapel das Leben der Millionenstadt fast zum Erliegen gebracht. 22000 Menschen fielen den Bomben zum Opfer, 100000 Wohnungen waren zerstört, die Versorgung zusammengebrochen. Am 9. September, nachdem tags zuvor Marschall Badoglio den Abschluß des Waffenstillstandes verkündet hat und nun auch die Landung der Alliierten bei Salerno bekannt wird, scheint den Neapolitanern für einen Augenblick die Befreiung unmittelbar bevorzustehen: Die wenigen deutschen Einheiten machen Anstalten, die Stadt kurzfristig zu verlassen, die italienischen Militär- und Zivilbehörden sind unentschlossen und tun gar nichts, sondern warten ab, was ihnen befohlen wird und wie die Deutschen handeln werden.[24]

Zwei Tage später sind Stadt und Hafen noch weitgehend in italienischer Hand; noch fürchten die Deutschen, die Alliierten könnten im

Golf von Neapel eine zweite Landung versuchen. Auch ist ihre militärische Präsenz in der Stadt zu schwach, sie besteht nur aus einigen kleineren Einheiten, der Stadtkommandantur, der Feldgendarmerie und dem Bataillon *Sachau*. Der einzige größere, zudem schlagkräftige Verband ist das Flak-Regiment 57. Insgesamt sind es nicht mehr als 2000 Mann. Außerhalb des Stadtgebietes operieren die Fallschirmjäger-Panzerdivision *Hermann Göring*, die 15. ID und später auch die 16. PzD, sind aber in der Hauptsache zur Bekämpfung des alliierten Landekopfs Salerno eingesetzt.[25]

Dann kommt es doch zu Zwischenfällen und Kampfhandlungen, bei denen auf italienischer Seite überwiegend reguläre Militäreinheiten, die ihrer Entwaffnung Widerstand entgegensetzen, beteiligt sind. Das Flak-Regiment setzt massiv und ohne Rücksicht auf die Zivilbevölkerung seine Artillerie ein, es gibt Tote und Verwundete, die Lage spitzt sich zu. In dieser Situation bereitet an demselben 11. September das XIV. Panzerkorps den zusätzlichen Einsatz der *Kampfgruppe Oberstleutnant Maucke* vor, bestehend aus dem Stab und dem I. Btl/PzGRgt 115, der III. Abteilung des ArtRgt *Hermann Göring*, der AA 103/3. PzGD sowie aus Alarmeinheiten aus Neapel und der *Kampfgruppe Moldenhauer*. Die Kampfgruppe soll die Lage in Neapel in den Griff bekommen, ihr Auftrag zielt auf die vollständige Ausschaltung der italienischen Streitkräfte in der Stadt: Der italienische Militärbefehlshaber ist zuvor ultimativ zur sofortigen Waffenniederlegung aufzufordern; andernfalls soll unter rücksichtslosestem und brutalstem Einsatz aller Machtmittel der italienische Widerstand in Neapel gebrochen werden, wobei die italienischen Offiziere, vor allem die Kommandeure, ohne Federlesen sofort zu erschießen sind und jedes noch so scharfe Durchgreifen unter allen Umständen gedeckt werden wird, »auch wenn ganz Neapel in Flammen aufgeht! Auf die Zivilbevölkerung kann keinerlei Rücksicht genommen werden.« Daß den Verantwortlichen beim XIV. PzK die Fragwürdigkeit und vielleicht auch die Unmenschlichkeit ihres Vorhabens bewußt sind, kann aus dem Schlußsatz des Befehlsentwurfs geschlossen werden: »Nach Kenntnisnahme umgehend zu vernichten.«[26]

Der ungeheuerliche Befehl des stellvertretenden Kommandierenden Generals Balck wird nicht ausgegeben, weil gegen Abend des 11. September die Lage in Neapel vorerst bereinigt zu sein scheint und

78

lediglich um das Castel dell'Ovo und im Hafenviertel noch gekämpft wird. Aber erst am 13. September hören die Schießereien ganz auf, nachdem zwischen dem Kommandeur des Flak-Regiments 57 und dem italienischen General Deltetto eine Übereinkunft bezüglich der Entwaffnung der italienischen Soldaten getroffen wird. Sie werden in ihre Heimatorte entlassen und nach Hause geschickt.[27] Nicht alle geben ihre Waffen ab, manche vergraben und verstecken sie, um sie später wieder hervorzuholen.

Die Bewohner Neapels, das zeigt sich in diesen Septembertagen, werden den Zipfel der Freiheit, den sie am ersten Tag des Waffenstillstandes erfaßt zu haben glauben, nicht fahren lassen wollen. Noch wagen sie nicht den großen Aufstand, dazu sind die deutschen Reaktionen zu schnell, zu hart und zu brutal, aber sie leisten passiven Widerstand, bis das Maß des Erträglichen überschritten ist.

Am 12. September übernimmt Oberst Scholl als Stadtkommandant die *vollziehende Gewalt* in Neapel. Er hegt, wie sein Oberbefehlshaber empfiehlt, keinerlei sentimentale Gefühle für die früheren Bundesgenossen. Mit der Bekanntmachung, alle zivilen und militärischen Befugnisse seien mit sofortiger Wirkung auf ihn als nunmehr höchste Autorität in der Stadt übergegangen, verbindet er Aufforderung und Drohung: Ruhe und Ordnung zu bewahren, ist ab sofort auch in Neapel erste Bürgerpflicht, wer sich entsprechend verhält, steht unter Scholls Schutz, wer nicht, wird standrechtlich erschossen; Gebäude, aus denen heraus feindselige Handlungen gegen die Wehrmacht erfolgen, werden samt der Nachbarhäuser dem Erdboden gleich gemacht. Für jeden verwundeten oder getöteten deutschen Soldaten werden hundert Geiseln erschossen. Über die Stadt wird der Belagerungszustand verhängt und eine Ausgangssperre für die Zeit zwischen 20 Uhr abends und 6 Uhr morgens verordnet. Alle Waffen, militärische und nichtmilitärische, sind samt Munition umgehend auf der Piazza del Plebiscito, der Piazza Garibaldi, in der Kavalleriekaserne Conte di Torino oder im Albergo Bellavista am Corso abzugeben. »Bürger, bewahrt Ruhe und Vernunft!«[28]

Noch am Nachmittag dieses Sonntags wird die Proklamation in die Tat umgesetzt. In der unmittelbaren Umgebung der Universität kommt es zu Schießereien, woraufhin Scholl befiehlt, das Universitätsgebäude in Brand zu stecken. Gleichzeitig findet eine Razzia statt:

Siebentausend Menschen aus der Nachbarschaft, Männer, Frauen und Kinder, werden wahllos aufgegriffen, auf dem Platz vor der Universität zusammengetrieben und von Soldaten mit schußbereiten Waffen umstellt. Ein junger Mann – angeblich hat er Handgranaten gegen deutsche Soldaten geworfen, beteuert aber seine Unschuld – wird vor den Augen der Menge in das brennende Gebäude gejagt, doch bevor er es erreicht, niedergeschossen. Nachdem man die Menge unter Drohungen gezwungen hat, Heilrufe auf Hitler und Mussolini auszubringen, werden Frauen, Kinder und alte Leute nach Hause geschickt, während die Männer, etwa 4000 an der Zahl, mit unbekanntem Ziel in Marsch gesetzt werden. Ohne Rast und Halt geht es zu Fuß aus der Stadt hinaus nach Norden; wer zu fliehen versucht oder zurückbleibt, wird erschossen. Nach kurzer Nacht im Freien wird der Fußmarsch gegen Mittag des folgenden Tages abgebrochen. Wer ordnungsgemäße Papiere vorweisen kann, darf nach Hause gehen; allerdings wird er vorher von den deutschen Soldaten gefilzt, Uhren, Geld und andere Wertsachen werden einkassiert. Erst nach Kriegsende wird man erfahren, daß die Männer zur Zwangsarbeit nach Deutschland hatten deportiert werden sollen, nur fehlte es am dazu benötigten Transportraum.[29]

Die Herrschaft des Oberst Scholl nimmt in den folgenden Tagen immer mehr terroristische Züge an. Mit deutscher Gründlichkeit wird in den nächsten zwei Wochen der *Nero-Befehl* exekutiert. Unschuldige Menschen werden niedergeschossen, nur um Schrecken zu verbreiten: Vierzehn Carabinieri, die den Deutschen in der Hauptpost in die Hände fallen, neun Frauen und 26 Arbeiter in einer Werkstatt. Maschinen, Waren aller Art, Lebensmittel, alles, was beweglich ist und dessen die Deutschen habhaft werden, wird weggeschafft; was nicht transportabel ist, wird zerstört, die Lagerhäuser werden geplündert, Wohn- und Geschäftsgebäude systematisch Block für Block verwüstet, in Brand gesteckt und, damit die Feuerwehr nicht eingreifen oder die Brandruinen nicht als Schlupfwinkel dienen können, vermint. Hunderttausende Neapolitaner verlieren das Dach über dem Kopf. Zerstört werden auch Hafenanlagen, Verkehrs- und Kommunikationseinrichtungen, Eisenbahnanlagen und der Bahnhof, Fabriken und Industrieanlagen. Mit den Zerstörungen beauftragt ist das PiBtl 60. »Brände lodern, schwarze Rauchschwaden aus gesprengten

Gas- und Ölbehältern ziehen über Himmel, Stadt und Meer.« Begleitet wird der *Furor Teutonicus* von einer Flut von Proklamationen und
Bekanntmachungen, die der Einschüchterung der Bevölkerung dienen. Brot gibt es nur zu manchen, ständig wechselnden Zeiten und
nicht in allen Läden, Teigwaren häufig gar nicht, für Gemüse müssen
die Frauen lange Wege aufs Land gehen; Trinkwasser ist, weil die
Versorgungsleitungen zerstört sind, rar.[30]
Dazu ständige Übergriffe der deutschen Soldaten: Es wird geplündert und vergewaltigt von einer verrohten, räuberischen Soldateska,
gegen deren Treiben alle Befehle, Offiziers- und Feldgendarmerie-
streifen machtlos zu sein scheinen.[31]
Nachdem der Versuch, die Alliierten bei Salerno ins Meer zurückzuwerfen, gescheitert ist und der OB Süd an einen Rückzug in die
Gustav-Stellung denkt, eskaliert in Neapel der deutsche Terror. Am
22. September ordnet Oberst Scholl die Arbeitsdienstpflicht für alle
Männer im Alter von 18 bis 33 Jahren an. Der Gestellungsbefehl für
den Arbeitseinsatz ist der Vollzug der Anordnung des OB Süd vom
18. September über die Aufstellung von 120 Arbeitsbrigaden. Innerhalb von drei Tagen, bis zum 25. September haben sich alle Männer
der Jahrgänge 1910 bis 1925 zu stellen, in Neapel wären das 30000.
Aber die Aktion wird ein Flop. Die Neapolitaner verschwinden von
den Straßen, verstecken sich in den Ruinen und den dunklen, schma-
len Gassen der Altstadt, in die deutsche Soldaten sich nur ungern
hineinwagen. Ganze 150 melden sich bis zum Stichtermin, mehr
nicht.[32] Ein solches Ergebnis offensichtlich erwartend, befiehlt das
XIV. PzK eine Parallelaktion zur zwangsmäßigen Erfassung von Arbeitskräften, die Botschafter Rahn, und nicht er allein, als »Menschenjagd« bezeichnet, andere gar als »Sklavenjagd«.[33]
Oberst Scholl kündigt eine Ausweitung des Gestellungsbefehls an:
»Alle Männer im wehrpflichtigen Alter werden, soweit sie sich auf
unsere Aufrufe nicht freiwillig melden, mit Gewalt zusammengetrieben«,[34] was bereits geschieht. Er befiehlt, die Razzien auf Häuser und
Wohnungen, öffentliche Gebäude und Verkehrsmittel auszudehnen,
von der Schußwaffe rücksichtslos Gebrauch zu machen.[35] Männer
werden aus Schlupfwinkeln ans Licht gezerrt, Frauen versuchen ihre
Männer zu verstecken, zu schützen, werfen sich, jede eine Niobe, zwischen die deutschen Soldaten und ihre Männer, flehen um Gnade,

statt der empfangen sie selbst die Kugel.[36] Der Ia des XIV. Panzer-korps vermerkt schon am 23. September kalt und zynisch, bei der Division *Hermann Göring* seien bereits »3000 Sklaven« gefangen; am folgenden Tag berichtet er an die Armee, die Aktion laufe planmäßig, bei der Division *Hermann Göring*, der 15. PzGD und der 16. PzD seien bisher 6000–7000 Mann eingebracht; die Division *Hermann Göring* selbst meldet nur eine »Greifaktion gegen wehrfähige Italiener« und korrigiert die Anzahl der von ihr Aufgegriffenen auf 7000.[37]

Am 26. September wird das zum Verband der 16. Panzerdivision gehörende PzGRgt 79 zusätzlich zur »Menschenjagd« abkommandiert und ihm befohlen, von den Wehrfähigen in Neapel soviel wie möglich aufzugreifen und abzuführen; das Ergebnis bis zum 28. September: 2000 Mann. Udo von Alvensleben, Ic der 16. PzD, kommentiert das in seinem privaten Tagebuch lakonisch: »Allen Verbrechen sind Tor und Tür aufgetan.«[38]

Inzwischen läuft eine weitere vom Stadtkommandanten befohlene Maßnahme an. Ursprünglich sollte Scholl, einem Befehl der Heeresgruppe zufolge, einen fünf Kilometer tiefen Uferstreifen von allen Bewohnern räumen lassen, was praktisch die Zwangsevakuierung der gesamten Innenstadt Neapels bedeutet und eine Million Menschen betroffen hätte. Die Durchführung der für den Küstenstreifen bis hinauf nach Livorno geltenden Anordnung »stößt in Neapel auf Schwierigkeiten«; Scholl sieht, auch auf italienische Intervention hin, die Sinnlosigkeit und Undurchführbarkeit dieses Vorhabens ein und reduziert nach Rücksprache mit der Armee den zu räumenden Uferstreifen auf eine Tiefe von 300 Metern. Davon sind »nur« 200 000 Menschen betroffen. Die Räumungsaktion beginnt unverzüglich am 24. September.[39]

Nach drei Wochen deutscher Gewaltherrschaft ist jetzt das Maß voll, für die Neapolitaner die Grenze des Ertragbaren erreicht. Sonntag, 26. September, nachmittags: Zur Abfahrt bereit stehen auf der Piazza del Gardinetto etliche Lastwagen, auf ihnen zusammengedrängt junge Italiener, Opfer der Razzien, bewacht von einer schwerbewaffneten deutschen Eskorte. Plötzlich greifen etwa hundert Frauen mit ihren Kindern an der Hand die Wachmannschaft mit Stöcken und Küchenmessern an, hauen und stechen auf sie ein. Das Ganze geschieht so schnell, daß die Deutschen nicht zu ihren Waffen greifen können und deshalb flüchten. Die Geiseln werden befreit und bringen sich in Sicherheit. Ähnliches spielt sich auch in anderen Stadtteilen ab, spontan, unkoordiniert und unorganisiert, überkochende Volkswut.[40]

Erst am 27. September beginnen sich Widerstandsgruppen zu organisieren. Im Stadtbezirk Vomero, in der Nähe von Scholls Hauptquartier, geraten fünf deutsche Soldaten in einen Hinterhalt und werden getötet. Zur Sühne werden fünf junge Italiener an gleicher Stelle erschossen, zudem 47 Geiseln auf einem Sportplatz festgehalten. Die Nachricht von diesem Ereignis verbreitet sich in Windeseile über die Stadt und gibt der Empörung neue Nahrung, die Lunte am Pulverfaß Neapel brennt.[41]

In der Nacht zum 28. September verschafft sich die Bevölkerung Waffen und Munition aus Verstecken oder aus den von den Deutschen verlassenen Kasernen, wo die den italienischen Streitkräften abgenommenen Waffen lagern, aber von den offenbar sorglosen Deutschen nicht ausreichend bewacht werden: Vielfach veraltete, aber noch brauchbare Waffen, darunter Gewehre aus dem Ersten Weltkrieg, auch Maschinengewehre, sogar einige leichte Geschütze.[42]

Der offene Aufstand beginnt am Nachmittag des 28. September, der zündende Funke ist das Gerücht von einer weiteren, unmittelbar bevorstehenden Landung der Alliierten, die Capri schon besetzt haben; das gibt den Aufständischen Auftrieb und sorgt bei den Deutschen für Verunsicherung. Die Neapolitaner eignen sich schnell Taktik und Methoden des Guerillakrieges an. In den engen Straßen und Gassen sind sie den Deutschen überlegen, die wegen der zerstörten Nachrichtenverbindungen ihre Gegenwehr nur schlecht koordinieren können.[43] Weitere Truppen werden in den Straßenkampf geworfen; Artillerie, Infanteriegeschütze, Granatwerfer eingesetzt, auch Panzer und Verstärkungen von außerhalb durch Teile der Division *Hermann Göring* und der 16. PzD; aber nicht nur, um des Aufruhrs Herr zu werden, sondern vor allem, um noch ausstehende Zerstörungen vorzunehmen.[44] Einige Positionen können zurückgewonnen werden, so das Wasserwerk, das anschließend gesprengt wird. In der Nacht herrscht Kampfpause.

Am folgenden Tag, 29. September, setzt der Aufstand mit doppelter Wucht wieder ein. Trotz verstärkten Truppenaufgebotes und Einsatzes von Panzern und schweren Waffen sind die Deutschen nicht mehr imstande, die Lage zu meistern.[45] Der deutsche Wehrmachtbericht verharmlost den Aufstand zu »auflebenden kommunistischen Unruhen«, verpaßt ihm damit zugleich das ideologische Etikett, unter dem nun auch die Rede von »Banden« sein kann, die angeblich unter englischer Führung stehen, zum Teil in englischen Uniformen auftreten oder von den Briten unterstützt werden, vermutlich entflohene Kriegsgefangene.[46] Am Charakter des Volksaufstandes ändert das nichts.

Oberst Scholl wird in seinem Hauptquartier im Hotel Parker an der Via Vittorio Emanuele regelrecht belagert, während motorisierte deutsche Truppenteile aus der Stadt fliehen, andere sich in Gebäudekomplexen im Stadtzentrum und an den Ausfallstraßen nach Norden behaupten. Auch ein erfolgreicher Entlastungsvorstoß mit Tiger-Panzern auf Capodimonte ändert nichts daran, daß Neapel an diesem Abend größtenteils befreit ist.

In der Nacht zum 30. September akzeptiert Oberst Scholl seine Niederlage und schickt einen Parlamentär zu den Aufständischen, der freien Abzug für ihn und seine Soldaten vereinbart. Um fünf Uhr morgens verlassen Oberst Scholl und Major Sachau im Auto, gefolgt von weiteren Kraftwagen mit Offizieren und Soldaten seines Stabes, unter Schutzgeleit der Aufständischen Neapel. Zwar wird immer noch geschossen, halten die Straßenkämpfe mit Panzern und Artillerie an, richtet ein Artilleriebombardement von Capodimonte aus ein Blutbad in der Stadt an, finden die sinnlosen Verwüstungen und Zerstörungen noch immer kein Ende und lassen die deutschen Truppen auf ihrem Rückzug aus Neapel ihrer Rache freien Lauf, aber ihre Niederlage ist besiegelt. Gegen Abend »endet der Sacco di Napoli; die Engländer rücken ein.«[47]

In Neapel hat das Volk über schwerbewaffnete reguläre Truppen der Deutschen Wehrmacht gesiegt, Neapel ist frei.

3 *Vergeltung*

LA GUERRA E' FINITA, »der Krieg ist aus«. Die Schlagzeile der Tageszeitung *La Stampa* vom 9. September 1943[48] entspricht zwar der Gemütslage, dem Erwartungshorizont, zumindest den Hoffnungen der italienischen Bevölkerung an diesem Tage, ist aber, gemessen an der realen Lage, eine Falschmeldung und Irreführung, die die Italiener, soweit sie das als bare Münze nehmen, teuer zu stehen kommt. Das Volk ist kriegsmüde, daran gibt es keinen Zweifel, und wünscht nichts sehnlicher als das Ende dieses nutzlosen Krieges. Aber das Gegenteil dessen tritt ein, was das Volk erhofft und auch seine Generale zu vermeiden gewünscht hatten: Italien ist seit dem 9. September das Schlachtfeld fremder Armeen.[49] Die enttäuschte Hoffnung und zerstobene Illusion ruft Empörung gegen die Deutschen hervor, die nicht zu Unrecht für die Fortführung des Krieges verantwortlich gemacht werden.

Vor allem dort, wo deutsche Truppen auf dem Rückzug aus dem Süden eine Spur der Verwüstung hinter sich lassen, lehnt die Bevölkerung sich auf.[50] Dennoch bleibt der erfolgreiche Ausgang der dramatischen Tage von Neapel die Ausnahme: Wo immer das Beispiel Nachahmung findet, zieht das Volk am Ende den kürzeren. Von der Rebellion eines ganzen Volkes kann deshalb im Herbst 1943 nicht die Rede sein, Aufbegehren hier und dort bleibt lokal begrenzt. Die Bevölkerung rebelliert damit gegen die von Militärs gehegte und auch hier in Italien praktizierte Überzeugung, Zivilbevölkerung sei, soweit sie nicht zur Zwangsarbeit herangezogen werden könne, ein Störfaktor bei der Kriegführung. Rücksicht dürfe deshalb in keinem Falle auf sie genommen werden. Das ist der eigentliche Grund für die vielfach angeordneten Räumungs- und Evakuierungsmaßnahmen. Doch nicht immer und überall hat Widerstand Erfolg. Aber überall wo in Italien Widerstand gegen die Willkür der Kriegführenden geleistet wird, folgt unmittelbar und rücksichtslos Vergeltung als Antwort der deutschen Besatzungsmacht.[51]

Ziviler Widerstand der Bevölkerung gegen die Weiterführung eines Krieges paßt, weil Kriegführung Sache der Fachleute und nicht die von Zivilisten ist, nicht in die von Befehl und Gehorsam geprägte Vorstellungswelt der Militärs hinein. Seit 1899/1907 aber gibt es

Schutzbestimmungen für die Zivilbevölkerung in den Konventionen der Haager Landkriegsordnung, die auch das Deutsche Reich unterschrieben hat. Zivile Rebellion wird deshalb in den Unterlagen der Wehrmacht fast immer und sogleich den Partisanen, oder häufiger »Banditen«, also Kriminellen, zugeschrieben, wie auch die Weisungen der Wehrmachtführung und der nachgeordneten Befehlshaber stets auf die Bekämpfung von Partisanen und »Banden« abheben.

Gerhard Nebel, deutscher Schriftsteller im Kriegseinsatz in Italien, berichtet: Ende Oktober 1943 ist in Tivoli und Umgebung eine »Bandenaktion« angesagt, die von Einheiten der Waffen-SS durchgeführt wird; bis zum Mittag des 25. Oktober werden 500 Männer, Frauen und Kinder an den Bahnhöfen der Umgebung einkassiert, und die aus Rom ankommenden Reisenden von SS-Männern als »Partisanen« abgeführt. Und weiter: Drei junge Mädchen flüchten auf den Dachboden, als SS-Soldaten auf der Jagd nach Partisanen auch ihre Villa bei Tivoli durchsuchen. Nach Meinung der SS verraten die Mädchen damit ihre Komplizenschaft mit den Partisanen, weil sich nicht verstecken muß, wer ein reines Gewissen hat, auch nicht vor SS-Männern. Die Mädchen werden geschlagen und vor ein feuerbereites MG postiert, »das ihnen Aussagen über die Banden erpressen soll«; sie kommen mit dem Schrecken davon.[52]

Grundsätzlich haftet die Bevölkerung eines Ortes kollektiv für alles, was sich in ihrem Gebiet ereignet. In Barletta, etwa 50 Kilometer nordwestlich von Bari, kommt es am 9. September zu einem Recontre zwischen Soldaten des italienischen 15. Küstenregiments, die sich nicht entwaffnen lassen wollen, und Einheiten der FjPzD *Hermann Göring*. Trotz Panzereinsatzes ziehen die Deutschen zunächst den kürzeren. Beide Seiten haben Verluste: Tote, Verwundete, Gefangene. Am folgenden Tag rücken die Deutschen mit Verstärkung an, wahrscheinlich durch das II. Btl/FjRgt 1, das in der Nacht zum 9. September nach Barletta verlegt wurde. Als die Italiener auf höheren Befehl kapitulieren, beginnen die Deutschen in der ganzen Stadt eine Razzia nach versteckten italienischen Soldaten und Offizieren und erschießen als Repressalie elf Stadtpolizisten und zwei Straßenkehrer, die angeblich auf Deutsche geschossen haben. Daran anschließend veranstalten die Fallschirmjäger der Division *Hermann Göring* in den Straßen von Barletta eine »Menschenjagd«, die weitere

20 Todesopfer und viele Verwundete fordert.[53] Nicht zum letzten Mal üben Einheiten dieses deutschen Verbandes solcherart wahllose Vergeltung.

In Trani, unweit von Barletta, sollen am 18. September auf Befehl eines deutschen Offiziers 50 italienische Geiseln zur Vergeltung umgebracht werden. Nur dem beherzten Eingreifen des örtlichen Erzbischofs, der sich selbst als Opfer anbietet, ist es zu verdanken, daß der Befehl zurückgenommen wird. In Palidorno an der Via Aurelia nordwestlich von Rom verhindert das selbstlose Eintreten eines Unteroffiziers der Carabinieri die Erschießung von 22 Geiseln; mit dem Unterschied allerdings, daß der Carabiniere stellvertretend für diese sein Leben lassen muß.[54]

Die Beispiele stehen für viele andere in diesen Wochen nach der Landung der Alliierten bei Salerno und während des überstürzten Rückzugs der deutschen Streitkräfte, mit dem sie fast immer zusammenhängen. So unterschiedlich die jeweiligen Abläufe im einzelnen sind, gleichen sie sich darin, daß die Wehrmacht auf spontanen, meist unorganisierten Widerstand sofort, hart und brutal antwortet, abgesichert durch entsprechende Befehle ihrer Führung.

Im Städtchen Acerra – wenige Kilometer nördlich von Neapel an der Straße nach Caserta – kommt es am 12. September zu einem Zwischenfall: Einige Zivilisten, zum Teil Jugendliche, hindern deutsche Soldaten, vermutlich aus der *Kampfgruppe Moldenhauer*[55], daran, in der Stadt Autos und anderes zu requirieren. Die Deutschen werden überwältigt, samt ihrem dabei verletzten Feldwebel gefangengenommen, entwaffnet und den örtlichen Carabinieri übergeben, die sie allerdings gleich wieder frei lassen. Am nächsten Tag kommen sie unter Führung des offensichtlich nur leicht verwundeten Feldwebels mit Verstärkung zurück, vermutlich um sich zu rächen, aber die Täter sind inzwischen verschwunden. Daraufhin machen sich die Soldaten ans Plündern, stecken am Bahnhof einige Güterwagen in Brand und erschießen ein junges Mädchen, das ihnen zufällig über den Weg läuft.

Am 1. Oktober, die letzten deutschen Einheiten haben Neapel geräumt, erscheinen erneut deutsche Soldaten im Ort, inszenieren eine Razzia, durchkämmen Haus für Haus, treiben die Bewohner hinaus und brennen die Gebäude nieder; wer von den Bewohnern zu fliehen versucht, Widerstand leistet oder auch nur verbal protestiert, wird auf der Stelle erschossen. Nachmittags zieht die Kolonne weiter in Richtung Norden. Am folgenden Tag setzt eine andere deutsche Einheit das Werk vom Vortage fort, stößt dabei aber auf Widerstand: Wieder sind es junge Leute und Jugendliche, denen es vorerst gelingt, die Deutschen in die Flucht zu schlagen. Die jedoch kommen zurück, diesmal mit einem Panzer vom Typ *Tiger*, dem später noch zwei weitere folgen. Gegen die durch die Straßen rasselnden, wild um sich schießenden Panzer können die lediglich mit alten Karabinern ausgerüsteten Italiener nichts ausrichten. Als mittags die Nachricht verbreitet wird, eine alliierte Vorhut sei an einer Brücke zwei Kilometer weiter südlich angelangt, legen die Deutschen eine Feuerpause ein. Die Bewohner von Acerra nutzen die Gelegenheit, errichten aus landwirtschaftlichen Maschinen und Wagen eine Barrikade, die aber gegen schwere Kampfpanzer nicht standhält. Am Nachmittag durchsuchen die Soldaten die noch nicht zerstörten Häuser und stecken sie in Brand, dann richten sie unter den Bewohnern ein Blutbad an: Siebenundachtzig Menschen sterben. Hilfe von britischen Einheiten kommt zu spät.[56]

An diesem 1. Oktober wird die südlich von Acerra entlang der Straße Pomigliano – Marigliano verlaufende HKL von Einheiten der Division *Hermann Göring* gehalten; im sieben Straßenkilometer entfernten Caiano sind zwischen 1. und 4. Oktober die PzAA *Hermann Göring* und die 11. Sturmbatterie der III. Abt./PzRgt *Hermann Göring* eingesetzt, auch werden am 30. September »Überfälle von Banden (z. T. in engl. Uniformen) auf einzelne Kfz« aus der Gegend um Caiano gemeldet; Acerra liegt zudem am 1./2. Oktober im Rückzugsgebiet der *Kampfgruppe Becker*, zu der mehrere Einheiten der Division *Hermann Göring* und des FjRgt 1 gehören.[57]

Der Willkür, mit der sich in Acerra Zerstörungswut und Brutalität austoben, ist die Bevölkerung in diesen Tagen allenthalben ausgesetzt. In Capua wird ein 15jähriger Junge erschossen, weil er sich nicht festnehmen lassen will; in Taverola sind es neunzehn Carabinieri, die an ihrem Eid auf den König festhalten und deshalb als Rebellen füsiliert werden; sieben Einwohner, darunter drei Salesianer-Patres, werden in Garzano Opfer einer Vergeltungsmaßnahme.[58] Die von einem Bombenangriff schwer getroffene Stadt Isernia verwüsten

88

deutsche Einheiten auf ihrem Rückzug Anfang Oktober; sie sprengen die Brücken und den 500 Meter langen Viadukt, wie der *Nero-Befehl* ihnen vorschreibt, plündern und wüten in den Dörfern der Umgebung. So auch in Castello di Fornelli, wo ein Bauer sich auf seinem Hof gegen die Eindringlinge wehrt, indem er ihnen eine Handgranate vor die Füße schleudert; als »Sühnemaßnahme« für einen dabei getöteten und zwei verwundete Soldaten werden der Podestà des Dorfes und fünf andere, unbewaffnete und unbeteiligte Bewohner auf der Piazza Publica gehenkt, die Häuser im Dorfkern niedergebrannt.[59]

Eine extreme, gegen alle Menschlichkeit und Menschenrechte verstoßende Vergeltung üben deutsche Soldaten am 6. Oktober in Bellona, etwa 25 Kilometer nördlich von Acerra. Der Anlaß: Ein Soldat versucht eine junge Italienerin zu vergewaltigen, was deren jüngerer Bruder verhindert, indem er den Angreifer tötet. Am frühen Morgen des nächsten Tages umstellt eine deutsche Kompanie den Ort, durchsucht Haus für Haus und veranstaltet eine Menschenjagd. 54 Einwohner, darunter sechs Priester, werden als Geiseln genommen, in eine Kapelle gesperrt und später auf einen Lastwagen verfrachtet, angeblich, um sie zum Arbeitseinsatz zu schaffen. Tatsächlich werden sie nur wenige Kilometer außerhalb des Dorfes vom Wagen heruntergejagt und anschließend in einer Tuffsteinhöhle per MG-Salven umgebracht.[60] An das Geschehen erinnert heute ein Gedenkstein, dessen Inschrift der Philosoph Benedetto Croce verfaßt hat.[61]

Die Berichte über die Ereignisse in Acerra und Bellona sprechen von »reparti di SS«, von SS-Einheiten als den Tätern, eine Bezeichnung, die nicht nur hier, sondern häufig für die Ausübenden von Massakern, Vergeltungsmaßnahmen und Drangsalierungen verwendet wird. Die pauschale Bezeichnung steht offensichtlich als Synonym für Grausamkeit, Brutalität und Unmenschlichkeit deutscher Uniformträger. Tatsächlich ist Waffen-SS Anfang Oktober 1943 weder in der Gegend von Acerra noch in Bellona nachweisbar. Letzteres liegt vielmehr am 6. Oktober im Frontabschnitt der *Kampfgruppe Maucke*, die der Division *Hermann Göring* unterstellt ist; ihr gehören Teile des PzRgt 115, der PzAA, des Artillerieregiments und des PzRgt *Hermann Göring* sowie ein Pionierbataillon an.[62] Die Einheiten der FjPzD *Hermann Göring* bringen Erfahrung bezüglich harten Durchgreifens aus Barletta und Neapel mit. Obgleich die Geschehnisse in Acerra und in Bellona in den Tagesmeldungen und Kriegstagebüchern dieser Division und denen des XIV. Panzerkorps keinen Niederschlag finden, ist die Beteiligung von Einheiten der im Raum Acerra und in Bellona eingesetzten Verbände an den Vorgängen mit größter Wahrscheinlichkeit anzunehmen.

Um 1.45 Uhr in der Frühe des 13. Oktober bereitet Artillerie mit massivem Trommelfeuer den Übergang alliierter Truppen über den Volturno vor. In den deutschen Frontabschnitten nördlich des Flusses operiert, mit Bellona im Zentrum, rechts vom Städtchen Caiazzo die FjPzD *Hermann Göring*, im linken Abschnitt die 3. PzGD, an die noch weiter links zum Gebirge hin die 26. PzD anschließt.[63] Caiazzo selbst gehört zum Abschnitt der *Kampfgruppe Moeller*, die Teile der 3. PzGD umfaßt.[64] Schon im September waren Männer und Frauen aus der Stadt zur Zwangsarbeit deportiert worden. Am 4. Oktober wird den verbliebenen Bewohnern befohlen, die Stadt zu verlassen und sich aufs Land zu begeben. Ihre Häuser und Wohnungen werden systematisch von deutschen Soldaten durchkämmt, dann, wie inzwischen üblich, niedergebrannt.[65] Nachdem das III. Btl/Rgt 29 der KGr. *Moeller* am 11. Oktober vom offenen Vorderhang auf die Höhen über dem Volturno verlegt worden war, setzen sich am Morgen des 13. Oktober die letzten deutschen Einheiten vom südlichen Ufer des Flusses ebenfalls auf die Höhen des Nordufers ab. In der Flußbiegung bei Caiazzo, Gefechtsabschnitt des I. und III. Bataillons des PzGRgt 29[66], bleibt lediglich ein Nachkommando zurück, mit dem Auftrag, das Ufer zu verminen und gemäß dem *Nero-Befehl* alles zu zerstören, was dem Gegner nützlich sein könnte. Nach Erledigung seines Auftrages setzt sich das Kommando, gebildet aus dem 1. Zug der 3. Kompanie des I. Bataillons PzGRgt 29[67] in Richtung Caiazzo ab, macht aber bei dem Landgut Montecarmignano Halt, das in aussichtsreicher, taktisch günstiger Position am Höhenrand über dem Fluß liegt. Der Kommandoführer, ein 21jähriger Leutnant, vermutet offenbar im Hof einen Partisanenstützpunkt, womöglich sich erinnernd, daß einige Tage zuvor ein Spähtrupp der Kampfgruppe *Moeller* bei Dugenta, unweit von Caiazzo und diesem Hofgut, von »Zivilisten« beschossen wurde.[68] Jedenfalls handeln die Panzergrenadiere entsprechend: Sie umstellen das Gut, dringen in das Gutshaus ein, treffen aber nicht auf Partisanen, sondern finden nur unbewaffnete

Männer, Frauen, Kinder und alte Leute vor. Vier Männer, als Partisanen verdächtigt, und drei Frauen, die sich vor die Männer stellen, werden sofort erschossen. Die übrigen fünfzehn, darunter zehn Kinder und Jugendliche, werden in einem Raum zusammengedrängt und dann auf bestialische Weise umgebracht.[69] Das Regiment 29 meldet am 13. Oktober die Rückkehr eines Spähtrupps ohne Verluste, vielleicht handelt es sich dabei um dieses Kommando.[70] Gegen den damaligen Leutnant Wolfgang Lehnigk-Emden, in der von Benedetto Croce verfaßten Gedenkinschrift »un giovane ufficiale Prussiano« genannt[71], hat die Staatsanwaltschaft Koblenz im April 1993 Mordanklage erhoben. Der Prozeß vor der Jugendkammer des Landgerichts Koblenz, begonnen am 17. Dezember 1993, wurde im Januar 1994 beendet, doch ist das Urteil noch nicht rechtskräftig.[72]

Die durch brutale Besatzungsmethoden erbitterten Bewohner der kleinen abruzzesischen Stadt Lanciano lassen sich vom Erfolg des Volksaufstandes in Neapel und in der Erwartung der unmittelbar bevorstehenden Ankunft der Briten verleiten, dem Beispiel Neapels nachzueifern. Zwar ist die britische 8. Armee in raschem Tempo an der Adria-Küste bis an den Trigno vorangekommen, ihr Vormarsch bleibt aber dort, noch fünfzig Kilometer von Lanciano entfernt, stecken. Obwohl die baldige Ankunft der Briten somit nur ein Gerücht ist, beschaffen sich am 5. Oktober einige Einwohner der Stadt, überwiegend junge Männer, die sich den Deportationen hatten entziehen können, Waffen aus den Kasernen der italienischen Miliz und des Zolls und beginnen die Deutschen zu attackieren. Unter Führung eines ehemaligen Generals gelingt es den mehr als hundert Rebellen, die wichtigsten Punkte der Stadt zu besetzen; doch die Deutschen sind an Waffen und Zahl überlegen, und obgleich sie hohe Verluste haben, behalten sie schließlich die Oberhand. Ihrer anschließenden Vergeltung fallen 12 Frauen und Männer zum Opfer, es wird geplündert und Feuer gelegt, dann die vollständige Räumung und Zerstörung der Stadt angeordnet. Viele Stadtbewohner mißachten allerdings den Räumungsbefehl, verstecken sich in Kellern, Ruinen, sogar in der Kanalisation und überleben. Erst zwei Monate später wird Lanciano durch britische Einheiten befreit.[73]

Kapitel IV

Winter in den Abruzzen

1 *Winterkrieg*

Der deutsche Gegenstoß gegen den alliierten Brückenkopf Salerno
bleibt am 14. September im Abwehrfeuer schwerer Schiffsartillerie
der im Golf konzentrierten alliierten Seestreitkräfte und im Bombenhagel der Air Force stecken; nach Umgruppierung der Angriffsver-
bände und Heranführung von Verstärkungen mißlingt am 16. September auch ein zweiter Versuch, die Alliierten zurück ins Meer zu
treiben. Nachdem General Montgomery im Laufe dieses Tages mit
der britischen 8. Armee die Verbindung zur 5. US-Armee General
Clarks südlich von Salerno hergestellt hat, befiehlt der OB Süd, Feldmarschall Kesselring, am Abend des 16. September den Abbruch der
Schlacht und den Rückzug der Verbände der 10. Armee an den Volturno. Die Schlacht von Salerno endet mit dem ersten großen Sieg der
Alliierten auf dem Festland.[1]

Die Absetzbewegung der deutschen Verbände wird durch die Alliierten nicht behindert; General Clark verzichtet auf rasche Verfol-
gung, um seine angeschlagenen Truppen umzugruppieren, zu verstär-
ken und den Nachschub zu sichern. Erst am 23. September zeichnet
sich eine neue alliierte Offensive ab[2], die am 26. September auf geringer Breite mit Stoßrichtung auf Neapel erfolgt, das am 30. September
von den letzten deutschen Verbänden geräumt und am folgenden Tag
von britischen Garde-Dragonern betreten wird.[3] Inzwischen werden
auch Sardinien und Korsika von den dort unter Befehl des Generals
v. Senger und Etterlin stationierten deutschen Verbänden geräumt,
die Operation ist am 4. Oktober beendet.[4]

Am 9. September waren auch Verbände der britischen 8. Armee in
Tarent an Land gegangen und entlang der Küstenstraße in Apulien
bei hinhaltender Kampfführung der deutschen Truppen nach Norden
vorangekommen. Am 20. September erreichen sie das von den Deutschen kampflos aufgegebene Bari; zwei Tage später geht nördlich der

Stadt die britische 78. Division an Land und bringt die schwachen deutschen Kräfte in Apulien in Bedrängnis, so daß diese sich fluchtartig zurückziehen. Anfang Oktober ist Süditalien bis zu einer Linie, die von der Mündung des Volturno ins Tyrrhenische Meer über den wichtigen Luftstützpunkt Foggia bis Manfredonia an der Adria-Küste reicht, in der Hand der Alliierten.

Die Wehrmachtführung geht zu diesem Zeitpunkt immer noch davon aus, daß der Gegner eher von Süditalien auf den Balkan abspringen als sich nach Norden hinaufkämpfen wird.[5] FM Rommel will hingegen Mittelitalien mehr oder weniger kampflos aufgeben zugunsten einer nördlichen Verteidigungslinie entlang des Apennin, von La Spezia im Westen bis Pesaro im Osten, der später so genannten *Goten-Linie*; FM Kesselring äußert sich in einer Besprechung am 30. September im Führerhauptquartier, an der beide Feldmarschälle teilnehmen, indessen flexibler – im Sinne von Hitlers Wunsch, aber im Gegensatz zum WFSt – und befürwortet eine Verteidigung möglichst weit im Süden.[6] Am 1. Oktober ergeht zunächst ein Vorbefehl, am 4. Oktober eine Führer-Weisung über die Kampfführung des OB Süd und der HGr.B: Kesselring erhält den Oberbefehl im südlicheren Italien, soll seine hinhaltende Kampfführung bis zur Linie Gaeta im Westen und Ortona im Osten fortsetzen, um Zeit zur Organisation der Verteidigung und Heranführung zusätzlicher Divisionen durch eine Kampfführung vorwärts der zu haltenden Linie zu gewinnen.[7] Einen Monat später erhält Kesselring, nunmehr als OB Südwest, mit neuer Führer-Weisung den Oberbefehl im gesamten Italien.[8]

Während sich im Westen das XIV. PzK auf die Volturno-Stellung zurückzieht, landen am 3. Oktober Einheiten der britischen 78. Division mit 1000 Mann und Panzern an der Adria-Küste bei Termoli, nördlich der vorbereiteten deutschen Verteidigungslinie, und überwältigen die dort eingesetzte Kampfgruppe der 1. FjD. Der eilends aus dem Raum Neapel herbeigeschafften 16. PzD gelingt es nicht, den Brückenkopf einzuengen und einen vier Kilometer tiefen Einbruch der von Schiffsartillerie unterstützten Briten zu verhindern; nach Anlandung von weiteren britischen Verstärkungen muß sich die 16. PzD schließlich hinter den Trigno, etwa 15 Kilometer weiter nördlich, absetzen; dort kommt der britische Vorstoß erst einmal zum Stehen.[9]

Die Verteidigungsstellung am Volturno wird derweilen von den deutschen Verbänden in hartem und verbissen geführtem Abwehrkampf gehalten. Das Wetter ist in diesem Fall auf deutscher Seite: Bei beständigem Regen kommen die alliierten Angriffe im Schlamm des – in jahrhundertelanger Kultivierungsarbeit trocken gelegten, nun von den Deutschen aus taktischen Gründen wieder versumpften – kampanischen Niederungsgebietes zunächst nicht voran. Außerdem haben die Alliierten Probleme mit ihrem Nachschub. Am 13. Oktober gelingt der im Verband der 5. US-Armee kämpfenden britischen 46. Division ein erster Einbruch in die deutsche Verteidigung am unteren Volturno; entlang der Küstenstraße Via Appia überschreitet sie den Fluß, über dessen Unterlauf bei Caiazzo dann auch die 3. und 34. US-Division nach starker Artillerievorbereitung zwischen dem 16. und 18. Oktober übersetzen können.[10] Das XIV. und das östlich anschließende LXXVI. PzK ziehen sich in der Nacht zum 24. Oktober zunächst in die *Barbara-Linie*[11] und, nach harten Rückzugkämpfen im Raum Venafro am oberen Volturno, Anfang November in die befestigte *Gustav-Linie* zurück. Diese von Generaloberst Jodl als »schon eine starke Stellung« bezeichnete Verteidigungslinie, vor der alle Brücken und Straßen zerstört werden, zieht sich von der Mündung des Garigliano in den Golf von Gaeta bis zur Sangro-Mündung an der Adria quer über die schmalste Stelle der Halbinsel entlang des Garigliano und Rapido über das abbruzzische Gebirge und entlang des Sangro bis Ortona. Ihrem westlichen Teil vorgelagert ist die – vom Zusammenfluß von Liri und Garigliano südlich von Cassino über Venafro bis Castel del Sangro verlaufende und stark befestigte – *Bernhard-Stellung*, in der die 10. Armee den Durchbruch der alliierten Streitkräfte nach Rom verhindern soll und die deshalb auf Hitlers Befehl unbedingt gehalten werden muß.[12] Von rechts nach links stehen hier: 94. ID, 15. und 3. PzGD, die im wesentlichen aus Österreichern rekrutierte 44. ID *Reichsgrenadierdivision Hoch- und Deutschmeister*, 5. GebD, 305. ID, 1. FjD, 26. PzD, 29. PzGD, 65. ID und 4. FjD.[13]

Trotz sich steigernder alliierter Angriffe gegen die Front bei Cassino und an den Oberläufen von Volturno und Sangro in den bis 2500 Meter Höhe hinaufreichenden Abruzzen können die deutschen Verbände während der folgenden Wochen ihre Stellungen bis Anfang 1944 im wesentlichen halten.

Anders sieht es am östlichen Frontabschnitt aus, wo die Briten in der zweiten Novemberhälfte am unteren Sangro zunächst kleinere Brückenköpfe bilden, dann aber nach starker Artillerievorbereitung und schweren Luftbombardements am 18. November mit der 1. kanadischen und der 78. Division den Unterlauf des Sangro in größerer Breite überschreiten. Nach für beide Seiten verlustreichen Durchbruchs-Schlachten stoßen Mitte Dezember die Briten entlang der Küstenstraße bis kurz vor Ortona vor, das durch einen Sperriegel der 1. Fallschirmjägerdivision gesichert wird.[14] Goebbels nennt das folgende tagelange harte Ringen um Ortona und, nach Durchbrechung des Sperriegels in den Weihnachtstagen, die Kämpfe in der Stadt buchstäblich Haus um Haus »ein wahres Heldenlied«, in dem sich die 1. FjD seiner Meinung nach »unsterblichen Ruhm« erwirbt. Ortona, von dem nicht viel übrig bleibt, wird von den Deutschen aufgegeben, der angestrebte Durchbruch auf Pescara gelingt den Kanadiern jedoch nicht. Wegen des im Gebirge ungewöhnlich harten und schneereichen, in den Niederungen der Küstenregionen von unablässigen Regenfällen begleiteten Winters[15] brechen die Briten Anfang Januar 1944 ihre Angriffe ab, die Schlacht an der Adria mündet in einen Stellungskrieg.[16]

Nachdem die Alliierten umgruppiert, acht ihrer besten Divisionen für die für 1944 geplante Landung in der französischen Normandie herausgezogen und lediglich durch vier neuaufgestellte britische Divisionen ersetzt haben,[17] starten sie Ende Januar 1944 an der Westküste Italiens eine neue Offensive: Am 22. Januar landet das VI. US-Korps mit britischen und amerikanischen Verbänden bei Anzio-Nettuno, südlich von Rom, im Rücken der *Gustav-Stellung*. Die Deutschen werden völlig überrascht, obgleich sie eine zweite Landung an der mittelitalienischen Küste immer erwartet haben. Kesselring hatte noch wenige Tage zuvor Alarmbereitschaft befohlen. Weil aber der Chef der »Abwehr«, Admiral Canaris, bei einem Besuch im Hauptquartier des OB Südwest wenige Stunden vor der neuen Landung versichert, es sei nichts zu befürchten, läßt Kesselring die Alarmbereitschaft wieder abblasen. Für Italien aber geht eine bange Wartezeit zu Ende: »Die langersehnte Nachricht ist da: Heute sind Truppen der Alliierten in Nettuno, 50 Kilometer südlich von Rom gelandet«, notiert Iris Origo in ihrem Tagebuch. Doch der erwartete schnelle Vorstoß auf Rom unterbleibt, weil die Alliierten, anfangs von den Deutschen kaum behelligt, zunächst den Brückenkopf sichern und ausbauen. Das verschafft der deutschen Führung ausreichend Zeit, um mit Alarmeinheiten einen festen Ring um die gelandeten Alliierten zu bilden.[18]

Unterdessen greifen am 25. Januar Einheiten des französischen Expeditionskorps und der 34. US-Division Cassino an, erzielen in harten Kämpfen bei der 44. ID und der 90. PzGD geringe Einbrüche in die deutsche Verteidigungsstellung; verstärkt durch die alsbald von der Adria-Küste an die Cassino-Front geworfene 1. FjD wird die Stellung aber im wesentlichen gehalten. Die erste Schlacht um Cassino und die Benediktiner-Abtei auf dem Monte Cassino, die beide die Straße nach Rom beherrschen, wird immer härter und erreicht Mitte Februar ihren Höhepunkt, als die Alliierten unter riesigem Materialeinsatz durch Artillerie und Air Force den Durchbruch zu erzwingen versuchen. Am 15. Februar wird die berühmte Abtei, deren Kunstschätze auf Befehl Kesselrings rechtzeitig nach Rom gerettet wurden, durch einen alliierten Bombenangriff verwüstet, drei Tage später, am 18. Februar, müssen die Alliierten nach hohen Verlusten die Schlacht abbrechen.[19]

Die Kampfpause dauert einen Monat. Beide Seiten gliedern ihre Verbände um, die Alliierten versuchen durch unzählige massierte Luftangriffe die deutschen Nachschublinien zu zerstören oder wenigstens zu unterbrechen.[20] Das gelingt nur teilweise. Opfer der alliierten Bomben- und Tieffliegerangriffe ist vor allem die Zivilbevölkerung in den heimgesuchten Dörfern und Städten im mittleren Italien, denn auch Briten und Amerikaner nehmen keinerlei Rücksicht auf die italienischen Menschen, obgleich das königliche Italien ihr Bundesgenosse ist, seit Marschall Badoglio im Oktober Deutschland den Krieg erklärt hat.

Am 15. März beginnt mit unvorstellbarer Wucht die zweite Cassino-Schlacht: Im Bombenhagel alliierter Flugzeuge – auf eine Fläche von 400 mal 1000 Metern werden 1250 Tonnen Sprengbomben abgeworfen – bleibt in der Stadt Cassino kaum ein Stein auf dem anderen; das anschließende mehrstündige Trommelfeuer schwerer Artillerie verwandelt den Rest von Stadt und Kloster in eine Trümmerwüste. Die deutschen Verteidiger haben große Verluste, aber der Angriff der Neuseeländer wird ebenso abgeschlagen wie in den folgenden Tagen die wiederholten Angriffe der Gurkha-Verbände der 9. indischen Division. Nach einer Woche stellt am 22. März das US-Oberkommando wegen der hohen Verluste die Angriffsoperationen ein; damit endet auch die zweite Cassino-Schlacht, ohne daß den alliierten Truppen der Durchbruch gelungen ist.[21]

Auch aus dem Landekopf bei Anzio-Nettuno können die alliierten Verbände nicht den Durchbruch nach Rom erzielen, weil der deutsche Einschließungsring durch aus Norditalien und Südfrankreich herangeholte Divisionen massiv verstärkt worden ist. Ihre Gegenangriffe engen den Landekopf zwar auf eine Tiefe von 17 und eine Breite von 24 Kilometern ein und schlagen die bis zur Via Appia bei Cisterna vorgedrungenen alliierten Verbände Ende Februar in zwei Offensiven zurück, aber trotz zahlenmäßiger Überlegenheit gelingt es auch hier nicht, den Gegner völlig zurückzuwerfen. »Der Führer ist sehr ungehalten darüber«, notiert Goebbels, »daß es nicht gelungen ist, den Brückenkopf von Anzio auszuheben. Es hat nicht der deutsche Soldat, sondern die deutsche Führung versagt.«[22]

Bis zu diesem Zeitpunkt wird die *Gustav*-Stellung im wesentlichen gehalten; auch nördlich von Ortona stabilisiert sich seit Anfang 1944 die Front an der Adria. Die Verteidigungslast trägt die inzwischen verstärkte 10. Armee: Im adriatischen Sektor steht die *Gruppe Hauck* mit 305. ID, 334. ID und 114. Jägerdivision; im Zentrum das LI. GebK mit 5. GebD, 44. ID und 1. FjD; im Westen, von Cassino bis zur Garigliano-Mündung, das XIV. Panzerkorps mit 15. PzGD, der 71. und 94. Infanteriedivision sowie Teilen der 305. ID, dahinter als Armeereserve die 90. PzGD.

Die Einschließungsfront um den Brückenkopf Anzio-Nettuno bildet die 14. Armee: das LXXVI. Panzerkorps mit 362. und 715. ID sowie 26. PzD als Korpsreserve; das 1. Fallschirmjägerkorps mit 3. PzGD, 65. ID und 4. FjD; nach Rom zu als Armeereserve 92. ID und 29. PzGD.[23] In den nächsten Monaten wird sich hier wenig tun, auch in der römischen Kampagna herrscht bis Ende Mai Stellungskrieg.

2 *Resistenza*

Die Flucht des Königs Vittorio Emanuele III. und seines seit fünfundvierzig Tagen amtierenden Regierungschefs Marschall Badoglio am
9. September aus der Hauptstadt nach Brindisi war eine Flucht vor der
Verantwortung in einem Moment, da das Land der Führung bedurft
hätte. Das war für das Volk der eigentliche Verrat. Von diesem Makel
hat sich die Monarchie nie wieder erholt, der Prozeß der Veränderung
auf dem Weg zu einer neuen institutionellen Ordnung erhielt dadurch
den entscheidenden Schub.[25] Von hier ab datiert die eigentliche Geschichte der italienischen Widerstandsbewegung, der Resistenza, die
sich als Alternative zum erfolglosen Krisenmanagement des Königs
und seines Marschalls versteht. Bei strikter Ablehnung der Politik des
Abwartens und Taktierens dominiert in ihr von Anbeginn an mit der
Entschlossenheit zur Verweigerung und zur Aktion auch der Wille
zur grundlegenden Umgestaltung, hin zu einem neuen demokrati-
schen und republikanischen Italien.[26]

Die italienische Geschichtsschreibung zur Resistenza - bis heute in
Deutschland weitgehend ignoriert – sieht in Übereinstimmung mit
den die Resistenza tragenden politischen Kräften die sich im Herbst
1943 formierende Widerstandsbewegung als Ergebnis einer längeren
Entwicklung, deren Anfänge bis in die Frühzeit des faschistischen Regimes zurückreichen. Aus dieser langjährigen antifaschistischen Tradition leitet die Resistenza ihre Legitimation ab, alle politischen
Gruppierungen in einer nationalen Bewegung zusammenzufassen.
Ganz ohne Brüche konnte solche Kontinuität allerdings nicht bestehen: Der Antifaschismus der zwanziger Jahre, dessen Träger zu
einem Teil in die Verbannung geschickt worden oder von sich aus ins
Exil gegangen waren, zum anderen Teil im Untergrund überlebten,
hatte sich gewandelt und neu formiert. Zudem war unter Mussolinis
Herrschaft innerhalb einer jüngeren Generation ein neuer Antifaschismus im Lande entstanden, der seit Kriegsbeginn 1939, verstärkt
seit Eintritt Italiens in Hitlers Krieg 1940, eine neue Komponente erhielt. Seit Ende des Jahres 1942 verschaffte die Einsicht, daß der
Krieg verloren, das Volks kriegsmüde sei, der heimlichen Opposition
neuen Auftrieb, zugleich mit der Herausbildung einer gegenüber
Mussolini kritisch eingestellten innerfaschistischen Fronde.

Der sich seit Herbst 1943 deutlicher formierende aktive politische Widerstand ist zwar in sich nicht so einig, wie spätere italienische Geschichtsschreibung im Nachhinein konstruieren wird. Aber trotz aller Rivalitäten ist er das Sammelbecken aller der Kräfte, die unter Entfaltung einer neuen nationalen Energie der Niederlage eine große Hoffnung auf die Zukunft abzugewinnen suchen. Die Befreiung Italiens von Faschismus und nationalsozialistischer deutscher Okkupation war eben nicht nur ein Geschenk der britischen und amerikanischen Streitkräfte, die neue Demokratie nicht ein Importprodukt der Alliierten. Sie ist auch das Ergebnis einer liberalen Revolution und des politischen Kampfes, den die Resistenza führt und der sich nicht allein gegen die deutsche Besatzungsmacht richtet.[27] Die Resistenza, der Begriff wird erst nach Kriegsende von anderen europäischen Widerstandsbewegungen übernommen, ist die große einigende Erfahrung der Italiener, Wiederentdeckung der Lebensinstinkte, des Überlebenswillens, verbunden mit der Hoffnung auf Überwindung des Faschismus. Indem sie einen klaren Strich unter die Vergangenheit zog und die ideellen und kulturellen Brücken zum vergangenen Leben im Faschismus abbrach, verfügte sie aber auch über eine trennende Komponente.[28] Fast alle relevanten politischen Gruppierungen und Parteien finden sich in diesem Widerstand zusammen: Republikaner, Liberale, Sozialisten, Kommunisten und linke Katholiken, die späteren Christdemokraten. Der gemeinsame Nenner, auf den sich die im übrigen stark divergierenden, teilweise auch konträren Bewegungen einigen können, ist der Wille zu einer Erneuerung von Grund auf, die eine Rückkehr oder Wiederherstellung präfaschistischer Zustände ausschließt.[29]

Bereits unmittelbar nach dem Sturz Mussolinis am 25. Juli 1943 bildet sich in Rom unter dem Vorsitz des früheren sozialistischen Ministerpräsidenten (1921/22) Ivanoe Bonomi ein antifaschistisches Komitee. Schon in der Nacht zum 9. September treten Exponenten der linken Parteien zusammen, um über eine Beteiligung der Zivilbevölkerung an der Verteidigung der Hauptstadt gegen die deutschen Okkupanten zu beraten und diese womöglich zu organisieren. Es sind Träger bekannter Namen, die eine gemeinsame Aktion über die Parteigrenzen hinweg planen: die Sozialisten Sandro Pertini – der spätere Staatspräsident – und Peppino Gracceva, der Sarde Emilio Lusso und

Cencio Baldazzi von der Aktionspartei, Luigi Longo und Antonello Trombadori von der Kommunistischen Partei. Am frühen Morgen des 9. September – Rom ist noch nicht von deutschen Truppen besetzt – entsendet die Gruppe Ivanoe Bonomi und Meuccio Ruini zum *Palazzo di governatore* mit dem Auftrag, die Dienste der Gruppe für die Verteidigung der Stadt anzubieten. Die beiden Abgesandten kommen erst gar nicht dazu, ihren Auftrag zu erledigen, weil sie mit der Nachricht von der Flucht des Königs und Marschall Badoglios konfrontiert werden. Sie kehren stehenden Fußes um und begeben sich zum Hause des Verlegers Giulio Einaudi in der Via Adda, wo sich inzwischen weitere antifaschistische Politiker eingefunden haben. Mit Bonomi als Präsidenten konstituiert sich hier das *Comitato di Liberazione Nazionale* (CLN) als nationales Befreiungskomitee. Mitglieder dieses ersten klandestinen CLN sind: die Sozialisten Pietro Nenni und Giuseppe Romita, die Kommunisten Mauro Scoccimarro und Giorgio Amendola, Ugo La Malfa und Sergio Fenoaltea vertreten die republikanische Aktionspartei, Meuccio Ruini die Demokraten der Arbeit, die Christdemokraten repräsentiert Alcide de Gasperi und die Liberalen Alessandro Casati. Alle diese Männer werden nach dem Krieg als Ministerpräsidenten, Minister oder in anderen herausgehobenen politischen Funktionen das neue Italien gestalten.

Das Komitee versteht sich als die legitime Vertretung des Volkes und übernimmt die Führung der Befreiungsbewegung und des Widerstandes gegen die deutsche Besatzungsmacht und Mussolinis alsbald neuerrichtete Republik von Salò. Es steht damit zwischen allen Fronten.[30] In einer programmatischen Entschließung erklärt das CLN am 16. Oktober: Wichtigste Voraussetzung für einen wirksamen Krieg gegen Deutschland sei die Bildung einer Regierung, in der sich alle antifaschistischen Kräfte zusammenfinden; diese Regierung solle als alleinige Vollstreckerin des unverfälschten Volkswillens alle konstitutionelle Gewalt übernehmen, solle aber jede Handlung unterlassen, die Entscheidungen hinsichtlich der künftigen Staatsform präjudiziere, die das italienische Volk erst nach Beendigung des Krieges treffen würde.[31]

Inzwischen entstehen überall im Lande - selbstverständlich im Untergrund und illegal – lokale und regionale Befreiungskomitees, die sich im besetzten Gebiet sogleich und vornehmlich als Kampforgane verstehen. Am 7. Oktober wird das Mailänder CLN zum nationalen Befreiungskomitee für Norditalien, *Comitato di Liberazione Nazionale per L'Alto Italia* (CLNAI), umgewandelt. Nach Überwindung anfänglicher innerer Probleme kann es seine Autoriät auf den gesamten besetzten Teil Italiens ausdehnen. Mit dem CLN in Rom, das den Anspruch auf die Führung der Befreiungsbewegung in ganz Italien aufrecht erhält und nunmehr als *Comitato Centrale di Liberazione Nazionale* (CCLN) firmiert, gibt es jetzt zwei antifaschistische Koordinationszentralen. Während das CLNAI stärker auf den bewaffneten Kampf ausgerichtet ist, repräsentiert das CCLN mehr jene Kräfte, die auf politisches Gleichgewicht hinarbeiten; das CCLN verliert allerdings nach der Befreiung Roms an Autorität und Koordinierungsmöglichkeiten bezüglich des von den Deutschen weiterhin besetzten Gebietes.[32]

Zum 28./29. Januar 1944, eine Woche nach der alliierten Landung bei Anzio-Nettuno, organisieren die Parteien einen Kongreß der CLN im befreiten Bari; 20 von 90 Delegierten kommen aus dem von den Deutschen besetzten Teil. CCLN und CLNAI präsentieren noch einmal die Forderungen aus der Entschließung vom 16. Oktober, welche die Repräsentanten der CLN des Regno del Sud ablehnen, Benedetto Croce erkärt, solange Vittorio Emanuele III. König bleibe, sei für ihn der Faschismus noch nicht Vergangenheit, und findet dafür teilweise Zustimmung. Schließlich billigt die Mehrheit eine als Kompromißlösung vorgeschlagene Resolution: Der König solle die Regentschaft an seinen Sohn Umberto abtreten, sobald Rom befreit sei; die Entscheidung über die konstitutionelle Frage werde das Volk nach Kriegsende in einem Referendum treffen. Erst im März gibt der König den Pressionen – nun auch der Alliierten – nach und erklärt, sich nach der Befreiung Roms aus dem öffentlichen Leben zurückziehen zu wollen.[33]

Mittlerweile haben die dezentralen Befreiungskomitees in den größeren Städten und Industriezentren des Nordens und auch in Mittelitalien eine rege Tätigkeit entfaltet. Am 7. November beansprucht das in Florenz gebildete Komitee für die Toskana die alleinige Zuständigkeit für die Führung des bewaffneten Kampfes in der Region;[34] schon im September ist in Massa aus der *Fronte Nazionale d'Azione* ein Befreiungskomitee für die apuanische Provinz entstanden, hat sich im

102

benachbarten Lucca ein CLN provinciale konstituiert und haben ehemalige politische Gefangene am 11. September in Arezzo, wo es eine alte antifaschistische Tradition gibt, ein Komitee gegründet, aus dem im April 1944 ebenfalls ein CLN für die Provinz wird.[35] In den Marken das gleiche Bild: Am 9. September finden sich in Pesaro Repräsentanten einer Nationalen Aktionsfront zusammen, die nach der Besetzung der Stadt am 13. September in den Untergrund geht und sich am 4. Oktober als CLN konstituiert; in Ancona, Macerata und Ascoli Piceno geschieht ähnliches.[36] Auch in Umbrien kehren viele der von den Faschisten Verbannten in die Heimat zurück, bilden wie in Perugia und Terni antifaschistische Komitees, aus denen nach dem 8. September provinziale Befreiungskomitees entstehen.[37]

Diese dezentralen CLN sind zunächst eine städtische Angelegenheit; erst im Frühjahr 1944 entwickeln sich über die Städte hinaus auf die Region hin orientierte Organisationen, die sich um ausgewogene Beziehungen zwischen Stadt und Land bemühen. Denn inzwischen haben auch die Landbewohner, die Dörfler und Bauern kleine lokale Komitees, *Squadre di Azione Patriottica* (SAP), gegründet: als Schutzverbände gegen deutsche Repressalien und als ländliche Alternativen zu den städtischen *Gruppi di Azione Patriottica* (GAP), parallelen Aktionseinheiten zu den in den Städten kaum operierenden Partisanenverbänden.[38]

Mit der Gründung eines Freiwilligenkorps *Corpo Volontario della Libertà* (CVL) schafft sich die Resistenza eine militärische Organisation, in der zuletzt etwa 100000 Freiwillige in 104 Divisionen und 52 autonomen Brigaden für die Befreiung ihres Landes vom Faschismus und deutscher Okkupation kämpfen.[39] Die ersten organisierten Partisanenverbände entstehen in Oberitalien, teilweise aus intakten Armee-Einheiten, die sich nicht entwaffnen lassen, beziehungsweise nicht auf deutscher Seite weiterkämpfen wollen. Im Winter 1943/44 entwickelt sich auch in Mittelitalien aus spontanen, auf aktuelle Anlässe reagierenden Widerstandshandlungen, ehemaligen Soldaten der italienischen Streitkräfte, britischen und anderen Kriegsgefangenen, jungen, oft auch jugendlichen Zivilisten in bunt zusammengewürfelten Widerstandsgruppen eine mehr oder minder straff organisierte Partisanenbewegung.

Die Partisanen bezeichnen ihre Einheiten, vor allem die »autonomen«, als *le bande*, was unter militärischem Bezug, der mit ihrem Selbstverständnis gegeben ist, so viel wie »Trupp« oder »Truppe« bedeutet, aber auch »Schar« oder einfach »Gruppe«. Die Deutschen hingegen verwenden »Bande« immer und ausschließlich im abwertenden Sinn und mit diskriminierender Absicht, und leiten dann auch – fälschlich – »Banditen« davon ab, obgleich die beiden Wörter etymologisch nichts miteinander zu tun haben, weder im Deutschen noch im Italienischen: ein Fall von verhängnisvoller Auswirkung einer linguistischen Spezialität.

Die neu entstehenden Brigaden sind in der Regel parteipolitisch orientiert, wenn auch stets für Andersdenkende offen, zu einem Drittel autonom, also keiner bestimmten politischen Richtung verpflichtet: So werden die *Garibaldi*-Brigaden den Kommunisten zugeordnet, den Sozialisten die *Matteotti*-Verbände, die Formationen *Giustizia e Libertà* (Gerechtigkeit und Freiheit), kurz die *Giellisti* genannt, der Aktionspartei und die *Brigate del Popolo* den Christdemokraten. Nach der Befreiung Roms, die eine neue Phase des Befreiungskampfes eröffnet, wird am 9. Juni 1944 die Organisation des Freiwilligenkorps mit der Bildung eines Generalkommandos des CVL abgeschlossen, das den gesamten Guerillakrieg im noch besetzten Italien leitet und koordiniert. Es steht unter der Führung eines kompetenten Militärs, des Generals Raffaele Cadorna, dem Feruccio Parri und Luigi Longo, ehemaliger Generalinspekteur der Internationalen Brigaden im Spanischen Bürgerkrieg, zur Seite gestellt werden. Das Kommando ist nach militärischen und politischen Gesichtspunkten in Abteilungen etwa für Organisation, Sabotage, Mobilisierung, Dienstleistungen, Logistk u. a. gegliedert; ein Informationsbüro veröffentlicht ein Bulletin, die Propagandaabteilung eine Zeitung.[41]

Im Winter 1943/44 entstehen die ersten »freien Gebiete«, *zone libere*, überwiegend in Norditalien, in der Lombardei, in Piemont und Friaul, doch auch hier und da in Mittelitalien, wenn auch nicht von gleicher Größe und Bedeutung. Es handelt sich um kleinere oder größere Gebiete, die für Wochen oder über Monate hinweg unter ausschließlicher Kontrolle von Partisanenverbänden stehen. Sie bauen dort eigene politische und militärische Administrationen auf und stellen kleine, autonome »Partisanen-Republiken« dar, eine Besonderheit des italienischen Widerstandes.

In den Abruzzen entfaltet die Brigade *Palombardo*, vornehmlich im schwer zugänglichen Gebirgsmassiv der Maiella hart im Rücken der am Sangro verlaufenden Front, rege Aktivitäten. In derselben Gegend operieren seit Anfang 1944 die *Patrioti della Maiella* unter dem Kommando des Ex-Majors Ettore Troilo, eines römischen Advokaten, der als ganz junger Mann schon am Ersten Weltkrieg teilgenommen hat und ein Mitstreiter Matteottis in der Sozialistischen Partei war;[42] in den Bergen um Sulmona und Popoli agieren die *Patrioti di Marsica* und die *Conca di Sulmona*.[43]

In den Marken, für die deutschen Streitkräfte als Versorgungs- und Nachschubgebiet von großer Bedeutung, besteht schon seit November 1943 eine aus früheren Einheiten der *Guardia Nazionale* gebildete Garibaldi-Brigade unter Führung des ehemaligen Oberstleutnants Tiraboschi.[44] Während des ganzen Winters bildet das gebirgige Grenzgebiet der Marken und Abruzzen einen Schlupfwinkel für Partisanen, die viel Zulauf von ehemaligen britischen und amerikanischen Kriegsgefangenen, von aus Konzentrationslagern entwichenen Slawen, Montenegrinern, Kroaten haben; dennoch, wird dem Duce gemeldet, seien die Aktivitäten dieser »Rebellen« nicht alarmierend[45] – zweifellos eine Verkennung der realen Verhältnisse: Die Marken sind im Frühjahr 1944 ein Zentrum des bewaffneten Widerstandes in Mittelitalien.

Zwischen den Monti Sibillini und den umbrischen Grenzbergen kann sich im Tal von Visso für ein paar Wochen eine *zona libera* behaupten, von der aus Kontakte zu einer ähnlichen *zona* um Cascia im südlichen Umbrien in den Bergen östlich der Industriestadt Terni bestehen. Cascia wird am 27. Dezember 1943 durch die Garibaldi-Brigade *Antonio Gramsci* befreit, ein 1000 Quadratkilometer großes Gebiet um Cascia und in den Monti Reatini nördlich Rieti zur Freien Zone erklärt und, begünstigt durch das Gelände und einen überaus schneereichen Winter, ein Vierteljahr gehalten. Erst im März 1944 greifen die Deutschen in einem großangelegten Unternehmen mit Panzern und starken Kräften an und üben harte Vergeltung.[46]

In der Toskana nimmt der organisierte Widerstand seit Frühjahr 1944 wirkungsvollere Formen an. Bis dahin bleibt es im wesentlichen bei spontanen und unkoordinierten Aktionen kleinerer lokaler Gruppen. Am dicht bewaldeten Monte Amiata, in Latium und der südlichen Toskana operiert seit September 1943 das aus ehemaligen Soldaten und Kriegsgefangenen gebildete *Raggrupamento Monte Amiata* unter dem Kommando des Oberst Giuseppe de Montezemolo, der enge Kontakte zur Badoglio-Regierung hält. Eine andere Gruppe in den sienesischen Bergen wird von Oberstleutnant Adalberto Croci geführt, der vormals Kommandeur eines in Volterra stationierten Bataillons Bersaglieri war. In Monticiano, am Monte Quoio südlich von Siena, bildet sich im Januar 1944 die Garibaldi-Brigade *Lavignini*, die im Frühsommer, nach Beginn der neuen alliierten Offensive, sehr erfolgreiche Aktivitäten entfaltet.[47]

Alles in allem stehen Ende April 1944 in der Toskana etwa 1700 Mann im organisierten Widerstand: 700 Garibaldi-Kämpfer, 600 Giellisti, 270 Autonome und 130 in Brigate del Popolo; in Umbrien und den Marken 700 in Brigate-Garibaldi, 400 Autonome, 150 Giellisti, zusammen 1250 Mann; bei divergierenden Angaben für Latium und die Abruzzen kann mit 300 Mann in Latium und 800 Mann in den Abruzzen gerechnet werden; über nichtorganisierte, »wilde« Partisanengruppen gibt es anscheinend keine verläßlichen Zahlen.[48]

3 *Massaker in den Abruzzen*

Auf vermehrte Sabotage- und Widerstandshandlungen in der Region Abruzzen – die Provinz Chieti ist seit Ende September Frontgebiet – antwortet die deutsche Besatzungsmacht mit gesteigerter Härte und Brutalität. Am 14. September richten deutsche Soldaten in Ortona bei der Demobilisation der italienischen Streitkräfte ein Blutbad unter Zivilisten und Soldaten an. Der forcierte Ausbau von *Bernhard*-Stellung und *Gustav-Linie* verstärkt den Druck. Vieles kommt dabei zusammen, aber die deutschen militärischen Quellen sprechen eine eindeutige Sprache: Die Häufung von krassen Befehlen und Anordnungen, aufgrund derer Hitlers *verbrannte Erde* geschaffen werden soll, weckt bei den Bewohnern frontnaher Gebiete eine zunehmende Unruhe und feindselige Haltung, die sich in Nichtbefolgung oder Sabotage deutscher Befehle äußern.[49] Die deutsche Führung ist ihrerseits ohne jedes Verständnis dafür, daß die Bevölkerung Nahrungsvorräte, Vieh, Maschinen und ihre Arbeitsplätze in Fabriken und Bergwerken zu retten sucht, wo sie kann, und keineswegs gegen diejenigen »verteidigt« zu werden wünscht, von denen sie sich ihre Befreiung erhofft. Genausowenig scheint die deutsche Führung zu verstehen, daß Druck immer auch Gegendruck erzeugt und der Grundsatz, wer nicht für uns ist, ist gegen uns, auf sie selbst zurückschlagen muß.

Hitler in der »Abendlage« im Führerhauptquartier am 1. Dezember 1942: »Grundsätzlich ist bei der Bandenbekämpfung – das muß man jedem einhämmern – das richtig, was zum Erfolg führt (...) Wenn einer auch etwas macht, was einer Anordnung nicht entspricht, aber auf einen absoluten Erfolg hinweisen kann, oder wenn einer eine Notlage vor sich sieht, der er nur mit brachialsten Mitteln begegnen kann, dann ist jedes Mittel recht, das zum Erfolg führt. Das Ziel muß sein, daß die Banden vernichtet werden und die Ruhe hergestellt wird. (...) Wenn sie Frauen und Kinder vor sich hinschieben, dann muß der Offizier oder Unteroffizier die Möglichkeit haben, rücksichtslos hineinzuschießen. Entscheidend ist nur, daß er sich durchschlägt und die Bande aufreibt. Dem Waffenträger muß man eine absolute Rückendeckung geben (...), daß sich der arme Teufel nicht sagen muß, hinterher werde ich noch zur Verantwortung gezogen.«[50]

Was nach »erfolgsorientierter« Argumentation klingt, ist nur scheinbar zweckrational, in Wahrheit pure Ideologie. Dieser Mentalität entspringen die Befehle, deren unheilvolle Konsequenz eine sich gegenseitig bedingende Eskalation von Befehl und Widerstand ist. Aktion und Vergeltung, Maßnahmen und Gegenwehr setzen eine Gewaltspirale in Gang, die zu immer brutaleren, rational nicht nachvollziehbaren Handlungen führt, zu Bluttaten von einer Grausamkeit, die keine Grenzen mehr zu kennen scheint. Ein besonders krasses Beispiel dafür ist das Geschehen in Pietransieri, einem kleinen Bergdorf in der Region Abruzzen, in strategisch einmaliger Lage hoch über dem Tal des Sangro.

Mitte Oktober 1943 wird das Fallschirmjägerregiment 1 zusammen mit der Masse der 1. Fallschirmjägerdivision aus der Front am Trigno herausgezogen und etwa 25 Kilometer weiter rückwärts zum Ausbau der *Gustav-Linie* in den Raum Roccaraso – Castel di Sangro verlegt. Das 3. und 4. Regiment der Division bleiben vorerst in ihrer bisherigen Stellung. Anfang November überqueren Teile der britischen 8. Armee den Trigno, am 5. November nimmt die deutsche Führung die Front auf den Sangro zurück, die Fallschirmjäger des 3. und 4. Regiments beziehen Mitte November ebenfalls in der *Gustav-Linie* östlich von Castel di Sangro eine neue Verteidigungsstellung.[51] Die Stadt ist ein wichtiger Verkehrsknoten, hier treffen sich die von L'Aquila, dem Hauptort der Region, nach Isernia in Molise führende Nationalstraße 17 und mehrere von der Adria-Küste nach Westen ins Volturno-Tal und nach Neapel führende Staatsstraßen. Auf der über Castel del Sangro der Maiella vorgelagerten Hochebene der Cinquemiglia liegt auf über 1300 Meter Höhe die Gemeinde Roccaraso, damals wie heute ein vielbesuchtes Wintersportzentrum. Zum Amtsbezirk gehören, neben anderen, das alte, etwa 2000 Einwohner zählende Städtchen Pescocostanzo und das kleine wie eine Bastion über dem Sangro thronende Dorf Pietransieri.

Die 1. FjD hat den Rückzug aus Sizilien und Süditalien hinter sich, eine kampferprobte und kriegserfahrene Truppe, die sich, aus Sicht der Wehrmachtführung, wacker geschlagen hat, wo immer sie eingesetzt wurde; eine »Elite-Truppe« auch nach eigenem Verständnis. Aus der Sicht der italienischen Bevölkerung fürchtet man sie jedoch als eine Einheit von besonderer Skrupellosigkeit und Brutalität. Der Divisionsstab der 1. FjD nimmt in Pescocostanzo Quartier, wo er bis Ende November bleiben wird.[52] Als am 3. November, nachdem die Front an den Sangro zurückgenommen worden ist, die Bewohner von Pescocostanzo ihre Stadt räumen müssen, trifft das auch die Sabatinis, eine der führenden Familien seit dem 17. Jahrhundert, unter ihrem 87jährigen Oberhaupt. In seinem Palazzo muß Gaetano Sabatini die wertvolle Bibliothek, 10000 Bände überwiegend aus dem 16. und 17. Jahrhundert, und Barockmobiliar zurücklassen. Als er im Frühjahr 1944 zurückkehrt, sind Bücher, Bilder und Möbel verschwunden. Einige der wertvollen Möbel finden sich 40 Kilometer weiter nördlich in einem Haus in Introdacqua bei Sulmona wieder, wohin der Divisionskommandeur seinen Gefechtsstand verlegt hatte. Sie wurden von General Heidrich dort zurückgelassen, als die Division Ende Dezember verlegt wurde. Ebenso ein Klavier, das er einer Prostituierten geschenkt hatte. Die Bibliothek aber taucht erst nach Kriegsende wieder auf, und zwar in Deutschland: In Mainz stellt die französische

Besatzungsmacht sie aus beschlagnahmtem Wehrmachtgut der neu-gegründeten Universitätsbibliothek buchstäblich vor die Tür. Erst im Jahre 1991 erhalten die Sabatinis ihr Eigentum zurück, müssen es aber auf eigene Kosten abholen: Die nicht ganz ungewöhnliche Geschichte der »Rettung« von Kunst- und Kulturschätzen aus bedrohtem Kriegsgebiet, auf die die Deutsche Wehrmacht so stolz ist; in diesem, wie auch in anderen Fällen darf man solche »Rettung« getrost auch als Plünderung bezeichnen.[53]

In Roccaraso befindet sich nach italienischen Berichten seit Oktober im *Albergo Reale* eine Befehlsstelle oder Kommandantur einer Fallschirmjägereinheit mit der (angeblichen) Feldpostnummer 35 713 und unter Kommando eines *tenente colonello Schulemburg* oder *Schemburg*,[54] außerdem in den Hotels *Regina* und *Principe* ein Feldlazarett unter Leitung des *maggiore medico Walentin Ungaro* mit der (angeblichen) Feldpostnummer 41 604. Der Oberstabsarzt heißt vermutlich Valentin Unger.[55] Mit der Führung des FjRgt 1, dessen Befehlsstand sich zur fraglichen Zeit in Roccaraso befindet, ist der Kommandeur des I. Bataillons, das mit Befehlsstand in Roccacinquemiglia beiderseits der Straße Castel de Sangro – Roccaraso in Stellung liegt,[56] der Major und Ritterkreuzträger Wolf-Werner Graf von der Schulenburg beauftragt. Er ist der ältere Bruder von Fritz-Dietlof von der Schulenburg, einem der führenden Köpfe im deutschen Widerstand, selbst aber überzeugter Nationalsozialist. Das Attentat auf Hitler am 20. Juli 1944 und die Hinrichtung seines Bruders wird Wolf-Werner von der Schulenburg nicht mehr erleben, er fällt kurz zuvor am 14. Juli 1944 an der französischen Invasionsfront bei St. Lo in der Normandie als Oberstleutnant und Kommandeur des FjRgt 13.[57] Es können kaum Zweifel bestehen, daß der Major Graf von der Schulenburg mit dem genannten *tenente colonello Schulemburg* identisch ist.

Pietransieri im Amt Roccaraso liegt auf 1359 Meter Höhe an der steil zum Sangro abfallenden Flanke des Monte Tocco in unmittelbarer Nachbarschaft zu einem massigen Felssturz; die einmalig schöne Lage bietet einen weiten, großartigen Rundblick über das Tal, bei Föhn soll die Rauchfahne des Vesuvs zu sehen sein. Von hier aus sind das Sangro-Tal und ein breites Frontgebiet zu kontrollieren und zu beherrschen. Das wird dem Bergdorf und seinen 485 Bewohnern, überwiegend Frauen, Kinder und Alte, auch einige Kriegsinvaliden und aus der Gefangenschaft entlassene Männer, zum Verhängnis. Am 17. Oktober kommen Soldaten ins Dorf, vermutlich Pioniere des PiBtl 93, das zu dieser Zeit in diesem Abschnitt mit dem Ausbau der *Gustav*-Stellung beauftragt ist, darin aber spätestens um den 18. November von Einheiten des FjRgt 1 abgelöst wird und in den Verband der 26. PzD zurückkehrt.[58] Die Soldaten erkennen die strategisch günstige Lage des Ortes, deklarieren ihn zum besonders wichtigen Stützpunkt in der Frontlinie und beginnen mit dem Ausbau. Dazu wird in der Regel die arbeitsfähige Bevölkerung herangezogen, notfalls mit Waffengewalt. Auch Pietransieri wird an diesem 17. Oktober auf arbeitsfähige Männer durchkämmt; zwanzig Männer werden zum Arbeitseinsatz nach Rivisondoli und zur Bahnstation Pescocostanzo abgeführt, am 26. Oktober weitere zehn. Weil Frauen, Kinder und alte Leute dem zügigen Stellungsausbau nur im Wege sind, wird am 7. November die vollständige Räumung des Dorfes Pietransieri befohlen. Etwa die Hälfte der Bewohner gehorcht und macht sich auf den Fußmarsch durch hohen Schnee übers Gebirge in das 40 Kilometer entfernte Sulmona. Der Exodus bringt nicht wenigen den Tod durch Erfrieren oder Erschöpfung. Etwa 200 Bewohner weigern sich trotz aller Strafandrohungen, den weiten Weg nach Sulmona anzutreten. Sie hoffen insgeheim auf baldige Befreiung durch die Alliierten, deren Verbände bereits am Sangro stehen. Die Zweihundert ziehen sich mit dem, was sie tragen können, in den vier Kilometer entfernten, im Niemandsland vor der Stellung gelegenen Weiler Limmari zurück. Die Deutschen lassen sie gewähren, plündern danach den verlassenen Ort und fangen damit an, ihn zu verwüsten und zu zerstören, wobei weder die Kirche noch der Friedhof geschont werden. Eine über siebzig Jahre alte bewegungsunfähige Frau kommt dabei in den Flammen ihres Hauses um.[59]

Zwar haben sich die meisten arbeitsfähigen Männer aus der Gegend davongemacht, dennoch veranstalten die Deutschen immer neue Razzien, um Arbeitsfähige dingfest zu machen, meist ohne Erfolg. Ihre Enttäuschung darüber reagieren sie mit Grausamkeit und Brutalität ab: Am 15. November wird eine junge Frau in ihrem Haus ohne erkennbares Motiv umgebracht. Am folgenden Tage erscheint in Limmari ein Stoßtrupp, angeblich Fallschirmjäger, durchkämmt die Häuser und führt sechs Männer ab, die später erschossen aufgefunden werden. Am 17. November wird eine 77 Jahre alte Frau im Wald von deutschen Soldaten angetroffen; sie und ihr zu Hilfe eilender achtzigjähriger Mann werden getötet. Und so geht es weiter: Am 18. November stößt eine junge Frau auf eine nach Arbeitsfähigen suchende Patrouille; sie überlebt das Zusammentreffen ebensowenig wie am folgenden Tag ein Siebzigjähriger mit seinem Sohn und einem 18 Jahre alten Mädchen.[60]

Senza alcun motivo, ohne erkennbares Motiv, heißt es in den italienischen Berichten über das Verhalten der deutschen Soldaten. Doch für diese hat formal alles seine rechte Ordnung. Laut Befehl sind alle Italiener, die von einem bestimmten Zeitpunkt an in geräumten Gebieten angetroffen werden, zu erschießen.[61]

Am 18. November dringt erneut ein Stoßtrupp in Limmari ein – italienischen Berichten zufolge wiederum Fallschirmjäger –, verwüstet und sprengt einen Teil der wenigen Häuser, vernichtet die Lebensmittelvorräte und führt wieder einige Männer ab, deren Leichen man später in unmittelbarer Nähe des Weilers findet.

Der 21. November 1943 ist ein Sonntag. »Totensonntag«, der letzte Sonntag vor der Adventszeit, an dem die evangelischen Christen in Deutschland der Verstorbenen gedenken. An diesem Sonntagmorgen macht sich ein Fallschirmjäger-Spähtrupp auf den Weg ins *Valle della Vita*, das Tal des Lebens. In Limmari machen die Soldaten Halt, brennen die restlichen Häuser nieder, erschießen die angetroffenen Bewohner zum Teil in den Häusern, andere treiben sie hinaus und unter einer einzelstehenden Eiche zusammen, häufen um sie einen Ring von Munition und zünden sie; wer die Explosion überlebt, wird erschossen. Einzige Überlebende des Massakers ist ein siebenjähriges Mädchen, Virginia Macarelli, deren Mutter sie mit ihrem Leib gedeckt hat; drei volle Tage verbringt das Kind in den Trümmern des Weilers neben den Leichenhaufen, ehe es von einer Laura Calabrese, die sich an diesem Tag abseits in der Umgebung aufgehalten hatte, gefunden wird.[62] Einhundertundzwölf Tote in Limmari allein an diesem Tag, darunter 50 Frauen und 31 Kinder und Kleinkinder.

Daß die Mörder Fallschirmjäger waren, wie es in den italienischen Berichten behauptet wird, kann als gesichert gelten. Der Frontabschnitt beiderseits Pietransieri, vor dem Limmari liegt, wird vom

III./FjRgt 1 gehalten, die Pioniere sind ab 18. November nicht mehr in diesem Abschnitt und nicht mehr im Verband des 1. FjD eingesetzt, andere deutsche Einheiten sind hier für diese Zeit in den Lagekarten nicht verzeichnet.[63] Die persönliche Beteiligung des Majors von der Schulenburg am 18. und 21. November, auch an Erschießungen, geht nur aus italienischen Berichten hervor. In einem Fall wird von Fallschirmjägern aus Roccaraso gesprochen. Träfe das zu, könnte es sich nur um eine Stabseinheit des Regiments 1 gehandelt haben, die Graf Schulenburg persönlich führt. Der Bericht von Aldo Rasero, zur fraglichen Zeit Ex-Major der italienischen Elitetruppe der *Alpini* und Führer einer Partisanenbrigade, nach dem Kriege bis zum General d. R. aufgestiegen, darf als verläßliche Quelle angesehen werden.[64]

In diesen Tagen, am 18. November, beginnt am unteren Sangro eine britische Offensive. Der tägliche deutsche Wehrmachtbericht vermerkt das allerdings nicht, sondern notiert, wie ähnlich auch das Kriegstagebuch des WFSt, nur »beiderseitige rege Artillerie- und Spähtruppentätigkeit« (20. 11.), auch ruhig verlaufende Tage, obzwar »unsere Sicherungen hinter den Sangro zurückgenommen« werden (21. 11.) oder (22. 11.) nur »stellenweise Späh- und Stoßtrupptätigkeit.«[65]

Pietransieri bleibt nicht der einzige »Vorfall« in der Region Abruzzen und in diesem Winter, aber er ist der blutigste. Er wird von deutscher Seite nicht einmal mit Partisanenaktionen oder dergleichen in Verbindung gebracht. Kaum weniger bestialisch verläuft das Massaker von Collelungo, Gemeinde Vallerotondo, Provinz Frosinone, wo im Dezember zweiundvierzig Männer, Frauen und Kinder in einer Grotte am Ufer des Chiaro, wohin sie sich aus Furcht vor einer Razzia geflüchtet hatten, niedergemetzelt werden; offenbar auch hier *senza alcun motivo*; von militärischen Notwendigkeiten ist nichts bekannt.[66]

Als Vergeltungsmaßnahme wird ein Vorfall in Francavilla al Mare, Provinz Pescara, begründet; der Ort an der Adria gilt als Partisanen-Stützpunkt. Bei einem Recontre zwischen Deutschen und Partisanen kommen am 21. Dezember sieben deutsche Soldaten und drei Italiener um. Am 30. Dezember wird die Leiche eines deutschen Soldaten gefunden, der beim Versuch, ein junges Mädchen zu vergewaltigen, von Italienern getötet worden war. Ein Feldwebel und ein Unteroffizier exekutieren daraufhin eine »Sühnemaßnahme«, der zwanzig bei einer Razzia auf Arbeitsfähige festgenommene Männer zum Opfer fallen. Eine Beteiligung von Fallschirmjägern ist nicht auszuschließen: Das FjRgt 1 wird zu dieser Zeit in den Küstenabschnitt bei Francavilla verlegt, wo bereits das FjRgt 3 wenig südlicher von Ortona in heftige Abwehrkämpfe verwickelt ist.[67]

Ähnliches mit ähnlichen Folgen ereignet sich auf der anderen Seite der Halbinsel in der römischen Kampagna. In Cisterna versuchen am 18. Februar 1944 zwei deutsche Soldaten eine Italienerin zu vergewaltigen, ihr Mann kommt ihr zu Hilfe, entwindet einem der Soldaten die Waffe und erschießt den anderen; der Entwaffnete flüchtet. Was als Notwehr gelten könnte, wird durch Vergeltung an Unbeteiligten gesühnt: Sechzehn Geiseln werden ohne Standgerichtsverfahren zu Tode gebracht.[68]

Die italienische Bevölkerung ist, wie die Beispiele zeigen, gegenüber der Besatzungsmacht hilf- und rechtlos. Für die Grundbedürfnisse der Bevölkerung – das Dach über dem Kopf, Nahrung, die Ehre der Frauen – haben die deutschen Soldaten, Offiziere und Generale im allgemeinen kein Verständnis. Zivilbevölkerung ist für sie keine militärische Notwendigkeit, im Gegenteil, sie hindert die Kriegführenden bei ihrem wichtigen Geschäft, und ist daher tunlichst aus dem Weg zu räumen, so oder so.

Kapitel V

Frühjahr ohne Hoffnung

1 Bomben in der Via Rasella

Der 25. Jahrestag der Gründung der *Fasci* am 23. März 1944 wird in den größeren Städten der *Repubblica Sociale Italiana* mit öffentlichen Kundgebungen oder ähnlichen Veranstaltungen gefeiert. Auch in Rom hat der örtliche Parteisekretär Pizzirani für diesen Tag eine große öffentliche Versammlung geplant, aber der deutsche Standortkommandant General Maelzer verbietet sie, aus Furcht vor Gegenaktionen der Resistenza. Erst auf eine Demarche Mussolinis bei Botschafter Rahn läßt Maelzer eine nichtöffentliche Feier in kleinerem Rahmen und geschlossenem Raum im Ministerium für die Korporationen zu. Repräsentanten der deutschen Dienststellen in Rom nehmen daran teil, unter ihnen Generalkonsul Moellhausen. In einer Pause nach den Reden treten Moellhausen und SS-Standartenführer Dollmann, Himmlers Aufpasser in Rom, auf den Balkon, um etwas frische Luft zu schöpfen:»In diesem Augenblick hört man in großer Nähe unmittelbar nacheinander drei oder vier heftige Explosionen.«[1]

Es ist gegen drei Uhr nachmittags. Im Geschäftsviertel in der Nähe des Quirinals marschiert, wie jeden Tag, die 2. Kompanie des III. Bataillons des deutschen Polizeiregiments *Bozen* durch die Via Rasella.[2] Ein italienischer Straßenkehrer hat seine Müllkarre vor einem Palazzo kurz vor der Einmündung der Gasse in die Via delle Quattro Fontane abgestellt. Als die Marschgruppe passiert, explodieren auf der Karre versteckte Bomben mit gewaltiger Detonation. 32 deutsche Polizeisoldaten sind tot, die doppelte Anzahl zum Teil schwer verwundet. Einer von diesen erliegt später seinen Verletzungen. Auch zwei Zivilisten sind getroffen. Die Täter entkommen.[3]

General Maelzer ist bereits am Tatort, als Moellhausen und Dollmann dort eintreffen. Er war ebenfalls auf der Faschisten-Feier und ist davon erheblich alkoholisiert,»tobt vor Wut und will den ganzen Häuserblock in die Luft sprengen lassen.«[4]

Das minutiös geplante Attentat geht auf das Konto des römischen *Gruppo di Azione Patriottica*, es ist, wie ein italienisches Militärgericht nach dem Kriege feststellen wird, keine völkerrechtlich legitimierte Widerstandshandlung eines »ordentlichen«, nämlich als solches gekennzeichneten Freiwilligenkorps, sondern Mord, ein heimtückischer Anschlag auf Leib und Leben.

In den vorvergangenen Wochen und Monaten hatte es in Rom verschiedentlich Sabotagehandlungen und Bombenanschläge gegeben, worauf die deutsche Kommandantur mit der Androhung verschärfter Repressalien reagiert hatte. Die Hauptstadt war zu dieser Zeit, wie der deutsche Vatikan-Botschafter v. Weizsäcker formulierte, *quasi città aperta*,[5] allerdings weder de jure noch de facto eine *Offene Stadt*. Ungeklärt bleibt aber, ob das Attentat in der Via Rasella eine Antwort des GAP auf die ständige und systematische Verletzung dieses Quasi-Status Roms durch die Deutschen war, oder eine Aktion, die anläßlich der Jubiläumsfeier der Faschisten zu deren Demoralisierung beitragen sollte. Womöglich ist ein dritter Grund von wesentlicherer Bedeutung: Die Absicht des GAP, die Deutschen herauszufordern, sie zu Repressalien zu verleiten, die wiederum den Haß der Bevölkerung auf die Besatzungsmacht stärken würden, wie auch der in sich zerstrittenen römischen Widerstandsbewegung durch eine aufsehenerregende Aktion neuen Auftrieb mit dem Ziel zu geben, angesichts der Nähe der alliierten Streitkräfte und deren erhofftem baldigen Durchbruch nach Rom eine Volkserhebung der Römer zu provozieren oder revolutionäre Stimmung anzuheizen.[6]

Einer der Täter, Rosario Bentivegna, erklärt später, der Befehl zur Aktion sei von der Kommunistischen Partei gekommen. Bonomi notiert in seinem Tagebuch, es seien offensichtlich *elementi estremisti* gewesen. Tatsächlich hat Giorgio Amendola, kommunistisches Mitglied im Militärausschuß des CLN, die Order gegeben. Die Opfer sind Südtiroler, die zum Dienst im Polizeiregiment *Bozen* gepreßt wurden, um die 40 Jahre alt, darunter auch solche, die 1939 nicht für Deutschland, sondern für Italien optiert hatten, also de jure italienische Staatsangehörige sind. Obgleich keine SS-Männer oder Soldaten der Waffen-SS, sondern reguläre, kasernierte Polizei, unterstehen sie prinzipiell dem HöSSPF in Italien, Himmlers General Wolff, als Polizeiangehörige im Wach- und Sicherungsdienst in Rom aber direkt dem dortigen Standortkommandanten der Wehrmacht.[7] Die deutsche Reaktion auf das Attentat ist schnell und hart. Noch am selben Nachmittag werden das OKW und durch dieses Hitler informiert. FM Kesselring ist zu dieser Zeit noch auf Frontbesuch, er erfährt erst abends nach seiner Rückkehr in sein Hauptquartier auf dem Monte Soratte, was vorgefallen ist. Hitler tobt, nachdem ihm Generalmajor von Buttlar Bericht erstattet hat, er will ein ganzes Stadtviertel in die Luft sprengen und für jeden getöteten deutschen (!) Polizisten 30 oder gar 50 Italiener erschießen lassen.[8] Auch Botschafter Rahn reagiert: Er telegrafiert dem Auswärtigen Amt, »Citissime«, allerdings aufgrund noch ungenauer Kenntnis des Vorgefallenen.[9] Obersturmbannführer Herbert Kappler, Chef der Sipo und des SD in Rom, konferiert inzwischen mit Generaloberst v. Mackensen, dem OB der 14. Armee, dem der Standortkommandant von Rom unterstellt ist. Beide stimmen überein, daß eine wirkungsvolle Repressalie ergriffen werden muß. Kapplers Vorschalg dazu: Italiener im Verhältnis von zehn zu eins je getötetem Polizeisoldaten zu erschießen, was Gepflogenheiten im Befehlsbereich des OB Südwest entspricht,[10] und dafür Personen auszuwählen, die von ihm, Kappler, in Haft gehalten werden und bereits zum Tode verurteilt worden sind, eine ausreichende Anzahl solcher Häftlige stünden zur Verfügung.[11] Kesselring schließt sich nach Rückkehr in sein Hauptquartier dem Vorschlag an, der sofort danach ins Führerhauptquartier *Wolfsschanze* in Ostpreußen übermittelt wird. Am späten Abend kommt die Rückäußerung durch Generaloberst Jodl, Chef des WFSt: Hitler befehle die Erschießung von Geiseln im Verhältnis von zehn zu eins, die Durchführung obliege dem SD, Ausführung binnen 24 Stunden; Jodl auf Nachfrage deutlich: Durchführung durch SD![12]

Kappler kann die benötigten 330 Personen nicht durch bereits rechtskräftig zum Tode Verurteilte in seinem Gewahrsam in der SD-Zentrale in der Via Tasso aufbringen, auch dann nicht, wenn er den Kreis auf von ihm sogenannte »Todeskandidaten«, d. h. solche, die die Todesstrafe zu erwarten haben, ausdehnt. Er muß auf Häftlinge des stadtrömischen Gefängnisses *Regina Coeli* zurückgreifen und, weil auch das nicht ausreicht, vom italienischen Polizeichef verlangen, noch weitere fünfzig bis sechzig Personen, zum Beispiel Juden, beizutreiben. Am Ende werden es 335 Geiseln, die Kappler auf diese Weise zusammenbringt, deren genaue Zahl er aber nicht mehr kontrolliert, was ihm später zum Verhängnis wird.[13] Am Freitagvormittag, dem 24. März 1944, versucht Kappler mit Vermittlung General Maelzers von der 14. Armee die Gestellung eines Exekutionskommandos zu erreichen, was deren Chef des Stabes mit dem Hinweis ablehnt, der Führer habe die Durchführung der »Sühnemaßnahme« ausdrücklich dem SD übertragen.[14]

Als Hinrichtungsort wählt Kappler ein Höhlensystem in der Nachbarschaft der Katakomben von S. Calisto an der Via Ardeatina, einer Parallelstraße der Via Appia Antica, die im Südosten aus Rom hinausführt; die Höhlen werden Cave oder häufiger Fosse Ardeatine genannt. Die Geiseln werden auf Lastwagen dorthin gekarrt und im von Fackeln schwach erleuchteten Dunkel der Höhlen Mann für Mann reihenweise per Genickschuß umgebracht. Kappler legt als Vorbild für seine SD-Männer selbst Hand an. Als die Leichenberge zu hoch werden, müssen sich die Deliquenten auf ihre toten Kameraden legen, um dann den Genickschuß zu erhalten. Die Massenexektuion dauert etliche Stunden, bis zum folgenden Tag. Kappler muß seine Leute mit viel Alkohol bei der Stange halten. Es sterben 335 Männer, fünf mehr als Hitler befohlen hat. Unmittelbar danach läßt Kappler die Höhlen durch Sprengungen verschließen.[15]

Die Opfer dieser »Sühnemaßnahme« waren, auch nach Lesart der Nachkriegsprozesse gegen Kappler, Kesselring und andere, »rechtmäßig zum Tode Verurteilte« oder solche, die eine Todesstrafe zu gewärtigen hatten.[16] In den Prozessen und in der deutschen historiographischen und juristischen Literatur wird die Frage der Rechtmäßigkeit dieser Todesurteile nicht geprüft und ebensowenig gefragt, welche Instanz diese Menschen aufgrund welcher Gesetze und für welche Verbrechen verurteilt hat oder warum diese Personen sich überwiegend im Gewahrsam des SD in der Via Tasso und im Gefängnis *Regina Coeli* befanden.

In einem großen Wohngebäude in der Via Tasso Nr. 155, dicht bei der päpstlichen Basilika S. Giovanni in Laterano, hatten SS und SD nach dem 8. September 1943 ihr Standquartier eingerichtet und etliche Arrestzellen für Untersuchungshäftlinge geschaffen; in der Regel Personen, die wegen Vergehen gegen deutsche Befehle oder Besat-

118

zungsrecht verhaftet worden waren, politische Gefangene, Widerständler. Hier fanden die Verhöre statt, hier wurde auch gefoltert. Hiebe gibt es täglich, so viel man will, schreibt der ehemalige italienische Luftwaffengeneral Castaldi. Nach ihrer Verurteilung wurden die Delinquenten exekutiert oder in das Gefängnis *Regina Coeli* verlegt, als Geisen festgehalten oder nach Deutschland in ein KZ deportiert.[17]

Die Opfer des Massakers in den Ardeatinischen Höhlen haben nichts mit dem Attentat in der Via Rasella zu tun. Sie sind in ihrer absoluten Mehrheit politische Gefangene, Antifaschisten, Gegner des Mussolini-Regimes und der deutschen Besatzer. Nur eine Minderheit von ihnen kommt aus der kommunistischen Untergrundszene, die Mehrheit gehört zum Spektrum des *Partito d'Azione*, der Aktionspartei. Die größte soziale Gruppe stellen Arbeiter und Facharbeiter (77), gefolgt von Beamten und Angestellten des Öffentlichen Dienstes (57) und denjenigen aus kaufmännischen Berufen (54); auch 38 Offiziere der italienischen Streitkräfte gehören dazu, davon fünf Generäle und 13 höhere Stabsoffiziere; außerdem Anwälte (12), Bauern und Landwirte (12), Studenten (9) und Professoren (5), Ingenieure und Architekten (6), Künstler (8), Industrielle (5), Mediziner (3), Bankleute, Handwerker verschiedenster Profession, auch 1 Priester und Menschen anderer sozialer und beruflicher Herkunft; Ausländer sind ebenfalls dabei, Flüchtlinge aus Rußland, mindestens zwei deutsche Juden. Ein Fünftel, nämlich 62, sind noch keine 25 Jahre alt, der Jüngste, 1929 geboren, zählt gerade 15 Jahre, weitere acht sind noch nicht achtzehn, elf älter als sechzig.[18]

Per Genickschuß getötet werden der königstreue Oberst Montezemolo, der im mittleren Italien militärischen Widerstand gegen die Okkupanten organisierte; die Generäle Simoni, nationaler Held des Ersten Weltkriegs, und Fenulli, stellvertretender Kommandeur jener Division *Ariete*, die im September 1943 in und um Rom ihrer Demobilisierung Widerstand entgegensetzte; der Fliegergeneral Castaldi, der schon 1934 von Mussolini geschaßt wurde, weil er dem Duce reinen Wein über die mangelnde Einsatzfähigkeit der Streitkräfte einzuschenken wagte, und der zusammen mit dem ebenfalls ermordeten General Lordi, Direktor einer Munitionsfabrik, für Partisanen Sprengstoff besorgte; der Oberst Frignani, der Mussolini am 25. Juli 1942 arrestierte, der Hauptmann Aversa und zwei weitere hohe Carabinieri-Offiziere, die eine Widerstandsgruppe aus Carabinieri organisierten; Führungspersonen der Aktionspartei wie Pilo Albertelli, Lopresti, Marchesi, Don Pietro Pappagallo, der im Konvent der Kinder Jesu in der Via Urbana politischen Flüchtlingen Unterschlupf gewährte, und zahlreiche weitere Regimegegner.[19]

Die Zeitung der Faschisten *Il Messagero* bringt am 25. März das deutsche Kommuniqué über das Geschehen: Kriminelle Elemente hätten in der Via Rasella ein Attentat verübt, dem 32 deutsche Soldaten zum Opfer fielen; der gemeine Hinterhalt sei von Kommunisten und Badoglio-Anhängern gelegt worden, ob auch anglo-amerikanische Einflüsse mitgespielt hätten, werde noch untersucht. Um den Aktivitäten der Banditen ein für allemal ein Ende zu setzen, habe das deutsche Oberkommando angeordnet, für jeden getöteten Deutschen 10 kriminelle Kommunisten und Badoglio-Anhänger zu erschießen; das sei bereits geschehen.[20] Iris Origo erfährt über einen Schweizer Sender von dem Geschehen, auch daß Geiseln erschossen werden sollten, »auszuwählen aus den Kreisen, die vermutlich für das Verbrechen verantwortlich sind.«[21]

Angehörige, die vor den Toren von *Regina Coeli* auf eine Auskunft warten, werden zurückgeschickt, fragen sie in der Via Tasso nach, erhalten sie, Tage später, gegebenenfalls eine lakonische Mitteilung:

»(Name, Vorname) ist am 24-3-1944 gestorben.

Evtl. zurückgelassene persönliche Gegenstände können bei der Dienststelle der Deutschen Sicherheitspolizei in Via Tasso 155 abgeholt werden.

SS Hauptsturmführer«[22]

Im römischen Widerstandskomitee (CLN) wird man sich währenddessen nicht einig, ob man das Attentat billigen soll oder nicht. Der Sozialist Pietro Nenni kann dann aber Ivanoe Bonomi überzeugen, namens des CLN einen Appell zu verfassen, der zwar das Datum des 28. März trägt, aber erst am 13. April von der Untergrundzeitung *L'Unità* veröffentlicht wird. Darin ist von 320 Opfern die Rede, die ohne Prozeß, religiösen Beistand, familiäre Tröstung getötet wurden, *»non giustiziati ma assassinati«*, nicht hingerichtet, sondern ermordet. Rom sei schockiert über dieses Massaker ohnegleichen, das Blut der Märtyrer komme über deren Mörder, es verpflichte aber auch alle Italiener nun um so mehr alles für die Befreiung des Vaterlandes von den nazistischen Eindringlingen zu tun und die Einheit Italiens wiederherzustellen.[23]

Kaum eine der zahllosen »Sühnemaßnahmen« im besetzten Italien erregt die italienische Öffentlichkeit so sehr, bis in die jüngste Zeit hinein, wie die Geiseltötung in den Fosse Ardeatine. In den Nachkriegsprozessen vor alliierten und italienischen Militärgerichten gegen Kesselring in Venedig, Mackensen und Maelzer in Rom und Kappler ebenfalls dort, wird immer wieder die Frage nach der Verantwortung für das Massaker, nach der Verbindlichkeit eines »Höheren Befehls« und nach der Berechtigung von Geiseltötungen gestellt werden.

Was die formale, justiziable Verantwortung betrifft, so liegt sie zunächst einmal beim Stadtkommandanten der Wehrmacht, General Maelzer, der ja im ersten Moment weit drastischere Maßnahmen ergreifen will, als dann tatsächlich durchgeführt werden. Auf seine Vermittlung kommt der »Kompromißvorschlag« zustande, dem erst der Armee-Befehlshaber v. Mackensen, dann FM Kesselring, schließlich auch Hitler zustimmen. Das Verhältnis von zehn zu eins ist zu dieser Zeit bereits sanktioniert: Kesselrings Chef des Stabes, General Westphal, wird später in einer von ihm und anderen deutschen Generälen verfaßten Denkschrift zu Hitlers drakonischem Geiselbefehl vom Herbst 1942 ausführen, die Wehrmacht habe diesen Befehl zwar nicht ignorieren können, aber realiter meist unterlaufen; im übrigen hätten die Befehlshaber ja »meist die Erschießung solcher Geiseln angeordnet, die durch die ordentlichen Gerichte wegen anderer Verbrechen bereits zum Tode verurteilt worden waren.«[24] Der General ist vergeßlich: Bereits am 22. September 1943 wurde im Befehlsbereich des OB-Süd wegen verstärkter Sabotage an Nachrichtenverbindungen schärfstes Durchgreifen angeordnet, gegebenenfalls durch Erschießung von Geiseln.[25] Auf die nochmals verstärkten Partisanenaktivitäten im Frühjahr und Frühsommer 1944 antwortet die Wehrmachtführung in Italien mit immer härteren Befehlen, die Geiseltötung als Abschreckungs- und Sühnemaßnahme, und keineswegs als letztes Mittel, anordnen. Am 23. März 1944, am Tage des Attentats in der Via Rasella, telefoniert der Stabschef der 10. Armee mit General Westphal: Es geht dabei um einen von Partisanen getöteten deutschen Feldwebel und um die Frage, »wieviel Leute dafür erschossen werden sollten«, ob 30 oder 15, oder nur 5 töten und 35 deportieren. Westphal zum Ia/ AOK 10: »Nach heutigen Erfahrungen möchte ich Ihnen sagen, daß Sie 10 Mann erschießen sollten«; im übrigen liege die Entscheidung darüber bei der Armee.[26]

Von rechtskräftig durch ordentliche Gerichte Verurteilten ist hier ebensowenig die Rede wie in einer geheimen Dienstanweisung für das Kriegsheer vom 1. 8. 1939, also noch vor Kriegsbeginn: Danach dürfen Geiseln auf Befehl eines Regiments- oder selbständig operierenden Bataillonskommandeurs genommen, ihre Erschießung muß jedoch von einem Vorgesetzten, mindestens einem Divisionskommandeur angeordnet werden.[27] Nach den Ausführungsbestimmungen des OKW zur »Verwaltung und Befriedung der besetzten Gebiete« vom 29. 10. 1939 ist von Geiselnahme »bei Widerstand oder bei unsicherer Haltung der Bevölkerung grundsätzlich Gebrauch zu machen«. In solchem Falle sind Geiseln »nach Möglichkeit den Bevölkerungskreisen zu entnehmen, von denen eine feindliche Haltung zu erwarten ist.«[28] Gemäß Richtlinie des Chefs der Militärverwaltung in Frankreich vom 12. 9. 1940 sind Geiseln »Landeseinwohner, die mit ihrem Leben für einwandfreies Verhalten der Bevölkerung einzustehen haben«, sie können »nur für Handlungen haftbar gemacht werden, die nach ihrer Festnahme und der öffentlichen Bekanntmachung« begangen werden; allerdings: »In der Geiselnahme ist die größte Zurückhaltung geboten«.[29] Ein Befehl des Militärbefehlshabers in Frankreich vom 28. 9. 1941 regelt detailliert die Geiselnahme, samt Personenkreis, aus dem Geiseln zu nehmen sind, sowie der Erstellung von Namenslisten potentieller Geiseln und von Exekutionsvorschlägen. In einer undatierten Weisung FM Keitels an den OB Südost wird sogar die Bildung einer Art »Reservefonds« an Geiseln empfohlen.[30]

Zumindest den Generälen dürften diese oder ähnliche Befehle und Verordnungen bekannt gewesen sein. Alle Beteiligten, Kappler, Maelzer, v. Mackensen, Westphal und Kesselring, werden sich aber später mit Erfolg aus der Verantwortung für das Massaker in den Fosse Ardeatine herausreden mit dem Argument, der Führer habe die Geiseltötung angeordnet, dies sei ein »höherer Befehl«, dem man habe Folge leisten müssen. Sie rechnen es sich noch zum Guten an, daß sie Hitler durch den »milderen« Kompromißvorschlag von

Schlimmerem abgehalten hätten. Die Militärs berufen sich überdies darauf, daß Hitler mit der Durchführung der Maßnahme den SD beauftragt habe, womit sie die Verantwortung wenigstens teilweise auf Kappler abwälzen können.

Geiseltötung an sich ist zu jener Zeit als eine mögliche Repressalie legitim, entscheiden englische Militärrichter am 30. November 1946 in Rom im Prozeß gegen Mackensen und Maelzer, und andere britische Richter ebenso am 6. Mai 1947 in Venedig im Prozeß gegen Kesselring. Auch Kappler wird nicht wegen der Geiseltötung an sich verurteilt, sondern deswegen, weil er zu viele hat umbringen lassen, fünf mehr als Hitler anordnet.[31] Tatsächlich sind Geiselnahme und Geiseltötung bis 1949 völkerrechtlich unter bestimmten Voraussetzungen nicht verboten, wenn zum Beispiel die Aufrechterhaltung der öffentlichen Ordnung in einem besetzten Gebiet und der Schutz der Besatzungsmacht gegen feindselige Aktionen, Sabotage und Partisanenangriffe dies zwingend erfordern. Die Haager Landkriegsordnung berücksichtigt die Geiselfrage nicht ausdrücklich, allerdings schließen manche Kommentatoren aus Artikel 50 HLKO, der eine Kollektivbestrafung der Bevölkerung eines besetzten Landes verbietet, auf ein indirektes Verbot.[32]

Repressalien, auch solche gegenüber Unbeteiligten und Unschuldigen, sind, so wird häufig argumentiert, seit altersher Kriegspraxis, nach ungeschriebenen Kriegsgesetzen ein *Recht des Okkupanten*, selbst dann, wenn sie dem geschriebenen internationalen Kriegsrecht widersprechen.[33] Aber gibt es das: *Ungeschriebene Kriegsgesetze*, wer erläßt sie, sind es dem Krieg immanente Gesetze, die der Krieg zwangsläufig bedingt? Das italienische Militärgericht, vor dem Kappler sich 1948 zu verantworten hat, befindet in seiner Urteilsbegründung am 20. Juli 1948 das Attentat in der Via Rasella als eine *ungesetzliche Kriegshandlung*, erklärt die Vergeltungsmaßnahme aber als rechtlich zulässige Selbstschutzmaßnahme des angegriffenen Staates.[34] Die Begründung der Militärrichter läßt bis heute viele Fragen offen, sie hat denn auch, wie der Militärstrafrechtler Lo Cascio anmerkt, »nicht geringe leidenschaftliche Polemiken« hervorgerufen.[35]

2 *»Säuberung«* und *»Sühne«*

Im Winter 1943/44 herrschen im überwiegend gebirgigen Mittelitalien für größere offensive Operationen nicht eben günstige kli-
matische Bedingungen. Dort, wo solche Operationen angesetzt werden, bei Cassino und Anzio-Nettuno, bleiben sie im Stellungskrieg
stecken. Tagelang anhaltender Regen macht das Gelände in den
Küstenniederungen abseits der Straßen für schwere Kettenfahrzeuge
weitgehend unpassierbar, hinzu kommt die Versumpfung des in Jahr-
hunderten künstlich entwässerten und kultivierten Landes an der
Westküste. Im November gibt es den ersten Schnee auch im toskanischen Hügelland, und es ist bitter kalt.[36] Um die Jahreswende setzt
heftiger und starker Schneefall ein, der die einzeln gelegenen Gehöfte
und die kleinen Weiler von der Außenwelt abschneidet, weil die Straßen unpassierbar sind.[37] Dieser Winter ist in den Abruzzen, in den
Sabiner Bergen, den Monti Reatini und Monti Sibillini, im Bergland
zwischen Umbrien und den Marken, im tosko-emilianischen Apennin
bis zu den Apuanischen Alpen im Westen ungewöhnlich frostig, hart
und schneereich bis ins Frühjahr hinein. Noch Ende März und Anfang
April werden deutsche Unternehmungen gegen Partisanen durch hohen Schnee und Schneestürme behindert.[38] Andererseits begünstigt
die wetterbedingte Untätigkeit der deutschen Wehrmachtseinheiten
und der faschistischen *Guardia Nazionale* die Bildung und Konsoli-
dierung größerer Partisanenverbände im waldreichen, gebirgigen Gelände.[39] Doch auch die Partisanen haben wetterbedingte Probleme
mit ihrer Logistik,[40] die durch Überfälle auf Lagerhäuser oder Requirieren von Lebensmitteln und warmer Winterbekleidung gelöst werden.[41] Der ländlichen Bevölkerung und den Stadtbewohnern im rückwärtigen Kriegsgebiet geht es nicht besser. Die Versorgung klappt
nicht immer und nicht überall.[42] Dennoch hilft die Bevölkerung den
Partisanen, sympathisiert zunehmend mit ihnen, unterstützt sie[43] und
teilt mit ihnen die knappen Lebensmittel; schließlich sind es die eigenen Männer und Söhne. Auch entflohene Kriegsgefangene, Briten
vor allem und Amerikaner, finden solche Hilfe.

Ein toskanischer Bauer füttert auf seinem abgelegenen Gehöft am
Monte Amiata seit Oktober vier englische Kriegsgefangene mit
durch,»ohne Rücksicht auf Gefahr und Unkosten«, bis er eines Tages

bei der faschistischen Miliz denunziert wird. Die von dieser veranstaltete Razzia bleibt ohne Erfolg, weil der Bauer zwei Stunden vorher gewarnt wird, die Engländer rechtzeitig in den Wald fliehen, und als alles vorbei ist, zurückkommen können. Nach dem gescheiterten Versuch, bei Cassino die Front zu wechseln, wobei einer geschnappt wird, kehren die übrigen drei zu ihrem Bauern zurück. Dessen Vorräte sind aber aufgezehrt, sein Gutsherr will ihm nichts geben, und so sucht er beim Marchese Origo im Val d'Orcia um Weizen nach und um ein paar feste Schuhe für die Briten. »Ein Mann (und es gibt Hunderte seinesgleichen), der bewußt das Risiko einging, erschossen zu werden, der alles, was seine Familie zu essen hatte, bis zum letzten Brosamen mit vier Fremden geteilt hat, die er über vier Monate lang beherbergt, gekleidet und beschützt hat und der weiterhin so handeln wird.«[44] Ähnliches berichtet der britische Brigadegeneral Todhunter aus eigenem Erleben als entflohener Kriegesgefangener in Italien.[45]

Nicht immer gelingt es den Partisanen, ihre Nachschubprobleme auf relativ einfachem Wege zu lösen, manchesmal geht es nicht ohne Schießerei ab, auch nicht ohne Tote: Am 8. März versucht der Führer eines in den Wäldern des Pratomagno um den Ort Ortignano dislozierten Verbandes aus seinem eigenen Haus Brot zu holen und wird dabei von faschistischen Nationalgardisten überrascht. Er verteidigt sich, tötet einen der Angreifer, den Parteisekretär von Ortignano, worauf die anderen die Flucht ergreifen, zumal in der Nähe eine Partisanen-Patrouille auftaucht. In der Nacht kommen die Faschisten zusammen mit deutschen Soldaten zurück. Weil der Partisan sich inzwischen aus dem Staube gemacht hat, nehmen sie an seiner Frau Rache, brennen das Haus mit der Frau darin nieder. Die Deutschen nehmen elf Geiseln aus Ortignano und schaffen sie zur Hinrichtung nach Bibbiena.[46] Das ist offensichtlich kein Einzelfall. Die Partisanen ziehen sich üblicherweise sofort in die Wälder und Berge zurück, wenn sie auf deutsche Einheiten stoßen, suchen die direkte Konfrontation vor allem mit überlegenen und besser bewaffneten Kräften zu vermeiden. Werden Partisanen geschnappt, wird kein Federlesen mit ihnen gemacht, sie werden »an Ort und Stelle erschossen, ihre Leichen am Stadttor aufgehängt«, wie geschehen in Piancastagnaio am Monte Amiata[47] und anderswo. Wenn die Aktivisten geflohen und Unterstützer nicht auszumachen sind, werden unbeteiligte Menschen festgenommen, gleichgültig ob es sich erkennbar um Sympathisanten handelt oder nicht, und ohne Prozeß oder auch nur Standgericht umgebracht: So werden in Calci bei Pisa in diesem Frühjahr 15 Personen füsiliert, unter ihnen ein Zwölfjähriger; sie sollen Partisanen geholfen haben.[48]

Ende März, Anfang April 1944 nimmt die »Bandentätigkeit« im rückwärtigen Gebiet des LI. Gebirgskorps erheblich zu.[49] In den Sabiner Bergen südwestlich und in den Monti Reatini nordöstlich von Rieti operieren größere Partisanenverbände, teil- und zeitweise in Verbindung mit denen der *zona libera* um Cascia. Im Februar und März dehnt die Garibaldi-Brigade *Gramsci* ihren Einflußbereich nach Süden auf das Gebiet um die Ortschaften Leonessa und Poggio Bustone und um S. Pancrazio bei Narni aus. Am 16. März werden Leonessa und S. Pancrazio zum *Freien Gebiet* erklärt.

Einige Tage zuvor führen Garibaldi-Brigadisten eine spektakuläre Aktion in Poggio Bustone aus: Sie attackieren am 10. März mit Unterstützung von Ortsbewohnern eine zweihundert Mann starke italienische Marschkolonne, überwiegend just zum Militärdienst in den Streitkräften der RSI Einberufene, angeführt vom Polizeichef von Rieti und begleitet von 10 Milizionären der *Pubblica Sicurezza*, der faschistischen Sicherheitspolizei. Die Rekruten werfen ihre Waffen, die ohnehin nur Imitationen sind, weg und ergeben sich, nur die Männer der PS leisten Widerstand, alle fallen, unter ihnen der Polizeichef, die 30 Partisanen haben drei Tote. Die Aktion provoziert eine rabiate Reaktion, Teil eines schon vorher geplanten und an anderer Stelle begonnenen deutschen Großunternehmens gegen die Partisanen in den Bergen um Rieti. Am 1. April werden in Poggio Bustone alle arbeitsfähigen Männer festgenommen, um zur Zwangsarbeit beim Stellungsbau an der Nettuno-Front abtransportiert zu werden. Die übrigen, Alte, Frauen und Kinder, müssen das Dorf unter Zurücklassung ihrer Habe räumen, dann wird dieses niedergebrannt.[50]

An dieser Aktion sind, nach italienischen Quellen, Einheiten der FjPzD *Hermann Göring* und der SS beteiligt; nach deutschen Unterlagen haben Verbände dieser Division offensichtlich nicht teilgenommen. Möglicherweise liegt eine Verwechslung mit einer anderen deutschen »Sondertruppe«, nämlich der Division *Brandenburg* vor, deren II. Btl/Rgt 3 seit Oktober 1943 im rückwärtigen Gebiet des

LI. GebK »zur Bekämpfung der Bandenplage« eingesetzt ist. Seit der jüngst am 31. März vom OB Südwest erlassenen Neuregelung der Zuständigkeiten für die »Bandenbekämpfung« im Bereich der HGr. C sind die Generalkommandos für deren Durchführung in den jeweiligen Abschnitten ihres Gefechtsgebietes verantwortlich. Zur Sicherung der für den Nachschub wichtigen Bahnlinie Terni–Ancona wird die Partisanenbekämpfung im Gebiet Rieti–Perugia–Macerata–Ancona dem Bevollmächtigten General der Deutschen Wehrmacht in Italien unterstellt. Er hat bei jeder Aktion für eine einheitliche Leitung zu sorgen, d. h. er bestimmt jeweils einen *Einsatzführer*, dem die für die »Bandenbekämpfung« vorgesehenen Einheiten, nämlich: Alarmeinheiten aller Wehrmachtteile, das II. Btl/Rgt 3 *Brandenburg* sowie Stabs- und Polizeieinheiten, unterstellt sind.[51]

Die Division *Brandenburg* ist ein Sonderverband, der ursprünglich für Angriffsoperationen und Kommandounternehmen auch hinter den gegnerischen Linien gebildet und dem OKW/Amt Ausland/ Abwehr, an dessen Spitze Admiral Canaris steht, zugeordnet wurde. Als die Wehrmacht von Angriff auf Verteidigung umschalten muß, »hat sich die Division dieser Lage angepaßt und ist die Verfügungstruppe der Werhmacht zur Bandenbekämpfung geworden«. Hinsichtlich des Einsatzes der *Brandenburger* weist der WFSt noch im Oktober 1943 darauf hin, »daß es sich bei der Divison *Brandenburg* nicht um eine normale Kampftruppe, sondern um einen Spezialverband handelt, der nur seiner Eigenart und Einsatzmöglichkeit entsprechend verwendet werden darf. Vor jedem Einsatz muß dem Führer der Spezialtruppe Gelegenheit gegeben werden, seine Vorschläge zu machen.«[52] In Italien ist zunächst im Raum Teramo, Abruzzen, nur das II. Bataillon des Regiments 3 mit der 5.–8. Kompanie eingesetzt.[53]

Das Großunternehmen jetzt im Frühjahr 1944 im Raum Rieti führt die 14. Armee als »Säuberungsmaßnahme« durch; die HGr. C stellt zusätzlich die Aufklärungsabteilung 103 bereit; während das II. Bataillon der *Brandenburger* dem Kommandeur des rückwärtigen Gebietes (Korück 594) unterstellt bleibt.[54] Die »Säuberung« läuft bis Mitte April, mit mehreren Schwerpunkten; für das Hauptunternehmen vom 29. März bis 7. April bildet Oberst Schanze, PzRgt 69, eine Kampfgruppe aus den PzAA 103 und 190, Teilen der PzA 190, dem

II./Rgt 3 *Brandenburg*, dem I./SS-PolRgt 20 und verschiedenen anderen Alarmeinheiten.[55]

Erstes Ziel des Unternehmens ist am 30. März die Ortschaft Rodutri in den Monti Reatini, wo fünf Personen getötet und etliche Männer zur Zwangsarbeit verschleppt werden; dann folgt Poggio Bustone am 1. April, danach, einen Tag später, der Weiler Morro Reatino, in dem 18 Bewohner umgebracht werden.[56] Zur gleichen Zeit wird das »Säuberungsunternehmen« gegen das 4500 Einwohner zählende Dorf Leonessa gestartet. Die relativ große Streitmacht, ausgerüstet mit Panzern und Artillerie, stößt zunächst ins Leere, weil die rechtzeitig gewarnten Partisanen der Brigade *Gramsci* sich in die Wälder und Berge zurückziehen, die Deutschen sich deshalb nur dem üblichen Durchkämmen des Dorfes und seiner Häuser widmen können. Von den bei dieser und einer zweiten Razzia festgesetzten arbeitsfähigen Männern werden 16 zuvor noch in Leonessa erschossen, ehe die übrigen am 3. April nach Rieti geschafft werden; in den verstreuten Ortsteilen der Amtsgemeinde werden an diesem und folgenden Tagen Häuser geplündert und angezündet, die Bewohner terrorisiert, einige getötet: 15 in Cumulata am 7. April, 23 im Ortsteil Fossatello. Am selben Tag kommt es am Monte Tancia bei Poggio Mirteto zu einem Gefecht mit Partisanen. Hier und am Monte Cosco operieren verhältnismäßig große Partisaneneinheiten, 800 Mann am Monte Cosco, 1500 bis 2000 am Monte Tancia, die angeblich auch über Artillerie und Panzerwagen aus ehemaligen italienischen Heeresbeständen verfügen. Zur Sühne, vielleicht auch nur aus Rache, brennen deutsche Soldaten die Weiler S. Michele Arcangelo und Tancia nieder und töten 18 Personen.[57]

Die Abschlußmeldung des AOK 14 über die Großaktion nennt 296 Tote und 698 Gefangene auf Seiten der Partisanen, null eigene Verluste. 200 Männer seien zum Arbeitseinsatz verbracht worden. Beim Niederbrennen der Häuser sei häufig Munition explodiert – der Beweis nicht nur für das Zusammenwirken von Bevölkerung und Partisanen, sondern auch Rechtfertigung für das Töten von Nichtkombattanten. Besondere Erfolge habe das I./SS-PolRgt 20 errungen; in welcher Hinsicht, wird nicht gemeldet. Einzelne Nach-»Säuberungen« dauern noch bis zum 13. April; etwa am Monte Cosco, wobei die »banditenfreundliche« Bevölkerung einen »Erfolg« verhindert.

128

Das liefert Anlaß genug, deren Häuser niederzubrennen, explodierende Munition auch hier inklusive.[59]

Ähnliches spielt sich in anderen Regionen Mittelitaliens ab, wo es entweder, wie in den Abruzzen, den Deutschen darauf ankommt, das unmittelbare Hinterland der *Gustav-Linie* zu sichern, was bis Ende 1943 Hauptaufgabe der *Brandenburger* ist,[60] oder, wie im Raum Rieti, große Partisanenverbände zu vernichten, so etwa auch in der nördlichen Toskana. Den bloßen Sicherungsmaßnahmen ist dabei oftmals wenig Erfolg beschieden, was fast stets eine »Sühnemaßnahme« nach sich zieht, die dann in den Berichten zum Erfolg umgemünzt wird, auch wenn sie sich nur gegen Unbeteiligte richtet.

Mit einer Partisanengruppe aus ehemaligen britischen und jugoslawischen Kriegsgefangenen kommt es am 30. März bei Acquasanta und Pozzo an der Via Salaria in der Provinz Ascoli-Piceno zum Zusammenstoß, in dessen Folge 41 Partisanen erschossen, 11 gefangen werden und das Dorf Pozzo zur »Sühne« geplündert und anschließend niedergebrannt wird. Dabei wird zumindest in einem Haus ein Baby in seiner Wiege mitverbrannt, wird ein Knabe, den die Deutschen seiner Jugend wegen verschonen, vom Carabinieri-Kommandanten von Acquasanta eigenhändig erschossen und eine junge Mutter von deutschen Soldaten per Handgranate umgebracht. Ob die 44 gemeldeten Toten Partisanen oder Bewohner von Pozzo sind, wird nicht gesagt.[61]

Ebenfalls noch im März werden in Colfiorito, 25 Kilometer östlich von Foligno, Umbrien, als Repressalie für 14 im Kampf gegen Partisanen gefallene deutsche Soldaten von 30 Geiseln acht an Ort und Stelle erschossen und die übrigen nach Perugia in den Kerker geschafft. Mehrere Aktionen richten sich gegen die Gemeinde Visso in den Marken, die erste am 17. März, durchgeführt von 300 deutschen und 200 faschistischen Soldaten. Offenbar handelt es sich dabei um *Brandenburger* und die ihnen zugeordnete italienische Kompanie *M*; bei einer zweiten Aktion soll eine ganze deutsche Division beteiligt gewesen sein (vermutlich eine Übertreibung des italienischen Informanten), »die Bevölkerung hatte Verluste«.[62]

Teile der PzAA 103 und des FjPiBtl 4 »vernichten« Ende März nördlich von Perugia eine »Bandengruppe«, erschießen 57 Mann und nehmen 44 gefangen. Wahrscheinlich handelt es sich dabei um eine

Razzia in Gubbio am 25. und eine zweite am 27. März, bei denen u. a. in einem Bauernhaus mehrere sich dort verborgen haltende Juden festgenommen werden. Der Bauer, ein weiterer Mann und dessen Tochter werden erschossen.[63]

Nach Abschluß des Unternehmens in den Bergen um Rieti wird das Bataillon *Brandenburg* zur »Bandenbekämpfung« in der Provinz Macerata, Marken, abgestellt, wo es meist und weiterhin mit dem I./SS-PolRgt 20 zusammen agiert.[64]

Ein weiterer Schwerpunkt größerer systematisch durchgeführter Unternehmen gegen Partisanen ist die nördliche Toskana. Leitung und Koordination liegen hier bei der Armeegruppe *v. Zangen* (später LXXXVII.AK), die Durchführung beim LXXV.AK, überwiegend durch Einheiten der Division *Hermann Göring*: eine erste Aktion wird für Ostermontag, 10. April und den folgenden Tag in der Gegend von Sesto Fiorentino, am Monte Morello und im Raum Vàglia-Vetta le Croce angesetzt, bei der »Feindverluste« von 23 Toten und 38 Gefangenen gemeldet werden. Drei Tage später ein zweites Unternehmen »nordöstlich Florenz«, bei dem »186 Feindtote« gezählt und 22 Gefangene, darunter zwei Engländer, gemacht werden.[65]

Zeitgleich läuft ein anderes Unternehmen über mehrere Tage im oberen Casentino, im Grenzgebiet zur Romagna um den Monte Falterone zwischen den Staatsstraßen 302 Florenz-Faenza und 71 Bibbiena-Cesena; beteiligt sind, unter Führung des Kommandeurs PzRgt 2 *Hermann Göring* Oberst Heydebreck die Aufklärungsabteilung, Teile der 10. und 17. (leichten) Flakbatterie, Teile des I. und II./PzRgt 2 *Hermann Göring* ohne ihre Panzer, dazu Pioniere, eine Kompanie des II.Btl/GRgt 871 der 356.ID und einige italienische Einheiten der GNR und der Polizei.[66]

Während das Unternehmen läuft, werden am 12. April bei der Mühle von Bucchio am Arno oberhalb von Stia zwei deutsche Soldaten, ein Offizier und ein Feldwebel, von jungen Partisanen der Brigade *Faliero Pucci* auf offener Straße im Kampf getötet. Am darauffolgenden Tag starten die Deutschen in aller Frühe eine *mostruosa rappresaglia*, die in einem schrecklichen Massaker endet: Das in einem schwer zugänglichen Seitental oberhalb der Mühle abgelegene Dorf Vallucciole, nicht zu Unrecht als Partisanenstützpunkt verdächtigt, wird völlig zerstört; während 46 Männer auf einem Hügel zusammengetrieben und niedergeschossen werden, werden die Häuser gesprengt, niedergebrannt, 46 Frauen und 16 Kinder und Kleinkinder bestialisch umgebracht. Kinder werden vor den Augen der Mütter niedergemetzelt, Babies in die Luft geworfen und abgeknallt, als handele es sich um ein Tontaubenschießen. Insgesamt 108 Dorfbewohner sind die Opfer dieses Gemetzels. Nicht nur hier, auch an anderer Stelle im Casentino wüten die Soldaten der Division *Hermann Göring*: in Badia Prataglia, in Partina bei Bibbiena, wo alle älteren Männer, deren die Deutschen habhaft werden können, niedergemacht, ihre Leichen verbrannt, die arbeitsfähigen jüngeren zur Zwangsarbeit in die Organisation Todt verschleppt werden; in Stia sterben 17 junge Partisanen, füsiliert an der Friedhofsmauer, Abschluß eines Unternehmens, von dem es im Bericht der Armeegruppe heißt, es habe 289 Feindtote und 115 Gefangene, darunter ein offenbar desertierter deutscher Soldat vom GRgt 262, gegeben (vermutlich inklusive der 108 Bewohner von Vallucciole, der Toten und Gefangenen von Partina).[67]

Im Pratomagno und Valdarno versuchen die Deutschen, die zahlreichen Partisanenschlupfwinkel buchstäblich mit Feuer und Schwefel auszuräuchern und auszurotten, auch hier ist die Division *Hermann Göring* beteiligt: In Montemignaio am 16. April, in Gardino di Castel San Niccolò am 21. 4., in San Giovanni Valdarno drei Tage später. »Säuberung« und Vergeltung gehen dabei Hand in Hand, Heimtücke und Brutalität sind an der Tagesordnung, kein Wunder, daß die terrorisierte, dennoch nicht abgeschreckte Bevölkerung immer offener mit den Partisanen sympathisiert.[68]

Aber nicht nur im Casentino und Valdarno liefern die Soldaten der Division *Hermann Göring* ein trauriges Beispiel deutscher Grausamkeit. Anfang Mai sind die PzAA *Hermann Göring*, die Festungsbataillone 905 und 906 mit anderen, auch italienischen Einheiten unter Führung von Oberst Almers, Kommandeur FestBrig 135, an einem Großunternehmen in der Lunigiana, in der Gegend um Fivizzano beteiligt, bei dem nicht nur Partisanen, sondern auch wieder 35 unbeteiligte Dorfbewohner des Weilers Mommio getötet werden. Gesamtbilanz: 143 »Feindtote«, 170 Gefangene, unter diesen ein amerikanischer Oberstleutnant.[69]

In anderen Gegenden der Toskana geht es demgegenüber gemäßigter zu, dafür aus deutscher Sicht mit weniger »Erfolg«, z. B. im März bei einem Unternehmen bei Pomerance, Provinz Pisa.[70] Die 92. ID kann allerdings bei einer »Säuberung« 40 Kilometer nordwestlich von Orvieto 250 »verdächtige Personen« festnehmen, über deren Schicksal nichts weiter bekannt ist. Möglicherweise während dieser Aktion werden am 23. März bei Istia d'Ombrone, nächst Grosseto, elf junge Partisanen im Schlaf überrascht und sofort niedergeschossen. Am gleichen Tag verfügt der OB Südwest, daß die Armee hinsichtlich der für Sabotageakte einzuleitenden »Sühnemaßnahmen« in ihrer Entscheidung frei ist, soll heißen: Sie hat Ermessensspielraum bezüglich der Anzahl der jeweils zu erschießenden Geiseln.[71]

»Im April wurde eine Reihe größerer Unternehmungen gegen die Aufständischen durchgeführt, die im Laufe des Monats 4000 Tote verloren«.[72] Darunter nicht wenige Opfer aus der Zivilbevölkerung: Frühjahr ohne Hoffnung.

3 Keine Rücksicht auf Frauen und Kinder

»Dieser Krieg wird deswegen so erbittert und erbarmungslos durchgeführt, weil er das entscheidende Ringen zweier völlig entgegengesetzter Weltanschauungen darstellt«, erklärt Hitler im Führer-Befehl vom 8. Januar 1944: »Der Soldat und insbesondere der Offizier ist (...) nicht nur Waffenträger der Nation, er ist in gleichem Maße auch Willensträger seines Volkes«.[73] »Der nächste Krieg«, hatte Hitler schon am 10. Februar 1939 vor Truppenkommandeuren des Heeres doziert, »wird ein reiner Weltanschauungskrieg, d. h. bewußt ein Volks- und Rassenkrieg sein.« Und das Aufeinanderprallen zweier Weltanschauungen bedingt den totalen Charakter dieses »Vernichtungskrieges«.[74] Nach Hitlers Auffassung und der zu jener Zeit gängigen Sprachregelung sind dies die nationalsozialistische und die »jüdisch-bolschewistische« Weltanschauung. Unter letzterer ist nicht nur die in der Sowjetunion herrschende zu verstehen: Hitler und die Seinen gehen (nicht völlig zu Unrecht) davon aus, daß alle europäischen kommunistischen Bewegungen und Parteien grundsätzlich als von Moskau gesteuert angesehen werden müssen. Darin liegt die eine bis vor den Zweiten Weltkrieg zurückreichende Wurzel auch für das Verhalten der deutschen Besatzungsmacht gegenüber der italienischen Bevölkerung; die andere bildet jene These vom Verrat des »badoglio-hörigen« Italien. Die These greift alte, bis zum Ersten Weltkrieg zurückreichende Erfahrungen und Ressentiments auf und wird in der deutschen Propaganda ab September 1943, je mehr die deutsche Niederlage absehbar wird, je bedenkenloser ausgeschlachtet.

Schon in einer Rede vor der deutschen Presse am 10. November 1938 über die Aufgabe der Propaganda für die Außenpolitik läßt Hitler die Maske des Friedenskanzlers fallen. In der Nacht zuvor hatte der Pogrom gegen die deutschen Juden aller Welt vor Augen geführt, daß das sogenannte Dritte Reich nicht nur nach außen Krieg im Kalkül führte, sondern auch gegen das eigene Volk. Jetzt doziert Hitler: »Die Umstände haben mich gezwungen, jahrzehntelang fast nur vom Frieden zu reden.« Das sei nicht nur aus außenpolitischen Rücksichten und zur Verschleierung der wirklichen Absichten erfolgt, sondern das deutsche Volk habe vom Krieg genug gehabt. »Es war nunmehr notwendig, das deutsche Volk psychologisch allmählich umzustellen und ihm langsam klarzumachen, daß es Dinge gibt, die, wenn sie nicht mit friedlichen Mitteln durchgesetzt werden können, mit Mitteln der Gewalt durchgesetzt werden müssen. Dazu aber war es notwendig (...), daß die innere Stimme des Volkes selbst langsam nach der Gewalt zu schreien begann.«[75] Die pazifistische Leier wird abgestellt, die psychologische Mobilmachung eines ganzen Volkes für den großen Krieg beginnt. Mit ihr wird die Wehrmacht in den Mittelpunkt des öffentlichen Interesses gerückt, die Bevölkerung allmählich und indirekt mit neuen Kriegszielen vertraut gemacht: Noch ist von der Zerbrechung der Ketten von Versailles die Rede, schon von »Lebensraum«, den das Deutsche Volk benötige, nun auch von »Weltjudentum«, »Weltdemokratie«, Weltbolschewismus«, deren Interessen Frankreich, Großbritannien und die USA verträten.[76]

Im Krieg gegen Polen wird vornehmlich noch von »Volkstumskampf« gesprochen, nach dem Überfall auf die Sowjetunion am 22. Juni 1941 aber lautet die Sprachregelung »Weltanschauungskrieg« oder »Vernichtungskrieg«. Bei mehreren Gelegenheiten erklärt Hitler vor den Spitzen von Partei und Wehrmacht im März 1941, noch in der Vorbereitungsphase des Unternehmens *Barbarossa*, der kommende Feldzug im Osten sei mehr als nur ein Kampf der Waffen, nämlich die Auseinandersetzung zweier Weltanschauungen, ein Vernichtungskrieg, bei dem das Heer nicht in der Zuschauerrolle bleiben könne;[77] was nur bedeuten konnte, daß die Wehrmacht sich nicht auf die Führung eines Krieges im konventionellen Sinne beschränken dürfe. Zumindest in der Generalität wurde das genauso verstanden und entsprechend umgesetzt: Die Armeebefehlshaber v. Reichenau und v. Manstein haben dies im Herbst 1941 mit aller Deutlichkeit getan. In sinngemäß gleichlautenden Armeebefehlen heißt es:»Das jüdisch-bolschewistische System muß ein für allemal ausgerottet werden.«[78] Mit solchen und ähnlichen Verlautbarungen werden die Konsequenzen aus Hitlers Weisungen gezogen, durchaus in der Selbstverantwortlichkeit der Feldmarschälle und Generale, die keiner zu solchen Formulierungen zwang. In den»Ersten Richtlinien für das Verhalten der Truppe in Rußland« vom 4. Juni 1941, die vorab verschlossen verteilt wurden und von den kämpfenden Einheiten erst am Angriffstag geöffnet werden durften, heißt es:»Der Bolschewismus ist der Todfeind des nationalsozialistischen deutschen Volkes. Dieser zersetzenden Weltanschauung und ihren Trägern gilt Deutschlands Kampf.«[79]

Die für den Ostfeldzug von Hitler am 13. Mai 1941 ausgegebene Weisung über die Kriegsgerichtsbarkeit im Gebiet *Barbarossa* wurde allgemein, direkt oder indirekt, auf spätere Kriegsschauplätze übertragen. Nicht wenige der 1943 bis 1945 in Italien eingesetzten Divisionen hatten ihre Kriegserfahrungen an der Ostfront gemacht, waren dort zerschlagen und dann in Italien neuaufgestellt oder direkt dorthin verlegt worden. So ist der»Ideengehalt« der»Führererlasse« aus dem Jahr 1941/42 in die Richtlinien für die Kampfführung in Italien eingegangen.

Der genannte Erlaß vom 13. Mai 1941 soll in erster Linie der Erhaltung der Manneszucht dienen. Er entzieht»Straftaten feindlicher Zivilpersonen« der Zuständigkeit der Kriegs- und Standgerichte, befiehlt aber, Freischärler»im Kampf oder auf der Flucht schonungslos zu erledigen«, bei Angriffen»feindlicher Zivilpersonen gegen die Wehrmacht« diese»bis zur Vernichtung des Angreifers« niederzuschlagen. Über die Erschießung»tatverdächtiger Elemente« entscheidet ein Offizier. Kollektive Gewaltmaßnahmen sind angezeigt, wenn aus Ortschaften die Wehrmacht»hinterhältig oder heimtückisch angegriffen wird.« Für Handlungen von Wehrmachtsangehörigen gegen feindliche Zivilpersonen besteht kein Verfolgungszwang, eingeschritten werden soll nur, wenn Manneszucht und Sicherung der Truppe dies erfordern. Die Truppenbefehlshaber werden im Rahmen ihrer Zuständigkeit persönlich dafür verantwortlich gemacht, daß nur solche Urteile gegen Angehörige der Wehrmacht bestätigt werden, »die den politischen Absichten der Führung entsprechen.«[80]

Eine Verschärfung findet der Erlaß, der in unmittelbarem Zusammenhang mit dem berüchtigten *Kommissarbefehl* vom 6. Juni steht, in einem OKW-Dekret über »kommunistische Aufstandsbewegungen in den besetzten Gebieten« vom 16. September 1941: Seit Beginn des Rußlandfeldzuges seien »in den von Deutschland besetzten Gebieten allenthalben kommunistische Aufstandsbewegungen ausgebrochen«, von Moskau gesteuert. Diesen würden sich womöglich nationalistische und andere Kreise anschließen, um der deutschen Besatzungsmacht Schwierigkeiten zu bereiten. Damit entstehe eine Gefahr für die deutsche Kriegführung, weshalb der Führer anordne, »daß überall mit den schärfsten Mitteln einzugreifen ist, um die Bewegung in kürzester Zeit niederzuschlagen. (...) Als Sühne für ein deutsches Soldatenleben muß in diesen Fällen im allgemeinen die Todesstrafe für 50 – 100 Kommunisten als angemessen gelten. Die Art der Vollstreckung muß die abschreckende Wirkung noch erhöhen.« Befohlen und gehandelt: Z. B. ordnet der BevGen in Serbien, Böhme, am 10. Oktober 1941 vorsorglich an, überall Kommunisten und Juden als Geiseln zur Bildung eines »Reservefonds« festzunehmen.[81]

Mit geltendem Völkerrecht haben solche Erlasse wenig oder nichts zu tun. Auch weichen sie sogar vom geltenden deutschen Militär- und Kriegsrecht ab. Aber sie finden Eingang in Befehle und Verordnungen der Befehlshaber in Italien, gelegentlich in fast gleicher Wortwahl, und kommen zur Anwendung bei Repressalien, in »Sühne-« und Vergeltungsmaßnahmen. Die, so ein italienischer Historiker, sind im nationalsozialistischen Sinne gleichsam die Krönung des totalen Krieges.[82]

In der auch das Deutsche Reich verpflichtenden Haager Landkriegsordnung ist von solchen Maßnahmen nicht ausdrücklich die Rede. Die Haager Friedenskonferenz hatte am 29. Juli 1899 eine erste Konvention über »Gesetze und Gebräuche des Landkrieges« getroffen, die am 18. Oktober 1907 in überarbeiteter und erweiterter Fassung als zweites Abkommen zur Regelung des Landkrieges (IV. Haager Abkommen) beschlossen wurde. Ziel des Abkommens war es, Bevölkerung und Kriegführende gleichermaßen unter den Schutz völkerrechtlicher Grundsätze zu stellen, »wie sie sich ergeben aus den unter gesitteten Völkern feststehenden Gebräuchen, aus den Gesetzen der Menschlichkeit und aus den Forderungen des öffentlichen Gewissens«.[83]

In Artikel 1 der die konkreten Regelungen enthaltenden Anlage heißt es, daß Gesetze, Rechte und Pflichten des Krieges nicht nur für reguläre Heere, sondern auch für Milizen und Freiwilligenkorps gelten sollen, wenn diese bestimmte Voraussetzungen erfüllen: Es muß einen für die Truppe verantwortlichen Führer geben, es müssen auch aus der Ferne erkennbare Abzeichen getragen werden, die Waffen müssen offen geführt und die Gesetze und Gebräuche des Krieges beachtet werden.

Als »kriegführend« kann nach Artikel 2 die Bevölkerung eines nicht besetzten Gebietes gelten, wenn sie aus eigenem Antrieb zu den Waffen greift, ohne Zeit gehabt zu haben, sich nach Artikel 1 gegen die eindringende Macht zu organisieren. Artikel 3 unterscheidet zwischen Kombattanten und Nichtkombattanten, ohne diese Begriffe näher zu definieren.

Für das Verhalten der Besatzungsmacht gegenüber der Zivilbevölkerung ist in Artikel 22 festgelegt, daß die Kriegführenden »kein unbeschränktes Recht in der Wahl der Mittel zur Schädigung des Feindes« haben, vielmehr wird die Zerstörung oder Wegnahme feindlichen Eigentums untersagt, sofern dies die Erfordernisse des Krieges nicht dringend erheischen. Eine Ergänzung dazu ist das uneingeschränkte Verbot der Plünderung in Artikel 47. Die »meuchlerische Tötung oder Verwundung von Angehörigen des feindlichen Volkes oder Heeres« untersagt Artikel 23, den in gewisser Hinsicht das Verbot kollektiver Bestrafung in Artikel 50 ergänzt: Der verbietet die Verhängung einer Strafe in Geld oder anderer Art über die ganze Bevölkerung eines besetzten Gebietes wegen der Handlungen einzelner, für welche die Bevölkerung nicht als mitverantwortlich angesehen werden kann.

Diese von Diplomaten unter Assistenz von Militärs formulierten

Regularien einer Kriegführung »gesitteter Völker« soll gewisse Regeln und Usancen verbindlich machen, bis ein »Kriegsgesetzbuch« internationales Recht setzt. Die HLKO setzt dabei prinzipiell voraus, daß Krieg ein ordentliches Mittel zwischenstaatlicher Auseinandersetzungen ist oder sein kann. Sie ächtet den Krieg nicht, sie regelt ihn nur: Spielregeln für ein ausschließlich von militärischen Professionals erdachtes und weitgehend auch nur von ihnen gesteuertes Spiel, bei dem unbeteiligte Zuschauer in Gestalt der Zivilbevölkerung stören. Von Frauen und Kindern wird deshalb in der von Männern verfaßten HLKO expressis verbis nirgends gehandelt, Frauen und Kinder sind, militärisch gesehen, Unpersonen.

Der *Nero-Befehl* vom Herbst 1943, mit dem »verbrannte Erde« für das von den deutschen Truppen bei ihrer Absetzbewegung zu räumende Gebiet befohlen wird, verstößt zweifellos gegen Wort und Sinn von Artikel 22 der HLKO, denn »verbrannte Erde« ist kein Erfordernis des Krieges an sich. Auch ist im Falle Italiens offenbar die auch völkerrechtlich relevante Frage niemals geklärt worden, ob Zivilisten in dem von Deutschen besetzten Teil »feindliches Volk« im Sinne des Artikels 23 HLKO sind, oder nach Gründung der Republik von Saló nicht eigentlich Bevölkerung eines befreundeten und verbündeten Landes. Die Erklärung Italiens zum Okkupationsgebiet wurde niemals außer Kraft gesetzt. Die Begriffe Geiselnahme, Geiseltötung, Repressalie, Sühnemaßnahme und Partisan kommen allerdings in der HLKO nicht vor. Erst in den Genfer Konventionen von 1949 werden aus den Erfahrungen des Zweiten Weltkrieges die Konsequenzen gezogen und entsprechende Schutzregelungen beschlossen.[84]

Die wichtigsten Bestimmungen der HLKO waren auch in das deutsche Militärrecht eingegangen und Gegenstand regelmäßiger Belehrungen, die dem Soldaten zuteil werden sollten und zu denen die Truppenführer verpflichtet waren; überdies auch Gegenstand eines Merkblattes, das angeblich jeder Soldat noch 1942 in den Händen haben sollte. Gegen Ende des Krieges scheint der Vorrat ausgegangen zu sein, jedenfalls 1944 ist das Merkblatt an junge, frisch eingezogene Rekruten nicht mehr (immer) verteilt worden. Vielleicht hatte die Wehrmachtführung auch eingesehen, daß zu diesem Zeitpunkt die in dem Merkblatt enthaltenen »10 Gebote für die Kriegführung des deutschen Soldaten« längst nicht mehr den Realitäten entsprachen, längst durch Wort und Sinn der ihnen entgegenstehenden Befehle und Weisungen ersetzt worden waren.

In diesen »10 Geboten« hieß es noch: Der deutsche Soldat kämpft »ritterlich für den Sieg seines Volkes, Grausamkeiten und nutzlose Zerstörungen sind seiner unwürdig«; Gegner, die sich ergeben, dürfen nicht getötet werden, auch nicht Freischärler und Spione; die Zivilbevölkerung ist unverletzlich, Plünderung und mutwillige Zerstörung sind verboten, Zuwiderhandlungen strafbar; feindliche Verstöße gegen diese Gebote, was heißt: gegen Regelungen der HLKO, sind zu melden, »Vergeltungsmaßregeln sind nur auf Befehl der höheren Truppenführung zulässig.«[85]

Da Zulässigkeit oder Verbot von Repressalien in der HLKO nicht genau geregelt werden, bleibt die Grundsatzfrage in der juristischen Literatur umstritten, wie ebenso die Repressalien im konkreten Fall des besetzten Italiens in den mannigfachen Militärprozessen nach dem Krieg. Übereinstimmung herrscht lediglich darüber, daß eine Repressalie dann gegeben ist, »wenn ein Kriegführender gegen einen anderen eine Vergeltung ausübt mit Mitteln, die sonst unrechtmäßige Akte der Kriegführung sind«, und wenn sich diese »gegen Angehörige des Feindstaates« richtet, »ohne jede Rücksicht auf deren Verschulden«; und die Anwendung von Repressalien wird »als eine internationale Gewohnheit als Ausdruck einer als Rechtsregel anerkannten allgemeinen Praxis angesehen.«[86]

Weitgehend unbeachtet bleibt die Frage nach dem Status der Resistenza im allgemeinen und ihrer Partisanenverbände im speziellen. War die Resistenza »Gegner« im völkerrechtlichen Sinne, wenn ja, wessen Gegner? Oder war sie Teil der Zivilbevölkerung eines feindlichen Volkes? Die Resistenza, einschließlich der organisierten, dem Militärausschuß des CCLN und des CLNAI zugeordneten Partisanenbrigaden, so ist zu erinnern, kämpft nicht als Teil der und für die im »befreiten« Teil Italiens fortbestehende königliche Regierung, sondern unabhängig von jener gegen die deutsche Besatzungsmacht und zugleich gegen die neugegründete Republik von Salò für ein neues, anderes Italien.

Aber ein Recht der Bevölkerung auf Widerstand hat schon die erste Haager Friedenskonferenz 1899 nicht anerkannt, sondern Gehorsam gegenüber den Geboten der Besatzungsmacht verlangt. Widerstand wird deshalb in der Rechtsliteratur als eine Verletzung des Gehorsamgebotes, demnach als eine völkerrechtswidrige Handlung angesehen, gegen die Repressalien erlaubt sind, zumal dann, wie im Umkehrschluß aus Artikel 50 HLKO gefolgert wird, wenn die Bevölkerung sich mit den Aufständischen solidarisiert oder auch nur mit ihnen sympathisiert. Nach einer Definition des Nürnberger Internationalen Gerichtshofes im sogenannten *Einsatzgruppen-Prozeß* sind »Sühnemaßnahmen« folgerichtig Kriegshandlungen, »die obgleich an sich illegal, unter besonderen Umständen des gegebenen Falls berechtigt sein mögen, da der schuldige Gegner sich selbst illegal benommen hat«, und jene an sich illegalen Maßnahmen den Zweck haben, »den Gegner in Zukunft daran zu hindern, sich illegal zu verhalten.«[87] In einem so gelagerten Fall schließe die HLKO auch die kollektive Bestrafung der zivilen Bevölkerung nicht aus; vorausgesetzt, sie steckt mit dem Gegner unter einer Decke und der Gegner ist ein »Kriegführender«.

Zumindest für den juristisch ungeschulten Normalbürger beißt sich mit solcher Argumentation die Katze in den Schwanz: Die im besetzten Italien durchgeführten »Sühnemaßnahmen«, also kollektive Bestrafung etwa der gesamten Bevölkerung eines Dorfes oder Geiselnahme und Geiseltötung, werden stets mit dem Vorwand gerechtfertigt, die jeweilige Einwohnerschaft unterstütze die »Banden«, sympathisiere zumindest mit ihnen; zudem werden die »Banden« sehr häufig mit dem formelhaften Epitheton »kommunistisch« versehen, selbst wenn dies nicht stimmt.

Eine kollektive Bestrafung liegt nach Ansicht der Verteidigung in Nachkriegsprozessen gegen führende Militärs und der ihr folgenden rechtstheoretischen Argumentation nicht vor, wenn Erschießungen aufgrund eines standgerichtlichen Urteils erfolgen; Erschießungen ohne Urteil, aber im Rahmen von »Kampfhandlungen«, gelten erst recht nicht als Kollektivbestrafungen.[88]

Die militärische Führung in Italien konnte sich, was Geiselnahme und auch Geiseltötung betraf, auf die oben zitierten Erlasse und die gängige Praxis der Wehrmacht berufen, z. B. auf Richtlinien des Chefs der Militärverwaltung in Frankreich vom 12. 9. 1940, mit denen Geiselnahme als Vorbeugungsmaßnahme gegen Sabotageakte verfügt wurde; oder auf die Anordnung vom August 1941, mit der nach einem »Mordanschlag« auf einen Deutschen in Paris befohlen wird, von nun ab »bei jedem weiteren Anlaß eine der Schwere der Straftat entsprechende Anzahl« Geiseln zu erschießen; oder auch der undatierte OKW-Befehl, mit dem FM Keitel den Wehrmachtbefehlshaber Südost Ende 1941 anweist, daß »Militärbefehlshaber ständig über eine Anzahl Geiseln« verfügen sollten, die bei Überfällen zu erschießen seien. Der OB Südost, damals FM List, ordnete daraufhin am 5. 9. 1941 »rücksichtslose Sofortmaßnahmen gegen Aufständische, deren Helfershelfer und ihre Angehörigen« an: »Aufhängen, Niederbrennen beteiligter Ortschaften«, vermehrte »Festnahmen von Geiseln, Abschieben von Familienangehörigen usw. in Konzentrationslager.«[89]

FM Kesselring war offensichtlich bewußt, daß diese auch von ihm sanktionierte Praxis der Geiselnahme und Geiseltötung völkerrechtlich nicht legitimiert war. Nicht anders muß seine Anweisung vom 12. Januar 1944, vier Tage nach dem eingangs zitierten Führer-Befehl, verstanden werden:

»1. Aus bestimmten Gründen ist bei etwaigen Geiselnahmen der Begriff ›Geisel‹ nicht mehr öffentlich z. B. in Bekanntmachungen durch Presse und Rundfunk oder bei Plakatierungen zu verwenden.

2. Die Erschießung von Geiseln ist nicht bekannt zu geben.«[90]

Die italienischen Partisanen haben ebenfalls mit Geiselnahme auf die deutsche Praxis der »Sühnemaßnahmen« geantwortet. Sie sei gerechtfertigt, heißt es in einer Direktive des GenKdo des CVL vom 14. Juli 1944, ausschließlich als Gegenmaßnahme zu deutschen Repressalien, der Tötung von Zivilisten und Gefangenen; Geiseln seien als Kriegsgefangene zu behandeln, entsprechend den international gültigen Regelungen.[91]

Die deutsche Kriegführung jedoch hält wenig von völkerrechtlichen Normen. Hitler verachtet das Völkerrecht, für ihn zählen spätestens seit 1942 nur weltanschauliche, ideologische Argumente. Völkerrecht wird für ihn zu einer Art »Außenstrafrecht«, zu einem Repressionsmittel gegen jede Art von Widerstand; *ius in bello*, das Recht im Kriege, betrachtet Hitler nunmehr als lästiges Hemmnis seiner Kriegführung. Schon mit den Weisungen für *Barbarossa* hebelt er das Völkerrecht aus. Nicht ohne Hilfe der militärischen Führung, denn an den Befehlsentwürfen sind hohe Offiziere und Wehrmachtsjuristen beteiligt, und die Ausführung durch die obersten Befehlshaber erfolgt in Gehorsam und Einverständnis. Die Befehle FM Kesselrings und der ihm unterstellten Armeebefehlshaber zeigen, wieweit das Einverständnis geht, bis hin zur häufig rabiaten Wortwahl. »Recht« entwickelt sich zum »Instrumentarium selbsterzeugter Notwendigkeiten«, wird Ausdruck einer Geisteshaltung, der die rücksichtslose »Selbstentfaltung« des deutschen Volkes in Hitlers Sinn oberstes Gebot ist:[92] »Rücksichten, gleich welcher Art, sind ein Verbrechen gegen das deutsche Volk und den Soldaten an der Front (...) Die Truppe ist dazu berechtigt und verpflichtet, in diesem Kampf ohne Einschränkung auch gegen Frauen und Kinder jedes Mittel anzuwenden.«[93]

Kapitel VI

Kriegsgegner oder »Gesindel«

1 *»Bandenbekämpfung«*

Die Hoffnungen der italienischen Bevölkerung auf eine neue Offensive der alliierten Streitkräfte im Frühjahr 1944 erweisen sich als verfrüht: Weder gelingt den Alliierten der Durchbruch bei Cassino, noch der Ausbruch aus dem Brückenkopf von Anzio-Nettuno. Die Illusion eines handstreichartigen Vorstoßes auf Rom verfliegt, er wäre innerhalb der ersten vierundzwanzig Stunden nach geglückter Landung möglich gewesen, hätte nicht der Befehlshaber des Landungskorps erst den Brückenkopf sichern wollen und damit die rasche Befreiung der Hauptstadt, die ein Signal für ein baldiges Ende des Krieges hätte setzen können, verpatzt. Statt dessen werden die Aktivitäten von Widerstandsgruppen und Partisanenverbänden allenthalben in den Abruzzen, Marken, in Umbrien, der Toskana und im latinischen Bergland um Rieti rigoros von der Wehrmacht und der faschistischen Miliz bedrängt; die Repressalien der Besatzungsmacht bewirken das Gegenteil des Bezweckten: Die Einstellung der Bevölkerung wird zunehmend feindseliger, die Partisanen zählen alsbald nicht mehr nach Hunderten, sondern nach Tausenden.[1]

Wachsender Widerstand und vermehrter Zulauf zu den Partisanen machen nun auch differenziertere Organisationsformen notwendig. Die Befreiungskomitees entwickeln straff durchstrukturierte Regionalkomitees mit ausgebauten Kommunikationsnetzen und -verbindungen. Parallel zu den städtischen *Gruppi di Azione Patriottica* werden die *Squadre di Azione Patriottica* auf dem Land aufgebaut, zunächst als Sicherungs- und Selbstschutzverbände der Landbevölkerung gegen deutsche Übergriffe, Requirierungen und Plünderer. Mit der Zeit unternehmen die »Sappisten« auch direkte Aktionen gegen faschistische Milizen und Besatzer, immer häufiger auch in Absprache oder Verbindung mit der *Resistenza armata*, den organisierten Partisanenverbänden in den Bergen und Wäldern.[2]

In seiner Rückschau nach dem Kriege wiegelt Kesselring ab: Zwar sei schon im April 1944 die Organisation von »sogenannten Brigaden« zu spüren, diese aber doch »mehr Namen als Inhalt« gewesen, erst ab Herbst 1944 könne von einer strafferen Organisation und Führung in bandenbesetzten Zonen gesprochen werden.[3] Solches Herunterspielen macht zwar Sinn, um die eigene Rolle im Geschehen zu schönen, aber die Fakten sprechen dagegen; die immer schärferen Befehle des OB Südwest bezüglich der »Bandenbekämpfung« sind die Antwort nicht nur auf die quantitative Zunahme von Partisanenaktionen, sondern auch auf deren qualitativ verbesserte und verstärkte Organisation. Kriegstagebücher, Tagesmeldungen und Berichte über Unternehmen gegen »Banditen« und Geheimberichte der faschistischen Sicherheitsdienste spiegeln eine andere Wirklichkeit wider, als Kesselring sie im Spiegel seiner Erinnerung sieht. Zumal auch der Umfang der »Bandenbekämpfung« im März und April, und die Härte des Abwehrkampfes gegen Partisanen nach dem endlichen Beginn der alliierten Offensive Mitte Mai und der Befreiung Roms Anfang Juni immer heftiger eskalieren.[4]

Nachdem schon im Januar 1944 das *Corpo dei Volontari di Liberazione* (CVL) als Freiwilligenkorps und militärischer Arm der Widerstandsbewegung gegründet worden war, werden nun die unabhängig entstandenen und weiter noch entstehenden Partisanen-Brigaden unterschiedlicher parteilicher Couleur Zug um Zug in das CVL integriert, das Anfang Juni mit dem Generalkommando eine zentrale Führung und bessere Organisationsstruktur erhält. Diese militärische Kommandozentrale wird aus praktischen, organisatorischen Gründen am 19. Juni dem CLNAI in Mailand zugeordnet, da das CCLN jetzt im befreiten Rom außerhalb des von den Deutschen kontrollierten Rest-Italiens und Mussolinis faschistischer Republik residiert. Die Organisationsstruktur bleibt erhalten, Raffaele Cadorno weiterhin an der Spitze, der Kommunist Luigi Longo und Ferruccio Parri von der Aktionspartei als gleichberechtigte Stellvertreter an seiner Seite.[5]

Die Partisanentätigkeit macht sich ab April vor allem durch Sabotage an den Nachrichtenverbindungen und Kommunikationslinien störend bemerkbar, aber sie ist auch von entscheidender Einwirkung auf die deutsche Logistik überhaupt und die Nachschubwege im besonderen. Mit der Aufgabe Roms tritt im Operationsgebiet Mittelitalien eine unerwartete Verschärfung ein, beginnt, wie Kesselring sich erinnert, ein »hemmungsloser Bandenkrieg«, der für die deutsche Kriegführung zur tatsächlichen Gefahr, ja »feldzugentscheidend« wird und verstärkte militärische Gegenmaßnahmen herausfordert.[6] Die Deutschen reagieren mit Vergeltungsterror.[7]

Gewalt und Gegengewalt nehmen schon seit Mai 1944 in einer sich wechselseitig bedingenden Entwicklung immer brutalere Formen an, ohne Rücksicht darauf, von wem Gewalt ausgeht und gegen wen die Gegengewalt sich richtet. Auf einzelne Sabotageakte kleiner Gruppen antworten die Deutschen mit drakonischen Strafen gegen die Täter, Überfälle größerer Partisaneneinheiten werden mit Gegenterror geahndet, und häufig werden ganze Dorfschaften willkürlich ausgelöscht.

Die »Bandenbekämpfung« in den Monti Reatini und Monti Sabini Ende März und Anfang April, das Massaker von Vallucciole im Casentino im April sind erst der Anfang; das Großunternehmen der Division *Hermann Göring* und der Festungsbrigade 135 unter Assistenz faschistischer Miliz in der Lunigiana Anfang Mai, deren »Erfolg« offenbar allein im Niederbrennen des Weilers Mommio und im Hinmorden seiner Bewohner besteht, sind nur Vorspiel zu einer Tragödie des Tötens und Getötetwerdens im Sommer und Herbst dieses Jahres. Die deutschen militärischen Quellen registrieren zwar im Zusammenhang der »Bandenunternehmungen« gelegentlich auch terroristische Anschläge und Überfälle von »Banden« auf Wehrmachtverbände, -einrichtungen und einzelne Soldaten, nicht aber den keineswegs geringeren deutschen Gegenterror; gezählt werden »Feindtote«, worunter nicht nur die gefallenen, sondern auch die hingerichteten, in der Regel als »Banditen« bezeichneten Partisanen zu verstehen sind; und nicht selten wohl auch die unbeteiligten, zivilen Opfer von »Sühnemaßnahmen«, wie etwa Anfang Mai bei dem Großunternehmen in der Lunigiana die ermordeten 35 Einwohner von Mommio unter die gemeldeten 143 »Feindtoten« subsumiert werden.[8]

Der Kommandierende General des XIV. PzK General v. Senger und Etterlin, macht in seinen Erinnerungen für die Repressalien deutscher Soldaten die »berechtigte, in allen Krisen in Erscheinung tretende Wut« über die Partisanenüberfälle verantwortlich. Die »Banden« hätten sich dem zu entziehen gewußt, also habe sich die Wut leider oftmals gegen Unschuldige gerichtet und die Repressalien das Gegenteil bewirkt: Der Haß auf die Deutschen habe immer größere Teile der Bevölkerung erfaßt, die immer mehr mit den Partisanen sympathisiert und ihnen geholfen habe. Das wiederum habe zur Folge gehabt, daß ganze Einwohnerschaften von Orten, in denen ein Partisanenstützpunkt vermutet worden sei, als im Komplott mit den »Banden« betrachtet und deshalb mit noch härteren »Sühnemaßnahmen« überzogen worden seien.[9]

Der Panzergeneral war einer der wenigen höheren Offiziere, die ihren Oberbefehlshaber und dessen Kriegführung in Italien kritisierten; das hat ihn aber nicht gehindert, die meisten der Befehle und Weisungen Kesselrings, die die Wut der einfachen Soldaten gleichsam legalisierten, weiterzugeben.

Ein vom Befehlshaber der Sipo und des SD in Italien, SS-Brigadeführer und Generalmajor der Polizei Dr. Harster, herausgegebenes »Merkblatt für die Verhängung von Sühnemaßnahmen« enthält einen Katalog möglicher Maßnahmen, bei deren Anwendung »die Steigerungsmöglichkeit zu berücksichtigen« ist. Er läßt Einsicht in den Eskalationszusammenhang erkennen: Die Maßnahmen sollen so wirken, daß die Bevölkerung von sich aus gegen die Partisanen mobil macht und eine eindeutige Stellung zur deutschen Besatzungsmacht bezieht; es muß vermieden werden, die Bevölkerung in die Arme der Partisanen zu treiben, womit nur die Macht der »Banden« zunimmt, jedoch ist bei schweren Fällen Härte angebracht. Die öffentliche Bekanntmachung des Maßnahmekatalogs in entsprechend großer Aufmachung soll demselben Zweck dienen, nämlich zwischen Bevölkerung und Partisanen einen Keil zu treiben.[10]

Harster scheint erkannt zu haben, daß die Zivilbevölkerung in vielen Fällen zwischen allen Stühlen sitzt und häufiger als nur gelegentlich unter Zwang und Druck mit den Partisanen kooperiert, auch nicht immer und überall freiwillig zu Sympathisanten wird. Deshalb wird zumindest anfangs hier Zuckerbrot und dort Peitsche als Mittel der »Befriedung« verabreicht; je mehr der Krieg im Lande fortschreitet und die Partisanentätigkeit zunimmt, um so mehr wird nur noch zur Peitsche gegriffen. Damit aber wird genau das erreicht, was Harster eigentlich nicht will: Die Bevölkerung wird in die Arme der Partisanen getrieben.

Am 6. April vom OKW ausgegebene »Richtlinien zur Bekämpfung der Partisanenbewegung« erklären die »Bandenbekämpfung« zur »Führungsangelegenheit« und beschreiben detailliert den unerbittlichen, angriffsweise zu führenden Vernichtungskampf gegen die Partisanen: Der Erfolg der »Bandenbekämpfung (...) hängt von der Überlegenheit der Führung ab«; das »wirksamste Mittel, das Bandenunwesen auszurotten«, ist »Einschließung der Banden und Ausräumung des Kessels«; reichen Kräfte und Zeit dafür nicht aus, oder ist das Gelände für ein Kesseltreiben nicht günstig, müssen die »Banden (...) angegriffen, geschlagen und bis zur völligen Vernichtung gehetzt werden«.[11] Die OKW-Richtlinien gelten generell, sie beziehen sich nicht speziell auf den italienischen Kriegsschauplatz, aber sie bilden, wie der »Bandenbefehl« vom Dezember 1942, eine der Grundlagen, auf die FM Kesselring seine Weisungen zur »Bandenbekämpfung« abstützt.

Mit Befehl vom 7. April, also bereits am folgenden Tag, präzisiert der OB Südwest Verhaltens- und Verfahrensmaßregeln: Bei Überfällen von Partisanen ist sofort zurückzuschießen, »ohne Rücksicht auf sonstige Passanten (...). Tatkräftiges, entschlossenes und schnelles Handeln ist erstes Gebot«; der Tatort ist sofort abzusperren, »sämtliche in der Nähe befindlichen Zivilisten sind ohne Unterschied des Standes und der Person festzunehmen. Bei besonders schweren Überfällen kann auch ein sofortiges Niederbrennen der Häuser, aus denen geschossen wurde, in Frage kommen.«[12]

Der Bevölkerung werden diese Befehle in Form einer Anfang Mai überall angeschlagenen Bekanntmachung, die an Deutlichkeit nichts zu wünschen läßt, bekanntgegeben: Wer den Aufenthalt einer »Bande« kennt und nicht unmittelbar dem deutschen Militär meldet, wird erschossen; jedes Haus, in dem sich ein »Bandit« befindet oder auch nur vermutet wird, wird in die Luft gesprengt; ebenso jedes Haus, aus dem auf deutsche Soldaten geschossen wird; die Bewohner dieser Häuser werden an Ort und Stelle füsiliert; von einem Standgericht ist nirgends die Rede, dafür aber zum Schluß die zynische Zusicherung: »Die Deutsche Wehrmacht wird mit Gerechtigkeit vorgehen, aber auch mit unerbittlicher Härte.« In dem Befehl vom 7. April wird für solche Härte im voraus Absolution erteilt: »zu scharfes Durchgreifen wird bei der derzeitigen Lage niemals Grund zu einer Strafe sein.«[13]

Das zunehmende »Bandenunwesen« und der wachsende Umfang

seiner Bekämpfung bedingt eine geregelte Organisation. Unter dem 1. April 1944 hatte der OB Südwest, etwas vorschnell, wie sich alsbald herausstellen wird, eine Neuregelung der Verantwortlichkeiten und Zuständigkeiten verfügt:»1.) Für die Bandenbekämpfung sind verantwortlich: a) die GenKdos in ihren Abschnitten des Gefechtsgebietes, b) Korück 594 im rückw. Armeegebiet (Operationsgebiet) und in einem 30 km tiefen Küstenstreifen zwischen rückw. Grenze des Armeegebiets und der taktischen nördl. Grenze des Armeebereichs, c) Bev. General der deutschen Wehrmacht in Italien im Armeebereich außerhalb des 30 km tiefen Küstenstreifens.« Zweitens sind die zur »Bandenbekämpfung« zugewiesenen Gebiete in»Bandenabschnitte« zu unterteilen, in deren jedem die Dienststelle eines Wehrmachtteils verantwortlich ist und den Einsatzführer bestimmt, dem die für die Bandenbekämpfung vorgesehenen Einheiten unterstellt werden.[14]

Der OB der 14. Armee folgt am selben Tag mit einem im Grundsatz gleichen, auf seinen Befehlsbereich bezogenen Armeebefehl zur »Neuregelung der Bandenbekämpfung«, der den ihm unterstellten Verbänden, – I.FjK, LXXVI. PzK, Deutscher Kommandant Rom –, die Zuständigkeiten zuweist: Für die 92. ID wird zusätzlich angeordnet, mit dem HöSSPF Wolff gemeinsame Einsätze von Wehrmachteinheiten und Verbänden des HöSSPF im Küstenbereich zu vereinbaren, die der jeweils Dienstranghöchste oder -älteste führen solle.[15] Auch der BevGen Toussaint, schließt daran an: Am 4. April weist er den Armeeoberkommandos die alleinige Zuständigkeit im Operationsgebiet zu, behält sich selbst aber im restlichen Gebiet, vor allem also Oberitalien, die Verantwortlichkeit vor, in Absprache mit HöSSPF.[16]

Mit dieser Neuregelung bringt FM Kesselring sogleich Wolffs Vorgesetzten, Reichsführer SS Himmler, gegen sich auf, denn der sieht den Kampf gegen die »Banditen« als sein und seiner SS ureigenstes Gebiet an. Gegen Kesselrings Befehl, mit dem der OB Südwest die Führung im Kampf gegen die Partisanen in Italien beansprucht, erhebt Himmler unverzüglich Einspruch, obwohl SD- und Polizeikräfte für eine wirksame Bekämpfung der Partisanen nicht ausreichen. Ein zwischen Botschafter Rahn, Wolff und Kesselring abgestimmter Befehlsentwurf vom 8. April, wonach außerhalb des Operationsgebietes die Führung in der Partisanenbekämpfung vom BevGen auf den

HöSSPF übergehen soll, wird von Himmler nicht akzeptiert. Wolff muß »auf höchste Weisung« erklären, er sei nicht damit einverstanden, daß die »Bandenbekämpfung« als »eigenster Aufgabenbereich« der Polizei dieser weggenommen und der Wehrmacht übertragen werden soll. Er verlangt die Außerkraftsetzung des Befehls vom 1. April sowie den daraus abgeleiteten des BevGen vom 4. April; was am 11. April auch geschieht. Mit einem neuen Kompromißvorschlag vom 26. April, diesmal des OKW, soll zwar dem OB Südwest die oberste Leitung der »Bandenbekämpfung« für den italienischen Raum zugesprochen, auch der HöSSPF dem OB Südwest persönlich unterstellt, aber mit der Durchführung außerhalb des Operationsgebietes und des 30-Kilometer-Küstenstreifens der HöSSPF betraut werden, der wiederum nach den Richtlinien des OB Südwest verfahren soll. Der Vorschlag hat zwar wieder einmal ein unklares Befehls-Schema zur Folge, weil beiden Seiten recht gegeben werden soll, aber er findet Himmlers Zustimmung, denn damit kann er sein Gesicht wahren. Mitte Mai wird dem OB Südwest auf dieser Basis die oberste Leitung der Partisanenbekämpfung in Italien übertragen. Kesselring und Wolff arrangieren sich in der Praxis, zumal Wolff im Laufe des Sommers zusätzlich zu den Aufgaben des HöSSPF auch die Funktionen des BevGen übertragen werden und damit der direkte Draht zu FM Kesselring eher noch verstärkt wird. Seitdem werden »größere Unternehmen (...) in enger Zusammenarbeit« mit den Dienststellen des HöSSPF durchgeführt«. So General Dostler mit Korpsbefehl 33 des GenKdo LXXV. AK am 9. Juni 1944.[17]

2 *Auf Sabotage steht der Tod*

Wegen der gesteigerten Aktivität der »Rebellen« werde die öffentliche Sicherheit zunehmend gefährdet, weiß das Kommando der faschistischen Nationalgarde für die Provinz Pesaro am 10 April 1944 zu melden. Eine Woche später verschlimmert sich die Lage von Tag zu Tag, weil immer neue Partisanengruppen aus den angrenzenden Provinzen in diese Region ausweichen und auch der Zustrom zu den Partisanen weiter anhält.[18] In anderen Gegenden Mittelitaliens ist die Situation in diesem Frühjahr nicht anders: In Arezzo tendiert Anfang

April die Lage wegen der wachsenden Partisanentätigkeit immer mehr zur Verschlechterung; die »Banden« machen sich durch mancherlei Aktionen störend bemerkbar, vor allem durch Diebstahl und Raubüberfälle.[19] Noch im Juni wird in der Provinz Siena über »Erpressung und Raub« seitens der Partisanen geklagt, deren verstärkte Aktivitäten seitens der für Ruhe und Ordnung verantwortlichen *Guardia Nazionale Repubblicana* nicht mehr zu kontrollieren seien; offensichtlich verlegen sich die »Banden« immer häufiger aufs Requirieren und Plündern: Kleidung, Schuhwerk, Nahrungsmittel, den täglichen Lebensbedarf.[20]

Verständlich, denn den Partisanen mangelt es am Ende eines kalten Winters am Notwendigsten, ihre Logistik, zumal die der kleineren Gruppen geringen Organisationsgrades, ist kaum professionell ausgebaut, zudem ist alles, was über den täglichen Bedarf der Bevölkerung hinausgeht, von den Besatzungsbehörden und der Wehrmacht beschlagnahmt oder unter strenge Bewirtschaftung gestellt. Die dafür seit Herbst 1943 geltenden deutschen Kriegsgesetze sehen für Verstöße harte Strafen vor: Auf Nichtablieferung oder nur unzureichende Ablieferung der angeordneten Mengen landwirtschaftlicher Produkte, auf »Schwarzschlachtung« und »schwarzes« Mahlen von Getreide und Ölerzeugnissen steht die Todesstrafe.[21]

Die allgemeine Notlage spiegelt sich in den Berichten der faschistischen Nationalgarde. In den täglichen, Mussolini zugehenden Informationen der provinziellen Dienststellen der GNR wird der Duce mit lakonischen, fast stereotypen Worten über die reale Lage aufgeklärt: »Die Versorgung mit Nahrungsmitteln bleibt weiterhin prekär« (Chieti), auf diesem Sektor sei die Lage durch Mangel gekennzeichnet (Ancona), die Situation sei »allgemein nicht gut« (Macerata). Gelegentlich wird man deutlicher: Die im April zugeteilte Menge Weizen pro Person demonstriere nur den tatsächlichen Mangel an Grundnahrungsmitteln wie Kartoffeln, Bohnen, Kichererbsen, Linsen etc., eine weitere Zuteilung sei deshalb unbedingt nötig.[22]

Mancherorts verlegt sich daher die hungernde Bevölkerung auf Selbsthilfe: »Am 4. des laufenden Monats versammelten sich in Corridonia rund hundert Frauen vor dem Palazzo Communale, um eine zusätzliche Weizenzuteilung zu fordern«; ob mit Erfolg, teilt der Informant aus Macerata nicht mit, »die Ansammlung wurde ohne Zwischenfälle aufgelöst.« Ein ähnlicher Vorfall wird vom 11. April aus Potenza Picena berichtet.[23] In S. Ippolito, Provinz Pesaro, dringen 400 Personen in das genossenschaftliche Getreidelager ein und »rauben« 1500 Doppelzentner Weizen, was das Bewachungskommando der GNR nicht verhindern kann. Am Tage darauf versuchen 100 Personen in Galtara di S. Francesco, ebenfalls in der Provinz Pesaro, ähnliches; wegen des Widerstandes des Bewachungskommandos gelingt es ihnen nur, eine kleinere Menge aus dem Getreidemagazin wegzuschaffen; nach wenigen Stunden kehren daraufhin die Dörfler geschlossen zurück, überwältigen die Nationalgardisten und eignen sich jetzt eine größere Menge Weizen an.[24] In Castellone di Susa, Provinz Ancona, werden rund 100 Frauen aus den umliegenden Dörfern, die eine Weizenzuteilung für ihre notleidenden Familien fordern, vom Genossenschaftsleiter abgewiesen. Am folgenden Tag brechen Partisanen in das Getreidesilo ein, laden 150 Doppelzentner Weizen auf einen mitgeführten Lastwagen und veranlassen am Abend die Ortsbehörden, die Hälfte davon an die Bevölkerung zu verteilen, den Rest behalten sie selbst.[25] In der Nacht zum 26. April überfallen Leute aus Belforte sul Chienti das dort befindliche genossenschaftliche Getreidelager von Macerata und »rauben« 200 Doppelzentner Weizen.[26] Deutsche Dienststellen rubrizieren solche verzweifelte Selbsthilfe unter »Bandentätigkeit«.

Tatsächlich erfahren die Partisanen häufig Unterstützung von der Landbevölkerung, und je erfolgreicher sie bei ihren Aktionen sind, die sie nun nicht mehr nur aus kleinen, abgelegenen Weilern, sondern zunehmend von Stützpunkten auch in größeren Ortschaften aus starten, um so mehr beeinflussen, nach Ansicht eines GNR-Informanten aus Macerata, die »kriminellen« Aktivitäten der »Rebellen« die Stimmung der Bevölkerung in «ungünstigem« Maße.[27] Gelegentlich bezwecken die »Raubüberfälle« der Partisanen nichts anderes, als plündernden deutschen Soldaten ihre Beute streitig zu machen. So jagen sie ihnen in den Abruzzen 400 Rinder und Ochsen sowie 150 Pferde ab, die diese in ihrem Operationsgebiet zusammengetrieben hatten. Die Partisanen verlieren bei dem Unternehmen 59 Leute, die Deutschen angeblich die zehnfache Anzahl ihrer Männer.[28]

Schon im Mai wird die Situation für die deutschen Truppen prekärer. Aus der Gegend von Teramo, wo »Banden« seit Herbst 1943 im

Bosco Martese und anderswo ihr »Unwesen« treiben, wird dem Duce von kleineren Gruppen von nicht mehr als 10 bis 40 Köpfen berichtet; es handele sich überwiegend um Kommunisten aus der Gegend, Deserteure, Kriminelle, um Jugoslawen, Montenegriner, Engländer und Amerikaner, die aus den *campi di concentramento* entflohen und mit Gewehren und Handgranaten, auch Maschinengewehren und leichten Geschützen bewaffnet seien.[29] Aus der Provinz Lucca werden größere Gruppen von 150 bis 200 Partisanen, Kommunisten und *Giellisten* der Aktions-Partei, mit Stützpunkten in der Alta Versilia und der Garfagnana gemeldet, die angeblich von den Alliierten aus der Luft versorgt werden.[30] Auch in der Gegend um Florenz sind gegen Ende Mai größere Verbände aktiv: Der Informant der GNR weiß von einer 1500 bis 2000 Mann starken Garibaldi-Brigade, die unter Befehl höherer Offiziere des ehemaligen königlichen Heeres im Apennin zwischen Monte Falterona und Bagno di Romagna operiere; ein weiterer Verband stehe im Mugello und am Monte Morello mit Stützpunkt in Dicomano, ein dritter *Il tricolore* operiere im Pratomagno und Valdarno um Pontassieve.[31]

Seit Beginn der nach dem Durchbruch der Alliierten bei Cassino Mitte Mai eingeleiteten deutschen Absetzbewegung wächst sich die Aktivität der Partisanen zur ernsten Gefahr und zur steten Behinderung des teilweise fluchtähnlichen Rückzuges aus,[32] weshalb verstärkte Gegenmaßnahmen anberaumt werden, etwa im rückwärtigen Gebiet des LI.GebK, bei denen die 114. Jägerdivision und die 16. Kp/Rgt 4 *Brandenburg*, beteiligt sind.[33]

Gefährlich für die deutsche Kriegführung werden vor allem Sabotagehandlungen gegen die Infrastruktur: Zerstörung von Nachrichtenverbindungen und Kommunikationslinien, Verkehrswegen und Verkehrsmitteln, Überfälle auf Nachschubtransporte und Nachschubeinrichtungen. Das macht sich auch für die Zivilbevölkerung bemerkbar:»Die Partisanen haben nun alle Straßen, die in diesem Teil der Welt führen, unter Kontrolle.«[34] Weil die Schienenwege der Eisenbahn durch forcierte alliierte Luftangriffe – Einsätze von 1200 Bombern am Tag sind keine Seltenheit – ständig unterbrochen werden, muß der Nachschub immer wieder auf Lastwagen umgeladen werden; da die Alliierten aber den Luftraum völlig beherrschen, ist wegen der Tiefflieger ein Kolonnenverkehr über Tag nicht möglich, es bleibt nur die

Nacht, und die gehört vielerorts den Partisanen. Nicht nur die Hauptlinie der Eisenbahn von Florenz nach Rom werde ständig unterbrochen, berichtet der militärische Beauftragte des Rüstungsministers Speer bereits im April seinem Minister, auch die beiden Linien an der West- und an der Ostküste seien lahmgelegt. Im Juni findet die prekäre Nachschublage sogar Eingang in einen Tagesbericht des WFSt.[35] In der Gegend um den Monte Amiata stören Abteilungen der Garibaldi-Brigade *Lavagnini* den Rückzug der 305. ID und der 90. PzD durch Überfälle auf einzeln fahrende Personen- und Lastkraftwagen und, neben anderem, durch die Zerstörung der Funkstation auf dem Gipfel des Monte Amiata.[36]

Die Deutschen reagieren wieder und wieder hart und brutal. Ein zweisprachiger »Aufruf an die italienische Bevölkerung – Bando alla popolazione italiana« geht sofort zur Sache: »Verbrecherische Elemente haben in den letzten Tagen in Zivil aus dem Hinterhalt wiederholt auf deutsche Soldaten geschossen. Zur Sühne dieses Verbrechens sind verschiedene Ortschaften niedergebrannt und eine Anzahl männlicher Einwohner dieser Ortschaften standrechtlich erschossen worden.« Das deutsche Kommando, *il comando tedesco*, gibt deshalb bekannt: »Die Einwohnerschaft einer jeden Gemeinde haftet in ihrer Gesamtheit dafür, daß in dieser Gemeinde keine Sabotage-Akte oder Überfälle auf einzelne deutsche Soldaten verübt werden. Wer von dem Vorhandensein von Banditen oder Saboteuren weiß und ihren Aufenthaltsort nicht sofort der nächsten deutschen Dienststelle mitteilt, macht sich mitschuldig und setzt sich der Gefahr aus, für die Untaten dieser Verbrecher zur Rechenschaft gezogen zu werden. Gemeinden, in denen sich Überfälle auf deutsche Soldaten oder Sabotageakte ereignen, werden niedergebrannt, eine Anzahl männlicher Zivilisten wird erschossen werden. Die Bürgermeister, Ortsältesten und Pfarrer werden aufgefordert, ihre Gemeinde im Interesse der Sicherheit der eigenen Mitbürger zur Ruhe und Besonnenheit und zur Mitarbeit bei der Aufspürung der Banditen aufzufordern.«[37] Solche und ähnliche, überall öffentlich angeschlagene Aufrufe dienen zunächst der Einschüchterung, bleiben aber keineswegs nur eine leere Drohung. Bei einem »Bandenüberfall« Mitte Juni bei Montegiorgio, Provinz Ascoli Piceno, werden ein deutscher Offizier getötet, ein weiterer und zwei Soldaten verwundet: »Dorf abgebrannt, männliche

Bevölkerung erschossen«, lautet militärisch kurz die entsprechende Tagesmeldung der Armee.[38]

Sabotage an Nachrichtenverbindungen, insbesondere das Durchtrennen von Fernsprechleitungen und Telefonkabeln, war von Anfang an ein probates Mittel, die deutsche Kriegführung an einem lebenswichtigen Nerv zu treffen. Deshalb gab es schon im Herbst 1943 drakonische Strafandrohungen an die Adresse der Saboteure und die Aufforderung an die Truppe, schärfstens durchzugreifen. Jede Beschädigung von Leitungen und Verbindungen wird als Angriff auf die Wehrmacht gewertet. In einer »Warnung – Avvertimento« an die Bevölkerung wird kurz und bündig angekündigt: »Auf jede Beschädigung von Nachrichtenanlagen (Drahtgestängen, Kabelanlagen, Vermittlungseinrichtungen und Postämtern sowie Funkanlagen) STEHT DIE TODESSTRAFE«. Eine knappe Woche nach dieser Bekanntmachung wird in Livorno danach gehandelt.[39]

Ein halbes Jahr später, März 1944, gibt der OB Südwest den Armeen freie Hand bei der Entscheidung über Sühnemaßnahmen für Sabotageakte. Am 13. Juni genehmigt er »wegen der besonders starken Bandentätigkeit im Raum Siena-Grosseto« die Erschießung von je zehn männlichen, wehrfähigen Einheimischen pro getötetem deutschen Soldaten oder bei schweren Sabotagehandlungen.[40] Einen Tag später gibt der OB der 14. Armee, seit 4. Juni General Lemelsen, diesen Befehl weiter: Wegen erheblicher Zunahme der »Bandentätigkeit«, teilweise unter Beteiligung der Zivilbevölkerung am Kampf gegen die Wehrmacht, sind durchgreifende Maßnahmen erforderlich. Gegenüber »Bandenangehörigen« ist nach den vom Führer befohlenen Richtlinien zu verfahren: Wer mit der Waffe in der Hand angetroffen wird, ist sofort zu erschießen, und die Füsilierung von Zivilisten im Verhältnis zehn zu eins ist ab sofort als probates Abschreckungsmittel anzuwenden.[41]

Die Anordnung, Kenntnisse vom Aufenthalt der Partisanen sofort zu melden, fruchtet nichts; im Gegenteil, die feindselige Haltung der Bevölkerung versteift sich nur noch mehr. Um dennoch an Informationen heranzukommen, gehen die deutschen Kommandobehörden dazu über, mit V-Leuten zu arbeiten: Am Monte Amiata geben sich im April zwei deutsche SS-Männer als österreichische Deserteure aus, die ihre Partisaneneinheit verloren haben, klopfen an die Türen und bitten um Hilfe, werden von Hof zu Hof weitergereicht, bis sie das ganze Widerstandsnetz ausgespäht haben; die letzte Information erhalten sie von einem alten Priester in Vivo d'Orcia: Einige Tage später führen die Deutschen eine großangelegte Razzia durch und nehmen Geiseln, mehr als hundert an der Zahl. Im Juni ordnet der OB Südwest nochmals »Aufklärung in die Banden hinein« an, »auch Ansatz von V-Männern«.[42]

Dem Befehlshaber der Luftflotte 2, General v. Richthofen, sind die bisher praktizierten »Sühnemaßnahmen« völlig ungenügend,[43] es müsse endlich gehandelt und schärfer durchgegriffen werden. Daraufhin werden auf Vorschlag des HöSSPF Wolff zunächst die Zuständigkeitsbereiche der 10. und 14. Armee in Sachen Partisanenbekämpfung am 13. Juni auf deren gesamtes Hinterland bis zum Po ausgedehnt.[44] Dann verfügt FM Kesselring unter dem Datum des 17. Juni eine »Neuregelung in der Bandenbekämpfung«, mit der er zum einen auf seine früheren Regelungen im April und Mai zurückgreift, wiederholt Verantwortlichkeiten und Zuständigkeiten klärt und detaillierte Anweisungen über die einzusetzenden Einheiten und die zu sichernden Bahnstrecken, Straßen und Einrichtungen auflistet, wie gehabt, zum anderen aber auch unmißverständlich den deutschen Vergeltungsterror sanktioniert: Für die Bekämpfung der Partisanen erhalten die Einsatzführer faktisch freie Hand, vorausgesetzt sie lassen es an größter Schärfe nicht fehlen; Fehlgriffe bei der Wahl der einzusetzenden Mittel sind »immer noch besser, als Unterlassung und Nachlässigkeit«, deshalb werde er »jeden Führer decken, der in der Wahl und Schärfe des Mittels bei der Bekämpfung der Banden über das bei uns übliche zurückhaltende Maß hinausgeht«; für Straf- und Abschreckungsmaßnahmen ist »nur sofortiges schärfstes Eingreifen« geeignet, die »Banden sind anzugreifen und zu vernichten.« Eine fast gleichlautende carte blanche hatte der SS-Oberführer und Oberst der Polizei Bürger wenige Tage zuvor in einem Befehl an seine Polizeieinheiten ausgegeben.[45]

Am 29. Juni übernimmt der für die Küstenverteidigung zuständige General v. Zangen die wesentlichen Teile dieses Befehls in einen Korpsbefehl und am 1. Juli setzt Kesselring nach: Die im Juni verlautbarte Ankündigung »darf keine leere Drohung sein. Ich mache es allen Soldaten und Polizeisoldaten meines Befehlsbereichs zur Pflicht, im Tatfall die schärfsten Mittel zur Anwendung zu bringen. Jeder Gewaltakt der Banden ist sofort zu ahnden«. Der Bevölkerung müsse klargemacht werden, daß »bei vorkommenden Gewalttätigkeiten« und wo »Banden in größerer Zahl auftreten, (...) der in diesem Bezirk wohnende jeweils zu bestimmende Prozentsatz männlicher Bevölkerung festzunehmen und bei vorkommenden Gewalttätigkeiten zu erschiessen« sei, daß Ortschaften niederzubrennen seien, wenn deutsche Soldaten aus ihnen beschossen werden, »Täter oder Rädelsführer« öffentlich aufgehängt, für Sabotage an Nachrichtenverbindungen jetzt sogar die dem Tatort benachbarten Ortschaften haftbar gemacht werden sollen.[46]

Zwei Tage später, am 3. Juli, gibt der OB der 14. Armee Kesselrings Befehle vom 17. Juni und 1. Juli, im Ton eher noch verschärft, auf fünf eng beschriebenen DIN A 4-Blättern an die ihm unterstellten Korps weiter; General Dostler übernimmt den Armeebefehl weitgehend wortgetreu für das LXXV. AK am 5. Juli. Im Armee- und im Korpsbefehl heißt es jetzt im einleitenden Absatz: »Die oft zu Tage tretende Gutmütigkeit und Leichtgläubigkeit des deutschen Soldaten« müsse »verschwinden«. Sofort zu erschießen ist, wer »den verbrecherischen und hinterhältigen Banden Unterstützung gewährt« durch Hilfe bei der Proviantierung, Unterkunft und Übermittlung militärischer Informationen; wer Waffen jeglicher Art und Sprengmaterial besitzt oder versteckt oder auch nur »feindliche Handlungen irgendwelcher Art gegen die deutsche Wehrmacht verübt«. Und noch einmal carte blanche, aber mit kleinem Unterschied: Während General Lemelsen wortgetreu Kesselring folgt, »Ich werde jeden Führer decken...«, läßt General Dostler offen, ob er persönlich dahinter steht, »Jeder Führer wird gedeckt...«[47]

Vor dem Militärgericht in Venedig, vor dem sich Kesselring 1946 zu verantworten hat, wird sein Verteidiger plädieren: Der Befehl vom 17. Juni 1944 sei nicht nur unmißverständlich abgefaßt, was er in der Tat auch ist, sondern auch völkerrechtlich unbedenklich, was ihm das Gericht nicht abnimmt. Im übrigen könne kein Mensch in diesem Befehl »einen Freibrief für Willkür und Terror, für Ausrottung und Mord von Frauen und Kindern erblicken.«[48] Kesselrings Soldaten haben das offensichtlich ganz anders gesehen, die ihnen gegebene carte blanche genutzt und danach gehandelt.

Der Feldmarschall erweist sich mit seinen Befehlen nur als der folgsame Untergebene seines Führers. Grundlage für Kesselrings Freibrief ist nämlich der vom Chef des OKW, FM Keitel ausgefertigte, bereits auszugsweise zitierte »Bandenbefehl« vom 16. Dezember 1942: »Dem Führer liegen Meldungen vor, daß einzelne in der Bandenbekämpfung eingesetzte Angehörige der Wehrmacht wegen ihres Verhaltens im Kampf nachträglich zur Rechenschaft gezogen worden sind (...) Der Feind setzt im Bandenkampf fanatische kommunistisch geschulte Kämpfer ein, die vor keiner Gewalt zurückschrecken. Es geht hier mehr denn je um Sein oder Nichtsein. Mit soldatischer Ritterlichkeit oder mit Vereinbarungen in der Genfer Konvention hat dieser Kampf nichts mehr zu tun (...) Die Truppe ist daher berechtigt und verpflichtet, in diesem Kampf ohne Einschränkung auch gegen Frauen und Kinder jedes Mittel anzuwenden, wenn es nur zum Erfolg führt. Rücksichten, gleich welcher Art, sind ein Verbrechen gegen das deutsche Volk und den Soldaten an der Front (...) Kein in der Bandenbekämpfung eingesetzter Deutscher darf wegen seines Verhaltens im Kampf gegen die Banden und ihre Mitläufer disziplinarisch oder kriegsgerichtlich zur Rechenschaft gezogen werden.«[49]

Der »Bandenbefehl« setzt für den militärischen Bereich Recht und Gesetz außer Kraft, wie es nach dem *Röhm-Putsch* 1934, nach den Judenpogromen im November 1938 und seit Beginn des Unternehmens *Barbarossa* 1941 die politische Praxis der Herren im Großdeutschen Reich war.

Kesselring ist auch nicht der erste, der den »Bandenbefehl« für den italienischen Kriegsschauplatz umsetzt. Bereits am 24. Februar 1944 hatte der Befehlshaber in der Operationszone *Adriatisches Küstenland*, General Kübler, in einem Korpsbefehl postuliert, in diesem »Großkampf auf Befehl der Feindmächte«, könne es nur einen Grundsatz geben: »Terror um Terror, Auge um Auge, Zahn um Zahn!«, denn: »Im Kampf ist alles richtig und notwendig, was zum Erfolg führt«, deshalb werde er »jede Maßnahme persönlich decken, die diesem Grundatz entspricht.«[50]

Mit solchen Befehlen wird der deutsche Vergeltungsterror angeheizt, und deutsche Soldaten nutzen den Freibrief, der ihnen da von höchster Stelle ausgegeben wird. Schon im Mai 1944 wird dem Duce aus Fiuggi gemeldet, die deutschen Soldaten betrieben fortgesetzt

Raub und schafften damit unter der Bevölkerung ein Klima des Terrorismus.[51] Eine im Januar zur Auffrischung in die Toskana verlegte Fallschirmjägereinheit ist für Iris Origo »ein entsetzlicher Haufen von Kriegsveteranen«, dessen Disziplin, wie ihr ein Deutscher sagt »nur noch mit vorgehaltener Pistole aufrechterhalten« werden kann. Im Frühsommer quartiert sich in dieser Gegend das FjRgt 4 ein, vor dem die Origos und ihre Leute im Val d'Orcia gewarnt werden. Diese Fallschirmspringer hätten einen Haß entwickelt »auf alles, was italienisch ist«. Als dann Soldaten dieses Regiments unter Führung eines Oberst Trettner auf dem Landgut La Foce eintreffen, benehmen die sich wie »der übelste Haufen, den ich je zu Gesicht bekommen habe«, sie sehen eher aus, »wie Statisten aus einem drittklassigen Fremdenlegionsstreifen denn wie Angehörige einer Berufsarmee«, plündern die umliegenden Höfe und vergewaltigen junge Italienerinnen.[52] Oberst Heinrich Trettner ist seit 1. Juni 1944 Kommandeur des FjRgt 4 und wird am 1. Juli zum Generalmajor befördert (zwanzig Jahre später wird er es bis zum Generalinspekteur der neuen Deutschen Bundeswehr bringen).[53]

Geplündert wird von deutschen Soldaten offenbar überall, der Heeresrichter konstatiert eine »bedenkliche Zunahme« von Plünderungen, Fallschirmjäger sind immer dabei,[54] obgleich das Plündern immer wieder ausdrücklich verboten wird. »Jede Art von Plünderung ist untersagt und aufs strengste zu ahnden«, das Ansehen des deutschen Soldaten verlange dies,[55] wiederholen der OB Südwest und die Armeebefehlshaber mehrfach. Den Feldmarschall, dem inzwischen Bedenken wegen seines Freibriefes gekommen sein müssen, bekümmert hauptsächlich die Sorge, daß das »Ansehen« der Wehrmacht Schaden erleide. Im August sieht er sich endlich veranlaßt, allerdings erst auf eine Demarche Mussolinis hin, gegen Verrohung und Sittenlosigkeit seiner Truppen einzuschreiten: »Im Zuge der Bandenbekämpfung und Großaktion gegen die Banditen haben sich in den letzten Wochen Vorfälle ereignet, die das Ansehen und die Disziplin der Deutschen Wehrmacht aufs schwerste schädigen und nichts mehr mit Vergeltungsmaßnahmen zu tun haben.« Botschafter Rahn habe ihn darüber informiert, daß der Duce bittere Klage über die Durchführung mancher »Bandenaktionen« und Vergeltungsmaßnahmen geführt habe, »die sich letzten Endes nur gegen die Bevölkerung und nicht gegen die eigentlichen Banditen gewendet haben. Die Folge dieser ganzen Unternehmen haben das Vertrauen in die Deutsche Wehrmacht weitgehendst untergraben.« Um nicht der Feindpropaganda weitere Munition zu liefern, müsse nun dafür gesorgt werden, »daß sämtliche Maßnahmen sich tatsächlich nur gegen die Banditen und nicht gegen die unschuldige Zivilbevölkerung richten«. Kesselring, der soeben noch alle Maßnahmen decken wollte, die über das Übliche hinausgehen, will nun »bei unberechtigten Übergriffen gegen die Zivilbevölkerung (...) unnachsichtlich die Verantwortlichen zur Rechenschaft ziehen«. Was auch immer »unberechtigte Übergriffe« sein mögen, »gegen Banditen ist nach wie vor mit den schärfsten Mitteln durchzugreifen«.[56]

3 Kombattanten oder Rechtlose

»Unsere einzige Aufgabe war, den Kampf fortzusetzen«; Giorgio Amendola, führendes Mitglied im bewaffneten Widerstand, faßt das Selbstverständnis der italienischen Partisanen in diesen einen Satz.[57] Die *resistenza armata* versteht sich selbst als kämpfende Armee, sie beansprucht deshalb folgerichtig für sich den völkerrechtlichen Status von Kombattanten und »Kriegführenden« gemäß Haager Landkriegsordnung.[58] Zwar kennt die HLKO weder den Begriff des »Partisanen« noch den des »Freischärlers«; dennoch sieht sie unter bestimmten Voraussetzungen auch die völkerrechtliche Anerkennung von »Kriegführenden« oder »Kombattanten« vor, die damit rechtlichen Schutz erhalten, vorausgesetzt, sie erfüllen die in Artikel 1 HLKO formulierten Bedingungen.[59]

Gemäß einer Handreichung der Zentralen Stelle der (bundesdeutschen) Landesjustizverwaltungen zur Aufklärung nationalsozialistischer Verbrechen in Ludwigsburg ist dies der Fall, wenn Partisanen, ohne unmittelbarer Teil einer regulären Armee zu sein, jedoch Angehörige eines Freiwilligenkorps oder einer organisierten Widerstandsgruppe sind und als Guerrilleros einen »riskanten«, das heißt, einen irregulären Krieg unter Berücksichtigung bestimmter Regeln führen oder Kriegshandlungen vornehmen.[60]

Ob aber auch »die Bevölkerung eines (noch) nicht besetzten Gebietes«, die »beim Herannahen des Feindes« zu den Waffen greift, unter bestimmten Umständen als kriegführend nach Artikel 2 HLKO gelten kann, ist auch nach der Genfer Konvention zum Schutze der Zivilbevölkerung von 1949 immer noch umstritten.[61]

Nach verbreiteter Rechtsmeinung in der Nachkriegszeit genießt ein Partisan, der nicht »Kriegführender« nach Artikel 1 HLKO ist, zwar keinen völkerrechtlichen Schutz, ist aber dennoch nicht der Willkür des Gegners ausgesetzt: Gibt der Partisan sich gefangen, darf er nicht ohne Gerichtsurteil stante pede erschossen, »umgelegt« werden, es sei denn, er wird *in flagranti* ertappt.[62] Die Rechtsprechung der Militärgerichte in den Kriegsverbrecherprozessen der Nachkriegszeit hat (mehrheitlich) eine völkerrechtliche Rechtfertigung des willkürlichen Einschreitens gegen *illegale Kriegführung* – also des »kleinen«, »riskanten« oder Guerilla-Krieges – überwiegend verneint, im Gegenteil sogar jeder Regierung die Befugnis zugestanden, die *kleine Kriegführung* zu ermutigen und zu unterstützen.[63]

Die Schwierigkeiten der rechtlichen Beurteilung dessen, was als »Kriegshandlung« bei *illegaler Kriegführung* gelten kann, äußern sich in unterschiedlichen Definitionsversuchen auch wieder erst der Nachkriegszeit: Nach einer belgischen Definition sind Angriffe auf Mitglieder der Besatzungsarmee Kriegshandlungen, insofern sie nicht den Tatbestand des Raubes erfüllen. Nach französischem Urteil zählen auch Sabotageakte dazu. In niederländischer Rechtsprechung wird als Kriegsakt die mit den Absichten der Regierung übereinstimmende Handlung einzelner oder organisierter Personen begriffen, die geeignet ist, dem Gegner Schaden zuzufügen. Übereinstimmung mit den Absichten ist dann gegeben, wenn der Täter aus patriotischen Motiven entsprechend den völkerrechtlichen Grundsätzen der Kriegführung handelt.[64]

Der Sache der italienischen Partisanen helfen solche post festum gemachten Feststellungen nicht weiter. Die enscheidende Frage für die Beurteilung der Situation in Italien 1943/44 ist vielmehr die nach dem Charakter der Partisanenbewegung, nach ihrem Auftrag und ihren Auftraggebern und deren Zielen.

Unmittelbar relevant für die konkrete Situation in Italien könnte ein deutscher Kommentar zur HLKO aus dem Jahre 1942 gewesen sein. Danach ist derjenige, der nicht Wehrmachtangehöriger ist, oder der nicht die Voraussetzungen der Artikel 1 und 2 HLKO erfüllt, nicht zur Vornahme von Kampfhandlungen befugt; völkerrechtlich ein »Freischärler« kann er, soweit innerstaatliches Recht dem nicht entgegensteht, »nach Kriegsbrauch erledigt« werden; aber nur im Kampf. Abseits von Kampfhandlungen sind »Freischärler«, so sie gefangengenommen werden, einem Wehrmachtgericht zu übergeben, das sie gemäß Kriegssonderstrafrechtsverordnung (KSSVO) mit dem Tode bestrafen kann.[65] Abweichungen von dieser Regelung seien zwar völkerrechtswidrig, aber das, meint der Kommentator Waltzog, sei irrelevant; denn eine unmittelbare Unterstellung deutscher Staatsangehöriger unter allgemeine Völkerrechtsnormen könne es gar nicht geben: Der Artikel 4 der Weimarer Reichsverfassung (die 1942 noch formal in Kraft war), mit dem allgemein anerkannte Regeln des Völkerrechts zu bindenden Bestandteilen deutschen Reichsrechtes geworden waren, sei »eine Schmähung der deutschen Souveränität«. Deshalb, und auch weil das »Dritte Reich« seine Staatshoheit von allen inneren und äußeren Fesseln befreit habe, gehöre er zu jenen Bestimmungen, »die auch ohne ausdrückliche Aufhebung als mit dem inneren Wesen des Nationalsozialistischen Staates unvereinbar fortgefallen« seien.[66]

Man machte es sich 1942 einfach, aber nicht erst damals bzw. nicht erst im Zweiten Weltkrieg: In einer Ausarbeitung des Großen Generalstabes zum Kriegsvölkerrecht aus dem Jahre 1902 findet die seit den auf 1870 folgenden Jahren von deutschen Staatsrechtslehrern und Militärs vertretene These von der Unterordnung des Kriegsvölkerrechts unter die *militärischen Notwendigkeiten* ihren Niederschlag.[67] Vorher schon war England 1899 bei den Haager Verhandlungen mit dem Versuch, das uneingeschränkte Verteidigungsrecht eines Landes und seiner Bevölkerung in einem Zusatzartikel zur Konvention unterzubringen, am Einspruch des deutschen Delegierten Oberst Gross von Schwartzhoff gescheitert.[68] Woraus folgt, daß im deutschen militärischen Denken und Handeln längst vor dem Nationalsozialismus humanitäre Ansprüche, also Schonung von Menschen und Gütern, nur insoweit Berücksichtigung finden konnten, als es Natur und Zweck des Krieges erlauben.[69]

Im Spätsommer 1914 ist es in Belgien seitens des deutschen Militärs zu Gewalttätigkeiten gegenüber der Zivilbevölkerung gekommen, die keineswegs nur eine Erfindung gegnerischer Propaganda waren:

Der deutsche Generalstab hatte, dem Schlieffen-Plan folgend, angenommen, daß die als wenig leistungsfähig eingestufte belgische Armee sich rasch auf Antwerpen zurückziehen würde; er nahm nicht nur eine geringe Verteidigungsbereitschaft der Belgier an, sondern sprach ihnen als einer minderwertigeren Nation generell das Recht auf Selbstverteidigung und jegliches Recht auf Widerstand ab. Wo dennoch Widerstand geleistet wurde, geschah dasselbe wie dreißig Jahre später im Sommer 1944 in Italien:»Ich habe befohlen«, schreibt Generaloberst v. Einem, ehemals preußischer Kriegsminister und derzeit Kommandierender General des VII. Armeekorps, am 8. August 1914 an seine Frau,»die Dörfer abzubrennen und jeden zu erschießen«; er vermerkt diesen Befehl auch in seinem Tagebuch und setzt dort hinzu, sein OB der 2. Armee, General v. Bülow, sei mit seinem Vorgehen einverstanden.[70] Kein Einzelfall damals, war das aber als Beispiel symptomatisch für eine noch dazu sozialdarwinistisch begründete Mentalität, mit der unter dem Aspekt des *militärisch Notwendigen* jeglicher Volkswiderstand kriminalisiert wurde. Daran hat sich, zumindest bis ins Jahr 1944, nichts geändert.

Eine von Gehorsamsprinzip und Soldateneid bestimmte militärische Mentalität mußte jedem Widerstand gegen die»legale« Staatsgewalt und Obrigkeit mit Mißachtung und Ablehnung begegnen. Deshalb wird das Gehorsamsprinzip unter Berufung auf die HLKO als Gehorsamspflicht auf die italienische Bevölkerung übertragen. Von einer so weitgehenden Gehorsamspflicht der Bevölkerung ist jedoch in der HLKO expressis verbis nirgends die Rede. Auch in dieser Frage konnte man sich 1899 auf der Friedenskonferenz im Haag nicht einig werden.

In Artikel 43 HLKO wird es hingegen der Besatzungsmacht zur Pflicht gemacht, alle Vorkehrungen zur Wiederherstellung der öffentlichen Ordnung und des öffentlichen Lebens zu treffen und sie unter Beachtung der Landesgesetze aufrechtzuerhalten.[71] Der schon zitierte Völkerrechtler Waltzog beruft sich auf diesen Artikel und folgert daraus, daß gegen die allumfassende Besatzungsgewalt zwar für die Bevölkerung des besetzten Landes keine Treuepflicht bestehe, die Artikel 45 HLKO sowieso ausdrücklich verbiete, aber eine Gehorsamspflicht: Die Bevölkerung habe sich allen»militärisch nötigen Zwangsmaßnahmen« der Besatzungsmacht zu fügen; die Kriegsbedürfnisse des Okkupanten hätten prinzipiell Vorrang vor den Bedürfnissen der Bevölkerung des besetzten Landes. »Die Gewalt des Siegers im besetzten feindlichen Gebiet ist grundsätzlich schrankenlos.«[72]

Noch 1968 sehen das die Ludwigsburger Staatsanwälte im Prinzip ähnlich: Eine Anerkennung des Widerstandsrechtes würde die Zivilbevölkerung nur dazu ermutigen, Widerstand zu üben, dem die der Aufrechterhaltung von Ruhe und Ordnung verpflichtete Besatzungsmacht nicht tatenlos zusehen könne, worunter wiederum die Zivilbevölkerung zu leiden habe. Ob dabei die Besetzung eines Landes rechtmäßig oder unrechtmäßig erfolgt ist, sei irrelevant, allein die Faktizität einer Besetzung müsse als Kriterium für die Gehorsamspflicht gewertet werden.[73] Aus Schweizer Sicht dagegen basiert die Annahme einer völkerrechtlich begründeten Gehorsamspflicht auf der doktrinären Konstruktion eines vertragsähnlichen Verhältnisses zwischen Bevölkerung und Besatzungsmacht, was weder aus der HLKO noch aus der Genfer Konvention von 1949 herzuleiten sei; mangels eindeutiger Regelung bliebe der Bevölkerung nichts anderes übrig als entweder zu gehorchen, oder die Folgen des Ungehorsams auf sich zu nehmen. Gehorsam oder Widerstand gegen eine Besatzungsmacht sei demnach kein rechtliches, sondern einzig ein moralisch-ethisches Problem.[74] Genauso hat die italienische Widerstandsbewegung ihren Kampf gegen die deutsche Besatzungsmacht und gegen den Fortbestand des Faschismus in Mussolinis Republik von Salò aufgefaßt. Als eine Angelegenheit von hoher moralischer Qualität.

Mangels eindeutiger völkerrechtlicher Regelungen gilt bei Ungehorsam oder Widerstand gegenüber der Besatzungsmacht innerstaatliches Recht der Okkupationsmacht, was heißt: Ein »Ausländer«, so Waltzog 1942, der in einem von deutschen Truppen besetzten Gebiet eine strafbare Handlung gegen die deutsche Besatzungsmacht begeht, ist folglich so zu bestrafen, als hätte er die Tat im Reichsgebiet begangen.[75] Auch das meint FM Kesselring, wenn er im Herbst 1943 proklamiert, ab sofort werde im besetzten Italien deutsches Kriegsrecht angewandt.

Für die Beurteilung der Realitäten in Italien 1943/44 und des Verhaltens der Deutschen Wehrmacht den Partisanen und dem Widerstand der Bevölkerung gegenüber sind diese rechtlichen Fragen durchaus von Bedeutung. Nicht nur in ihrem eigenen Sprachverständnis, sondern auch tatsächlich entsprachen zumindest die im CVL zusammengefaßten Partisanen-Brigaden den Bedingungen der HLKO und waren damit Kriegführende, nicht Freischärler. Sie bezeichneten sich selbst als eine Organisation von Freiwilligen; sie bildeten eine soziale Gruppe, deren Handeln sich daran orientierte, ein Maximum an bindenden Geboten zu verwirklichen, und deren Ordnung auf der Einhaltung eiserner Disziplin und auf der Verantwortung gegenüber den Kameraden und der Gruppe, aber auch gegenüber Volk und Land beruhte.[76]

In der Anfangsphase der *resistenza armata* überwog noch eine gewisse »Romantik« des Partisanenkampfes. Was da spontan sich oftmals nur für kurze Zeit zusammenfand, waren kleinere Gruppen ohne höheren Organisationsgrad, ohne Hierarchie und dementsprechend oft auch ohne Disziplin. Iris Origo berichtet in ihrem Tagebuch zwischen September 1943 und Mai 1944 immer wieder davon. Mit der Befreiung Roms am 4. Juni 1944 aber erhält der Widerstand insgesamt und mit ihm die Partisanenbewegung eine neue Qualität.[77] Mit der Etablierung des Generalkommandos des CVL am 9. Juni erhalten die autonomen und politischen Brigaden den Charakter einer kriegführenden Armee: Militärische Organisation unter einheitlichem Oberbefehl des Ex-Generals Raffaele Cadorna, militärische Abzeichen zur Unterscheidung der einzelnen Brigaden oder Divisionen, grünweißrote Armbinden etwa, rote Halstücher mit Stempelaufdruck, grünweißrote Kokarden, aber auch Sowjetsterne.[78] Am 16. Juli erläßt das Generalkommando sogar eine Direktive über Einsetzung und Arbeitsweise von Kriegsgerichten bei den Partisanenverbänden, die für Delikte militärischer Art (Spionage, Desertion, Verrat) oder solche bei militärischen Operationen (Räuberei, Plünderung, Vergehen gegen die Zivilbevölkerung) zuständig sein sollen,[79] und mit dieser Aufgabenstellung durchaus den deutschen Kriegsgerichten entsprechen.

Die italienischen Partisanen sind integraler Bestandteil einer nationalen Widerstandsbewegung, die sich in wesentlichen Aspekten von anderen europäischen Bewegungen unterscheidet. Die *resistenza armata* ist von Anbeginn an auch eine politische Bewegung mit politischen Zielen, und sie führt deshalb einen dreifachen Krieg: Einen nationalen Befreiungskampf – *guerra patriottica* – gegen die deutsche Besetzung und Mussolinis Republik von Hitlers Gnaden, insofern ist der Partisanenkampf ein Volkskrieg; einen Bürgerkrieg – *guerra civile* – gegen die Anhänger und Nutznießer des alten und neuen Faschismus, für die Erneuerung demokratischer Formen und eine aus den Trümmern Italiens aufzubauende radikaldemokratische Republik; schließlich einen dritten, sozialen Krieg – *guerra di classe* – für soziale Gerechtigkeit anstelle der kapitalistischen Ordnung als des Fundamentes des abgewirtschafteten Faschismus.[80]

Die Haltung der deutschen Militärs gegenüber den italienischen Partisanen beruhte wesentlich auf einer grundsätzlichen Ablehnung des Guerilla-Krieges, die im deutschen Heer eine Tradition hatte, und der damit verbundenen Verwischung aller Unterschiede zwischen militärischem und zivilem Bereich. Eine theoretische und praktische Vorbereitung auf den Partisanenkrieg gab es deshalb vor Beginn des Zweiten Weltkrieges nicht, die ideologischen Vorstellungen der militärischen Führung wurden seit 1941 von der Kriegführung jugoslawischer und sowjetischer Partisanen mit geprägt, was dann die fatale Gleichsetzung von Partisanen und Kommunisten zur Folge hatte.

Die Brücke zum italienischen Widerstand schlägt die von FM Keitel unterzeichnete Führer-Weisung vom September 1941 über kommunistische Aufstandsbewegungen in Europa: Überall in den von Deutschen besetzten Gebieten hätten sich kommunistische Aufstandsbewegungen ausgebreitet, eine »von Moskau einheitlich geleitete Massenbewegung«; der Führer habe deshalb angeordnet, daß überall mit den schärfsten Mitteln einzugreifen sei. Nur auf diese Weise, »die in der Geschichte der Machterweiterung großer Völker immer mit Erfolg angewendet worden ist«, könne Ruhe und Ordnung wiederhergestellt werden. Bei jeder Rebellion in den besetzten Gebieten sei auf kommunistische Umtriebe zu schließen, denen nur mit abschreckender Härte beizukommen sei.[81] Dem »Waffenträger muß man eine absolute Rückendeckung geben«, äußert sich Hitler ein Jahr später, damit »sich der arme Teufel nicht sagen muß: hinterher werde ich noch zur Verantwortung gezogen.«[82]

Auch der sogenannte *Kommando-Befehl* gehört in diesen Zusammenhang. Er wurde angesichts immer häufigerer Unternehmen briti-

scher und amerikanischer Spezialkommandos im rückwärtigen Frontbereich der Wehrmacht am 18. Oktober 1942 erlassen und auch mit
ihm setzte sich Hitler über geltendes Recht hinweg. Mit rüden Worten
wird befohlen, alle bei »Commando-Unternehmen« gestellten Soldaten gegnerischer Einheiten in Uniform oder Zerstörungstrupps mit
oder ohne Waffe, »Banditen« also, »im Kampf oder auf der Flucht bis
zum letzten Mann niederzumachen« und »jeden Pardon zu verwei-
gern«. In einer den Befehl weitschweifig erläuternden, ergänzenden
und verschärfenden Weisung vom selben Tag zieht Hitler zusätzlich
eine Verbindung zu Widerstandsgruppen und Partisanen in den besetzten Gebieten.[83]

Hitler verlangt damit von der Wehrmacht, Mord und Totschlag als
legales Kampfmittel einzusetzen; für die oberste militärische Führung, aber auch die Truppenführer an den Fronten, die solche Befehle ausführen oder zur Grundlage eigener Befehle machen, wird
damit Kriegsrecht zur manipulierbaren Größe. Offenbar hat keiner
der Generäle offen gegen solche Mordbefehle protestiert oder sich
geweigert, sie auszuführen. Sie selbst machen sich, weil sie Hitlers
Zorn mehr fürchten als ihre beschworene Pflicht, für das Recht einzu-
treten, zu Komplizen des »Führers« und des von ihm propagierten
»Weltanschauungskrieges«.[84]

Obzwar 1942 vor allem auf die ost- und südost-europäischen Kriegsschauplätze gemünzt, wird der *Kommando-Befehl* ein Jahr später auch
in Italien aktuell. Ob er auf britische oder amerikanische Ex-Kriegs-
gefangene als Mitglieder oder Führer von Partisanenverbänden angewendet wurde, ist nicht bekannt. Er wird jedoch mindestens in einem
Fall befolgt: Am 23. März 1944 landet ein aus zwei Offizieren, drei
Unteroffizieren und zehn Mann bestehendes Kommando des
2677. US-Sonderaufklärungsbataillons bei Bonassola, nahe La Spezia,
mit dem Auftrag, einen Eisenbahntunnel zu sprengen. Am 24. März
wird das uniformierte Kommando von deutschen Soldaten aufgegriffen und ohne Kriegsgerichtsverfahren am 26. März erschossen. Der
zuständige Abwehroffizier (Ic) des LXXV. AK, Fürst Alexander
Dohna-Schlobitten verweigert, in Unkenntnis des *Kommando-Be-
fehls*, die vom Korpskommandeur gegebene Anweisung auszuführen,
die Amerikaner erschießen zu lassen. Er wird wegen Befehlsverweige-
rung wenig später aus dem Korpsstab entfernt und aus der Wehrmacht

entlassen, während der verantwortliche Kommandierende General des LXXV. AK Anton Dostler dafür 1945 von einem amerikanischen Militärgericht zum Tode verurteilt wird.[85]

Die sich in solchen Weisungen manifestierende Politisierung selbst des militärischen Strafrechts, wie auch der verbrecherische Befehl sind Kennzeichen und Symptom bewußt inszenierter nationalsozialistischer Wirklichkeit: Hitler befiehlt, die Wehrmacht gehorcht. Mit ihr der OB Südwest FM Kesselring: Seine Erlasse sprechen dieselbe Sprache und sind gleichen Sinnes wie die Weisungen des OKW und die Führer-Befehle, sie bereiten deren Anwendung in Italien den Weg.

Die Tatsache, daß der italienische Widerstand zu großen Teilen von den unter Mussolini verbotenen und verfolgten Kommunisten getragen wird, hat die Haltung der deutschen Militärs mit beeinflußt. Außerdem spielen für die Einstellung der deutschen Offiziere und Mannschaften auch volkscharakterliche Vorurteile gegenüber den »Welschen« eine Rolle, denen neben anderen Schlechtigkeiten vor allem Falschheit, Bosheit, Tücke und Grausamkeit unterstellt werden.[86] »Irgendwelche sentimentale Hemmungen des deutschen Soldaten gegenüber badogliohörigen Banden sind völlig unangebracht«.[87] Konsequenz solcher Vorurteile ist die Tendenz, die Resistenza ausschließlich »Kommunisten« und »Agenten« zuzuschreiben.

Vergebens moniert Korvettenkapitän Becker nach einem Besuch im Herbst 1943 beim Duce den Mangel jeglichen psychologischen Verständnisses gegenüber dem ehemaligen Verbündeten; statt alles zu tun, um Vertrauen im italienischen Volk zu schaffen, habe die deutsche Seite nur erreicht, daß in weitesten Bevölkerungskreisen Amerikaner und Engländer sehnlichst als Befreier herbeigewünscht würden.[88] Kesselring hingegen argumentiert in einem Aufruf an die Italiener, im Widerstand seien britische und amerikanische Agenten am Werk, entflohene Kriegsgefangene hätten die »Banden« organisiert, wer diese unterstütze, sei ein Feind Italiens, der den Tod verdiene. Ihr Italiener, schließt er pathetisch, habt eure und des Landes Zukunft in den Händen, entscheidet euch, doch wer sich gegen uns, die Wehrmacht und damit die Lebensinteressen Italiens entscheidet, verdient keinen Pardon.[89]

Die italienischen Partisanen werden im Sommer 1944 mit der Realität deutschen, von Hitler gesetzten Kriegsrechts konfrontiert, das

ihnen die Anerkennung als »Kriegführende«, als reguläre Armee verweigert, aber jedes Mittel gegen »Banden« legalisiert. Partisanen sind
nach deutschem Recht und Gesetz, vor allem aber nach Hitlers Willen
rechtlos, kriminalisiert als »Banditen«. Banditen aber sind nach
»Führer«-Befehl auszurotten.

Kapitel VII

Eskalation der Gewalt

1 *Von Cassino zur Goten-Linie*

Der Angriff beginnt eine Stunde vor Mitternacht mit einem Trommel-feuer aus zweitausend Rohren, unterstützt, sobald es in der Frühe des 12. Mai 1944 Tag wird, durch rollende Bombenangriffe der alliierten Luftwaffe: Zwischen Cassino, jetzt nurmehr eine Trümmerwüste, und dem Tyrrhenischen Meer treten Teile der 8. britischen und der 5. amerikanischen Armee gegen die Einheiten der deutschen 10. Armee in der *Gustav-Linie* zur Offensive an. Auch diesmal wird die deutsche Führung vom Angriff überrascht. Sechsunddreißig Stunden hält der deutsche Riegel, dann gelingen dem französischen Expeditionskorps am Garigliano erste Einbrüche; polnische Verbände umgehen Montecassino; daraufhin erhält das FjRgt 1 am 18. Mai den Befehl, den verwüsteten Klosterberg zu räumen. Noch einmal kann der alliierte Vormarsch am 22. Mai am sogenannten *Senger-Riegel*, der die Ebene vor den Monti Ausoni zwischen Terracina und Liri sperrt, gestoppt werden; doch am folgenden Tag setzen auch die alliierten Divisionen im Landekopf von Anzio-Nettuno zum Durchbruch an; zwei Tage später, am 25. Mai vereinigen sich die alliierten Streitkräfte bei Terracina, stoßen gleichzeitig über Cisterna gegen Valmontone und die Albaner Berge vor und drohen dem XIV.PzK im *Senger-Riegel* den Rückzug abzuschneiden. Am 31. Mai räumen die deutschen Truppen Frosinone, am 3. Juni abends tauchen die ersten alliierten Panzer vor Rom auf.[1]

Im adriatischen Küstenbereich sind nach Abzug erheblicher Kräfte für die Invasion in Nordfrankreich nur relativ schwache alliierte Kräfte verblieben, die gebirgige Landschaft läßt zudem für durch Panzer gestützte Angriffsoperationen wenig Raum, da ihnen dafür nur das dicht besiedelte Gelände beiderseits der Küstenstraße bleibt; außerdem liegt die Hauptstoßrichtung der neuen Offensive zunächst im Westen der Halbinsel. Auf deutscher Seite halten die Verbände des LI.GebK eine breite, ziemlich dünn besetzte Front, im wesentlichen in der *Gustav-Linie*, von den Albaner Bergen bis südlich von Pescara. Um die Verbindung zur 14. Armee, die sich im Westen an der Küste nach Norden absetzt, nicht abreißen zu lassen, muß die 10. Armee in dem »wenig gangbaren Gebirgsstreifen mit schmalem Küstenraum« ebenfalls zum Rückzug blasen: Unter hinhaltender Kampfführung setzen sich ihre Einheiten von Verteidigungslinie zu Verteidigungslinie nach Norden ab, bis Ende Juni die *Albert-Linie* südlich Ancona erreicht ist und vorerst gehalten werden kann.

Am 18. Juli greift die britische 8. Armee, in der jetzt auch ein 45000 Mann starkes italienisches Korps in der Uniform der regulären Armee kämpft, erneut entlang der Küstenstraße an und überrollt mit 200 Panzern die 276.ID; Ancona wird noch am selben Tag von den Deutschen geräumt, die Front bis zum Esino, fünfzehn Kilometer weiter nördlich zurückgenommen. Nur für eine Atempause: Am 20. Juli geht im Führerhauptquartier *Wolfsschanze*, kurz bevor Graf Stauffenberg in der Lagebaracke die Bombe zündet, beim Wehrmachtführungsstab eine Meldung der HGr.C ein, der Feind habe einen neuen Angriffsschwerpunkt an der Adria gebildet und versuche den Durchstoß an der Küstenstraße. Die 1. FjD wird an die gefährdete Stelle geworfen, kann aber den britischen Angriff in Richtung Fano und auf den Metauro nicht abweisen. Nach erneuter Kampfpause geht die Schlacht an der Adria am 25. August weiter, die Fallschirmjäger müssen Pesaro am 30. August aufgeben. Der OB Südwest wirft immer neue Truppen in die Schlacht, aber auch das hilft nicht viel. Mitte September stehen die Briten vor Rimini, das am 21. September von deutschen Truppen geräumt wird. Das Tor zur Po-Ebene steht offen.[2]

Bereits am 2. Juni sieht sich FM Kesselring veranlaßt, »die Genehmigung einer etwa notwendig werdenden Räumung Roms zu erbitten«, da der Neuaufbau einer Front südlich der Stadt nicht mehr möglich und eine Verteidigung des Stadtgebiets nicht beabsichtigt ist. Die Genehmigung wird erteilt, Rom soll geschont werden. Am Vormittag des 4. 6., verzeichnet das Kriegstagebuch der Wehrmachtführung, dringen »feindliche Panzer mit aufgesessener Infanterie in Rom ein; um 14.15 Uhr erreichen sie die Stadtmitte«. Der Wehrmachtbericht erwähnt am 5. 6. harte Kämpfe um die Tiberbrücken und erbitterte

Straßenkämpfe.³ Iris Origo hört die Neuigkeit am 5. Juni aus dem Radio:»Gestern Nacht drangen sie durch die Porta Maggiore in die Stadt ein und kämpften sich bis zum Forum durch.«⁴ Die Aufgabe Roms sei »keine entscheidende Kriegshandlung«, meint Hitler, und Goebbels vermerkt am 6. Juni beglückt,»daß der Führer die Dinge so von der realistischen und nüchternen Seite aus sieht.«⁵ Daß die Invasion in Nordfrankreich bereits angelaufen ist, wissen beide zu diesem Zeitpunkt noch nicht.

Die Befreiung der Hauptstadt durch die Alliierten ist dagegen für Italien von einschneidender Bedeutung: Der König tritt zurück und setzt seinen Sohn Umberto als Statthalter ein. Am 9. Juni nimmt auch Marschall Badoglio als Regierungschef seinen Abschied. Ivanoe Bonomi, letzter Ministerpräsident vor Mussolinis Machtantritt 1922, während der deutschen Besetzung Roms im Lateran untergetaucht und erster Präsident des CLN, bildet eine neue, demokratische Regierung.⁶

Die Alliierten halten sich in Rom nicht auf, sie drängen ohne Unterbrechung auf den alten Römerstraßen weiter nach Norden: Auf der Via Aurelia an der Küste auf Civitavecchia und Tarquinia zu, auf der Via Cassia über Viterbo in Richtung Arezzo, entlang der Via Flaminia über Terni nach Perugia und der Via Salaria folgend über Rieti in die Marken. Die 14. Armee muß sich in raschem Rückzug absetzen: »Alles was von den eigenen Truppen westlich Tivoli bis zum Meer ist, flieht aufgelöst über den Tiber und durch Rom nach Norden zurück.«⁷ Um nicht durch die alliierte Zangenbewegung mit dem XIV. Panzerkorps in eine bedrohliche Situation zu geraten, muß sich auch die 10. Armee, stets bedacht, die Verbindung zur 14. Armee zu halten, absetzen. Am 9. Juni wird Viterbo aufgegeben, am 11. Montefisacone, an der Küstenstraße erreichen die Amerikaner Civitavecchia und Tarquinia. Kesselring befiehlt Absetzung auf die Apennin-Stellung bei weiter hinhaltender Defensive, hält aber an seiner Absicht fest, Italien so weit südlich wie möglich zu verteidigen.⁸

Das zu verhindern, ruft General Alexander, britischer Nachfolger Eisenhowers im Oberbefehl über die alliierten Streitkräfte in Italien, am 7. Juni die Resistenza und die italienischen Partisanen auf, sich gegen den Feind zu erheben, durch Sabotage seine Kommunikationslinien und die Nachschubversorgung zu stören: Die Befreiung Italiens sei auf gutem Wege, in weniger als einem Monat werde die Kampfkraft der deutschen Armeen gebrochen sein.[9] Ganz so schnell allerdings geht es mit dem deutschen Zusammenbruch nicht.

Der Appell Alexanders stößt auf Resonanz, die deutschen Absetzbewegungen werden von nun an verstärkt durch Partisanen behindert: Sprengung von Viadukten der wichtigen Nachschubstraße über den Apennin zwischen La Spezia und Reggio Emilia;[10] »im frontnahen Raum zahlreiche Bandenüberfälle auf Kfz und 2 Brückensprengungen«; im Raum Camerino, Marken, »bei Bekämpfung Feindbande 18 deutsche Soldaten befreit, 70 Banditen erschossen«, »Bandenüberfall NW La Spezia«, »weitere Überfälle SW Pesaro«, »NO La Spezia Bandenstützpunkt gesprengt«, »N La Spezia Bandenbekämpfung«, »weitere Unternehmen bei Pistoia, Massa, Regello«.[11] Die Aktionen der Partisanen sind mehr als nur Nadelstiche; seit der Konstituierung des Generalkommandos des CVL greift die zentrale Planung und Steuerung der Partisanenaktivitäten. Die Wehrmachtführung reagiert am 13. Juni mit einer Neuregelung der »Bandenbekämpfung« und der OB Südwest mit seinen rabiaten Befehlen vom 17. Juni und 1. Juli, die aber eher das Gegenteil erreichen. »Wir versichern, daß wir alle unsere Anstrengungen bündeln werden, um mit verstärkter Stoßkraft effektiver zum Kampf der Alliierten beizutragen«, erklärt das CLNAI am 1. Juli; Signal für eine breite und vertrauensvolle Zusammenarbeit der Resistenza mit den Alliierten.[12]

Als sich Mitte Juni das Tempo des deutschen Rückzugs und des alliierten Vormarsches verlangsamt, befiehlt Kesselring den Übergang von hinhaltender Kampfführung zur Verteidigung, die sich auf die von Grosseto über den Trasimenischen See bis südlich Ancona verlaufende *Albert-Linie* stützen soll. Jedoch auch das ist nur eine Verschnaufpause von kurzer Dauer. Am 17. Juni landen französische Einheiten auf der Insel Elba, am selben Tag werden Grosseto und das umbrische Foligno befreit. Der 18. Juni wird für die Deutschen »der bisher härteste Tag«, vor allem auch, weil die »Bandentätigkeit« derartig zunimmt, »daß Versorgung und Führung erschwert sind«, und der OB Südwest dringend um Zuführung zusätzlicher Sicherungstruppen bitten muß. Am 19. Juni wird Perugia aufgegeben, am selben Tag befiehlt Hitler die Räumung Elbas.[13] Die *Albert-Linie* kann am rechten Flügel nicht mehr gehalten, Massa Marittima muß am 24. Juni aufgegeben werden, weil

»Banden« ein Halten unmöglich machen; ebenfalls unter Einwirkung von Partisanen wird Siena am 2./3. Juli befreit.

Feldmarschall Kesselring hält im Führerhauptquartier *Wolfsschanze* Lagevortrag und nimmt Hitlers jüngste Weisung mit altem Tenor entgegen, Mittelitalien so weit südlich wie irgend möglich zu verteidigen,[14] was an den Realitäten vorbeigeht: Gubbio im nördlichen Umbrien geht am 7. Juli verloren, das hart umkämpfte Poggibonsi auf halbem Wege zwischen Siena und Florenz am 14. Juli, Arezzo wird am 16. Juli befreit und am 17. Juli weicht das LXXV. AK zunächst auf eine Linie entlang der großen Straße zwischen Livorno und Florenz, südlich des Arno zurück. Schon am folgenden Tag überschreitet die Masse der 14. Armee den Fluß nach Norden und beläßt nur Nachhuten am Südufer. Dieser 18. Juli ist der »Tag der feindlichen Luftwaffe«, die keinerlei Bewegungsmöglichkeit für Mensch und Tier zuläßt, alles wird von Tieffliegern beschossen, sogar einzelne Fahrzeuge werden mit Bomben belegt.[15] Am selben Tag beginnt die Großoffensive der britischen 8. Armee an der Adria.

Noch sind Pisa und Florenz in deutscher Hand, aber am 23. Juli setzt sich die 16. SS-PzGD *Reichsführer SS* auf den Südrand von Pisa ab, und am 27. Juli erreichen alliierte Spitzen die Hügel südlich von Florenz. Hitler hatte ausdrücklich befohlen, Florenz von allen Kampfhandlungen auszunehmen. Er hatte auch verboten, die berühmten Brücken der Stadt über den Arno zu sprengen; statt dessen soll Florenz in einer Riegelstellung zehn Kilometer südlich der Stadt verteidigt werden. Der alliierte Angriff auf Florenz, Pisa und die Arno-Übergänge beginnt am 1. August, Pisas schiefer Turm wird dabei durch Artilleriefeuer leicht beschädigt. Am folgenden Tag wird Pisa geräumt.

Für Florenz erneuert das deutsche Oberkommando die Erklärung zur »offenen Stadt«, deutsche Truppen befänden sich nicht mehr innerhalb des Stadtgebietes. In der Nacht des 31. Juli wird der britische Angriff auf die Riegelstellung südlich von Florenz mit schwerem Trommelfeuer eingeleitet. Mit den Morgenstunden des folgenden Tages erfolgt Angriff auf Angriff, die deutsche Stellung ist kaum noch zu halten. Erst am 3. August wird dem 1. FjK der Rückzug auf eine neue Hauptkampflinie am Nordrand von Florenz genehmigt. Da die Alliierten keine Anstalten machen, Florenz seitwärts unbesetzt liegen zu lassen, revidiert Hitler bereits am 31. Juli sein Verbot, die Arno-Brücken zu sprengen. Jetzt, am 3. August, erteilt die HGr.C um 18.15 Uhr den Befehl zur Sprengung der Brücken im Stadtgebiet; lediglich der Ponte Vecchio soll ausgenommen, statt dessen aber an seinen Brückenköpfen ganze Häusergruppen und Häuserzeilen der historischen Altstadt auf einer Länge von 120 bis 200 Metern gesprengt und in Trümmer gelegt werden. Zwischen drei und vier Uhr in der Nacht reißen die Detonationen die Florentiner aus dem Schlaf. Partisanen, die versuchen, die Sprengungen zu verhindern, werden mit den Häusern in die Luft gesprengt. Am Morgen des 4. August ist Florenz befreit.[16]

Innerhalb von zwei Monaten haben die Alliierten damit ein erstes Ziel ihrer Sommeroffensive erreicht. Am 15. August erfolgt die alliierte Landung in Südfrankreich, die für den OB Südwest den Aufbau einer zweiten Front im Westen Oberitaliens nötig macht. In Mittelitalien verlagert sich der Schwerpunkt der Kampfhandlungen im späteren August und Anfang September an die Adria-Front. Die deutsche 14. und 10. Armee weichen in die *Grün-Linie* zurück.

Unter der Bezeichnung *Goten*-Stellung war schon im Herbst 1943 eine starke Verteidigungsstellung entlang des Apennin-Hauptkammes quer durch die Halbinsel vorgesehen, deren festungsmäßiger Ausbau in der Folgezeit sowohl vom OB Südwest wie auch von Hitler immer wieder angemahnt wurde. Kesselring versprach, die Stellung bis zum Frühjahr 1946(!) halten zu wollen und zu können. Der Stellungsbau, mit erheblicher Verzögerung im März 1944 begonnen und von der Organisation Todt unter überwiegendem Einsatz von italienischen Zwangsarbeitern ausgeführt,[17] kommt nur schleppend voran. In einer Lagebesprechung Hitlers mit Rüstungsminister Speer am 3./5. Juni fordert Generaloberst Jodl, den »Bau der Apenninstellung jetzt mit allen Mitteln« voranzutreiben, der »Führer« stimmt zu, aber ändern tut sich nichts. Speer muß Hitler am 22. Juni vortragen, daß es an Arbeitskräften mangele, was nach Feststellungen der AGr. v. Zangen an der Widersetzlichkeit der Zwangsarbeiter liegt, die sich in die Wälder zu den Partisanen verzogen, statt die Verteidigungslinie zu bauen; Mitte Juni habe das zu einer generellen Verminderung der Arbeitskräfte um 50 bis 60 Prozent, an einzelnen Stellen sogar um 80 bis 90 Prozent geführt. Deshalb wird befohlen, das Lehrbataillon

174

der Gebirgsschule Mittenwald und das der SS-Hochgebirgsschule zum Schutz der Arbeiten in der *Goten-Linie* einzusetzen, außerdem soll eine neue Rekrutierungsaktion Arbeitskräfte herbeischaffen. Zwar versucht die OT daraufhin die italienischen männlichen Jahrgänge 1920, 1921 und 1926 »auszuheben«, was aber völlig mißlingt und den Partisanen nur neue Kräfte zutreibt.[18] Inzwischen ist Hitler ein Licht aufgegangen: Da im Falle der Eroberung der *Goten*-Stellung dies »dem Feind Anlaß zu Siegesgeschrei geben« und auch bei der eigenen Truppe falsche Vorstellungen erwecken könne, befiehlt er am 15. Juni, den Namen sofort in *Grün-Linie* abzuändern.[19] Unbildung schützt vor Torheit nicht: Da hat vielleicht jemand Felix Dahns *Kampf um Rom* wiedergelesen und dem *Führer* einiges über den Untergang der Ostgoten gesteckt. Zu spät, denn außer in offiziellen Verlautbarungen bleibt der ursprüngliche Name haften, auch bei Alliierten und Italienern.

Der Bevollmächtigte General der Deutschen Wehrmacht in Italien, in dessen Zuständigkeit die *Goten*-Stellung fällt, erläßt am 7. Juni folgende Richtlinien: Festungsmäßiger Ausbau, Evakuierung der Bevölkerung aus einer 10 Kilometer tiefen Sperrzone südlich und 5 Kilometer tiefen nördlich der Stellung, Zerstörung aller Verkehrswege in der Sperrzone, Verminung des Geländes, Aufstellung von Arbeitsbataillonen aus der männlichen Zivilbevölkerung. Das LXXIII. AK folgt am 11. Juni mit ebenso detaillierten Anweisungen: »Das Schußfeld behindernde Häuser« sind »zu räumen, abzutragen oder zu sprengen«, die Bevölkerung müsse »rücksichtslos entfernt« werden, die »Erkundungstrupps« sollen sich »alle sadistischen Mittel ausdenken, durch die der nachfolgende Feind geschädigt werden kann«. Mitte September werden in dem von der 65. ID gehaltenen Abschnitt nördlich von Lucca und Pistoia dreißig Zivilisten ohne nähere Begründung vor der HKL erschossen; offenbar nur deshalb, weil sie sich in der Sperrzone aufhielten, wo Zivilpersonen sich nach den genannten Befehlen nicht aufhalten durften.[20] Hatte schon der stellvertretende Chef des WFSt General Warlimont Anfang Juli ein negatives Urteil über den Zustand der *Goten*-Stellung von einer Bereisung ins Führerhauptquartier mitgebracht, so befindet auch der Chef des Stabes der 14. Armee noch am 1. August, daß die Stellung in keiner Weise den Anforderungen entspräche, und auch der OB der 10. Armee hat einen ähnlichen Eindruck.[21] Als die *Goten*-Stellung im September bezogen wird, ist sie noch unfertig und keineswegs so ausgebaut, daß sie dem alliierten Ansturm bis Frühjahr 1946, wie von Kesselring versprochen, würde standhalten können.

Am 18. September beginnt der alliierte Doppelangriff auf die Apenninstellung und im Adria-Abschnitt. Noch vor Winterbeginn ist die *Goten*-Stellung an der Adria durchstoßen und umgangen. Sie hält hier und auch in der Mitte nicht einmal bis zum Frühjahr 1945.[22]

2 *Keine Gnade für Sympathisanten*

In Rom herrscht am Abend des 3. Juni Aufbruchspanik zumindest unter den Deutschen, die von den Alliierten oder den »befreiten« Italienern nichts Gutes für sich erwarten. Die Männer vom SD, Kapplers Garde in der Via Tasso, gehören dazu. Aber sie treten nicht ab, ohne noch zuletzt ihre Fähigkeiten unter Beweis zu stellen. In der Nacht werden vierzehn prominente Häftlinge per Lastwagen aus der Stadt geschafft, angeblich nach Verona ins Gewahrsam der faschistischen Republik. Doch die Fahrt auf der Via Cassia endet bereits nach fünfzehn Kilometern in einem Verkehrsstau, eher Fluchtstau, in der Nähe der Lokalität La Storta, wo die Gefangenen bei Morgengrauen des 4. Juni in einer von der Straße nicht weit entfernten Senke von ihren Bewachern erschossen werden, ohne anderen Grund, als den, Zeugen zu beseitigen; denn *auf der Flucht erschossen* ist, wie so oft in diesem Krieg, nur eine Alibi-Behauptung zur Bemäntelung eines Mordes. Unter den Ermordeten sind der Gewerkschaftsführer und frühere Abgeordnete Buozzi, der Professor Castellani, der General Dodi, der Oberst Sorrentino, ein Anwalt, ein Brite. Die Nachricht vom Mord an der Via Cassia setzt die noch in Rom verbliebenen Deutschen in Furcht und Angst, jetzt könnten sie die Opfer von Repressalien werden.[23]

Der Rückzug der 14. und der 10. Armee führt durch schwieriges Gelände; im Rücken der Deutschen liegen die hügeligen, gebirgigen Regionen Toskana, Umbrien und Marken, teilweise dünnbesiedelt und mit einer dichten Macchia bewaldet. Da ist wenig Durchkommen für Panzer und schweres Gerät. Als Rückzugstraßen nach Norden

stehen nur die Küstenstraßen im Westen und Osten, die Durchgangs-
straßen im Tiber- und im Arnotal und die Nationalstraße 2 nach Siena
zur Verfügung. Das seit Beginn der Offensive Mitte Mai herrschende,
typisch italienische Reiseführerwetter begünstigt die Alliierten: Der
OB Südwest klagt Mitte Juni, infolge sechs Wochen wolkenlosen
Himmels und deshalb ununterbrochener feindlicher Lufttätigkeit sei
die Truppe vor allem bei der 14. Armee »schwächer geworden«, zudem hätten die Transportschwierigkeiten auf Bahn und Straße durch
die ständigen Angriffe aus der Luft, aber auch »vermehrt durch Banden«, ein kaum noch erträgliches Maß angenommen. Nicht nur die
14. Armee ist betroffen, auch die 10. Armee klagt über verstärkte
»Bandentätigkeit«, die zu Erschwernissen bei Versorgung und
Kampfführung beitrüge.[24]

Im rückwärtigen Gebiet des LI. Gebirgskorps in den Abruzzen,
vermerkt der »Abwehrlagebericht« des Nachrichtenoffiziers/Ic der
114. JD, sei am 7. 6. ein Bewachungskommando für das in der Ortschaft Filetto gelagerte Nachrichtengerät »durch bewaffnete Zivilisten im Ort überfallen« worden, es habe zwei Tote gegeben und drei
Verwundete. Bei sofort eingeleiteten Gegenmaßnahmen – Zusam-
mentreiben der männlichen Bevölkerung und Razzien – seien teils auf
der Flucht, teils bei bewaffnetem Widerstand 22 männliche Zivilisten
erschossen, der Ort niedergebrannt worden. Im »Abwehrlagebericht« desselben Ic vom 26. Juni ist von einer »Sühnemaßnahme« die
Rede, in deren Folge 22 Zivilisten erschossen, die übrige Bevölkerung evakuiert, der Ort niedergebrannt worden seien.[25] Was aber geschieht wirklich an diesem 7. Juni in Filetto di Camarda?

Nach italienischen Berichten und späteren Recherchen des Nach-
richtenmagazins DER SPIEGEL versucht die Partisanengruppe
G. di Vicenzo, sich des wertvollen Nachrichtengerätes zu bemächtigen; bei dem Überfall wird ein deutscher Soldat im Kampf getötet,
ein zweiter, ein Wachtmeister, kommt offenbar durch eigenes Verschulden zu Tode. Der Divisionskommandeur der 114. JDiv., Generalmajor Boelsen, erteilt dem Kommandeur der Nachrichtenabteilung 114, Hauptmann Defregger, den Befehl zu den üblichen Sühnemaßnahmen, die am Nachmittag desselben Tages anlaufen und mit
dem Massaker an 17 Dorfbewohnern und dem Niederbrennen der
Häuser enden. Defregger tötet nicht selbst, sondern bestellt Leutnant

Ehlert zum Führer des Exekutionskommandos, das seinen Befehl zur Erschießung der Männer ausführt. Wie die im Ic-Bericht genannte Zahl von 22 Getöteten zustandegekommen ist, ist nicht bekannt, auf dem Gedenkstein in Filetto stehen nur 17 Namen. Der für das Massaker verantwortliche Hauptmann Defregger geht wenige Wochen später als Major in alliierte Gefangenschaft, wird nach dem Kriege Priester, 1962 Generalvikar der Erzdiözese München-Freising und 1968 auf Vorschlag des Kardinals Döpfner von Papst Paul VI. zum Weihbischof der Erzdiözese berufen. Ein strafrechtliches Ermittlungsverfahren in dieser Sache ist 1964 in Frankfurt mit der Begründung eingestellt worden, die Geiseltötung in Filetto sei weder grausam gewesen, noch sei sie aus niedrigen Motiven erfolgt und deshalb nicht als Mord zu werten.[26]

Filetto di Camarda ist ein kleiner Ort oberhalb von L'Aquila einsam auf tausend Meter Höhe am Gran Sasso. Im Gebiet dieses Gebirgsmassivs halten sich zur fraglichen Zeit nicht wenige Partisanen auf, in Filetto scheint es wenigstens einen Kontaktmann zu ihnen zu geben, sicher aber zählen die Dorfbewohner zu den Sympathisanten der »Banden«. Das hat seine Gründe: Mitte November 1943 war ein fünfzehnjähriger Hütejunge inmitten seiner Schafherde von deutschen Soldaten erschossen worden, weil er von Partisanen nichts wußte. Am 31. Januar 1944 bringt eine deutsche Patrouille einen Mann vor den Augen seiner Frau um, wegen Verdachts auf Hilfe für entflohene britische Kriegsgefangene. In Pietralata di Paganica, ganz in der Nähe, spuckt ein Siebzigjähriger einem deutschen Feldwebel ins Gesicht, als der sich an der ebenfalls siebzig Jahre alten Frau vergreift, das büßt er mit dem Tode; ebenso ergeht es einem Elternpaar in Paganica, das sich weigert, die zwanzigjährige Tochter einem deutschen Soldaten auf dessen Nötigung hin preiszugeben.[27] Das alles gilt offiziell als Unterstützung der Partisanen, als Komplizenschaft mit ihnen, ob bewiesen oder nicht. Und darauf steht der Tod.

Wegen offenen Widerstandes gegen die Wehrmacht werden vier Tage nach dem Mord in Filetto im nicht weit entfernten, zu L'Aquila gehörenden Onna sechzehn Bewohner von deutschen Soldaten auf barbarische Art um ihr Leben gebracht: Am 4. Juni kommt es zwischen Dorfbewohnern und deutschen Soldaten, die offenbar eigenmächtig Lebensmittel, Vieh und Pferde requirieren wollen, zum Streit, in dessen Verlauf ein Mädchen und darauf der Täter, ein deutscher Soldat, getötet werden. Eine Woche später, am 11. Juni, platzen acht Soldaten in den sonntäglichen Gottesdienst und greifen sich alle in der Kirche befindlichen Männer, um sie zu erschießen. Die Dorfbewohner liefern aus Angst um das Leben der Männer und ihrer Familien den Soldaten Mutter und Schwester des jungen Mannes aus, der am 4. Juni deren Kameraden getötet hat. Doch es gibt weder Recht noch Gnade. Die beiden Frauen sowie vierzehn Männer, darunter drei Jugendliche, werden in eine Werkstatt gesperrt und mit derselben in die Luft gesprengt.[28] Onna gehört zu dieser Zeit zum rückwärtigen Gebiet der 114. JD; ob die Täter hier wie die von Filetto zur Nachrichtenabteilung 114 gehören, kann nur vermutet werden. Nicht direkt an der Front kämpfende Divisionseinheiten, etwa Stäbe oder auch Nachrichtenabteilungen, werden in der Regel als erste zur »Bandenbekämpfung« abkommandiert.

Von einem noch schlimmeren Blutbad aus geringfügigem Anlaß wird aus Capistrello, nahe Avezzano in der Marsica, berichtet: Bauern dieser Gegend beschließen, ihre Arbeitstiere und Schafherden vor den Beutezügen deutscher Truppen in Sicherheit zu bringen. Am 4. Juni machen sich 32 Bauern mit den Tieren auf den Weg zu einem Versteck oberhalb von Capistrello. In der Nähe sind gerade deutsche Soldaten dabei, sich einer großen Korbflasche Weins zu bemächtigen und den Eigentümer, der sie daran hindern möchte, umzubringen. Der jammert in seiner Angst, auch Partisanen hätten schon seinen Tod beschlossen, und als deren Aufenthaltsort nennt er das Versteck der Bauern. Zwölf Deutsche umstellen daraufhin die Almhütte, greifen sich die unbewaffneten Bauern und die Tiere und bringen sie nach Capistrello ins Tal. Dort werden die vermeintlichen Partisanen verhört und anschließend alle 32, einschließlich eines dreizehnjährigen Jungen, in einem Bombenkrater nahe der Bahnstation erschossen. Ein Eisenbahner ist Augenzeuge.

In Capistrello befindet sich zu dieser Zeit der Gefechtsstand der 44. ID *Reichsgrenadierdivision Hoch- und Deutschmeister*. Am selben 4. Juni springen Jäger der britischen 2. Fallschirmjägerbrigade über den Bergen oberhalb Capistrellos ab. Mit ihrer Bekämpfung wird Oberst Nagel, Kommandeur GRgt 131, beauftragt, vermutlich sind die Täter von Capistrello unter seinen Soldaten zu suchen. Fünf Tage später, am 9. Juni, wird Capistrello von den Briten besetzt.[29]

Im Juni werden auch die Marken unmittelbares Kriegsgebiet, so daß die vielen kleineren, hier besonders aktiven Partisanengruppen nun direkt im rückwärtigen Frontbereich operieren: »Die im Raum Macerata, Calderona, Camerino, Gubbio und Urbania befindlichen Bandengruppen«, berichtet der Ia/LI.GebK Oberst Klinkowstroem an die 10. Armee, »welche seit Monaten vom Feinde aus der Luft und von See her mit Waffen, Munition und Verpflegung versorgt und durch Kleinkriegsspezialisten organisiert worden waren, begannen etwa seit 10.6. in verstärktem Maße Überfälle auf deutsche Einzelfahrzeuge, kleinere Kolonnen und einzelne Stützpunkte der abgelegenen Ortschaften durchzuführen. Gleichzeitig versuchen die Banden durch Brückensprengungen (...) die eigenen Bewegungen zu stören (...) Unter dem Eindruck der militärischen Ereignisse sowie der deutschen Zerstörungs- und Requisitions-Maßnahmen sympathisiert die Zivilbevölkerung mit den Banden, ist jedoch bestrebt, das Risiko etwaiger deutscher Repressalien zu vermeiden (...) Durch das Gen.Kdo ist (...) den Divisionen die Ermächtigung erteilt, die Zivilbevölkerung der einzelnen Ortschaften für die Sicherheit und Ordnung verantwortlich zu machen (...) Truppenbeobachtung und Funkaufklärung ergaben weitgehende Zusammenarbeit der ital. Zivilbevölkerung im frontnahen Raum mit dem Feinde (...) Der Truppe ist befohlen worden, auf sämtliche sich im frontnahen Raum bewegende Zivilisten zu schießen.«[30] Wegen der sich häufenden Willkürmaßnahmen und verstärkten Repressalien der Besetzer steigt bei der Bevölkerung das Ansehen der Partisanen im gleichen Maße, wie das der Deutschen sinkt.

In Jesi werden Ende Juni bei einer Razzia 40 Personen festgenommen, davon sechs Zivilisten und ein Carabiniere erschossen; am 20. Juni in Macerata vier füsiliert, ebenso sechs Bewohner von Fabriano und vier aus zwei anderen Orten am 22. Juni, dreizehn am selben Tag in Camerino, wo deutsche Soldaten am 24. Juni erneut ein Blutbad anrichten, dem 85 Zivilisten zum Opfer fallen. Nach deutscher Version handelt es sich dabei um 70 »Banditen«, die im Rahmen einer »Bandenbekämpfung« erschossen werden. Und so geht es weiter: Zwei Brüder in Loreto, sechs Tote in Montalvello di Apiro am

29. Juni, zehn in Filottrano und vier in Poggio San Vicino am 30. Juni. Manche werden nur deshalb umgebracht, weil sie wie Elvira Vissani am 28. Juni in Tolentino nicht schnell genug ihr Haus räumen oder sich nicht rasch genug davonmachen.[31] Ein unbestimmbarer, wahrscheinlich aber größerer Anteil an derartigen »Sühnemaßnahmen« ist den *Brandenburgern* zuzurechnen, die mit dem II./Rgt. 3 und der 16. Kompanie/Rgt 4 zur »Bandenbekämpfung« unter anderem auch in den Marken, vor allem im Raum Macerata eingesetzt sind; außerdem befindet sich die 114. JD im späteren Juni als Korpsreserve in den Marken und wird im Verband des LI.GebK ebenfalls zur Bekämpfung der »Banden« verwendet.[32]

Auch in der Toskana eskalieren Gewalt und Gegengewalt. Gelegentlich gehören Opfer und Täter dabei zur gleichen Partei: In Castiglion del Lago am Trasimenischen See stürmt ein deutscher Militärarzt, von Hilferufen eines Italieners alarmiert, in dessen Haus, wo gerade ein Soldat im Begriff ist, die Tochter zu vergewaltigen, und schießt ihn nieder; es ist ein Dr. W., der am nächsten Tag die Familie Origo vor den Greueln der Fallschirmjägerregimente 1 und 4 warnt. In San Lorenzo a Rinfrana bei Cortona mißversteht ein italienischer Soldat der faschistisch-republikanischen Miliz den in deutscher (!) Sprache erteilten Befehl eines Feldwebels, von dem er darauf als »Rebell« niedergeschossen wird.[33] In Cortona selbst, als Partisanenstützpunkt verdächtigt und deshalb mehrfach von Razzien heimgesucht, werden 38 Personen auf einem Trockenboden eingeschlossen und mit diesem in die Luft gesprengt, weitere 42 werden in verschiedenen Ortsteilen der Gemeinde umgebracht, als Geiseln, Partisanen oder doch wenigstens als der Kumpanei mit Partisanen Verdächtige.[34]

Bei einem nächtlichen Überfall auf einen deutschen Militärlastwagen in Orenaccio di Loro Ciuffena am Pratomagno werden vier Soldaten getötet; zur »Sühne« nehmen die Deutschen am nächsten Morgen, 6. Juni, im Nachbarort San Giustino Valdarno 31 Geiseln, schaffen sie nach Orenaccio und bringen sie dort um. Zu dieser Zeit sind Einheiten des II./Rgt 3 *Brandenburg* zur Partisanenbekämpfung auch im Pratomagno eingesetzt.[35]

Zwei Tage später überfallen Partisanen vom Monte Giovi, unterstützt vom lokalen Carabinieri-Kommando, die Kaserne des GNR in Pievecchia bei Pontassieve und setzen sich ohne Blutvergießen in den

Besitz der dort lagernden Waffen; beim Rückmarsch in die Wälder stoßen sie auf zwei deutsche Soldaten, einer von diesen fällt, der andere entkommt und alarmiert seine Einheit. Deren Reaktion ist hart: Während die Partisanen längst im Wald verschwunden sind, werden die Bewohner von Pievécchia durch Artilleriebeschuß an der Flucht gehindert, dann folgt die übliche Razzia, bei der vierzehn Männer auf der Stelle umgebracht, die übrigen nach Deutschland deportiert werden.[36]

Die Deutschen handeln in der Regel prompt und ohne lange zu fackeln, bemühen nicht einmal pro forma Standgerichte. Nach einem Gefecht mit Partisanen bei Chiusi della Verna, dem Ort unterhalb des berühmten Klosters des Heiligen Franz von Assisi, werden zehn Geiseln festgenommen und ohne Verfahren an Ort und Stelle erschossen. In einem anderen Fall meldet das LI.GebK: »Zweiter Bandenüberfall Monte Giorgio, 1 Offizier tot, 1 Offizier und 2 Mann verwundet«, »Dorf wird abgebrannt, männliche Bevölkerung erschossen.«[37] Verdacht auf Kumpanei von Dorfbewohnern mit Partisanen oder auch nur Sympathiebekundungen derselben genügen für eine »durchgreifende Maßnahme«. Oder auch nur Widerstand gegen Plünderung und Raub, Beispiel Pieve San Stefano: Im Gemeindegebiet des kleinen Ortes an der Nationalstraße, die aus Umbrien über das Gebirge nach Cesena an der Via Emilia führt, operieren keine Partisanen, die Bewohner haben keinen Kontakt mit irgendwelchen »Banden«, die Gemeinde lieferte bisher keinerlei Anlaß für eine Repressalie. Am 14. Juni aber werden in Pieve S. Stefano vierzig Menschen ohne erkennbares Motiv von deutschen Soldaten umgebracht, die womöglich die letzte Gelegenheit zu einer großangelegten Requirierung nutzen wollen. Eine Razzia auf Pferde und Vieh mit tödlichem Ausgang für Menschen, keine Kriegshandlung, eher nach bürgerlichem Strafrecht ein Raubmord, der ungesühnt bleibt.[38]

In der ersten Juni-Hälfte behindern »vom Feind planmäßig gesteuerte Banden« auch den Rückzug der 14. Armee, die sich in schweren Kämpfen durch die südliche Toskana nach Norden absetzt.[39] Dieser dünnbesiedelte Teil der Toskana in den Provinzen Grosseto und Siena bietet mit den Waldgebirgen des Monte Amiata und der Colline Metallifere ein ideales Gelände für die Guerrilla: In der Provinz Grosseto sollen es 27 Verbände mit zusammen dreitausend Mann sein, in der Provinz Siena sind die Partisanenbrigaden *Lavagnini* und *Buscaglia* mit einigen Erfolgen besonders aktiv. Für den deutschen Rückzug bleiben nur die wenigen größeren Straßen, da die Macchia abseits derselben von Partisanen kontrolliert wird und ohnehin für Panzer und schweres Gerät weitgehend unpassierbar ist.[40] Die Partisanen verfolgen auch hier eine Art Abnutzungstaktik bei ihrem *Kleinen Krieg*, mit Aktionen gegen Einzelfahrzeuge und Kolonnen, immer neuen Straßensperren aller Art, Brückensprengungen, auch Verminungen, mit Sabotage an Kommunikationsleitungen und an Nachrichtenverbindungen. Überfälle auf requirierende Soldaten bereiten beispielsweise der 90. und der 3. PzD, deren Gefechtsgebiet die Gegenden um den Monte Amiata und Roccastrada sind, erhebliche Schwierigkeiten. Die Partisanen sind meist nicht zu fassen, weil sie schnell in den undurchdringlichen Wäldern verschwinden. Bei den Deutschen nehmen deshalb Wut und Wunsch nach Rache und Vergeltung zu, bestärkt durch die rabiaten und einander jagenden Befehle der Kommandierenden. Die Wut richtet sich zunehmend gegen die Zivilbevölkerung, weil es selten gelingt, Gefangene zu machen, und weil die Bevölkerung nach weit verbreiteter Ansicht unter der deutschen Führung sowieso mit den Partisanen unter einer Decke steckt oder zumindest, und darin irren die Deutschen nicht, immer stärker mit ihnen sympathisiert. Breite Bevölkerungsschichten hassen den Krieg, viele Menschen meinen, Italien werde zum Kriegsschauplatz zwischen Deutschen und Angloamerikanern »erniedrigt«. Deshalb, fordert General Dostler, LXXV.AK, der das harte Vorgehen gegen »Unschuldige« im Frühjahr noch anders gesehen hatte, müßten schleunigst drakonische Maßnahmen ergriffen bzw. Sympathisanten und Helfern der »Banden« angedroht werden.[41]

Abseits der Staatsstraße 441 von Siena nach Massa Marittima liegt in der Colline Metallifere das Bergarbeiterdorf Niccioleta. Einziger Arbeitgeber am Ort ist eine Pyrit-Mine. Die Minenarbeiter sind überwiegend Antifaschisten aus alter sozialistischer Tradition. Von hier aus wurde 1894 der erste Streik in den Minen der Gegend organisiert, hier opponierten die Arbeiter schon 1926 und 1932 aktiv gegen das faschistische Regime, und auch jetzt macht ein Teil von ihnen in der Resistenza mit. Die leitenden Ingenieure dagegen gelten als deutschfreundlich, der eine oder andere gehört auch jetzt noch zu den

Schwarzhemden. Am 9. Juni besetzt eine Partisanengruppe das Minengelände. Die Front ist noch etwa 70 Kilometer von Niccioleta entfernt, aber die Vorbereitungen für die Zerstörung der Industrieanlagen im Zusammenhang der »verbrannten Erde« sind auch in dieser Gegend bereits im Gange. Zur Vorbereitung von Sprengungen befinden sich hier im rückwärtigen Raum der 162. (turkmenischen) Infanteriedivision am 11./12. Juni die Pionierbataillone 190 und 192 im Einsatz.[42] Partisanen und Minenarbeiter in Niccioleta beschließen, die Grube vor der bevorstehenden Zerstörung beim Abzug der Deutschen zu schützen und somit die Vernichtung der Arbeitsplätze und der Lebensgrundlage von 150 Familien zu verhindern. Am 12. Juni ziehen die Partisanen wieder ab; in der Nacht zum 13. Juni umstellen Soldaten der *Brigate Nere* und der (Waffen-) SS – vermutlich der zur Küstensicherung und »Bandenbekämpfung« eingesetzten 16. SS-PzGD *Reichsführer SS* – Niccioleta. Bei Morgengrauen stürmen sie das Dorf, durchkämmen Haus für Haus und nehmen alle 150 Minenarbeiter fest, von denen sie fünf auf der Stelle erschießen. Die übrigen werden nach Castelnuovo Val Cecina verbracht, wo sich ein deutscher Befehlsstand befindet. Fünfzig ältere Arbeiter werden ausgesondert, in ein Kino gesperrt und später entlassen; 25 Männer werden zur Zwangsarbeit deportiert und 77 wegen Kollaboration mit Partisanen am E-Werk von Maschinengewehren niedergemäht.[43]

Vier Tage später erläßt der OB Südwest seine neue, verschärfende Weisung zur »Bandenbekämpfung«, mit der er seinen Truppenführern Blankovollmacht erteilt. Zurückhaltung gegenüber der Zivilbevölkerung, wenn es die überhaupt gab, ist von nun an nicht mehr am Platze, Pardon wird auch gefangenen Partisanen nicht mehr gegeben. Die Nutzanwendung erfolgt sogleich, vor allem in der Provinz Arezzo, im angrenzenden Chianti und in Umbrien.

Am 20. Juni werden im Weiler Pian d'Albero in den Chianti-Bergen junge Partisanen der Garibaldi-Brigade *V. Sinigallia* beim Proviantieren von einem Kommando deutscher Fallschirmjäger überrascht. Im anschließenden Gefecht fallen 19 Partisanen in deutsche Hand und werden, wie befohlen, ohne Standgerichtsurteil an Straßenbäumen aufgeknüpft. Am selben Tag werden auf der Piazza del Castello in Montemignaio im Pratomagno elf Zivilisten umgebracht; eine »Sühnemaßnahme« dafür, daß die Flak Lehr- und Ausbildungskompanie / AOK 10 bei einem »Säuberungsunternehmen« mit einer »großen Bande« zusammengestoßen war und Verluste hatte. Ein Offizier und zwei Soldaten waren gefallen, zwei weitere Soldaten schwerverwundet. Alle angetroffenen männlichen Bewohner werden erschossen, der Ort niedergebrannt.[44]

An der Straße zwischen Mulino Nuovo und Palazzo di Pero nahe bei Arezzo werden am 24. Juni zehn Bauern festgenommen, die zusammen mit ihren Frauen beim Heumachen sind. Die Frauen bitten um Gnade für ihre schuldlosen Männer. Der Führer des deutschen Kommandos antwortet: Er sei von deren Unschuld ebenso überzeugt, wie davon, »daß wir den Krieg verloren haben, gleichwohl muß ich sie erschießen lassen«, was alsogleich geschieht. Eine Begründung für die Tat ist nicht überliefert; bereits am 21. Juni waren in Palazzo di Pero schon einmal zehn Geiseln füsiliert worden, am 22. Juni hatten dort Partisanen der 23. Garibaldi-Brigade *Borri* zwei deutsche Kradfahrer erschossen und am 24. Juni waren drei deutsche Soldaten in der Gegend von Partisanen beim Plündern geschnappt worden. Gewalt erzeugt Gegengewalt: Am 25. Juni fügt ein Partisanenstoßtrupp bei einem Gefecht auf derselben Straße zwischen Mulino Nuovo und Palazzo di Pero den Deutschen offenbar erhebliche Verluste zu.[45]

In Gubbio verüben zwei »italienische Banditen« einen Anschlag auf zwei deutsche Offiziere, die im Café Nafissi sitzen, wobei einer der Offiziere getötet, der andere verwundet wird, die Täter entkommen. Unmittelbar danach wird eine »Sühnemaßnahme« eingeleitet, das Café zerstört, hundertfünfzig Geiseln werden von der Straße weg und aus den Häusern festgenommen und vierzig von ihnen am 22. Juni vor dem Stadttor auf der heutigen *Piazza dei quaranta martiri* erschossen, nachdem sie vorher noch ihr eigenes Grab hatten schaufeln müssen. Verantwortlich für das Massaker ist offensichtlich eine Einheit der 114. JD.[46]

Die Gewaltspirale dreht sich weiter. Am 18. Juni versucht eine Partisanengruppe, etliche betrunkene deutsche Soldaten in der Gemeinde Civitella Val di Chiana, fünfhundert Meter hoch in den Hügeln westlich von Arezzo gelegen, zu entwaffnen, wobei zwei Deutsche sterben, die übrigen entfliehen. Die Dorfbewohner befürchten wegen dieses Vorfalls Repressalien und verlassen das Dorf noch in der selben Nacht. Die Deutschen schieben die vorgesehene »Sühnemaßnahme« auf, lassen aber am 24. Juni die Geflüchteten durch Mittelsmänner wissen, wenn sie zurückkehren und sich in ihren Häusern ruhig verhalten, werde ihnen nichts passieren. Die Dörfler vertrauen darauf und kehren zurück. Tatsächlich geschieht in den nächsten Tagen nichts, nur der Kanonendonner britischer Truppen, die nicht weit entfernt sind, ist zu hören. Fünf Tage später wird am Donnerstag, 29. Juni, der Tag der Apostel Peter und Paul gefeiert – es sollte ein Blutgedenktag werden: Während Civitellas Bewohner die Morgenmesse feiern, zieht vom Chiana-Tal eine Nebelwand auf das Dorf zu, eine künstliche, von Nebelwerfern gebildete, dahinter deutsche Soldaten, schwerbewaffnet und mit Panzern. Die Deutschen stürmen die Kirche, greifen sich alle Männer, derer sie habhaft werden können und verschonen auch nicht den gerade die Messe zelebrierenden Pfarrer. Frauen und Kinder müssen mitansehen, wie die Männer anschließend, aber sich über Stunden hinziehend, in Gruppen zu je fünf per Genickschuß umgebracht werden, einhundertzweiundsechzig an der Zahl.

Nach einigen italienischen Berichten soll es sich um SS gehandelt haben, was unwahrscheinlich ist, da Waffen-SS nicht in der Nähe war und Sipo und SD nicht über Panzer und Nebelwerfer verfügen. Wegen des modus operandi vermutet der Historiker Verni, es könnten Teile des II./Rgt. 3 *Brandenburg* gewesen sein, das zu der Zeit im Casentino, Pratomagno und auch auf der gegenüberliegenden Seite des Valdarno und Val die Chiana Partisanen bekämpft. Noch wahrscheinlicher hat es sich um eine Einheit der FjPzD *Hermann Göring* gehandelt, zu deren rückwärtigem Gefechtsgebiet Civitella gehörte und deren Panzerregiment für das Massaker in Vallucciole im Casentino im April verantwortlich war.[47]

Es bleibt nicht bei diesem einen Blutbad an diesem Tag in dieser Gegend: Ebenfalls in aller Frühe umstellen deutsche Soldaten, *Reparti di S.S*, eher wohl ebenfalls *Brandenburger* oder Fallschirmjäger *Hermann Göring*, den Weiler Castello di San Pancrazio, Teil der Amtsgemeinde Bucine, wenige Kilometer von Civitella entfernt. In der Umgebung hatte zwei Tage vorher bei Montaltuzzo ein Recontre zwischen Deutschen und Partisanen stattgefunden. Die deutschen Soldaten verfahren nach derselben Methode wie in Civitella: Die Bevölkerung wird auf der Piazza zusammengetrieben, die Gebäude werden in Brand gesteckt, dann 62 Männer mit dem Bemerken ausgesondert, sie seien für Arbeiten beim Straßen- und Stellungsbau vorgesehen, zunächst mitsamt dem Pfarrer in einen Keller gesperrt, nach kurzer Zeit wieder herausgeholt und Mann für Mann per Genickschuß umgebracht, ihre Leichen zu einem Haufen geworfen, mit Benzin übergossen und angezündet.[48]

Insgesamt fallen in Civitella und Umgebung an diesem Tag zweihunderfünfzig Menschen im Alter von einem bis 84 Jahren dem Morden zum Opfer – nur zwei Wochen, bevor die britische 8. Armee Civitella befreit.

Und das ist immer noch nicht alles an diesem Tag der Apostel: In Cetica, Pratomagno, wird von Soldaten des II./Rgt 3 *Brandenburg*, das hier im Waldgebiet Jagd auf »Banden« macht, nach einem Zusammenstoß mit der 22. Garibaldi-Brigade *Lanciotto* ganz ähnlich verfahren: Das Dorf wird niedergebrannt, die Einwohner versuchen zu fliehen, um nicht in ihren Häusern lebendigen Leibes mitverbrannt zu werden, aber nicht allen gelingt die Flucht, dreizehn werden ergriffen und hingemetzelt.[49]

Ein paar Tage vorher, am 26. Juni, sind beim Landgut *La Speranza* in der Nähe von Anghiari, nordöstlich von Arezzo, der Oberst Frh. von Gablenz, Straßenkommandant beim Korück 594, und sein Adjutant, ein Major, von einer autonomen Partisanengruppe gefangen genommen worden, der Fahrer der beiden Offiziere wurde getötet. Am gleichen Tag und in derselben Gegend wurde der Kommandeur der 22. Flakbrigade, Oberst Müller, von Partisanen erschossen. Die deutsche Reaktion: Aus vier an der Straße von Arezzo nach Anghiari liegenden Ortschaften werden 560 Personen als Geiseln festgenommen, offenbar nicht nur Männer, wie befohlen, sondern auch Frauen. Der Tagesbericht der Korück meldet, es seien in Chiesa La Chiassa 320 Personen festgenommen, davon 150 Männer, in Ponte alla Piera 240 Personen, davon 100 Männer. In einem »offenen Brief« stellt der Straßenkommandant von Arezzo den Partisanen ein Ultimatum: Werden die beiden Offiziere nicht binnen 48 Stunden freigelassen, werden alle 560 Geiseln erschossen und die vier Dörfer niedergebrannt. Der Commandante Generale der Partisanen – »Bandenführer Trifone« laut KTB der 10. Armee – weist, ebenfalls in einem »offenen Brief«, das Ultimatum zurück: Die Gefangennahme der Offiziere sei eine Kriegshandlung, ausgeführt von Kombattanten der italienischen Befreiungsarmee gegen die Armee der deutschen Okkupanten. Es handele sich somit nicht um einen Verstoß gegen das Völkerrecht, dessen Regeln über die Behandlung von Kriegsgefangenen die Kämpfer der Befreiungsarmee voll respektieren. Ein tatsächlicher Verstoß gegen internationales und Menschenrecht hingegen sei die angekündigte Geiseltötung, wenn die deutsche Drohung wahrgemacht würde; in dem Falle würden die Partisanen mit der Erschießung aller in ihrer Hand befindlichen deutschen Gefangenen antworten. Dazu kommt es nicht, weder die Gefangenen noch die Geiseln werden umgebracht, am 30. Juni sind der Oberst und der Major wieder frei.[50]

Was in Erinnerung bleibt, ist die als so selbstverständlich angekündigte Maßnahme: 560 Menschen, darunter Frauen und Kinder, umzubringen für die Nichtfreilassung von zwei deutschen Offizieren und die Tötung eines Soldaten. Die Relation beträgt 186 : 1, was weit über das hinausgeht, was Hitler angeordnet hat. Auch in Civitella ist das vom OB Südwest im Frühjahr noch für angemessen gehaltene Verhältnis von zehn zu eins für jeden getöteten Soldaten weit überschritten: 162 Männer für zwei getötete Soldaten ist ein Maß von einundachtzig zu eins. Kesselrings carte blanche sticht.

3 Der jeweils zu bestimmende Prozentsatz

Kesselrings Befehl vom 17. Juni 1944, den Kampf gegen die »Banden« nunmehr mit allen Mitteln zu verschärfen und dabei keinerlei Rücksicht gegenüber der Zivilbevölkerung walten zu lassen, war auch eine Antwort auf den Appell des alliierten Oberkommandierenden, Feldmarschall Alexander, und den Aufruf des abtretenden italienischen Ministerpräsidenten Badoglio an die Italiener nach der Befreiung Roms, Anfang Juni, den Kampf gegen die deutschen Okkupanten aufzunehmen und sie aus dem Lande zu jagen.[51] Die Anordnung, jeder Gewaltakt der »Banden« müsse sofort geahndet werden, wobei aus der in einem von Partisanen durchsetzten Bezirk wohnenden Zivilbevölkerung ein jeweils zu bestimmender Prozentsatz der männlichen Bevölkerung festzunehmen und gegebenenfalls zu erschießen sei, sanktionierte zwar den schon praktizierten deutschen Gegenterror, erfüllte aber nicht den angestrebten Abschreckungszweck. Auch Kesselrings Proklamation an die italienische Bevölkerung vom 28. Juni, mit der er die Androhung solcherart Maßnahmen publik machte, blieb ohne Erfolg. Die beabsichtigte Einschüchterung lief ins Leere, die Aktivitäten der Partisanen nahmen im Gegenteil eher zu. Das CLNAI in Mailand antwortete sofort und ebenfalls mit einem öffentlichen Appell, die Befehle Kesselrings zu sabotieren und auf jede mögliche Weise zu bekämpfen.[52]

Das Ansehen der Deutschen Wehrmacht bei der Zivilbevölkerung tendiert immer mehr nach Null, Plünderungen, getarnt als Requirierungen, stehen trotz aller Gegenbefehle weiterhin auf der Tagesordnung. »Rückblickend auf die bisherigen Ergebnisse der Bandenbekämpfung«, resümiert General Lemelsen am 11. Oktober, »muß festgestellt werden, daß es uns nicht gelungen ist, dieser für die Truppe und ihre Versorgung bedeutenden Gefahr Herr zu werden. Im Gegenteil, die Bandentätigkeit hat sich laufend verstärkt.« Den Hauptgrund dafür sieht der OB der 14. Armee in der falschen Durchführung des Kampfes gegen die Partisanen. »Wenn wir im Bandenkampf große Teile unschuldiger Bevölkerung terrorisieren, treiben wir damit die Masse der Bevölkerung zwangsweise in die Arme der Banden, die eigene Truppe aber verroht und verwildert bei derartiger Kampfführung.«[53] Eine späte Einsicht, die sich jedoch der OB Südwest nicht zu eigen macht.

Hitler genügt das nicht. Mit dem »Führerbefehl« zur »Bekämpfung von Terroristen und Saboteuren in den besetzten Gebieten« vom 30. Juli, der vom Nordkap bis zum Apennin, von der französischen Atlantikküste bis zur Weichsel gelten soll, aber erst am 18. August mit Durchführungsbefehl FM Keitels an die Truppe gelangt, wird nun auch jeder Schein von rechtlichen Verfahren aufgegeben. Der sogenannte »Terror und Sabotageerlaß« hebt den »Nacht- und Nebelerlaß« vom 7. Dezember 1941 faktisch auf, der wenigstens in begrenztem Maße den Anschein von Rechtsverfahren vor Kriegs- und Militärgerichten für Handlungen gegen die Zivilbehörden der Besatzungsmacht wahrte. Solche Zuständigkeiten und überhaupt die Einschaltung von Justizorganen soll nunmehr abgeschafft werden: »Die ständig zunehmenden Terror- und Sabotageakte in den besetzten Gebieten, die mehr und mehr von einheitlich geführten Banden begangen werden, zwingen zu schärfsten Gegenmaßnahmen, die der Härte des uns aufgezwungenen Krieges entsprechen. Wer uns im entscheidenden Stadium unseres Daseinskampfes in den Rücken fällt verdient keine Rücksicht.« Deshalb sind alle Gewaltakte, die von Zivilisten in den besetzten Gebieten gegen die Wehrmacht, SS und Polizei und gegen deren Versorgungseinrichtungen begangen werden, als Terror- und Sabotageakte zu bekämpfen. Terroristen und Saboteure sind an Ort und Stelle niederzukämpfen, was soviel heißt, wie: sind niederzumachen, umzubringen, zu vernichten, wie der gängige Ausdruck dafür lautet; Mitläufer, besonders Frauen, soweit sie nicht unmittelbar an Kampfhandlungen teilnehmen, sind zur Zwangsarbeit einzusetzen, »Kinder sind zu schonen.«[54] Laufende Gerichtsverfahren wegen Straftaten von Zivilisten gegen die Sicherheit und Schlagkraft der Besatzungsmacht sind, so der Durchführungsbefehl des OKW, auszusetzen, die Täter der Sicherheitspolizei oder dem SD zu übergeben, ausgenommen rechtmäßig zum Tode Verurteilte, deren Hinrichtung bereits in die Wege geleitet ist.[55]

»Führererlaß« und Durchführungsweisung erfahren Kritik seitens der Wehrmachtbefehlshaber in den besetzten Ländern: Was da angeordnet werde, sei wenig praktikabel, weil zu umständlich und damit unwirksam; die Truppe müsse wieder die Möglichkeit erhalten, jede Art von Widerstand, auch passiven, mit sofortigem Erschießen zu beantworten, fordert der Wehrmachtbefehlshaber in den Niederlanden, General der Flieger Christiansen.[56] Dem Einspruch wird stattgegeben: Ist eine Übergabe an den SD wegen der Kriegslage nicht möglich, so Keitel am 24. September mit Fernschreiben an die Wehrmachtbefehlshaber, unter anderem auch an den OB Südwest, »sind *rücksichtslos* andere wirksame Maßnahmen *selbständig* zu ergreifen«, gegen Vollstreckung von Todesurteilen, mit standgerichtlichem Verfahren oder nicht, bestünden selbstverständlich keine Bedenken.[57]

General Lemelsen ordnet am 28. September dementsprechend die Aburteilung von Zivilisten durch Kriegs- und Standgerichte der Truppe an, fügt aber am 11. Oktober hinzu, unbeschadet dieser Weisungen behalte die Truppe das Recht (!), »bei Terrorakten Häuser oder ganze Ortschaften niederzubrennen, wenn einwandfrei feststeht, daß die Bewohner aktiv die Banden unterstützt haben.«[58] Wer sollte das nachprüfen?

Der »Terror- und Sabotageerlaß« ist nur scheinbar eine neue Kompetenzregelung. Tatsächlich wird statt Recht, oder doch wenigstens rechtlichem Anschein, nunmehr Unrecht und absolute Willkür legitimiert. In Italien ist seit Herbst 1943 kaum anders verfahren worden, versteckt hinter dem Alibi, es handele sich jeweils um die Tötung von Partisanen im Kampf, oder um die »Niedermachung« von Partisanenhelfern, was zum Beispiel allein die beim Niederbrennen der Häuser explodierende Munition rechtfertige. Mit der offiziellen Abschaffung jeglichen rechtlichen Verfahrens, erhält die sich gegenseitig bedingende und aufschaukelnde Eskalation von Gewalt und Gegengewalt in Italien jedoch eine neue Qualität. Der »Führererlaß« ist ein Schritt ins rechtliche Nichts, ein verbrecherischer Befehl, der zwar nach deutschem Militärrecht nicht ausgeführt werden muß, doch den, der den Befehl exekutiert, zum Teilhaber eines Verbrechens macht.

Der gehorsame Soldat FM Kesselring kündigt am 1. August der italienischen Bevölkerung zum wiederholten Male einen unbarmherzigen Kampf gegen »Banden«, Saboteure und Verbrecher an.[59] Seine Bekanntmachung wird im Laufe des August auf öffentlichen Plätzen ausgehängt, an Häuserwänden angeschlagen und in Zeitungen mit und ohne Kommentar publiziert. Seine Streitkräfte aber haben die angekündigten Maßnahmen längst praktiziert, darin unterstützt inzwischen durch die faschistisch republikanischen *Brigate nere*, die *Schwarzen Brigaden*, der Waffen-SS ähnliche, militärisch organisierte Elitetruppen, deren besonderes Kennzeichen das schwarze Uniformhemd mit dem Emblem der faschistischen Partei ist. Vor allem als Gehilfen der 16. SS-PzGD *Reichsführer SS* zeigen sie bei der Bekämpfung von Partisanen eine Brutalität, die der ihrer deutschen Waffenbrüder nicht nachsteht, was sie bald bei der Bevölkerung am meisten verhaßt macht.[60]

Zentren der Partisanentätigkeit in der Toskana sind im Juli immer noch der Pratomagno, das Valdarno und das Casentino. An den Straßenkreuzungen im Casentino warnen Schilder die Fahrer deutscher Militärfahrzeuge: »ACHTUNG BANDENGEBIET –

NUR IM GELEIT FAHREN«. Einzeln fahrende Kraftfahrzeuge, die über den Consuma-Paß ins Arno-Tal und nach Florenz, über den Mandrioli in die Emilia und den Paso di Verna in das obere Tibertal fahren wollen, müssen sich bei Bibbiena sammeln, um in Kolonnen, von Panzerwagen begleitet, die Gefahrenzone zu durchqueren. Allein in der Woche vom 4. bis 10. Juli werden in den rückwärtigen Armeebereichen 19 Sabotagen an Bahnstrecken, Eisenbahn- und Straßenbrücken und an Kabeln gemeldet, 49 Überfälle auf Kraftfahrzeuge und Versorgungseinrichtungen.[61]

Die Deutschen schlagen zurück, nicht immer mit Erfolg, aber stets brutal. »Der Truppe ist befohlen, auf sämtliche sich im frontnahen Raum bewegende Zivilisten zu schießen.«[62] Damit nicht genug. Im Aretino beginnt am 3. Juli eine Serie von »Sühnemaßnahmen« in San Giustino Valdarno, Ortsteil Villa Grotta. Der Anlaß ist der schon fast typische: Ein Zusammenstoß deutscher Soldaten mit Partisanen, ein Militärfahrzeug fährt auf eine Mine – die Deutschen erleiden Verluste, die »gesühnt« werden müssen; dreißig Männer, unbeteiligte Ortsbewohner, werden erschossen. Sie seien bei Kampfhandlungen getötet worden, sagt später General Herr im Kesselring-Prozeß aus, während italienische Zeugen berichten, sie seien mit Maschinengewehren niedergemäht worden.[63] San Giustino liegt im rückwärtigen Gebiet der 1. FjD, außerdem ist das II. Btl/Rgt 3 *Brandenburg* weiterhin im und am Pratomagno im »Bandeneinsatz«.

Die Aufknüpfung von drei gefangenen Partisanen am 4. Juli auf der Piazza von Castelfrognano, ein paar Kilometer südlich von Bibbiena[64], das Niederbrennen etlicher Häuser einschließlich des Municipio am 5. Juli in Talla, ebenfalls im Pratomagno, als Repressalie für mehrere Partisanenaktionen, gehen höchstwahrscheinlich auf das Konto der *Brandenburger*.[65] Am 9. Juli hat dasselbe Bataillon erneut bei Talla einen Zusammenstoß mit einer »Bandengruppe«, am 10. und 11. Juli vernichtet es vier Kilometer westlich von Loro Ciuffena ein »Bandenlager« der 22. Garibaldi-Brigade *Lanciotto*; in der Partisanenbasis werden Waffen englischer Herkunft erbeutet, 51 »Feindtote« gezählt, eigene Verluste: keine. Nach einem Tätigkeitsbericht der Gruppe Geheime Feldpolizei 741 wird vom II. Btl/Rgt 3 *Brandenburg* zu dieser Zeit im Pratomagno eine 2000 Mann starke »Garibaldi-Bande« bekämpft[66], wahrscheinlich die genannte Brigade *Lan-*

ciotto, benannt nach dem im Januar am Monte Morello nördlich Florenz gefallenen Partisanenführer Lanciotto Ballerini.

Am 10. Juli spielt sich bei Castiglion Fibocchi, auf halbem Weg zwischen Loro Ciuffena und Arezzo, wieder das übliche ab: Ein deutsches Militärfahrzeug wird von Partisanen in Brand geschossen, eine »Sühnemaßnahme« folgt auf dem Fuße: Ein Haus wird angezündet, zehn Zivilisten werden erschossen, zwei Zivilisten erhängt, eine Vierundachtzigjährige und ein vierzehnjähriger Junge, die dazukommen, gleich mitumgebracht. Im Kesselring-Prozeß argumentiert General Roth als Zeuge, es habe ein Kampf stattgefunden, bei dem es deutscherseits Tote gegeben habe. Das ist richtig, nur findet der Kampf nicht an diesem Ort statt.[67] Einen Tag später, am 11. Juli werden in Ortignano Häuser niedergebrannt, dabei kommt eine Frau ums Leben. Ähnlich am selben Tag in Carda, nicht weit davon entfernt: Bewohner werden aus ihren Häusern getrieben, Männer festgenommen, Häuser in Brand gesteckt, die Gefangenen verschleppt. Es ist fast immer dasselbe Ritual, und auch hier sind wieder *Brandenburger* dafür veranwortlich zu machen.[68]

Ebenso für eine Razzia in Quota, Amtsgemeinde Ortignano-Raggiolo am selben 11. Juli, die zunächst dreißig Geiseln »einbringt«; ein nach Quota evakuierter Florentiner Philosophieprofessor und die Dorfschullehrerin können jedoch die (mutmaßlichen) *Brandenburger* überreden, auf die beabsichtigte Erschießung der dreißig zu verzichten und sich »nur« mit fünf zu begnügen, die im Abstand von je fünf Minuten Mann für Mann vor aller Augen füsiliert werden; am Nachmittag folgen noch drei weitere unweit des Ortes bei der Brücke Toppoli. Offenbar diente den Deutschen diese Maßnahme dazu, wie italienische Berichte vermuten, ein Exempel ihrer Brutalität in der Gegend zu statuieren, die sie für von Partisanen durchsetzt hielten, oder mit modernen Worten: Sie wollten Präsenz zeigen. Kesselrings Verteidiger versuchte später diesen Vorfall einem angeblich autonom handelnden Kommando der faschistischen Nationalgarde in die Schuhe zu schieben, das unter Führung eines italienischen Leutnants gestanden haben soll und dem der deutsche Begleitoffizier lediglich assistiert habe. Italienische Berichte sagen das Gegenteil: Es habe sich um eine deutsche Einheit unter Beteiligung einiger Nationalgardisten gehandelt.[69]

Im Valdarno, westlich des hier nach Norden fließenden Arno, operiert unter Führung des *Commandante* Gracco die Partisanenbrigade *V. Sinigallia* im Bezirk der mehrere Dörfer und Weiler umfassenden Gemeinde Cavriglia. Sie konzentriert ihre Aktionen auf Störung und Sperrung der durch Cavriglia führenden, für die Versorgung deutscher Truppen wichtigen Straße, der Querverbindung zwischen Valdarno und Chianti. Cavriglia ist der zentrale Ort eines Braunkohlen-Bergbaugebietes. Im Juli liegt hier der Stab wahrscheinlich eines der Regimenter der Division *Hermann Göring*, zu deren Operationsgebiet die westliche Seite des Arnotals bis zur Höhe der Chianti-Berge gehört.

Am 4. Juli frühmorgens beginnt eine umfangreiche, fast die ganze Gemeinde treffende »Säuberungsaktion«, dem Ergebnis nach eher ein ungeheuerlicher Racheakt: Bei Morgengrauen, so ein offiziell zu Protokoll gegebener italienischer Bericht aus dem August 1944[70], umstellen Soldaten der Division *Hermann Göring*, befehligt von einem Leutnant, das etwa 900 Bewohner zählende Dorf Castelnuovo dei Sabbioni. Sie blockieren die ins Dorf führenden Straßen und Feldwege, beginnen um 7 Uhr mit der Razzia, durchsuchen Haus für Haus und treiben alle angetroffenen Männer, den Pfarrer, der gerade die Frühmesse liest, und den Arzt eingeschlossen, gegen 9 Uhr auf der Piazza zusammen, unter ihnen 90 Jahre alte und etliche über 70 Jahre alte Männer. Der Pfarrer versucht die Soldaten von der Unschuld der Männer zu überzeugen, bietet sein Leben für das der anderen. Vergebens, die Männer müssen sich nebeneinander aufstellen, in 15 Meter Entfernung wird ein Maschinengewehr postiert, dann beginnt das Gemetzel; wer nicht sofort tot ist, erhält mit der Pistole den »Gnadenschuß«, am Ende liegen 73 hingemähte Opfer auf dem Platz. Nun werden Möbel und anderes leicht brennbares Material über die Leichen gehäuft, mit Benzin übergossen und angezündet; danach die Häuser geplündert, einige in Brand gesteckt. Auch die Kirche verschonen die Soldaten nicht. Ein Haufen von ihnen dringt in das Gotteshaus ein, verwüstet den Altar, entweiht den Tabernakel, in dem das Allerheiligste durch ein Bügeleisen ersetzt wird. Den Frauen wird verboten, während der folgenden drei Tage die Leichen ihrer Männer zu bergen: Das ist die Handschrift der FjPzD *Hermann Göring*, die sich für eine Elitetruppe hält.

Doch dieser Tag voll Blut und Tränen ist noch nicht zu Ende, auch nicht das Gemetzel in der Gemeinde Cavriglia. Das vier Kilometer entfernte Meleto ist Schauplatz der nächsten »Sühnemaßnahme« der Männer von *Hermann Göring*, die in gleicher Weise abläuft. Die Männer des Dorfes, unter ihnen der Pfarrer, werden auf der Piazza zusammengetrieben und gegenüber der Kirche mit Salven aus einem Maschinengewehr niedergemäht, die Leichen verbrannt: 97 Opfer insgesamt, darunter allein fünfzehn im Alter von über 80 Jahren. In San Martino di Cavriglia, ebenfalls vier Kilometer von Castelnuovo entfernt, werden zuerst die Häuser geplündert, darauf Feuer gelegt und dann erst vier Männer zu Tode gebracht, buchstäblich abgestochen mit dem Bajonett, beziehungsweise mit dem Nahkampfmesser, das Fallschirmjäger bei sich führen. Nachdem das Kommando sein Werk in Castelnuovo beendet hat, zieht dieser Trupp zum nahegelegenen Weiler Massa dei Sabbioni, dessen wenige Bewohner schon erfahren haben, was in Castelnuovo passiert ist. Etliche Leute sind geflüchtet, andere haben sich versteckt, der Weiler macht einen verlassenen Eindruck, lediglich der Pfarrer harrt in seiner Kirche aus. Bevor die Deutschen auf die Suche nach versteckten Männern gehen, nehmen sie erst einmal eine Brotzeit. Dann beginnt die Razzia. Zehn Männer werden gefaßt und zur Piazza getrieben. In diesem Moment klinkt ein alliiertes Kampfflugzeug eine Bombe über dem Dorf aus, die Deutschen gehen in Deckung. In der Verwirrung nach der Detonation können die Männer entfliehen, nur zwei junge Leute werden wieder eingefangen. Einer von denen kann, als der Pfarrer die Soldaten ablenkt, wieder entkommen, der andere und der Pfarrer werden mit dem Bajonett umgebracht, ihre Leichen in und mit einer Hütte verbrannt. Die letzte Station an diesem Tag des Mordens ist Poggio alle Valli, wo die Häuser niedergebrannt und vier Personen getötet werden.[71]

In Molinaccio im Gemeindegebiet von Arezzo sind am 5. Juli unter den fünfzehn Opfern einer Vergeltungsmaßnahme allein sechs von sieben Männern einer einzigen Familie, die von Soldaten einer in der Nähe postierten Artillerie- oder Flak-Batterie nur deshalb umgebracht werden, weil das Familienoberhaupt, ein alter Mann, sich schützend vor Sohn und Neffen stellt. Anfang Juli ist auch die Gemeinde Bucine erneut Ziel deutscher Rache: In Badia a Ruoti massakrieren Soldaten sieben Personen, in anderen Ortsteilen zusammen weitere neun. In Badicroce, einige Kilometer südlich von Arezzo in den Bergen, werden am 10. Juli dreizehn Bewohner, darunter Frauen, die vorher vergewaltigt wurden, Opfer einer »Sühnemaßnahme«.[72]

In diesen Tagen findet östlich von Arezzo ein Großunternehmen gegen einen aus den Alpi di Poti operierenden Verband der 23. Garibaldi-Brigade *Borri* statt. In dessen Verlauf werden am 12. Juli achtundvierzig Partisanen, darunter etliche, die jünger als 17 Jahre sind, mit ihrem Führer Eugenio Calò, gefangengenommen, dann zwei Tage lang verhört und gefoltert, ohne daß irgend etwas dabei aus ihnen herauszubekommen ist. Schließlich müssen die Gefangenen, nach dem Bericht der britischen 1st Guards Brigade, die wenige Tage später an den Ort des Geschehens gelangt, drei Gruben ausheben, dann werden sie mit Gewehrkolben erschlagen und Bajonetten abgeschlachtet. Die Leichen werden in die Gruben geworfen und, bevor diese zugeschüttet werden, mit Dynamit gesprengt, um sie unkenntlich zu machen. Die vom renommierten britischen Historiker Martin Gilbert (ohne Quellenangabe) mitgeteilte Version ist noch bestialischer: Danach werden die Gefangenen in den Gruben bis zum Kinn eingegraben, dann Dynamitstangen neben ihre Köpfe gelegt, um sie endlich zum Sprechen zu bringen. Als auch jetzt keiner von den Männern redet, wird das Dynamit gezündet.[73] Der modus operandi des grausigen Mordes und Zeugenaussagen über Uniform und Abzeichen der beteiligten Soldaten lassen eher auf die Täterschaft eines Kommandos der *Brandenburger* schließen, als auf die eines Verbandes der 94. ID.[74] Allerdings ist bei der Großunternehmung in den Alpi di Poti das GRgt 274 der 94. ID beteiligt, das zur fraglichen Zeit der 305. ID taktisch unterstellt ist und am 14. Juli bei San Polo ein schweres Gefecht mit Partisanen der Brigade *Borri* hat, wobei auch schwere Waffen eingesetzt werden. Es gelingt zwar, neunzehn gefangene deutsche Soldaten zu befreien, aber das an Zahl und Waffen unterlegene Partisanenbataillon löst sich auf, zerstreut sich und ist nicht zu fassen. Zur »Sühne« werden 65 unbeteiligte Bewohner von San Polo erschossen, Alte, Frauen, Kinder.[75]

Die Wehrmacht wütet zu dieser Zeit besonders schlimm im Aretino, doch auch das benachbarte Umbrien und die Marken werden von ihr nicht verschont. In den Marken, Gefechtsbereich des LI. GebK, sind Partisanen, »vorwiegend in Gebirgsgegenden im frontnahen Raum weiterhin sehr rege«, ihre Bekämpfung wird mittels »Durchkämmen gefährdeter Gebiete, Aushebung bekannter Bandennester sowie durch Sühnemaßnahmen nach Bandenüberfällen und Sabotageakten laufend fortgesetzt.«[76] Per Exempel in Offagna, wo am 12. Juli eine bäuerliche Familie völlig ausgelöscht wird, weil der Bauer angeblich Partisanen geholfen hat.[77]

Nicht viel anders geht es in den Bergen nördlich von Florenz zu: Nach einem Partisanenüberfall auf den Zug Esch der 1. Kompanie/PiBtl 114 am 1. Juli werden in San Quirino zur »Sühne« sechzehn Ortsbewohner erschossen, die Häuser gesprengt. Am 9. Juli führt das Straßenkommando 7116 mit der 2. Kompanie des italienischen I. Polizeifreiwilligenbataillons ein Unternehmen gegen »Banden« bei Firenzuola durch, ohne Erfolg. Statt dessen wird eine in der Nähe liegende Häusergruppe niedergebrannt.[78] In einem Gefecht am 24. Juli bei Collodi, Provinz Pistoia, zwischen einem Pioniertrupp, der eine Straßensprengung vorbereitet, und Partisanen, die das verhindern wollen, wird ein Pionier getötet, ein anderer schwer verwundet; zwei Tage später werden als Repressalie fünf Einwohner der benachbarten Stadt Pescia erschossen.[79] Bei Collegonzi, in der Nähe von Empoli, wird am 23. Juli ein Feldgendarm erstochen, in der folgenden Nacht erschießt man in Empoli fünf Soldaten, einer wird verwundet. Die sofort eingeleitete »Sühnemaßnahme« bleibt ergebnislos; nicht so eine »Säuberungsaktion« am 25. Juli in der Nähe der Stazione Empoli, bei der 42 Italiener erschossen werden.[80] Die Tragödie von San Miniato al Tedesco am 22. Juli, Thema des berühmten Films »Die Nacht von San Lorenzo« der Brüder Taviani, ist hingegen nicht von deutschen Soldaten verursacht worden: Die 42 in die Kathedrale von San Miniato geflüchteten Personen werden Opfer alliierten Artilleriebeschusses, nicht eine deutsche »Sühnemaßnahme«, sondern eine amerikanische Granate bringt ihnen den Tod.[81]

Auch im Pisanischen, im weiteren Umkreis der Alpi Apuana, in der zu Lucca gehörenden Garfagnana und der zu Massa-Carrara gehörenden Versilia und Lunigiana, eskalieren seit Ende Juni Partisanenüberfälle und deutsche Vergeltung. Das beginnt mit einem Gefecht zwischen Partisanen und einer Einheit der 19. Luftwaffenfelddivision bei Guardistallo, östlich von Cecina in den Hügeln der pisanischen Maremma, bei dem acht deutsche Soldaten fallen. Zur »Sühne« werden zunächst acht gefangene Partisanen am 4. Juli umgebracht und deren Leichen in einen Graben geworfen; sodann müssen sich 47 Männer im Alter von 14 bis 75 Jahren, die bei Razzien in der näheren Umgebung gefaßt wurden, auf diesen Leichen nebeneinander aufstellen, dann werden sie per Maschinengewehr niedergemacht. Ebenfalls füsiliert werden – teilweise gleich an Ort und Stelle wie eine vierköpfige Familie in einem Bauernhaus – weitere 61 Personen, die bei Razzien in Cecina, Rosignano Marittima und deren umliegenden Dörfern festgenommen wurden. Am darauffolgenden Tag sind die Amerikaner da.[82]

Seit 1. Juli ist im toskanischen Küstenabschnitt südlich von Pisa und Livorno die 16. SS-PzGD *Reichsführer SS* eingesetzt, sie hat die inzwischen als unzuverlässig geltende 162. (turk.) ID und die wenig kampferfahrene 19. Luftwaffenfelddivision abgelöst.[83] Die »Bandentätigkeit« vor allem im rückwärtigen Gebiet des LXXV. AK in der Versilia und Lunigiana nimmt derart zu, daß größere, aus Versorgungs- und Sicherungstruppen zusammengewürfelte Verbände zur »Bandenbekämpfung« eingesetzt werden müssen. So laufen seit Ende Juni in der Lunigiana bis hinauf zum Cisa-Paß zwei aufeinanderfolgende Großunternehmen unter dem Decknamen *Wallenstein* (*I* und *II*), an dem unter Oberbefehl des Kommandeurs der 25. Flak-Division General v. Hippel insgesamt fünf- bis siebentausend Mann teilnehmen, darunter auch die FestBrig 135, die den Kriegshafen La Spezia schützt und schon mehrfach zur Bekämpfung von Partisanen eingesetzt war. Teile derselben und des Rgt 253 führen am 8. Juli eine »Vergeltungsmaßnahme« durch, bei der 150 Gefangene gemacht werden. Am selben Tag hat bei La Spezia eine Kompanie / FestBtl 908 an einem Tunnelausgang der Bahnlinie von Genua nach Rom ein Recontre mit 70 bis 80 »Banditen« und ein bis zwei uniformierten englischen oder amerikanischen Kompanien, letzteres womöglich eine gelinde Übertreibung.[84]

Am 16. Juli werden im Zuge von »Sühnemaßnahmen« mehrere ungenannte Dörfer im rückwärtigen Bereich des LXXV. AK zerstört, in San Piero a Grado, südlich von Pisa, am 23. Juli drei Männer, am selben Tag bei einer Razzia in Piavola in den Monti Pisani neunzehn

Männer umgebracht.[85] Es gibt keine Anhaltspunkte dafür, daß dabei schon die Aufklärungsabteilung der 16. SS-PzGD *Reichsführer* unter Führung des Majors Reder beteiligt ist, deren »Marcia del Morte« jedoch spätestens Anfang August hier im Umland von Pisa beginnt.

Jetzt im Juli nehmen auch die ersten Räumungen ganzer Ortschaften in der Apuania und Versilia und die Evakuierung der Bevölkerung im Zusammenhang mit dem fortschreitenden Ausbau der *Goten-Linie* und dem Rückzug der 14. Armee hinter den Arno ihren Anfang: Am 5. Juli Strettoia und Cinquale, zwei Tage später Arni, Seravazza am 11., Pietrasanta und Stazzema am 27. Juli. In Carrara läßt »Il commandante della zona, tenente Többens« bekanntmachen, die Wohnbevölkerung von Carrara und seinen Ortsteilen am Meer werde am 7. Juli zwischen 9 Uhr und 20 Uhr evakuiert, und zwar erstens die gesamte Bevölkerung zwischen der nuova via Aurelia und der Küste, zweitens alle Bewohner, die aus anderen Gemeinden seit Oktober 1943 in diese Gegend übergesiedelt seien, drittens alle Bewohner aus Avenza und Marina di Carrara, die bisher noch nicht evakuiert worden seien; zwischen 20 Uhr und 9 Uhr des folgenden Tages würden alle diese Personen von der Sammelstelle im Parco di Rimembranza in Carrara nach Sala Barganza, Provinz Parma, abtransportiert; von der Maßnahme ausgenommen seien lediglich diejenigen Personen, die im Dienste der Wehrmacht oder der Organisation Todt stehen, samt ihren Familien.[86]

Pisa zur »offenen Stadt« zu erklären, lehnt General Lemelsen ab, befiehlt im Gegenteil am 29. Juli, die Stadt, an deren Südrand jenseits des Arno die deutschen Nachhuten ihre Stellung bereits geräumt haben, »im Rahmen der militärischen Kampflage zu verteidigen«; dabei sei strengstens darauf zu achten, »daß von seiten der Truppe keinerlei Plünderungen oder Ausschreitungen gegenüber der italienischen Zivilbevölkerung vorkommen«; sollte die Bevölkerung sich aber »in irgendeiner Form am Kampf beteiligen, so zählt sie hiermit zu Freischärlern und Banden und ist nach den von mir erlassenen Bestimmungen mit schärfsten Mitteln niederzukämpfen«.[87] Erst am 2. September wird Pisa von den letzten deutschen Einheiten geräumt.

Der OB der 14. Armee hat seine Gründe, wenn er so betont Plünderung untersagt. Schon am 9. Juli hatte sich General Lemelsen bei seinem Oberbefehlshaber Kesselring darüber beklagt, daß die Plünderungen meistens von Angehörigen der Luftwaffenverbände, hauptsächlich den Fallschirmjägern und der Division *Hermann Göring*, begangen wurden. Ihm seien aber »im Kampf für die Aufrechterhaltung der Manneszucht in der Armee« die Hände gebunden, er habe keine Möglichkeit, gerichtlich gegen die Plünderer einzuschreiten, ob die allein zuständigen Luftwaffengerichte aber etwas täten, entziehe sich seiner Kenntnis, der OB Südwest möge deshalb die Luftwaffengerichte »zu schonungslosem Durchgreifen« veranlassen.[88] Kesselring hatte sich bereits am 4. Juli »melden lassen, daß einzelne Soldaten sich unschuldigen italienischen Bauern und Bürgern gegenüber wie Banditen verhalten und Güter jeder Art mit vorgehaltener Pistole erpressen«, und hatte deshalb »schärfstes Durchgreifen und Ahndung« verlangt, denn »diese Männer haben das Recht, sich deutsche Soldaten zu nennen, verwirkt«. Er reagiert jetzt erneut: »Trotz meiner verschiedenen Befehle wird immer wieder festgestellt, daß Soldaten aller Dienstgrade als Plünderer durch das Land ziehen und durch ihr Auftreten das Ansehen der Deutschen Wehrmacht in gröbster Weise schädigen«; häufig würden Plünderungen »unter dem Deckmantel der dienstlichen Beitreibung militärischer Gebrauchsgegenstände« getarnt, er befehle deshalb, alle auf frischer Tat ertappten Plünderer »an Ort und Stelle ohne kriegs- und standgerichtliches Verfahren zu erschießen«, »Beitreibungen«, also Requirierungen bedürften einer Anordnung vom Regimentskommandeur an aufwärts, Verstöße seien kriegsgerichtlich zu ahnden.[89]

Die im Erdkampf eingesetzten Luftwaffenverbände – die Fallschirmjäger, die Division *Hermann Göring* und die Luftwaffenfelddivisionen – wie auch die Verbände der Waffen-SS sind den Armeebefehlshabern des Heeres nur taktisch unterstellt, desgleichen dem OB Südwest, obgleich Kesselring doch selbst Luftwaffenmarschall ist; ansonsten unterstehen sie unmittelbar dem Oberbefehlshaber der Luftwaffe, Reichsmarschall Göring, zu dem sie einen direkten Draht und dem sie täglich auf einem Sonderdienstweg am OB Südwest vorbei zu berichten haben, beziehungsweise dem Reichsführer SS Himmler. Das Verhalten gegenüber der Zivilbevölkerung allerdings gehört ganz offensichtlich nicht zur taktischen Unterstellung, denn besonders die Division *Hermann Göring* und die Fallschirmjäger – von der Waffen-SS ganz zu schweigen – führen Krieg »nach Grundsätzen, die in gewisser Hinsicht« von denen der Armee abweichen. Nicht nur General Lemelsen führt deshalb Klage, auch der KomGen LXXVI. PzK Herr beschwert sich darüber.[90]

Die FjPzD *Hermann Göring* wird Mitte Juli an die Ostfront verlegt, die 1. und 4. FjD bleiben jedoch im Zentrum der Abwehrkämpfe in der mittleren Toskana und Ende Juli um Florenz eingesetzt: Sie plündern in großem Stil, täglich mehr, und nehmen mit, was ihnen unter die Finger gerät, »Gebrauchsgegenstände« aller Art, von Vieh bis zu Damenpelzmänteln und Uhren.[91] Ende Juni war die Front ins Val d'Orcia gekommen, war Iris Origo mit 23 Kindern aus den zerbombten Städten, die in La Foce Obdach gefunden hatten, zu Fuß nach Montepulciano geflüchtet. Als sie am 1. Juli nach La Foce zurückkehrt, ist das Haus von Fallschirmjägern verwüstet: »Die Deutschen haben wirklich alles, was ihnen gefiel, gestohlen – Decken, Kleider, Schuhe, Spielzeug und natürlich erst recht alles, was von Wert war, dazu alles Eßbare«; was die Soldaten nicht mitnehmen konnten, haben sie zerstört. Auch die Bauernhöfe der Umgebung sind ausgeplündert; »ein Drittel des Bestands an Rindern, Schafen und Schweinen ist weg (...) auch ein Großteil der landwirtschaftlichen Geräte und der Fahrzeuge ist verschwunden.«[92]

Am 3. August räumen die Deutschen Florenz. Am Abend dieses Tages dringt ein Trupp deutscher Soldaten in Rignano sul Arno, flußaufwärts von Florenz, in das Haus des aus Deutschland nach Italien geflohenen Ingenieurs Robert Einstein, Bruder des berühmten Albert Einstein, ein. Die Soldaten finden den gesuchten Hausherrn nicht vor und begnügen sich deshalb damit, seine Frau und zwei Töchter, deren eine, Lucia, Medizinstudentin, noch in München geboren ist, im Salon der Villa mit ihren Maschinenpistolen zu erschießen, nach anderer Version mit Handgranaten umzubringen, sodann Leichen und Salon in Brand zu stecken. An der Haustür hinterlassen sie einen Zettel mit der handschriftlichen Warnung: Die Frauen seien der Spionage verdächtig, allen, die ähnliches täten, werde es genauso ergehen. Eine zynische Vernebelung des eigentlichen Grundes: Die Einsteins sind Juden.[93]

Kapitel VIII

Feuer und Tod im Apennin

1 Major Reders Spur der Verwüstung

Die 16. SS-Panzergrenadierdivision *Reichsführer SS* wird Ende Mai 1944 für die in den Abwehrkämpfen bei Anzio und Nettuno dezimierte 356. ID im Küstenabschnitt im rechten Flügel der 14. Armee eingesetzt. Die aus Himmlers Begleitbataillon, später Sturmbrigade *Reichsführer SS*, hervorgegangene Division ist zu dieser Zeit noch nicht komplett, obgleich Teile, das Regiment 36 und die Flak-Abteilung 16, bereits in den Kämpfen um den alliierten Brückenkopf, andere Teile gelegentlich bei der Partisanenbekämpfung verwendet werden. Die Division hat ihre Aufstellung aber noch nicht abgeschlossen, als sie der 14. Armee als Armeereserve unterstellt wird. Um ihre Einsatzbereitschaft schneller herzustellen, wird ihr die ebenfalls im Küstenbereich mit Sicherungsaufgaben betraute SS-PzG-Lehrbrigade eingegliedert. Kaum ist dies vollzogen, muß die Division am 1. Juli den Frontabschnitt zwischen Cecina und Volterra übernehmen; seitdem steht sie im harten Abwehrkampf, bei dem sie binnen kürzester Zeit große Verluste hinnehmen muß: In 10 Tagen drei Bataillonskommandeure, zwanzig Kompanieführer und achtzehn Zugführer.[1]

Kommandeur der PzAA der Division ist der Major der Waffen-SS (Sturmbannführer) Walter Reder. Der gebürtige Salzburger hatte sich früh den österreichischen Nationalsozialisten angeschlossen, einem 1934 gegen ihn angestrengten Ermittlungsverfahren wegen des Verdachts auf Beteiligung an der Ermordung des österreichischen Bundeskanzlers Dollfuß entging er durch die Flucht nach Deutschland, wo er der SS beitrat, die ihn sogleich auf ihre Schule nach Berlin schickte. Soldat der ersten Stunde des Zweiten Weltkrieges bei der SS-Totenkopf-Division nimmt er an den Kämpfen an verschiedenen Fronten teil, wird mehrfach ausgezeichnet, zweimal verwundet, zuletzt an der Ostfront in der Schlacht um Charkow, wobei er seinen linken Unterarm verliert. Nach Rekonvaleszenz wird Reder im Frühjahr 1944 nach Italien versetzt, gerade 29 Jahre alt, dekoriert seit 3. April 1943 mit dem Ritterkreuz zum Eisernen Kreuz und frisch zum Major befördert.

Reder ist ein Haudegen nach deutscher Art, einer, der keine Skrupel kennt, und deshalb, aus Sicht seiner Auftraggeber, für eine rücksichtslose Bekämpfung von Partisanen hervorragend geeignet ist. Für einen ersten Beweis seiner Fähigkeiten bietet sich schon im Juni Gelegenheit: Bei Forno, in der Nähe von Massa, nehmen Partisanen am 5. Juni acht SS-Soldaten und fünfzehn Schwarzhemden gefangen, zwei Tage später besetzen sie die Ortschaft Forno und überfallen am 10. Juni eine Kaserne der Schwarzhemden in Santa Lucia; am folgenden Tag wechseln Soldaten der faschistisch-republikanischen Miliz aus Massa und Umgebung die Seiten und gehen, einige hundert an der Zahl, en bloc zu den Partisanen über, unter Mitnahme ihrer Waffen. Um solchen unerwünschten Aktivitäten ein Ende zu bereiten, wird eine aus Teilen der 16. SS PzGD *Reichsführer SS*, der berüchtigten faschistischen *Decima Mas* und der *GNR* gebildete Kampfgruppe unter dem Kommando des Majors Reder in Marsch gesetzt. Am 13. Juni kommt es zum Kampf, die Bataille geht über drei Tage, am Ende ziehen die Partisanen den kürzeren und verschwinden in den Wäldern und Schluchten der nahen Alpi Apuane. Die »Sühnemaßnahme« folgt umgehend: Die Deutschen und ihre Helfer verwüsten Forno »mit Feuer und Schwert«, bringen die Gefangenen auf barbarische Weise um und erschießen 69 Geiseln in Gruppen zu acht am Ufer des Frigido bei Sant'Anna.[2]

Ende Juli stehen die Alliierten vor Pisa, die Masse der 14. Armee setzt sich auf das nördliche Arno-Ufer ab; mit ihr auch die 16. SS-PzGD *Reichsführer SS* unter ihrem Kommandeur General Max Simon. Der Einsatzauftrag für die PzAA 16 lautet auf »Bandenbekämpfung« und Durchführung der befohlenen Evakuierung der Zivilbevölkerung aus dem Vorfeld der *Goten-Linie* vor allem in der Versilia; Einsatzzentrale dafür ist der neue Gefechtsstand der PzAA 16 in der Villa Barsanti zu Lucca.[3] Anfang August startet die 14. Armee im Restteil der Provinz Pisa nördlich des Arno, nun unmittelbarer Frontbereich, mehrere »Säuberungsaktionen«, verbunden meist mit den üblich gewordenen »Sühnemaßnahmen«. Durchgeführt werden die

Unternehmen von Einheiten 16. SS-PzGD *Reichsführer SS*, der 20. Luftwaffenfelddivision, der 162. (turk.)ID und der 65. ID; die PzAA 16 unter Major Reder ist dabei; ob immer und überall, oder ob die Maßnahmen in der Hauptsache von ihr durchgeführt werden, ist nicht genau nachzuweisen.

Es beginnt am 2. August: Ein Trupp Waffen-SS dringt in das Pfarrhaus von San Biagio ein, bringt die dort befindlichen elf Personen um, fünf davon sind Frauen, und außerhalb des Hauses weitere zwölf, zur Hälfte Frauen, deren Leichen etwa fünfzig Meter vom Pfarrhaus entfernt gefunden werden. Drei Tage später werden in Asciano fünf Personen ermordet, am 7. August nach einer von Deutschen und italienischen Nationalgardisten veranstalteten Razzia drei Männer im Borgo La Romagna in den Monti Pisani, weitere 69 werden nach Nozzana geschafft, in die Dorfschule gesperrt und am Morgen des 11. August in Gruppen zu fünf und sechs erschossen. Bei der Pumpstation zu San Rossone bringen deutsche Soldaten am 9. August einen Mann, fünf Frauen und zwei Mädchen im Alter von zwölf und dreizehn Jahren um, am selben Tag in Musigliano fünf, am 19. August weitere drei Männer, und in Pettori elf Personen. Das alles spielt sich in der nächsten Umgebung von Pisa ab. Auch das Massaker am 11. August in Molina di Quosa geht mit großer Wahrscheinlichkeit auf das Konto der PzAA 16, siebzig Opfer zählt die Bilanz. Am 14. August werden in der Niederung der Arno-Mündung fünfzehn Personen in Nodica und neun in Migliarono umgebracht, in San Giuliano am 25. August fünf. In Filettole sind es bei mehreren »Sühnemaßnahmen« zwischen dem 10. August und dem 9. September siebenunddreißig Menschen, die den Tod durch deutsche Hand finden, stets und in jedem Fall zur »Sühne«.[4]

Das bis nahezu 2000 Meter Gipfelhöhe aufsteigende, aus schroffen Kalkfelsen und -schründen gebildete, teilweise von einer kaum durchdringbaren Macchia bedeckte Gebirgsmassiv der Alpi Apuane ist seit Herbst 1943 idealer Unterschlupf für Partisanen. Zwischen den Tälern der Magra im Westen und des Serchio im Osten, zwischen Lunigiana und Garfagnana sollen hier zeitweise bis zu 4000 Partisanen, Männer aus allen sozialen Schichten, jeglicher Profession und politischer Herkunft in der Partisanendivision *Lunense* in mehreren Brigaden unter einheitlichem Kommando organisiert sein.[5] Seit dem Frühsommer 1944 nehmen die Aktivitäten dieser Partisanenverbände verstärkt zu, im Juli wird deshalb von deutscher Seite die »Bandenbekämpfung« groß aufgezogen mit einer Reihe von Unternehmen, die jetzt im August und bis in den September hinein energisch fortgeführt oder neu begonnen werden. Neben der PzAA 16 werden zu diesen Unternehmen verstärkt das GebLehrBtl *Mittenwald*, Einheiten der SS-Hochgebirgsschule und die FestBrig. 135 herangezogen, die sich ebenfalls durch besondere Brutalität bei solchen Aktionen »auszeichnen«. Grundlage dafür bildet ein Armeebefehl vom 21. Juli, mit dem detailliert über Organisation, Kampfweise und Logistik der »Banden« informiert und verschärfte »Bandenbekämpfung« gemäß früherer Befehle vom 14. 6. und 3. 7. angeordnet wird. Am 8. August wird dieser Befehl mit einer Auflistung der »Bandengebiete« ergänzt, in der Anlage dazu beigefügt ein Bericht der Festungsbrigade 135 über ein »Bandenunternehmen« am 3. und 4. August nördlich von La Spezia zwischen Pontremoli und dem Monte Gottero an der toskanisch-ligurischen Grenze, an dem auch noch andere deutsche und italienische Einheiten beteiligt waren: Gefangene »Banditen« seien nach ihrer Vernehmung erschossen, Häuser der die »Banden« unterstützenden Zivilbevölkerung niedergebrannt und zerstört worden, der Saldo belaufe sich auf 630 Feindtote.[6]

Im KTB der 14. Armee wird ein weiteres »Bandenunternehmen« vermerkt, das am selben Tag im Raum Seravezza, südöstlich von Massa, abgeschlossen worden sei und bei dem »nach vorläufiger Meldung« zwölf »Banditen« gefangengenommen, 630 erschossen wurden. Da Daten und Anzahl der Gefangenen und »Feindtoten« übereinstimmen, könnte es sich um dasselbe Unternehmen handeln, wäre nicht die unterschiedliche Lokalisierung in auseinanderliegenden Räumen. Für beide sind das LXXV. AK und das XIV. PzK offenbar gemeinsam verantwortlich; zum Verband des letzteren gehört auch die 16. SS-PzGD *RFSS*, die am 9. August »nordwestlich Camaiore« ein »Bandenunternehmen« durchführt.[7] In den Tagesmeldungen des I a / AOK 14, Generalmajor Hauser, wird zum 4. August über den Abschluß einer Aktion des LXXV. AK im Raum 197 berichtet: Das beträfe gemäß Lagekarte des AOK 14 das Unternehmen in der Lunigiana, allerdings werden hier »nur« 256 »Feindtote« gezählt. In der Tagesmeldung des I a / AOK 14 vom 5. August heißt es dann über ein

Unternehmen in den Räumen 183 und 171, d. i. die Versilia, dort seien am 2. August 15 Partisanen niedergemacht und nach vorläufigem Abschluß des Unternehmens vom 3. und 4. August »nördlich 165«, d. i. La Spezia, betrügen die Feindverluste 630 Tote; die Plannummer 165 bezeichnet aber auch das Gebiet, in dem Seravezza liegt, womit der Eintrag im Kriegstagebuch der 14. Armee abgestützt wäre.[8]

In der abschließenden Meldung zu einem »Bandenunternehmen« der 16. SS-PzGD *Reichsführer SS* am 12. August im Raum 183 wird berichtet, 270 »Banditen« seien niedergemacht, 68 gefangengenommen und 208 »verdächtige Männer« dem Arbeitseinsatz zugeführt worden. In einer Tagesmeldung des I c / AOK 14 heißt es am 13. August zum selben Vorgang, »weitere 353 bandenverdächtige Zivilisten« seien ergriffen worden, »68 als Bandenmitglieder erkannt (...), 209 dem Auffanglager Lucca zugeführt.« Was eine die Fakten verdrehende Untertreibung ist, denn im Raum 183 liegt die mehrere Dörfer und Weiler umfassende Amtsgemeinde Stazzema, in deren Ortsteil Sant'Anna am 12. August eines der gräßlichsten Massaker dieses heißen Sommers 1944 verübt wird.[9]

Der Räumung der Gemeinden Forte di Marmi und Cinquale zu Anfang, Pietrasanta und Stazzema Ende Juli hat sich ein Teil der Ortsbewohner entzogen. Sie verstecken sich in abgelegenen Einzelgehöften, Weilern und Bergdörfern im Gebirge oberhalb der Versilia, viele der Männer schließen sich den Partisanen an. Die höher gelegenen Regionen dieses Teils der Alpi Apuane hat seit Juli die 10. Garibaldi Brigade *Gino Lombardi* weitgehend unter ihrer Kontrolle.

Stazzema, Hauptort der gleichnamigen Amtsgemeinde, liegt am Südhang der Hauptkette der Alpi Apuane, 400 Meter hoch über dem in nordwestlicher Richtung auf Seravezza zu verlaufenden Tal der Vezza; im Süden sind der tausend Meter hohe Monte Lieto und der elfhundert Meter hohe Monte Gabberi vorgelagert. Für den Ortsteil Farnocchio, am Nordabhang der beiden Berge Stazzema zugewandt gelegen, wird Ende Juli die Räumung angeordnet; die Bewohner fliehen größtenteils in die Wälder und zu den Partisanen, die ihrerseits das deutsche Räumungskommando in Farnocchio angreifen, in die Flucht schlagen und das Dorf besetzen, aber nach einem weiteren Gefecht mit den unter Verstärkung zurückkehrenden Deutschen sich wieder in den Wald absetzen müssen. Das geschieht am 9. August; es könnte sich deshalb um das im KTB der 14. Armee erwähnte »Bandenunternehmen nordwestlich Camaiore« der 16. SS-PzGD *Reichsführer SS* handeln.[10]

Für den 12. August wird eine neue Aktion angesetzt, durchzuführen von der PzAA 16 unter Führung von Major Reder. Das Ziel ist der Ortsteil Sant'Anna di Stazzema, der am Ende eines Nebentals auf 650 Meter Höhe unterhalb des Gipfels des Monte Lieto liegt und seinerseits aus einem Dorf mit mehreren einzeln gelegenen Gehöften und Weilern besteht. Für Sant'Anna ist zum 5. August die Räumung befohlen, die aber nicht sehr streng gehandhabt wird, nach ein paar Tagen kehren viele Frauen und Kinder ins Dorf zurück, das zudem zum Zufluchtsort für in die Berge geflüchteten Bewohner der Gegend wird, auch für die von Farnocchio; am 12. August beherbergt das Dorf doppelt so viele Menschen als vorher, weit mehr als sechshundert.

Am frühen Morgen dieses Tages, gegen sieben Uhr, rücken von drei Seiten hunderte deutscher Soldaten auf das Dorf zu, auf der vierten Seite blockiert eine Abteilung die einzige aus dem Tal zum Dorf hinaufführende Straße. Die von Mont'Ornato anrückende Truppe brennt alles nieder, was sie an Häusern und Gehöften an ihrem Weg antrifft, treibt die Bewohner zum Borgo Vaccareccia, der ebenfalls niedergebrannt wird, und bringt sie mit Handgranaten, Maschinenkarabinern und Flammenwerfern um. Dann zieht dieser Trupp weiter und »säubert« mit gleicher Methode La Case und Franchi, vierzig Tote hier, fünfzehn dort; die Bewohner von Balbini werden zunächst Richtung Valdicastello getrieben, dann aber unterwegs hinterrücks mit Maschinenkarabinern niedergemäht. So geht es weiter, Gehöft für Gehöft, Borgo für Borgo, die Gebäude werden angezündet und niedergebrannt, die Menschen, soweit sie nicht flüchten können, umgebracht; die anderen SS-Trupps machen es genauso. Dann wütet der *furor teutonicus* in Sant'Anna selbst: Hundertfünfzig Menschen werden auf dem von einer Mauer eingefriedeten Kirchplatz, in dessen Mitte eine Platane steht und der nur einen einzigen Zugang besitzt, zusammengetrieben. An diesem Zugang postierten Reders SS-Soldaten ein Maschinengewehr, dann nimmt das Massaker seinen Lauf; als es beendet ist, treten Flammenwerfer in Aktion. Es ist ein regelrechtes monströses Hinschlachten. Überlebende, die dem Massaker durch Flucht über die Mauer entkommen sind, haben davon übereinstimmend berichtet. Alles in allem dauert die ganze Aktion wenige Stunden, am Mittag stehen alle Häuser des Dorfes in Flammen, sind 560 Menschen bestialisch umgebracht, nur 350 von ihnen können später noch identifiziert werden; unter den Mordopfern sind 65 Kinder unter 10 Jahren.

Nach getanem Werk in Sant'Anna geht das Morden auf dem Weitermarsch hinab ins Tal weiter: Vierzehn Opfer im Pfarrhaus zu Mulino Rosso, sechs in Cappezzano und so fort. 800 Männer aus den Tälern von Sant'Anna und Stazzema werden verschleppt, größtenteils zur Zwangsarbeit bei der Organisation Todt, einige werden als Geiseln zurückgehalten, von Reders Truppe mitgeschleppt und eine Woche später in Bardine di San Terenzo umgebracht.[11]

San Terenzo liegt östlich von La Spezia in den Bergen an der Staatsstraße 446, die das Tal der Aulella im Norden mit Sarzana am Magra im Süden verbindet. In dieser Gegend sind Partisanen der Brigade *Muccini* aktiv, die Gemeinde ist deshalb schon früher mit Repressalien überzogen worden; jetzt ist sie das nächste Ziel der PzAA 16. Am 17. August wird ein Spähtrupp der Abteilung von Partisanen »mit 1 MG und sMG aus ausgebauten Stellungen« angegriffen, siebzehn SS-Männer fallen im Kampf, zwei Tage später folgt die Vergeltung, zuerst am 19. August in Valla, Ortsteil der Gemeinde San Terenzo. Das Dorf wird verwüstet wie üblich, einhundertundsieben Bewohner »zur Sühne«, in Wahrheit aus Rache für die siebzehn gefallenen deutschen Soldaten umgebracht, Frauen und Kleinkinder auch hier, einzig ein Mädchen überlebt verwundet das Massaker. Dann werden, noch am selben Tag, in Bardine di San Terenzo dreiundfünfzig aus Stazzema und Pietrasanta mitgeschleppte Geiseln erhängt, an jedem Gehenkten ein Hinweis darauf angebracht, daß damit die siebzehn deutschen Gefallenen fürs erste gerächt seien; die Tagesmeldung der Armee macht die Geiseln schlichtweg zu »Bandenmitgliedern«.[12]

Reder verharrt mordbrennend in der Lunigiana: Eine Woche später, am 24. August, ist das 800 Meter hoch am Ende eines langen Tals unter dem schroffen Gipfel des Pizzo d'Uccello gelegene, zur schon öfter heimgesuchten Gemeinde Fivizzano gehörende Dorf Vinca an der Reihe. Kommandos der PzAA 16 dringen von zwei Seiten in das Dorf ein, töten, was ihnen in den Weg kommt; bestialisch zugerichtete Leichen von 29 Frauen, teilweise noch mit ihren Säuglingen im Arm oder mit aufgeschnittenen Leibern, werden später, auf einen Haufen geworfen, in einem Viehgatter gefunden. Etliche der Bewohner hatten rechtzeitig aus dem Dorf fliehen können; sie kehren anderntags zurück, das aber tun auch die Deutschen, und so beginnt das Blutbad aufs Neue, erst am dritten Tag hört das Morden auf. Nun wird Beute gemacht, geplündert, werden die Häuser angezündet, am Ende zählt man einhundertvierundsiebzig Tote, fast zur Hälfte Frauen: 54 Männer und 57 Frauen älter als dreißig Jahre, davon 35 älter als fünfundsechzig, 37 im Alter zwischen fünfzehn und dreißig Jahren und 26 Kinder, von einem noch Ungeborenen abgesehen das jüngste gerade zwei Tage alt. Daß Reder die Aktion selbst an Ort und Stelle leitete, ist bezeugt.[13]

Am 26. August, dem dritten Tag des Gemetzels von Vinca, notieren der Ic und Ia der 14. Armee fast gleichlautend in ihren Tagesmeldungen: »Bandenunternehmen im Raum 143/50−51−52−64 abgeschlossen. Bisher 1480 Bandenangehörige, Bandenhelfer und Bandenverdächtige erfaßt. 332 Banditen im Kampf niedergemacht. 600 Einzelgehöfte und Bandenunterkünfte sowie 17 Ortschaften im Raum Mte Sagro, dabei Hauptlager Vinca, vernichtet.«[14] »Bandenhelfer« und »Bandenverdächtige«: Wenige Tage oder Monate alte, drei-, vier-, sieben-, zehnjährige Kinder.

Anfang September sind Reder und die PzAA 16 wieder in der Provinz Lucca. Zur Stunde der Mattutin kurz vor Mitternacht am 2. September dringen etwa 20 deutsche SS-Soldaten in die Kirche der Certosa di Farneta ein, in die sich rund hundert Menschen aus der Umgebung vor den Deutschen geflüchtet haben. Die SS-Soldaten verdächtigen diese Menschen als Partisanen, die sie nicht sind, sie wollen sie festnehmen, offenbar auch plündern. Die Karthäuser, Brüder und Patres, stellen sich schützend vor die Flüchtlinge, was weder denen noch den Mönchen selbst nutzt. Die Zivilisten und 12 vorher gefolterte Patres, darunter der Prior Martino Binz, ein Südtiroler, werden auf Lastwagen verfrachtet und nach Norden verschleppt, kaum einer von ihnen wird lebend zurückkehren. In der Tagesmeldung des Ic/AOK 14 vom 3. September liest sich das so: »Der Prior des Karthäuser Klosters nordwestlich Lucca wegen Waffenschmuggel und Beihilfe zur Fahnenflucht und Partisanenbegünstigung überführt. Bei Überholung des Klosters in der Nacht vom 1./2. 9. über 50 Banditen hineingelaufen. 35 Mönche als Mitwisser verhaftet.«[15]

Der Hauptort der Provinz Apuania, Massa, wird von einem alten Kastell, dem Forte Malaspina, beherrscht, das auch jetzt wieder von den Deutschen als Gefängnis vor allem für politische Häftlinge, die man auf dem Rückzug aus südlicheren Gegenden mitgeschleppt hat, und für Geiseln aus der Apuania und Versilia benutzt wird. Am 10. September, einem Sonntag, werden 74 der politischen Gefangenen, unter ihnen Patres der Certosa di Farneta, andere Priester und auch einige Frauen, per Lastwagen weggeschafft und an verschiedenen Örtlichkeiten in der Umgebung einzeln oder in Gruppen umgebracht. Zurück bleiben 162 überwiegend politische Häftlinge, darunter zwei Frauen. Am 16. September werden auch diese, allesamt, auf Lastwagen gepfercht und abtransportiert, angeblich nach Norditalien. Aber bereits bei San Leonardo a Taberna an der Brücke der Via Aurelia über den Frigido hat die Fahrt ein Ende: Die Gefangenen müssen die Fahrzeuge verlassen und werden am Rande des kiesigen, zu dieser Jahreszeit kaum Wasser führenden Flußbettes erschossen, die Leichen in Bombenkratern am Ufer verscharrt.[16] Auch für dieses Massaker sind höchstwahrscheinlich Major Reder und die PzAA 16 verantwortlich.

Die letzte größere Aktion dieser Einheit in der Apuania ist wieder eine »Sühnemaßnahme«, sie trifft am selben Tag wie das Massaker am Frigido das Dorf Bérgiola Foscalina, unweit von Carrara. Reder ist selbst nicht dabei, aber auf seinen Befehl dringt am 16. September eine Einheit der PzAA 16 und ein Trupp Schwarzhemden der *Brigate Nere di Apuania* in das Dorf ein, die Soldaten ermorden, wie Überlebende berichten, auf bestialische Weise 72 Dorfbewohner; fünfzehn von ihnen, darunter Kinder, werden in die Dorfschule gesperrt, die Schule mit Flammenwerfern in Brand gesteckt und die Eingesperrten lebendigen Leibes verbrannt.[17]

Die 16. SS-PzGD *Reichsführer SS* wird in der zweiten Septemberhälfte aus dem rechten Flügel der 14. Armee herausgelöst und in die Gegend nördlich von Pistoia als Armeereserve und zur »Bandenbekämpfung« verlegt.[18] Der neue Divisionsabschnitt erstreckt sich rückwärts bis nahe an Bologna heran, das langgestreckte

Reno-Tal, eine wichtige Nord-Süd-Verbindung und »bandenver-seucht«, gehört dazu: Ein neues Betätigungsfeld für Major Reder und die SS-PzAA 16.

2 Massaker im Sumpfland von Fucécchio

Nachdem die 14. Armee sich mit ihrer Hauptstreitmacht über den Arno abgesetzt hat, gruppieren auch die Alliierten Ende Juli ihre Streitkräfte um und verlegen den Schwerpunkt ihrer Angriffsopera-tionen an die Adriafront. Die 10. Armee wird dadurch gezwungen, ihren linken Flügel zunächst auf eine Frontlinie zurückzunehmen, die vom umbrischen Cittá di Castello am oberen Tiber über Pergola und Mondavio in den Marken östlich von Mondolfo die Adriaküste er-reicht. Im August, nach der Räumung von Florenz, wird die HKL auf das Nordufer des Cesano zurückgenommen.[19] Die britische 8. Armee verstärkt aber ihren Druck an der Adria-Front dermaßen, daß die deutsche Führung hier stückweise Boden preisgeben und Ende August der linke Flügel der 10. Armee hinter den Metauro zurück-weichen muß, während die Armee in der Mitte und auf dem rechten Flügel zunächst in die Vorfeld-Stellung der *Goten-Linie* einrückt, dann ab 22. August die am Apennin-Kamm verlaufende Riegelstel-lung bezieht. Mitte September beginnt dann der Doppelangriff der Alliierten, zunächst im Zentrum der Gebirgsfront nördlich von Flo-renz beiderseits der alten Straße, die über den Futa-Paß nach Bologna führt; dann auch längs der Küstenstraße an der Adria auf Rimini zu. Die Hauptlast der deutschen Verteidigung trägt in der Mitte das I. Fallschirmjägerkorps, wobei die 4. FjD dem stärksten Druck standzu-halten hat; binnen einer Woche verliert sie Ende September in den Kämpfen um den Paso di Futa 600 Gefallene und 1200 Verwundete. Die 5. US-Armee kommt hier nur langsam voran, wenige Kilometer am Tage, aber Anfang Oktober hat sie den Gebirgskamm überschrit-ten und steht mit ihren Spitzen in den nördlichen Vorbergen des Apennin in Sichtweite von Bologna.[20]

Die Abwehrkämpfe im mittleren Apennin, etwa zwischen dem Abetone-Paß, über den die Straße von Pistoia nach Modena, und dem oberen Tibertal, durch das die Straße von Perugia über Sansepolcro nach Cesena führt, nehmen an Härte auch deshalb zu, weil sie nach zwei Seiten geführt werden müssen. Denn die Partisanen, besser organisiert und ausgerüstet als je zuvor, operieren hier im Gebirge im Spätsommer und Herbst 1944 unter fast idealen Guerrilla-Bedingungen. Ihre Hauptstützpunkte sind in diesem mittleren Bereich das Gebiet um den Monte Morello, nordwestlich von Florenz, das Gebirge nördlich des Mugello, die Wälder um Firenzuola und Palazzuolo in der Toskana und um Apollinare in der angrenzenden Emilia.

Am Monte Morello organisiert sich seit Frühjahr 1944 die 22. Garibaldi-Sturmbrigade *Lanciotto Ballerini*, gegen die am Ostermontag die FjPzD *Hermann Göring* eine »Säuberrungsaktion« ansetzt, die das Gebiet mit Feuer und Schwert überzieht. Die 22. Garibaldi-Brigade operiert im Juni/Juli mit einzelnen Verbänden auch im Pratomagno. Mitte Juni wird am Monte Morello *Radio Cora*, eine Untergrund-Radiostation der Resistenza, ausgehoben. Ab Mitte August häufen sich in diesem Bereich die Unternehmen gegen die Partisanenstützpunkte. So berichtet der Ic/AOK 14 am 12. August von einem »Bandenunternehmen im Raum Rocetta (6,5 km NNO Fasano)«, wo ein »Bandenlager ausgehoben« worden sei: »10 Banditen und 2 Flintenweiber erschossen, 4 Banditen festgenommen; werden nach Vernehmung gehängt. Weitere 15 wehrfähige Männer festgenommen«; offenbar sind letztere keine Partisanen.[21] Nach einer Tagesmeldung des Ia/AOK 14 werden am 13. August in der Gegend des Monte Morello »11 Banditen niedergemacht«, und zwischen Palazzuolo und dem Monte Falterone eine etwa »300 Mann starke Bandengruppe«, womöglich Teile der Garibaldi-Brigade *Bruno Fanciullacci* von der »SS-Kommandogruppe Schmid zersprengt«. Ebenfalls an diesem Tage wird »südwestlich 136/37«, d.i. die Gegend zwischen Pistoia und Prato, »nach einem Bandenüberfall« eine nicht näher bezeichnete »Sühnemaßnahme« eingeleitet; möglicherweise handelt es sich bei dem Überfall um den »heimtückischen Mord« an Offizieren des ArtRgt 362 am Monte Pratocavallo bei Pistoia.[22]

Am 17. August kommt es bei der Ortschaft La Selva, wenige Kilometer westlich von Marano an der Nationalstraße 64, die von Pistoia über den Collina-Paß nach Bologna führt, zu einem Feuergefecht, das ein »verstärktes Bandenjagdkommando gegen etwa 300 Banditen« führt, »13 Banditen niedergemacht, 7 gefangen, darunter 1 Kanadier

(...) Ort La Selva wurde niedergebrannt.«Die Zahl der»Feindtoten« wird später auf 31, die der Gefangenen auf 11,»darunter 3 deutsche Soldaten« korrigiert.[23] Dies ist nicht der erste und bleibt auch nicht der einzige Hinweis in Tages- und anderen Meldungen auf die Gefangennahme deutscher Soldaten bei einer Aktion gegen Partisanen. Zweifellos handelt es sich dabei nicht um Gefangene der Partisanen, die jetzt befreit wurden; in solchem Falle wird das immer eindeutig vermerkt. Die hier in der Tagesmeldung genannten 3 deutschen Soldaten sind Deserteure. Nach Ausweis der militärischen Quellen ist Desertion deutscher Soldaten in Italien, seit dem Frühsommer 1944 zunehmend, offensichtlich viel häufiger vorgekommen, als an die Oberfläche gelangte und bekannt wurde. Wo, wie hier, deutsche Deserteure wieder eingefangen wurden, übte die Wehrmachtjustiz gnadenlose Härte.

Und so geht das immer weiter: Bei einem Unternehmen in der Gegend von Pontremoli, durchgeführt von Teilen des Luftwaffen-JRgt 40, werden»210 Festgenommene der Sammelstelle Terrarossa« – bei Aulla an der Nationalstraße von La Spezia über den Cisa-Paß nach Parma – zugeführt,»6 Verdächtige auf der Flucht erschossen«. Unter den Gefangenen aus einer Parallelaktion in dieser Gegend ist der Dolmetscher des»Bandenführers«, des britischen Majors Lett.[24] Die Partisanen sorgen erheblich für Störungen und Unruhe im rückwärtigen Bereich der *Goten-Linie* und treffen die deutschen Truppen empfindlich an einem neuralgischen Punkt, nämlich der Versorgung ihrer Verteidigungsstellungen. Deshalb auch die deutliche Erbitterung, mit der die Partisanen hier bekämpft und die Bevölkerung als deren vermeintliche Helfershelfer terrorisiert werden; eine Erbitterung, die sich noch in der Wortwahl der Tagesmeldungen und Einträge in den Kriegstagebüchern widerspiegelt.

Am 6. September dringt ein Trupp Soldaten in den zu Prato gehörenden Weiler Figline ein, plündert die wenigen Häuser und exekutiert auf gräßliche Weise dreißig Partisanen und deren angebliche Helfer, die am Vortage in der Nachbarschaft bei einem Gefecht gefangengenommen wurden. Figline gehört zum rückwärtigen Frontabschnitt der 4. FjD. An einem Partisanenüberfall bei Apollinare im Abschnitt der 715. ID am 11. September sollen 250 Partisanen beteiligt gewesen sein; als»Sühnemaßnahme«, wofür wird nicht gemeldet, werden fünf »Banditen« niedergemacht.[25]

Im Casentino und im oberen Tibertal setzen sich die 305. ID und die 44. ID *Reichsgrenadiere HuD* Ende August bis Mitte September kämpfend auf die *Goten-Linie* ab, in der sie den links an die 715. ID anschließenden Frontabschnitt übernehmen. Zuvor aber schlagen die Deutschen im Casentino noch einmal kräftig zu: Deportation von einhundertfünfzig Männern im Alter von 18 bis 45 Jahren aus der Gemeinde Poppi zur Zwangsarbeit in deutschen Konzentrationslagern am 7. August; Blutbad unter fünfundzwanzig Dorfbewohnern in Moscia e Lagacciolo im Pratomagno am 25. August durch vier deutsche Soldaten, Frauen, Kinder und alte Leute, eingesperrt im Erdgeschoß eines Hauses, umgebracht per Handgranaten.[26]

Am 11. September wird von einem Kommando, vermutlich der 305. oder 44. ID, die völlige Räumung des zu Poppi gehörenden Dorfes Moggione angeordnet, nur ein paar Frauen mit ihren Kleinkindern und Kranke dürfen zurückbleiben, die übrigen etwa 250 Bewohner sollen sich weiter hinauf ins Gebirge zum Kloster Calmaldoli verziehen. Nachmittags werden die Zurückgebliebenen aufgefordert, in einem Keller Schutz vor den beabsichtigten Brückensprengungen zu suchen; plötzlich aber eröffnen die Soldaten aus ihren Maschinenkarabinern das Feuer, elf Personen werden getötet, drei verwundet, weitere acht, darunter drei Kinder, kurz darauf auf dem Weg nach Corniolino umgebracht.[27]

Die Ortschaft Partina bei Bibbiena, in der im April achtundzwanzig Bewohner von Deutschen ermordet wurden, wird Anfang August geräumt, nur der Pfarrer und einige Kranke bleiben im Pfarrhaus zurück, in das sich beim Nähern der Front noch dieser oder jener flüchtet, der sich bis dahin hat verbergen können. Mitte September wird der Pfarrer erschossen. Allein deshalb, weil Soldaten unter seinem Küchentisch zwei Päckchen amerikanischer Zigaretten gefunden haben, die dem Pfarrer von seinen Pfarrkindern geschenkt wurden, die wiederum die Päckchen in einem liegengebliebenen britischen Panzerwagen gefunden hatten.[28]

Im rückwärtigen Bereich der 305. und 44. ID kontrollieren die Partisanen inzwischen weite Teile des Apennin. Beide Divisionen haben Mühe, wenigstens die wichtigen Straßen übers Gebirge in die Emilia-Romagna für den Nachschub freizuhalten, die Nationalstraße 67 über den Paso di Muraglione nach Forli und die 71 über den Mandrioli-Paß nach Cesena. Am 14. August hat die 44. ID bei einem Partisanenüberfall in der Gegend von Montalone Verluste, daraufhin wird »ein eigenes Jagdkommando angesetzt«. Eine Woche später, am 20. August startet die Division ein neues Unternehmen gegen die »Banden« am Monte Mercurio, bei dem acht »Banditen«, am folgenden Tag weitere »15 Banditen erschossen, 309 männliche Zivilisten festgenommen« werden; was mit den Festgenommenen geschieht, wird nicht vermerkt. Am 25. August schließt auch die 305. ID ein dreitägiges Unternehmen gegen eine »Bande« am Monte Mercurio ab: »16 Banditen gefangen, 18 erschossen«, weitere »Sühnemaßnahmen« seien im Gange; wozu wohl auch jene am 26. August gehört, bei der »5 Kommunisten« erschossen werden.[29]

Nicht immer sind es Partisanenüberfälle, die »Sühnemaßnahmen« nach sich ziehen. In Castello, südlich des Monte Mercurio, werden am 12. August zwölf Männer füsiliert, nachdem ein deutscher Soldat sich bei einem Vergewaltigungsversuch, nach italienischem Zeugnis, mit seiner Pistole selbst verletzt, dies aber als als Fremdtat ausgibt. Das freilich wird im Prozeß gegen Kesselring 1947 von der Verteidigung bestritten, nach der Logik, daß nicht sein kann, was nicht sein darf. Die Erschießung von sechs Zivilisten am 26. September in derselben Gegend mit der Begründung, die Zivilisten hätten den nachrückenden Briten geholfen, und das Niederbrennen von Gebäuden und die Tötung von vierzehn Personen zwei Tage später in Sarsina, sowie angeblich weiterer vierundvierzig am 29. September, versucht Kesselrings Verteidiger 1947 als Kampfhandlungen zu rechtfertigen.[30]

Fast stereotyp wiederholen sich Meldungen und Berichte, immer wieder ist es das gleiche: Bei einem nicht näher bezeichneten Unternehmen der 305. ID werden am 11. September drei »Banditen« niedergemacht, 115 Zivilpersonen festgenommen, am 12. September nach einem Gefecht 25 Partisanen und 34 männliche Zivilisten, am 13. September sieben »Banditen« erschossen. Die 44. ID meldet für den 12. September ebenfalls die Festnahme von 34 Zivilisten. Wahrscheinlich machten beide Divisionen wie vermutlich Ende August am Monte Mercurio auch hier gemeinsame Sache.[31]

Beiderseits des oberen Tibertals steht die im »Bandenkampf« erfahrene 114. JD im Einsatz; sie meldet am 20. August die Erschießung von fünf »Saboteuren«, für den folgenden Tag weiterer vier, sowie

Abwehr eines »Bandenüberfalls«. Das zur 305. ID gehörende Feld-ersatz-Bataillon 305, zu der Zeit im Raum Cittá di Castello – Sanse-polcro eingesetzt, »vernichtet« am 25. August 34 Partisanen und nimmt 107 Zivilpersonen fest.[32]

Obgleich der OB Südwest auf die Demarche Mussolinis bezüglich Art, Form und Umfang der deutschen Vergeltungsmaßnahmen seine früheren Befehle verbal abschwächt, bleibt er, die »Bandenbekämp-fung« betreffend, in der Sache auf der bisherigen Linie; womit auch die Begleitmusik zu den »Bandenunternehmen« nach den alten No-ten weitergespielt werden darf. Denn gemäß Sprachregelung richten sich »Sühnemaßnahmen« nicht gegen »Unschuldige«, sondern gegen »Bandenhelfer«, »Bandenverdächtige« und »Sympathisanten«. Neu ist, daß die »klaren Befehle« zu diesen Maßnahmen die »verantwort-lichen Führer der einzelnen Bandenaktionen« erteilen – und dafür gerade stehen sollen.[33]

So etwa der Kommandeur der 26. PzD Oberst, später General-major Crasemann, auf den Kesselring nach dem Krieg die Verantwor-tung für das Massaker in den Sümpfen von Fucécchio abzuwälzen versucht.

Padule di Fucécchio ist der Name für eine sumpfige, von Gräben und Kanälen durchzogene, wenig kultivierte und deshalb kaum be-wohnte Niederung am unteren Arno; im Norden liegen Montecatini und Monsummano Terme, im Süden Fuccéchio, von Südwesten zieht sich der hügelige Rücken der Cerbaia bis an den Rand der Sümpfe, weiter im Osten erhebt sich der dicht bewaldete Monte Albano. Die-ser ist wie die Sümpfe Versteck und Zuflucht für Flüchtlinge aller Art, auch für kleinere autonome Gruppen von »Banditen«. Mitte Juli beginnt das PiBtl 190/90.PzGD mit der Anstauung der Fucécchio-Sümpfe[34], um sie für alliierte Panzerverbände unpassierbar zu ma-chen. Weil die deutsche Führung kaum in der Lage ist, das unüber-sichtliche Gelände mit den wenigen verfügbaren Kräften wirksam zu kontrollieren, muß sie sich auf die Sicherung der Verbindungswege beschränken; außerdem werden der ganze Bereich kurzerhand zum »Bandengebiet« und alle Bewohner dieser Zone zu Partisanen er-klärt.

Das Vorspiel zur Tragödie findet am 6. Juli statt: Ein Trupp deut-scher Soldaten wagt sich mit einem Lastwagen und unter Führung eines Offiziers im Beiwagenkrad – vermutlich der 26. PzD oder der benachbarten 3. PzGD – in die Sümpfe, um »Proviant zu machen«, also zu requirieren. Sie brennen Häuser und Notunterkünfte nieder, nehmen in einem Haus fünf Geiseln, die sie an Ort und Stelle erschießen. Dann stößt der Trupp auf bewaffnete Italiener, es kommt zum Schußwechsel, die Deutschen flüchten unter Mitnahme ihrer Verwundeten, deren einer der Offizier ist. Weiter passiert zunächst nichts. Am 24. Juli werden zwei junge Männer beim Viehtreiben aufgegriffen, als Partisanen verdächtigt, obgleich sie das nicht sind, nach Montecatini geschafft und dort zur Abschreckung öffentlich aufgeknüpft. Der Vorfall blockiert zunächst weitere Aktivitäten der wenigen hier befindlichen Partisanen, die sich erst einmal ins Innerste des Sumpflandes zurückziehen. Nach ein paar Tagen, an denen nichts weiter geschieht, fühlen sie sich wieder sicher und beginnen erneut mit ihrer Nadelstichtaktik gegen einzelne deutsche Soldaten oder Militärfahrzeuge.

Ende August weiß ein V-Mann von einer »Bande« in Stärke von 200 bis 300 Mann in der Gegend von Banditelle, zwischen Tobbiana und Vaiano, zu berichten, die angeblich auf Anweisungen der Engländer für Aktionen gegen die deutschen Truppen wartet. Anlaß für die Deutschen, nunmehr zurückzuschlagen: Am 23. August ordnet Oberst Crasemann innerhalb eines umfassenden »Bandenunternehmens« auch eine Aktion gegen die in den Sümpfen vermuteten Partisanen an, mit deren Durchführung die Aufklärungsabteilung der 26. PzD unter Führung des Rittmeisters Strauch betraut wird. Der Divisionskommandeur weist dazu den Rittmeister persönlich in das Gelände ein. Strauch wird 1947 im Prozeß gegen Kesselring und in seinem eigenen Prozeß 1948 vor einem Militärgericht in Florenz aussagen, er habe direkt vom Divisionskommandeur den Befehl erhalten, alle im Sumpfgebiet angetroffenen Personen, auch Frauen und Kinder, alle Hütten und Boote und alles übrige Material der Partisanen im Kampf zu vernichten. Crasemann selbst hat das anders in Erinnerung: Die Sümpfe hätten sich zu der Zeit hart hinter der HKL befunden, die Division habe täglich Verluste durch Partisanen gehabt, im Sumpfgebiet bei Marsarella habe sich nach übereinstimmenden Meldungen eine »Bande« aufgehalten, die von Frauen und Kindern versorgt wurde; deshalb habe er das Unternehmen befohlen, aber einen ausdrücklichen Befehl zur Tötung von Frauen und Kindern habe es nicht gegeben.

Die Aktion beginnt am frühen Morgen und ist mittags beendet. Zunächst werden die Ortsteile Pratogrande, Capannone und Fattoria der Gemeinde Ponte Buggianese und der Ortsteil Cintolese (Monsummano Terme) am Rande des Sumpfgebietes in Schutt und Asche gelegt, die Bewohner, soweit sie nicht geflohen sind, umgebracht, auch die Kinder. Dann rückt die Abteilung ins Innere des Sumpfgeländes vor, wo man auf etwa dreihundert Zivilisten trifft. Auf der Böschung eines Grabens werden Maschinengewehre postiert, dann das Feuer auf die hierher geflüchteten, schutzlos den MG-Salven preisgegebenen Menschen eröffnet. Die genaue Anzahl der Opfer des Massakers ist nicht mehr zu ermitteln: Mindestens 120 sollen es insgesamt, mindestens 90 beim Blutbad im inneren Sumpfgebiet gewesen sein, darunter dreißig Frauen und siebzehn Kinder, das jüngste ein Jahr alt, aber nicht ein einziger Partisan. Die nahezu gleichlautenden Tagesmeldungen des I a und I c / AOK 14 vom 23./24. August vermerken: »bei Bandenunternehmen im Raum 138/24«, das sind die Sümpfe, »am 23. 8 etwa 100 verdächtige Zivilisten erschossen. Eigene Gruppe wurde aus einem Haus von Frauen beschossen«. Im Urteil des Militärgerichtes vom 23. September 1948 heißt es, bei dem Verbrechen gegen »Zivilisten, die nicht an militärischen Operationen teilnahmen«, seien 184 Personen, darunter 63 Frauen und 27 Kinder ermordet worden. Zumindest gesichert ist die Anzahl von 175 namentlich identifizierten Opfern.

Kesselrings Verteidigung bezeichnet später das Geschehen als »fahrlässige Tötung« im Gefolge einer Kampfhandlung. Dagegen steht das eindeutige Zeugnis der beteiligten Kompaniechefs. Der Autor der Divisionsgeschichte der 26. PzD schreibt 1957 von »tragischen Opfern«, geht aber über das Vorgefallene mit dem Argument hinweg, das Geschehen zu schildern, könne kein Anliegen im Rahmen seiner Darstellung sein. Eines der niedergeschossenen Kinder ist nicht sofort tot, ein Soldat beendet sein Schreien durch Genickschuß: In der Tat kein Thema für eine »Heldenchronik«. Strauch wird am 23. September 1948 vom Militärgericht in Florenz zum Tode durch Erschießen verurteilt, die Strafe aber sogleich in sechs Jahre Militärgefängnis umgewandelt, Major (seit 1. 1. 1945) Strauch im Dezember

1949 vom Präsidenten der italienischen Republik begnadigt. General Crasemann wird freigesprochen.

Auch das Massaker von Fucécchio, argumentiert 1947 Kesselrings Verteidiger, beweise, »daß die Befehle des Feldmarschalls etwaige Ausschreitungen einzelner Soldaten nicht hervorgerufen haben könnten«. Mehr als hundertfacher Mord, begangen von einer drei Kompanien starken Aufklärungsabteilung wird so umetikettiert zu Ausschreitungen einzelner Soldaten, für die sich weder der Divisionskommandeur noch der Feldmarschall verantwortlich fühlen, noch verantwortlich gemacht werden.[35]

Am auf das Massaker folgenden Tag, dem 25. August, stellt die »Bandenaufklärung« im Südteil der *Padule di Fucécchio* eine »200 Mann starke Bandengruppe fest, darunter Russen und mehrere deutsche fahnenflüchtige Soldaten.«[36] Insofern war das Unternehmen der 26. PzD ein »Fehlschlag«: Frauen, Kinder, Unschuldige, allenfalls Verdächtige sind tot, die »Banden« aber existieren weiter.

3 *Marzabotto: Eine »militärische Operation«*

Feldmarschall Kesselring läßt Mitte September eine »letzte Warnung« an Saboteure« an allen Straßenecken anschlagen und auch in der besatzungstreuen, deutschfreundlichen Bologneser Tageszeitung *Il Resto del Carlino* am 17. September veröffentlichen. In der Proklamation ist zu lesen: »Die Kampfführung der Banditen hat einen bolschewistischen Charakter angenommen«, die von Moskau gedungenen Verbrecher bedienen sich krimineller Methoden im Kampf gegen die Besatzungsmacht und die von ihr garantierte Aufrechterhaltung von Ordnung und Sicherheit. Das kann nun nicht weiter geduldet werden. »Von jetzt an wird mit härtesten Sanktionen gegen die Banditen vorgegangen, denn in einigen Regionen Italiens werden diese nicht nur von den Bürgern toleriert, sondern auch unterstützt!«. Ab sofort werden die Ortschaften, in denen Anschläge festgestellt werden, niedergebrannt und zerstört, die Urheber der Anschläge öffentlich aufgehängt. »Dies ist die letzte Warnung an die noch Unentschiedenen«. Die Mehrheit der Bevölkerung sei sich der von den Banditen ausgehenden Gefahr und auch der daraus resultierenden

Konsequenzen bewußt, nämlich der »Vernichtung aller kulturellen Werte des Abendlandes«, der Religon und des geistigen Erbes aller rechtschaffenen Menschen. Die »Banditen« wollen in Europa ein bolschewistisches Terrorregime errichten, was das Ende auch für die tausendjährige Zivilisation Italiens wäre. Deshalb kann im Kampf gegen die »Banditen« kein Pardon gegeben werden, und deshalb muß dieser Kampf im italienischen Volk nicht nur Zustimmung finden, sondern auch vom ganzen Volk geführt werden.[37]

Solche Parolen Kesselrings sind inzwischen alte Kamellen. Nicht zum ersten Mal spricht der OB Südwest hier die Sprache seines »Führers« und übernimmt die weltanschaulichen Parolen des OKW-Chefs Keitel, die Gleichsetzung von Partisanen mit Bolschewisten. Diese Behauptung wird kritiklos von den nachgeordneten Befehlshabern übernommen und an die Truppe weitergegeben; mit fatalen Folgen vor allem für die Zivilbevölkerung. Nur daß der von Kesselring prophezeite Vernichtungsterror nicht von den »bolschewistischen Banden« geübt wird, sondern von Soldaten der Deutschen Wehrmacht, am schlimmsten in der Gemeinde Marzabotto Ende September 1944.

Der Gemeindebezirk Marzabotto erstreckt sich großenteils über ein bis 1000 Meter ansteigendes Gebirgsmassiv im nördlichen Apennin, etwa 25 Kilometer südlich von Bologna. Begrenzt wird der Amtsbezirk im Westen durch das Tal des Reno, in dem auch der Hauptort der Gemeinde an der Nationalstraße 64 von Pistoia nach Bologna liegt, und im Osten durch das Valdisetta mit der Staatsstraße 325 nach Prato. Im Süden bildet eine beide Täler verbindende Provinzstraße die Grenze zur Gemeinde Grizzana. Diese Bergregion ist teilweise landwirtschaftlich genutzt, teils felsig und kahl, teils mit einer busch- und waldähnlichen Macchia bedeckt. Neben den beiden Hauptorten Marzabotto und Grizzana gehören zu beiden Ämtern eine Anzahl Weiler, einzeln gelegene Gehöfte und abgelegene kleine Ansiedlungen. In Marzabotto gibt es eine Papierfabrik, eine Werkstatt für landwirtschaftliche Maschinen und eine Reismühle, in Pioppe di Salvaro eine Hanfspinnerei. Die Arbeiter und Kleinbauern bewahren eine alte sozialistische und antifaschistische Tradition.[38] Ein lokales Befreiungskomitee bildet sich schon bald nach dem 8. September 1943 vor allem aus den zurückgekehrten politischen Häftlingen, aus denen sich dann auch die ersten Widerstandsgruppen rekrutieren. Ein solcher Heimkehrer ist der Me-

chaniker Mario Musolesi, der im Winter 1943/44 eine Partisanengruppe aufbaut. Daraus entsteht die autonome Brigade *Stella Rossa*,
die innerhalb eines Jahres 1538 Partisanen zählt, darunter 90 Frauen
und eine größere Gruppe entflohener russischer Kriegsgefangener.
Kommandeur der vier Bataillone zu je vier Kompanien starken Brigade ist Musolesi, dessen nom de guerre »Lupo« lautet, der Wolf.[39]
Die Brigade wird aufgrund ihrer Aktivitäten, Überfälle auf Truppenteile, Störung des Nachschubes über die Apenninpässe und die
parallel zu den beiden Straßen verlaufenden Eisenbahnlinien zu einer
ernsthaften Behinderung und Bedrohung der Versorgung der deutschen Truppen. So wird sie seit dem Frühjahr 1944 immer häufiger
Ziel deutscher Gegenaktionen, die in der Regel mit Repressalien gegen die zivile Bevölkerung und »Sühnemaßnahmen« einhergehen.
Am 28. Mai kommt es im Rahmen einer größeren deutschen Aktion
bei Gardeletta zu einem Gefecht mit Partisanen der *Stella Rossa*.
Einen Partisanenüberfall auf eine Kaserne der Carabinieri in Marzabotto beantworten deutsche Einheiten und italienische Miliz mit einer
großangelegten Razzia im Gebiet von Grizzana und Marzabotto. Es
kommt zum Kampf, der sich über fünfzehn Stunden hinzieht, am
Ende haben die Deutschen angeblich 554 Gefallene und 630 Verwundete zu beklagen, die Partisanen hingegen nur zwei Tote und drei
Verletzte. Die Vergeltungsmaßnahme der Deutschen dauert länger.
Drei Tage lang wüten sie in den Bergen, 52 Gehöfte und Ansiedlungen werden niedergebrannt, zehn Zivilisten getötet. Am 24. Juni richtet sich ein gemeinsam von deutschen und faschistisch-republikanischen Truppenteilen durchgeführtes Unternehmen gegen die am
Monte Vignola, westlich des Reno-Tals, vermuteten Partisanen,
ohne Erfolg. Die Wut wird daraufhin an der Bevölkerung ausgelassen: Vier Männer aus Pian di Venola werden erschossen, die übrigen
Bewohner als Geiseln nach Bologna geschafft. Einen Monat später
reagieren die Deutschen erneut mit Razzien, Niederbrennen von Gebäuden und Ermordung einzelner Zivilisten: Vier Brüder Musolesi
werden in Aquafresca di Brigola füsiliert – eindeutig ein Fall von »Sip-
penhaftung« – sechs Personen in Molinella di Veggio, dreizehn in der
Gegend von Sasso-Pontecchio, kein einziger ein Partisan. Dasselbe in
Malfolle: Männer, Frauen und Kinder werden umgebracht, verschleppt, ihre Häuser niedergebrannt. Und so fort. Am 5. August zu

Lumasio, am 22. erneut in Pian di Venola, hier sind die Täter Schwarzhemden der *Brigate nere*.[40]

Nach Beginn des alliierten Doppelangriffs auf die *Goten*-Stellung, Mitte September, verstärkt die Brigade *Stella Rossa* ihre Aktivitäten, aber »Lupo« ändert seine Taktik. Am Monte Sole im Acrocoro baut er eine Stellung mit Schützengräben und Befestigungen aus, offensichtlich in Erwartung des amerikanischen Durchbruchs am Futa-Paß. Er nimmt Verbindung mit der 5. US-Armee auf, gerät dabei aber an einen Doppelagenten, der Absichten und Stellungen der *Stella Rossa* an die Deutschen verrät.[41] Am 29. September sind die Alliierten bis auf wenige Kilometer Luftlinie an den Monte Sole herangekommen.

Zwischen dem 16. und 18. September ist die 362. ID aus dem bis dahin von ihr besetzten Frontabschnitt, der westlich und östlich von Pistoia durch die Straßen 64 und 325 begrenzt wird, herausgelöst und weiter östlich in den Raum Firenzuola, vor allem zur »Bandenbekämpfung« verlegt worden. In ihren bisherigen Frontabschnitt samt dazugehörendem rückwärtigen Gebiet rückt die 16. SS-PzGD *Reichsführer SS* ein, deren Divisionsgefechtsstand in Poretta eingerichtet wird, etwa 30 Kilometer südlich von Marzabotto.[42]

Um der bei einem amerikanischen Durchbruch am Futa-Paß drohenden Verbindung mit den Partisanen zuvorzukommen, befiehlt der Kommandeur der 16. SS-PzGD *RFSS* Generalleutnant Simon die Vernichtung der Brigade *Stella Rossa*. Mit der Durchführung des Unternehmens wird Major Reder beauftragt. Am frühen Morgen des 29. September läßt dieser die Stellungen auf dem Monte Sole von allen vier Seiten angreifen: Von Osten durch seine in solchen Unternehmen erfahrene PzAA 16, vom Süden her durch Teile des SS-ArtRgt 16 und der SS-Flakabt. 16; vom Westen durch Teile des Rgt 2 und die Begleitkompanie der 16. PzGD, Wehrmachtteile und das IV. (Ost-)Bataillon des GRgt 1059; im Nordwesten von Marzabotto aus durch das FlakRgt 105. »Lupo« hat das I. und das II. Bataillon seiner Brigade auf dem Monte Termini nördlich von Grizzana, das III. auf dem Monte Sole, wo sich auch sein eigener Befehlsstand befindet, Stellung beziehen lassen.[43]

Erste Anzeichen für eine von den Deutschen geplante größere Sache gibt es schon am 26. September. Kleinere Zusammenstöße in Riolo di Vado im Setta-Tal, bei Lama di Reno und in Capossena di

Grizzana, wo zwei alte Leute umgebracht werden. Am folgenden Tag schießt sich die deutsche Artillerie auf den Monte Sole ein. Am 28. September kommt es wiederholt zu Zusammenstößen zwischen deutschen Spähtrupps und Vorposten der Partisanen. Die Bewohner verlassen ihre Häuser an den beiden großen Straßen, am Reno und an der Setta, und flüchten sich ins Gebirge in den Schutz der Partisanen.

Der deutsche Angriff erfolgt bei Morgengrauen des 29. September mit großer Wucht, unterstützt von Artillerie, Panzern, Granat- und Flammenwerfern. Oberhalb von Vado patrouilliert auf der »Direttissima« – der Bahnlinie Bologna-Florenz – ein Panzerzug, der die Stellungen auf dem Monte Sole unter Feuer nimmt. Der massierte Angriff reißt die Verteidigungslinien der Partisanen an mehreren Stellen auf, schon am Vormittag fällt »Lupo«. Die Verteidigung der Partisanen bricht unter den Angriffen der zahlenmäßig und an Waffen überlegenen Deutschen zusammen, gegen 17 Uhr hört der organisierte Widerstand der *Stella Rossa* auf. In kleinen Gruppen und einzeln gelingt es einem großen Teil der Partisanen, auf die auch in den folgenden Tagen noch Jagd gemacht wird, durch die deutschen Linien in die angrenzenden Berge und Wälder abzutauchen und sich zu zerstreuen.[44]

»Bandenaktion beendet mit Vernichtung der Bande *Roter Stern*« vermerkt das KTB/AOK 14 am 30. September, und »Bande *Stella Rossa* ist vernichtet«, meldet der I a der Armee am 2. Oktober.[45] Aber abgeschlossen ist das Unternehmen auch da noch nicht ganz, noch ist die mit fürchterlichen Greueln über die Bewohner der Gemeinden Grizzana und Marzabotto hereinbrechende »Sühnemaßnahme«, tatsächlich eine Racheorgie, im Gange. Bis in den Oktober hinein nimmt das Morden und Brennen kein Ende. Die schlimmsten Tage aber sind der 29. und 30. September und der 1. Oktober.

Die Einwohner von Cadotto werden kurzerhand zu Partisanen, zumindest zu »Bandenverdächtigen« deklariert und dann als solche behandelt. Deutsche Soldaten umstellen die Häuser, versperren alle Fluchtwege, legen Feuer. Den Eingeschlossenen bleibt nur die Alternative, im Hause lebendigen Leibes zu verbrennen, oder draußen abgeknallt zu werden. Nach Creda di Grizzana kommen die Deutschen auf dem Marsch zum Einsatz bereits in der ersten Stunde des Tages. Annähernd neunzig Personen werden in einen Schuppen gesperrt, überwiegend Frauen und Kinder, dann Arbeitsfähige zur Zwangsarbeit aussortiert und nach draußen getrieben, dort aber eröffnen die deutschen Soldaten das Feuer aus ihren Sturmkarabinern; denen im Schuppen ergeht es anschließend genauso, nur wenige junge Leute entkommen dem Gemetzel; als die Deutschen den Ort verlassen, stehen die Häuser in Flammen.[46]

Aus den kleinen Weilern im Kampfgebiet am Monte Sole, aus San Martino und Sperticano fliehen Frauen, Kinder und alte Leute nach Casaglia, in der Kirche dort wähnen sie sich in Sicherheit. Wie andernorts Kirchen keinen Schutz vor den Deutschen geboten haben, so ist auch das Gotteshaus in Casaglia jetzt kein Ort des Friedens. Die hereinstürmenden Deutschen erschießen zuerst den Pfarrer, der sich ihnen ohne Waffen in den Weg stellt, um die Wütenden mit Worten von ihrem Tun abzuhalten, dann treiben sie die übrigen hinaus auf den Friedhof, eine gelähmte Frau wird drinnen in ihrem Rollstuhl umgebracht. Zwischen den Gräbern und an der Friedhofsmauer zusammengetrieben, werden 147 Personen aus 28 Familien, darunter 50 Kinder, mit Maschinenkarabinern und Handgranaten niedergemetzelt. Das Massaker überleben nur wenige, etwa die fünfzehnjährige, schwerverletzte Lidia Piorini, geschützt durch die über sie gestürzten Toten. Die achtzehnjährige Elena Ruggeri kann entkommen und sich in den Wald retten, von wo sie das grausige Geschehen mitansieht. Beide sind Tatzeugen wie auch Adelmo Bennini, der, auf der Flucht vom Monte Sole, aus geringer Entfernung zusehen muß, ohne eingreifen zu können, wie seine Familie hingeschlachtet wird. Er und andere Partisanen versuchen durch die Wälder zu entkommen. In der Nähe von Caprara finden sie die Leichen von drei Mädchen, mit Stricken, um die Leichname aufrecht zu halten, an drei Kastanienbäume gebunden, die Röcke hochgeschlagen und jedem Mädchen lange Stecken zwischen die Schenkel getrieben. In Poggio di Casaglia stoßen sie auf einen drei oder vier Jahre alten Jungen, der mit dem Gesäß auf einen Pfahl gespießt wurde, zwischen Caprara und Villa Ignano auf die ähnlich sadistisch zugerichteten Leichen zweier hochschwangerer Frauen, deren Leiber und die ihrer ungeborenen Babys aufgeschlitzt wurden.[47]

Die Bewohner von Caprara werden in die Küche der lokalen Osteria eingesperrt, durch die Fenster geworfene Handgranaten richten ein Blutbad an, den Rest erledigen Flammenwerfer, zuletzt wird die Osteria noch gesprengt; für die 107 Eingeschlossenen, darunter 24 Kinder, gibt es keine Rettung.[48] Achtzehn Menschen verlieren allein in einem einzigen Haus in San Martino ihr Leben, 47 in einem Versteck bei S. Giovanni, auch zwei Nonnen und 12 Kinder. Zwischen Kirche und Friedhof von San Martino werden zweiundfünfzig Personen mit Maschinengewehren niedergemäht, die Leichen mit Benzin übergossen und angezündet. Zwischen Cadotto, Pranaro und Steccola finden 147 Menschen, davon 40 Kinder, den Tod.[49] Und immer noch ist das hier noch nicht alles, auch an den folgenden Tagen hört das Morden nicht auf.

Ins Oratorium von Cerpina haben sich neunundvierzig Personen geflüchtet, neunzehn Kinder, fünfundzwanzig Frauen, ein paar Alte. Ein deutscher Trupp tötet zunächst mit Handgranaten dreißig von ihnen, dann beschließen die Soldaten, erst einmal Pause zu machen und sich zu stärken, danach bringen sie die übrigen um, nur eine Lehrerin und zwei Kinder überleben. In Treppiede werden 53 Menschen auf die gleiche Weise ums Leben gebracht.[50]

Fortsetzung des Gemetzels am 1. Oktober in Pioppe di Salvero. Alle Männer werden in die Kirche getrieben, dort drei Tage ohne Wasser und Nahrung gelassen, dann sortiert: Die Arbeitsfähigen zur Zwangsarbeit nach Deutschland, die anderen werden am Rand eines Rückhaltebeckens erschossen, zweiundfünfzig an der Zahl, darunter zwei Priester. In der Casa Beguzzi fallen noch am 5. Oktober dreiundzwanzig Personen, vierzehn Frauen und Kinder, der Rest alte Männer, dem Morden zum Opfer.

Noch ist das deutsche Unternehmen *Stella Rossa* nicht beendet, da schreibt der Gemeindesekretär Grava von Marzabotto an den Präfekten der Provinz einen Rapport: »Alle Gebäude der Poderi von Sperticano, S. Martino, Casaglia, Pioppe di Salvaro stehen in Flammen. Mehr als fünfzig Frauen, Männer und Kinder sind in Sperticano füsiliert worden. In den drei Poderi von Colulla di Sopra, di Sotto und Abelle wurden dreiunddreißig Personen erschossen, unbestattete Tote liegen an der Straße nach Sibano, in Pioppe di Salvaro sind Tote in das Rückhaltebecken geworfen, eine unbestimmbare Anzahl in S. Martino, Casaglia, Pioppe di Salvaro und Salvaro umgebracht.«

Am 6. Oktober hat das große Morden endlich sein Ende gefunden, haben die Deutschen ihr Ziel erreicht: Auf dem Gebirgsstock gibt es kein Leben mehr.[51]

Was in diesen Herbsttagen 1944 in den Weilern und Dörfern am Acrocoro, in den Gemeinden Marzabotto, Grizzana und Vado di Monzuno an Grausamkeiten verübt wird, übersteigt alles, was bisher auf diesem Kriegsschauplatz geschehen ist. Deutsche Soldaten betreiben Menschenjagd auf den Straßen und Wegen, verstümmeln Frauen auf gräßlichste Weise, schießen Kinder wie Spatzen ab oder werfen sie ins Feuer. Sie tun dies unter dem Kommando des Majors Reder, der sich später vor einem italienischen Militärgericht einlassen wird, er habe nichts damit zu tun gehabt, sei nicht dabei gewesen, habe die Gemeinde Marzabotto nicht betreten, vielmehr das Unternehmen von seinem Gefechtsstand aus geleitet, vierzig Kilometer vom Ort des Geschehens entfernt.[52]

Bereits am Abend des 30. September spricht Feldmarschall Kesselring der 16. SS-PzGD *RFSS* seine Anerkennung für den Erfolg des Unternehmens aus, vielleicht in Unkenntnis dessen, was wirklich geschah und an den folgenden Tagen noch geschieht. Die 14. Armee bilanziert am 2. Oktober: »718 Feindtote, davon 497 Banditen und 221 Bandenhelfer..., 456 männl. Zivilisten zum Arbeitseinsatz erfaßt, 7 Ortschaften und Einzelgehöfte mit 174 Gebäuden niedergebrannt... Eigene Verluste: 7 Tote, 29 Verwundete.«[53] Am gleichen Tag gibt das OKW im Wehrmachtsbericht bekannt: »Die italienischen Banden im rückwärtigen italienischen Heeresgebiet haben auch weiterhin ihre Überfälle und Sabotageakte mit blutigen Verlusten bezahlen müssen. In der zweiten Septemberhälfte wurden 1336 Banditen getötet und über 500 Gefangene gemacht, zahlreiche Feldstellungen und Lager zerstört und reiche Beute an Waffen und Vorräten eingebracht.«[54]

Das sind zwar keine Falschmeldungen, aber die reine Wahrheit übermitteln sie auch nicht. Doch hat das Methode: Derartige Verschleierungen dessen, was wirklich geschah, sind nur allzu üblich. Im Falle Marzabotto aber beginnt unmittelbar danach auch in der Öffentlichkeit das große Leugnen und Verdrängen, das bis zum heutigen Tag gedauert hat und noch andauert. Der besatzungshörige *Il Resto del Carlino* bezeichnet am 11. Oktober Berichte über das Massaker von Marzabotto als »unkontrollierte Gerüchte«, als Produkte einer

»galoppierenden Phantasie«; es habe sich um eine Polizeiaktion gehandelt, um nichts anderes, »contro un nucleo di ribelli«, gegen eine kleine Gruppe von Banditen, bei der keineswegs, wie behauptet, 150 Zivilpersonen, schon gar nicht Frauen und Kinder getötet worden seien.[55]

Nach der Befreiung zieht der Bürgermeister von Marzabotto, Vito Nerozzi, in einem im Herbst 1945 für die Alliierten verfaßten Bericht Bilanz. »Das Amt Marzabotto umfaßt 13 zumeist in gebirgigem Gelände gelegene Ansiedlungen. Die Anzahl der in den Tagen vom 29. und 30. September und 1. Oktober 1944 von den Deutschen getöteten Zivilpersonen (ohne Partisanen) verteilt sich wie folgt: Caprara 184, Casaglia 195, Cadotto 104, Sperticano 111, Villa Ignano 95, S. Martino 560; insgesamt 1249 Personen. So viel ich erfahren habe, liegen noch weitere 421 Tote unbegraben in den Bergen«. Die Angaben Nerozzis enthalten offenbar nicht die Toten der Gemeinden Grizzana und Vado di Monzuno, die noch vor dem großen Morden von Deutschen umgebracht wurden, auch nicht diejenigen, die in den Konzentrationslagern in Deutschland umkamen. Nach jüngsten Berechnungen aufgrund neuerlicher sorgfältiger Recherchen des *Comitato Regionale per le Onoranze ai Caduti di Marzabotto* sind die vom Bürgermeister Nerozzi 1945 genannten Zahlen allerdings zu hoch gegriffen, wie ebenso die in der Literatur meistgenannte Zahl von 1830 Opfern des Gemetzels in den Gemeinden Marzabotto, Grizzana und Vado di Monzuno. Die Inschrift auf der Tafel am Eingang zur Gedenkstätte unter der Gedächtniskirche von Marzabotto lautet: »Von den 771 unschuldigen, bis jetzt hier begrabenen Opfern des Massakers und anderer Kriegsursachen sind: 315 Frauen, 189 Kinder unter 12 Jahren, 30 ugendliche zwischen 12 und 18 Jahren, 161 Männer zwischen 18 und 60 Jahren, 76 alte Menschen über 60 Jahre. Die übrigen Opfer liegen auf den Friedhöfen der Gemeinden Grizzana, Monzuno und Marzabotto, weitere müssen als unauffindbar gelten.« Das kommt den Berechnungen des genannten Regionalkomitees am nächsten. Demnach beläuft sich die Anzahl der im Zeitraum 29. September bis 5. Oktober 1944 Getöteten auf 776, die Gesamtzahl der im Sommer und Herbst 1944 in den drei *communi* von Deutschen Ermordeten auf 960; davon 216 Kinder über 12 Jahre, 317 Frauen und 141 Alte über 60 Jahre.[56]

Im Verlauf des Unternehmens gegen die Brigade *Stella Rossa* und im Zusammenhang mit den Vergeltungsmaßnahmen wurden in der Amtsgemeinde Marzabotto zerstört: 15 Straßen, 7 Brücken, 4 Gleisübergänge, 5 Schulgebäude, 2 Verwaltungsgebäude, 11 Friedhöfe, 9 Kirchen, 5 Oratorien, mehr als 800 Wohnungen, die Papierfabrik Lama di Reno, die Maschinenwerkstatt und die Reismühle; Grundstücke, Weinberge, Äcker und Wälder wurden verwüstet und vermint; 2556 Rinder, 928 Schweine, 534 Schafe, 17 821 Stück Geflügel wurden weggetrieben oder getötet; 649 landwirtschaftliche Fuhrwerke, 56 Drillmaschinen, 80 Mähmaschinen, 353 Pflüge, 528 Eggen und Spritzgeräte vernichtet oder unbrauchbar gemacht. In der Gemeinde Grizzana sind 95 Häuser völlig zerstört, 291 schwer beschädigt, 3 Kirchen zerstört und 5 Friedhöfe verwüstet. Die Hanfspinnerei in Pioppe di Salvaro wurde völlig unbrauchbar gemacht, 57 Kilometer Gemeindestraßen sind aufgerissen und unbenutzbar, 2 Zufahrtsbrükken zu Provinzstraßen zerstört, dazu alle elektrischen Anlagen und Leitungen, Telefon- und Telegraphenkabel, die Wasserleitungen, auch die Bahnstationen von Grizzana und Pioppe di Salvaro, und so fort, und so weiter. Vado di Monzuno, während sechs Monaten zwischen den Fronten mitten im Kampfgebiet gelegen, wird durch deutsche Repressalien und ungezählte alliierte Bombenangriffe dem Erdboden gleich gemacht.[57]

Der »Erfolg« des Unternehmens *Stella Rossa* für die kämpfende Truppe ist, wie andere derartige vorher und nachher, offensichtlich gleich Null. Noch am gleichen Tag, an dem die 14. Armee den erfolgreichen Abschluß der »Bandenaktion« meldet, am 2. Oktober, klagt der Armeebefehlshaber General Lemelsen beim OB Südwest über die Zunahme der »Bandentätigkeit«, die eine ernste Gefahr darstelle, zudem sei mit nochmaliger Steigerung zu rechnen, weil die »Banden« offensichtlich den Alliierten zuarbeiteten und bei Absetzbewegungen deutsche Nachhuten und Gefechtsvorposten angriffen.[58] Kesselring ordnet daraufhin noch am selben Tage eine neue »Bandenbekämpfungswoche« für die Zeit vom 8. bis 14. Oktober an: Die Korps sollen verstärkt Aktionen durchführen, wofür von allen Verbänden starke Kräfte abzustellen seien. Der I a / AOK 14 gibt die OB-Weisung weiter mit dem Vorspann, die Zunahme des »Bandenunwesens« fordert Maßnahmen, die geeignet sind, diesem Unwesen mit allen zur Verfügung stehenden Mitteln (...) wirksam entgegenzutreten«. In seinem Zwischenbericht über die »Bandenbekämpfungswoche« muß er allerdings einräumen, sie habe kaum oder nur geringe Erfolge gebracht.[59]

Die 16. SS-PzGD *RFSS* ist noch bis Januar/Februar 1945 im Raum Marzabotto eingesetzt, dann wird sie nach Ungarn verlegt.[60] Ex-Major Walter Reder wird nach Kriegsende von den Amerikanern festgesetzt, wieder freigelassen, 1948 in Salzburg erneut, diesmal von den Briten inhaftiert und alsbald an Italien ausgeliefert, wo bereits gegen ihn ermittelt wird. Doch erst im Oktober 1951 wird ihm von einem italienischen Militärgericht in Bologna der Prozeß gemacht, am 31. Oktober 1951 verkündet das Gericht sein Urteil, das 1954 die Berufungsinstanz bestätigt: Lebenslängliche Festungshaft anstelle einer an sich verwirkten Todesstrafe.

In der Bundesrepublik Deutschland wird 1967 das Militärstrafverfahren und das Urteil von Bologna Gegenstand einer Würzburger Dissertation bei Professor von der Heydte. Heydte war im Herbst 1943 I a der 2. FjD und seit 1968 Brigadegeneral d. Reserve in der neuen Deutschen Bundeswehr, Träger des Eichenlaubs zum Ritterkreuz des Eisernen Kreuzes; 1962 erstattete er Anzeige wegen Landesverrats gegen den SPIEGEL. Der Doktorand kommt aufgrund formaljuristischer Argumentation, die nicht eines gewissen Zynismus entbehrt, zu dem Schluß, das Urteil entspreche hinsichtlich des Sachverhalts und der materiell-rechtlichen Würdigung nicht dem geltenden Völkerrecht.[61] Im gleichen Jahr schreibt Reder an die Bürger von Marzabotto und bittet diese, seine vor allem aus Deutschland unter Assistenz zahlreicher Abgeordneter des Deutschen Bundestages betriebene Begnadigung zu unterstützen. Der italienische Staatspräsident gibt zur selben Zeit das Gnadengesuch an die Gemeinde Marzabotto weiter, die Bürger sollen entscheiden. Am 16. Juli findet das Referendum statt, befragt werden die Überlebenden des Massakers und die Familien der Opfer: 356 von 360 gültigen Voten lauten auf »No«, keine Unterstützung des Gnadengesuchs. 1980 wird in Bari erneut vor einem Militärgericht verhandelt. Jetzt wird die Strafe herabgesetzt, in fünf Jahren soll Reder frei sein, weil die Militärrichter ihm konzedieren, die Massaker an Frauen und Kindern seien im Krieg begangen, deshalb mit gewisser Nachsicht zu beurteilen, auch sei Reder, Marzabotto betreffend, nicht für den Tod von 1830 Unschuldigen, sondern nur für den von 600 verantwortlich zu machen. Die Richter, die das Urteil fällen, gehören derselben Klasse an, wie der Verurteilte, sie sind Militärs, militärischem Denken verhaftet. Zivilisten haben danach in einem ordentlichen Krieg, jedenfalls im Frontgebiet, nichts zu suchen, geraten sie dennoch ins Räderwerk des Krieges, sind sie selbst schuld, sie ganz allein. 1985 wird Reder nach Österreich ausgeflogen.[62]

Kapitel IX

Der unbefleckte Schild

Eine Legende

Marzabotto ist in Italien ein Symbol für die Schrecknisse des Krieges und die Willkür der Mächtigen. Die große Gedächtniskirche mit dem Mausoleum für die im Zweiten Weltkrieg Ermordeten und Gefallenen aus Marzabotto in dem durch Kriegshandlungen und Bomben im Winter 1944/45 zerstörten, dann wiederaufgebauten Ort erinnert an die italienische Resistenza und ihre Toten; darüber hinaus erinnert die Gedenkstätte an den europäischen Widerstand gegen die deutsche Agression insgesamt und an die Opfer unmenschlicher Gewalt in Oradour, Lidice, Auschwitz, Hiroshima, My Lai und überall in der Welt, wo Militärs Kriege führen und friedfertige Menschen leiden.

In Deutschland hingegen ist Marzabotto, bis hinauf in die höchsten Spitzen politischer Prominenz, nahezu unbekannt geblieben, vergessen, verdrängt, wie so vieles aus jener Zeit. Nicht vergessen sind die deutschen Kriegstoten, die in den Kämpfen um den Futa-Paß gefallenen Soldaten. In der monumentalen, von Marzabotto abgewendet nach Süden ins Land schauenden Gedenkstätte, die den Soldatenfriedhof auf der Paßhöhe krönt, spendet über vielen offiziellen Kränzen eine Seligpreisung aus der Bergpredigt Trost: »Selig sind die Leidtragenden,...« Getröstet werden hier nur Angehörige gefallener deutscher Soldaten, nicht aber die der Opfer deutscher »Sühnemaßnahmen« nahebei in Marzabotto und Grizzana. Unter den hier Begrabenen sind auch gefallene Männer der 16. SS-PzGD *Reichsführer SS*, deren Aufklärungsabteilung wenige Kilometer nördlich hunderte unschuldiger Frauen und Kinder ermordete.

Mit Feldmarschall Kesselring, von einem Militärgericht 1947 in Venedig zum Tode verurteilt, bald begnadigt und aus der Haft entlassen, spricht Anfang der fünfziger Jahre in seinem Haus am Tegernsee der italienische Journalist Enzo Giagi; er bittet um eine nachträgliche Beurteilung des Falles Marzabotto, worauf Kesselring antwortet:

233

»Marzabotto? Eine militärische Operation!«[1] Nichts weiter? Nur eine Kampfhandlung im Kriege wie andere auch, bei der es Tote gegeben hat, vor allem auf seiten der »Banditen«, »Feindtote«, wie es in den militärischen Meldungen heißt, und worin auch die Opfer der »Sühnemaßnahmen«, die einem »Bandenunternehmen« in der Regel auf dem Fuße folgten, eingeschlossen sind?

Im Dezember 1992 wird in einem Leserbrief an die *Frankfurter Allgemeine Zeitung* darauf hingewiesen, daß »die Summe der Zivilisten-Toten, die im Artikel« der *FAZ* über Marzabotto »als Mordspur des blutrünstigen deutschen Drei-Tage-Angriffs angegeben wird (1830)... sich aus der Summe aller Zivilpersonen« ergibt, »die zwischen dem 8. September 1943, dem Tag der Kapitulation Italiens, und dem 25. April 1945 im Raum Marzabotto auf Grund einer Krankheit starben, durch anglo-amerikanische Bombenangriffe oder Minenexplosionen getötet wurden oder welche teils als ›mutmaßliche‹ Faschisten von Partisanen, teils als nichtkommunistische Freischärler von kommunistischen Etappenbanditen ermordet worden waren.«[2] Das ist zwar nicht ganz falsch, aber auch nicht ganz richtig. Doch die exakte Zahl spielt keine wesentliche Rolle, das Faktum der Ermordung Unschuldiger zählt allein.

Ein anderer Leserbriefschreiber geht noch weiter: »Während der gesamten Operation gegen die Partisanen-Brigade *Stella Rossa* am 29. September 1944 blieb die Ortschaft Marzabotto außerhalb des Operationsgebietes. In der Stadt selbst herrschte zur fraglichen Zeit völlige Ruhe. Die Einwohnerschaft hatte nur deshalb Verluste zu beklagen, weil wehrfähige Männer zu den Partisanen gehörten und bei den Feuergefechten im Setta-Tal gefallen waren. Allerdings erlitt die Zivilbevölkerung von Marzabotto lange nach diesen Kämpfen Schaden an Leben und Gut, als die Front nähergerückt war und die Ortschaft das Ziel alliierter Bombenangriffe und amerikanischer Artillerie wurde.« Zudem habe das »Kriegsgericht Bologna« Reder »nicht wegen Geiselerschießungen verurteilt (...), sondern ihn für 270 Verluste der bewaffneten und unbewaffneten Zivilbevölkerung in der Zone von Marzabotto verantwortlich gemacht«. Auf derselben Leserbrief-Seite der *FAZ* möchte am gleichen Tag ein Generalmajor a. D. »darauf hinweisen, daß die Autorin« des kritisierten Berichtes »offenbar nicht die geringste Ahnung von kriegsvölkerrechtlichen

234

Fragen – Partisanenkrieg, Geiselnahmen, Vergeltung, Repressalien und so weiter – hat, alles Probleme, mit denen sich deutsche und ausländische Völkerrechtler seit Jahrzehnten (...) auseinandersetzen. (...) In Marzabotto fanden überhaupt keine nennenswerten Kämpfe statt, geschweige daß dort – wie immer wieder behauptet – die Einheit des Majors Reder eingesetzt war. Von den äußerst diffizilen Fragen des ›militärisch Notwendigen‹« habe die »Autorin gewiß noch nie etwas gehört.«[3] Richtig daran ist, daß der Ort Marzabotto, der Hauptort (capoluogo) des Gemeinde- oder Amtsbezirkes (commune) Marzabotto, im September 1944 zwar ein Ausgangspunkt, aber nicht Ort des Blutvergießens war, das in den zur commune gehörenden zahlreichen Ortsteilen (frazioni) stattfand.

Aber nicht erst 1992 wird mit solchen und ähnlichen Argumentationen die Legende vom »unbefleckten Schild« der Deutschen Wehrmacht verbreitet, seit mehr als vier Jahrzehnten wird mit ihnen die Behauptung hochgehalten, die Wehrmacht sei aus dem sogenannten »Dritten Reich« und Zweiten Weltkrieg »sauber« hervorgegangen, weil sie nur ihre Pflicht erfüllt und mit Verbrechen an der Zivilbevölkerung, die allein von SS, SD und SiPo verübt worden seien, nichts zu schaffen habe. An dieser Legendenbildung haben Hitlers Generale wesentlichen Anteil. Aus naheliegenden Gründen bestreiten sie, die sich nur zum Teil vor Gerichten der Sieger für ihr Tun und Lassen verantworten mußten, rückblickend ihre eigene Beteiligung an solchen Verbrechen, oder verschweigen sie ganz einfach; eine Verantwortung erkennen sie jedenfalls nicht an.

Auf Betreiben hoher deutscher Militärs, angeführt von den Generalen Heusinger und Speidel, die alsbald eine neue deutsche Bundeswehr werden mitgestalten können, erklärt der damalige NATO-Oberbefehlshaber General Eisenhower am 21. Januar 1951, der deutsche Soldat habe tapfer und anständig für seine Heimat gekämpft, und distanziert sich mit dieser Ehrenerklärung von eigenen früheren, anderslautenden Äußerungen. Der erste deutsche Bundeskanzler Konrad Adenauer erklärt im Dezember 1952 vor dem Deutschen Bundestag, der deutsche Soldat habe »ehrenhaft gekämpft«, schränkt aber ein, bis auf die, die Verbrechen begangen hätten.[4] Adenauers Einschränkung findet kaum Beachtung, vielmehr dient seine »Ehrenerklärung« zur pauschalen Lossprechung der Deutschen Wehrmacht vom Vorwurf, an kriminellen Handlungen beteiligt gewesen zu sein. Erst in jüngerer Zeit hat das kunstvoll erbaute Legenden-Gebäude Risse bekommen und zu bröckeln begonnen. Die Beteiligung der Wehrmacht an der Vernichtung der europäischen Judenheit, zumindest ihre Handlangerdienste für die SS-Mordmaschine sind inzwischen nicht mehr zu bestreiten. Aber auch bei den Verbrechen gegen die Zivilbevölkerung, nicht nur in Ost- und Südosteuropa, ist die Wehrmacht der Komplizenschaft mit der Führung des »Großdeutschen Reiches« und deren verbrecherischen Politik schuldig geworden, indem sie sich zur Vollstreckerin der verbrecherischen Befehle ihres obersten Befehlshabers gemacht hat.

In Deutschland liegt bis heute eine Decke des Schweigens über den an der italienischen Zivilbevölkerung verübten Verbrechen. Täter und Tatbeteiligte, die nach Hunderten, wenn nicht nach Tausenden zählen müssen, wurden nie zur Rechenschaft gezogen oder beriefen sich auf ihre militärische Gehorsamspflicht. Von den Befehlsgebern wurden einige nach dem Krieg vor Gericht gestellt, in Nürnberg, Venedig, Bologna, Florenz, Rom. Einige wurden zum Tod verurteilt, andere erhielten langdauernde Haftstrafen, seltener wurde einer freigesprochen. Aber die Todesurteile wurden nur in wenigen Fällen vollstreckt, die Haftstrafen mußten nur zu einem Bruchteil abgesessen werden, mit wenigen Ausnahmen wie Kappler etwa oder Reder.[5] Prozeßführung und Urteile dieser Verfahren wurden später vielfach kritisiert, nicht nur von Betroffenen und deren Anwälten, auch von anderen deutschen Juristen und von Politikern. Es wurde häufig mit Verfahrensmängeln oder falscher Bewertung der Sachverhalte argumentiert, um die rechtliche Bewertung der angeklagten Handlungen ins Gegenteil zu verkehren. Die Gerichte waren meist Militärgerichte, Militärs saßen über Militärs zu Gericht, Richter und Angeklagte gehörten nicht nur derselben Kaste an, sondern waren auch denselben Denkschemata verhaftet. FM Kesselring hat auch nach seinem Prozeß ein reines und ruhiges Gewissen: »Ich glaube, daß das deutsche Volk und die anderen Völker der westlichen Welt erfahren sollen, daß die deutschen Soldaten trotz des blutigen Kriegshandwerks sich in einem Ausmaß von humanen, kulturellen und wirtschaftlichen Gesichtspunkten haben leiten lassen, wie sie Kriege dieses Ausmaßes ganz selten zeigen dürften.«[6]

236

Verdrängte Wahrheiten

1899 und 1907 hatten sich die Mächte und Staaten in Den Haag auf eine Konvention geeinigt, die innerhalb der Regeln für die militärische Kriegführung auch einen gewissen Schutz für die Zivilbevölkerung garantieren sollte und deswegen unter anderem einen Unterschied zwischen Kombattanten und Nichtkombattanten machte. Dieser Haager Landkriegsordnung liegt aber eine Vorstellung von der Technik der Kriegführung zugrunde, die schon damals mehr oder weniger überholt war. Den modernen »totalen« Krieg hatten die Vertragschließenden ebensowenig einkalkuliert wie die Erfahrung früherer, überwunden geglaubter Jahrhunderte mit ihren Religionskriegen, nämlich zu welchen exzessiven Taten ideologisch indoktrinierte Männer in einem Weltanschauungskrieg fähig sind. Die Idee, man könne Krieg in Europa nach den Regeln mittelalterlicher Ritterturniere führen, war dann bald schon im Ersten Weltkrieg nicht mehr als eine Illusion. Im zum totalen, weltanschaulich begründeten Vernichtungskrieg eskalierten Zweiten Weltkrieg ist von solchen Ideen schon nicht mehr die Rede: Die Deutsche Wehrmacht hatte sich bereits vorher zum Handlanger einer totalitären Weltanschauung herabgewürdigt und frühzeitig zu deren rücksichtsloser Durchsetzung beigetragen.

Der irreguläre *Kleine Krieg* der spanischen Guerilla gegen die regulären Armeen Napoleons war 1899/1907 offenbar ebenso aus dem militärischen Konzept verdrängt, wie die blutigen Unterdrückungsmethoden der Franzosen gegenüber der spanischen Bevölkerung. Nicht anders ist zu erklären, daß in der HLKO von »Partisanen« oder »Guerrilleros« und ebenso vom Widerstandsrecht der Bevölkerung gegen eine fremde Besatzungsmacht expressis verbis nirgends die Rede ist, sondern lediglich einige vage Andeutungen über den militärisch organisierten *Kleinen Krieg* aus ihr herauszulesen sind. Auch werden die Erfahrungen mit französischen Franktireurs im Krieg 1870/71 die deutschen Unterhändler eher davon abgehalten haben, irgendwelche Zugeständnisse in dieser Richtung zu machen. Im Zweiten Weltkrieg wurden diese Mängel, vor allem die Unterscheidung zwischen Kombattanten und Nichtkombattanten faktisch gegenstandslos, sie existierten nicht mehr angesichts eines den total geführten Weltanschauungskrieg mitkonstituierenden Partisanen-kampfes. Die in der HLKO unzureichend versuchte völkerrechtliche Differenzierung zwischen militärischem und zivilen Bereich hatte ihre reale Bedeutung verloren. Deshalb, und weil sie fast ausschließlich formal und buchstabengetreu entlang der Artikel der HLKO argu-mentieren, gehen die zahlreichen rechtlichen Erörterungen etwa zur Zulässigkeit oder Unzulässigkeit von Repressalien gegen die Zivilbe-völkerung eines besetzten Landes, zur kollektiven Bestrafung und zur Geiseltötung oder zum Rechtsstatus von Partisanen an der eigent-lichen Problematik der »Bandenbekämpfung« und der »Sühnemaß-nahmen«, wie sie im Operationsgebiet Mittelitalien 1943/44 prakti-ziert wurden, vorbei.

Der von der Wehrmacht in Italien geführte Krieg opfert jegliche Rücksichtnahme auf die nicht kriegführende, an sich unbeteiligte Zi-vilbevölkerung der *militärischen Notwendigkeit* und unterlegt den Partisanenkampf mit politisch-ideologischen Begründungen, die dem einfachen Soldaten wenigstens den Schein militärischer Logik vermit-teln sollen.[7]

Nachträglich erklärte Kesselring in einer während seiner Internie-rung nach Kriegsende für die US-Army verfaßten Studie, die später als Kapitel 21 »Der Bandenkrieg in Italien« in seine Erinnerungen Eingang findet[8], »aufgrund kriegsgeschichtlicher Erkenntnisse« be-trachte er »den Bandenkrieg als eine Entartung der Kriegführung«. Auch die Wehrmacht habe »in allen ihren Teilen den Bandenkrieg abgelehnt.« Kriegsgeschichtliche Erkenntnisse: Vermutlich Erfah-rungen mit Franktireurs im Krieg 1870/71 und in den ersten Monaten des Ersten Weltkrieges.[9] Das deutsche Heer, so Kesselring weiter, habe vor und im Zweiten Weltkrieg den Partisanenkrieg nicht einmal als Möglichkeit der gegnerischen Seite in ihr Kalkül einbezogen. Es sei deshalb weder auf die Führung, noch auf die Abwehr eines Gueril-lakrieges vorbereitet gewesen, ebenso habe es weder Vorschriften oder planende Vorbereitungen, noch eine entsprechende Kampfaus-bildung gegeben.[10]

Spätestens 1941 mit Beginn des Rußlandfeldzuges aber wurde die militärische Führung mit den Realitäten des Partisanenkampfes kon-frontiert. Dennoch wird sie 1943/44 in Italien von Ausmaß und Inten-sität einer organisierten Partisanenbewegung überrascht und reagiert dementsprechend mit Fehlschlüssen. Kesselring begründet diese Fehleinschätzung nicht nur mit Erfahrungsmangel, sondern auch mit der inneren Abneigung von Führung und Truppe gegenüber dem *Kleinen Krieg*, auch mit seinem eigenen »Wissen um die unvermeidlichen Auswüchse des Bandenkrieges«. Er nimmt für sich in Anspruch, deshalb »alle überhaupt nur möglichen Maßnahmen« ergriffen zu haben, »die den irregulären Krieg im Entstehen und in seiner Ausweitung verhindern oder einschränken sollen«. So habe er den »Bandenkampf« taktisch dem »Frontkampf« gleichgestellt, um die in erster Linie dem Frontkampf vorbehaltenen Kampfmittel – Panzer, Artillerie, Flammenwerfer – auch gegen Partisanen einsetzen und so die »Bandengefahr« rasch und durchgreifend beseitigen zu können.[11]

Für den ehemaligen OB Südwest ist in Übereinstimmung mit der Wehrmachtführung die Sache klar: Die »Banden« sind »in allem und jedem völkerrechtswidrig; sie widersprechen den Grundsätzen eines militärischen anständigen Kampfes.«[12] Partisanen sind deshalb rechtlos und vogelfrei, wo immer sie auftreten, ob militärisch organisiert oder nicht. Wie diese »Grundsätze« sich mit der gnadenlosen, oft bestialisch ausgeführten Tötung von Frauen, Kindern und Säuglingen durch reguläre deutsche Truppeneinheiten vertragen, läßt Kesselring allerdings offen.

Die deutsche zeitgeschichtliche und militärhistorische Forschung – und mit ihr die breitere deutsche Öffentlichkeit – haben den bewaffneten italienischen Widerstand vielfach und gründlich mißverstanden. Ihm wird ausschließlich völkerrechtswidriges, unmenschliches Verhalten attestiert, die *resistenza armata* als kriminelle Vereinigung, als terroristische Bewegung auch gegenüber den eigenen Landsleuten diskriminiert. Dabei sind die auch von Kesselring behaupteten unmenschlichen Verhaltensweisen der Partisanen auf dem Kriegsschauplatz Mittelitalien meistenteils unbewiesen, sie werden in den militärischen Quellen kaum, um so mehr nachträglich in Memoiren und Divisionsgeschichten erwähnt. Andererseits kann nicht bestritten werden, daß Partisanen sich gelegentlich der »Kriegführung« der Deutschen gegen sie angepaßt und sie mit Gegenterror beantwortet haben. Iris Origo weiß von solcher »Terrorisierung« der Bevölkerung zu berichten, auch von schlimmen willkürlichen Partisanenübergriffen, wobei es sich allerdings meist um solche »Banden« handelt, die von Jugoslawen geführt und überwiegend von Jugoslawen gebildet werden, meist Serben, die aus Kriegsgefangenen- und Konzentrationslagern entwichen waren. Obgleich diese in erster Linie gegen die Deutschen kämpften, waren sie oft auch auf Italiener schlecht zu sprechen, denen sie ihre Lagerhaft verdankten. Die deutsche und in geringerem Maße auch die italienische faschistische Politik im besetzten Serbien kann als Hauptursache dafür angesehen werden. Simona Colarizi nennt in ihrer sachlichen, wissenschaftlich begründeten Darstellung die Übergriffe von Partisanen Begleiterscheinungen einer Revolution – womit sie die Resistenza meint –, wie sie bei allen revolutionären Umbrüchen vorkommen, und brutale Antworten auf den Terror der deutschen Okkupanten. Die Behauptungen über angeblichen Partisanen-Terror seien im übrigen aufgebauscht und hielten historischer Kritik nicht immer stand, wenn auch in Einzelfällen Gewalttaten gegen die eigene Bevölkerung nicht ausgeschlossen werden könnten.[13]

Die Resistenza selbst hat das natürlich anders gesehen und versucht, die sozialen, patriotischen und militärischen Ziele des Widerstands auf eine griffige Formel zu bringen: Der aktive Widerstand der Partisanen, aber auch derjenige der Frauen um das physische Überleben ihrer Familien, sei ein Kampf gegen Kälte, Hunger und NS-Terror gewesen: la guerra patriottica für die Befreiung des Landes vom äußeren Feind, la guerra civile gegen die neue faschistische Republik und la guerra sociale gegen die herrschende, mit dem Faschismus gleichermaßen wie mit der Monarchie paktierenden Klasse, für eine neue demokratische und soziale Ordnung.[14]

Die Fehleinschätzung der *resistenza armata* kommt allerdings nicht von ungefähr. Die deutschen Militärs hätten 1943 wissen müssen, daß sie mit ihrer Art der Partisanenbekämpfung nur das Gegenteil dessen erreichten, was sie bezweckte, und daß eine Politik der Repressalien nicht der erfolgversprechende Weg zur gewünschten Pazifizierung sein würde: Bereits in Serbien 1941 hatten sich die vom dortigen Militärbefehlshaber General Schroeder angeordneten, vom OKW nur zu bereitwillig gebilligten Maßnahmen als kontraproduktiv erwiesen. Obgleich es damals und dort an Warnungen nicht fehlte, hielt die militärische Führung an drakonischer Vergeltung als Kernpunkt ihrer Besatzungsstrategie auch in Serbien fest.[15]

240

Auf dem italienischen Kriegsschauplatz macht sie den gleichen Fehler: Mangelndes Verständnis für den Partisanenkampf und Fehleinschätzung der Resistenza sind wesentliche Gründe für die Eskalation des deutschen Vorgehens gegen die »Banden«, deren angebliche oder tatsächliche Helfer und deren »Sympathisanten«, zu denen schließlich der größere Teil der italienischen Bevölkerung im Operationsgebiet gezählt wurde. Die Eskalation war außerdem gewollt. Indem sich »Sühnemaßnahmen« gegen »Helfer« und »Sympathisanten« richteten, glaubte man, die Partisanen selbst zu treffen. »Zweckentsprechende Sühnemaßnahmen wirken durchaus auf die *Moral der Banden*«, der Terror gegen Frauen und Kinder wurde Mittel zum Zweck. Das besondere Kennzeichen dieser Eskalation ist deshalb der mit der Zeit zunehmende Mangel an jeglicher Zurückhaltung. Kesselring streitet nachträglich immer wieder ab, daß die zunehmend schärfere Tonart seiner Befehle den Prozeß der Preisgabe jeglicher Zurückhaltung befördert hätten. In der Tat hatte die fortschreitende Enthemmung der deutschen Truppen im »Bandenkampf« gewiß noch eine andere, tieferliegende Begründung in der politischen Indoktrination, die Offiziere und Mannschaften weit mehr erfaßt hatte, als man damals – und später – eingestand.[16]

Die Rechtfertigung des Tötens

In Adolf Hitlers Weltanschauung hatten humanitäre Rücksichten nie eine Rolle gespielt. Aber auch die Wehrmacht hatte sich im Laufe des Krieges mehr und mehr davon frei gemacht. Hitlers Absicht, das polnische Volk auszurotten, fand beim Generalstab und seinem Chef Generaloberst Halder keinen Widerstand. Der Oberbefehlshaber des Heeres FM v. Brauchitsch definierte Anfang 1940 die von Hitler befohlenen, von SS und Polizei durchgeführten »volkstumspolitischen Aufgaben« als einen zur Sicherung des deutschen Lebensraumes notwendigen Volkstumskampf. Seitdem waren völkerrechtliche Maßstäbe auch beim Heer nicht mehr gefragt. Die Vorbereitungen zum Unternehmen *Barbarossa*, die Befehle und Weisungen Hitlers, des OKW und des Wehrmachtführungsstabes entbehren vollends jeder völkerrechtlichen Denkart und Argumentation. Die Generalität stellte sich überwiegend hinter das ideologische Konzept dieses Krieges. Nicht nur die Armeebefehlshaber v. Manstein und v. Reichenau verlangten in fast gleichlautenden Befehlen: Der deutsche Soldat müsse als »Träger einer unerbittlichen völkischen Idee« diesen weltanschaulichen Kampf durchfechten, als »Rächer für alle Bestialitäten, die deutschem und artverwandtem Volkstum zugefügt« werden.[17] General Böhme hatte etwa zur gleichen Zeit in einem Tagesbefehl für eine Strafexpedition in Serbien ganz ähnlich artikuliert: Das Unternehmen sei in einem Land durchzuführen, »in dem 1914 Ströme deutschen Blutes durch die Hinterlist der Serben« geflossen seien. »Ihr seid Rächer dieser Toten«, ein abschreckendes Exempel müsse statuiert werden, »jeder, der Milde walten läßt, versündigt sich am Leben seiner Kameraden.«[18] Von da ist es zu der die Italiener betreffenden, in der öffentlichen Propaganda und auch gegenüber der kämpfenden Truppe strapazierten Doktrin vom zweimal – 1915 und 1943 – geübten Verrat nicht weit. Rache und Sühne erhalten die Qualität eines völkischen Lebens-Wertes. Der Chef des Heerespersonalamtes dazu in einem Erlaß am 5. Januar 1944: »Ein Offizier, der die entscheidenden Werte unseres völkischen und politischen Lebens nicht erkennt und mit überzeugender Kraft bejaht, hat seine Eignung als Offizier verwirkt.«[19]

Zur ideologischen Indoktrination der Wehrmacht gehört auch die seit dem Unternehmen *Barbarossa* geltende Gleichsetzung von Partisan und Kommunist, aus welcher im Dienst der Rettung des Abendlandes vor dem Bolschewismus und vor dem nach Weltherrschaft strebenden internationalen Judentum die Plausibilität für den Partisaneneinsatz und die Rechtfertigung jeden Mittels abgeleitet wird: »Das Judentum bildet den Mittelsmann zwischen dem Feind im Rücken und (...) der Roten Wehrmacht und der Roten Führung«, formuliert Feldmarschall v. Manstein im November 1941, es halte alle Schlüsselpositionen der politischen Führung und Verwaltung usw. besetzt und bilde »die Zelle für alle Unruhen und möglichen Erhebungen«; woraus die Gleichsetzung von Jude und Partisan folgt[20], und die Begründung für die *militärische Notwendigkeit*, die Juden zu vernichten.

In Italien gibt es 1943 jedoch nur wenige Juden. Himmler befiehlt ihre Deportation, Kappler will den Befehl in Rom ausführen, Kesselring nimmt für sich in Anspruch, solches verhindert zu haben. In Italien gelingt auch deshalb kaum, was sonst unter deutscher Herrschaft in Europa gang und gäbe war. Für Italien, wo nur ganz wenige Juden bei den Partisanen mitgekämpft haben, ist die Gleichung: Jude = Partisan völlig irrelevant. Aber das OKW hatte auch davor gewarnt, daß in den von Deutschen besetzten Gebieten Europas kommunistische, von Moskau gelenkte Widerstandsbewegungen ihr Unwesen treiben könnten, und befohlen, diese zu bekämpfen und zu vernichten. Daraus ergibt sich die für Italien passende Formel: Partisan = Kommunist. Mit dieser Gleichsetzung geht eine ideologisch begründete Dehumanisierung der Partisanen einher, denen jede Gemeinsamkeit mit einem selbst, jedes Menschentum abgesprochen und deren totale Vernichtung schon deshalb als gerechtfertigt hingestellt wird. Italien ist auch darin nicht das Erprobungsfeld, vielmehr wird hier übernommen, was schon in den Feldzügen in Jugoslawien und Rußland seit 1941 üblich geworden ist.[21]

Für Kesselring verstoßen Partisanen, in ihrem völkerrechtswidrigen Gewerbe alles riskierend, ständig gegen die Gesetze der Menschlichkeit. Sie sind »verbrecherische Elemente«, »Gesindel«, das raubt, mordet, plündert, eine »Landplage für jedermann«, ihr Kriegsverhalten widerspricht »den Grundsätzen eines militärisch anständigen Kampfes«. Statt dessen feiert eine »verabscheuungswürdige, hinterhälte Kampfführung Orgien«, weil sich in ihr »die verbrecherischen Instinkte der Kriminellen« durchsetzen.[22] Andere Generale und Offiziere sehen das ähnlich. In den militärischen Quellen ist die Rede von »Partisanenpest«, von »Ungeziefer« und »Schädlingen«, die es »auszurotten« oder zu »vernichten« gilt; »Banditen« und »Flintenweiber«, »Sympathisanten« und »kriminelle Elemente« werden »niedergemacht«, dann als »Feindtote« registriert. Feldmarschall Kesselring und General Witthöft rufen die »sadistische Phantasie« ihrer Soldaten auf. Auch in Hinsicht auf solches Vokabular hat sich die Wehrmacht dem herrschenden System angepaßt: Das NS-System bediente sich gezielt und bewußt der sprachlichen »Mittel zur Verfremdung« (Mitscherlich), mit denen die Gegner, nicht nur Juden und Bolschewisten, als menschliche Wesen diskriminiert, »fremd im abstoßenden Sinne« gemacht, in ihrem Wert annuliert wurden, so daß schließlich, nachdem ihnen das Daseinsrecht verbal und ideologisch genommen war,

die »Vernichtung« dieser »Untermenschen« keinerlei Gewissens-
konflikt mehr mit sich brachte, sondern als selbstverständlich erschien.[23]

Die Normalität des Bösen

Die Beteiligten, insbesondere ihr Führungspersonal, sind noch heute
überwiegend der Ansicht, die Deutsche Wehrmacht habe in Italien
nur fair und anständig gekämpft. Wenn von Heimtücke die Rede ist,
von Mord, Brandstiftung und Folter, dann sind stets die Aktionen der
anderen Seite, vor allem von Partisanen gemeint. Deutsche Soldaten,
so die Devise, tun so etwas nicht, nie und nimmer und zu keiner Zeit.
Ex-Feldmarschall Kesselring rückblickend: »Das Verhalten der
Banden war eine Kette von Rechtsbrüchen und Völkerrechtsverlet-
zungen«, während in nur ganz wenigen Ausnahmefällen »ein überzeugender Beweis für die Schuld deutscher Soldaten« erbracht worden sei. Gegenüber italienischen sogenannten Zeugenberichten sei
Vorsicht geboten, denn dem italienischen Volkscharakter seien
»Übertreibungen und Phantastereien« immanent, die italienische Bevölkerung neige »infolge ihres lebhaften Temperamentes« dazu, »im
Überschwang phantasievolle Berichte zu geben, die in keinem Verhältnis zur nüchternen Wahrheit stehen«. Berichte über deutsche
Greueltaten seien durch übermäßige Phantasie gefärbt und hielten
einer Nachprüfung in der Regel nicht stand. Das sind Klischeevorstel-
lungen und Schutzbehauptungen post festum. Die übereinstimmenden Berichte von Überlebenden der Metzeleien in Pietransieri, Vallucciole, Cavriglia, Sant'Anna oder Marzabotto sind durchaus glaub-
haft, nicht nur, weil sie auch mit denen derjenigen korrespondieren,
die die bestialisch zugerichteten Leichen gefunden haben, es gibt auch
fotografische Zeugnisse und nachprüfbare Fakten: Anzahl der Opfer,
Geschlecht, Alter, Fundort und Zustand der Leichenreste in den Ruinen niedergebrannter Häuser. In den militärischen Quellen sucht
man allerdings vergebens nach konkreten Angaben über Massaker an
der Zivilbevölkerung. Lediglich von »Feindtoten« ist dort die Rede
oder von »Bandenhelfern«, »Sympathisanten«. Nie aber explizit von
der Tötung von Frauen und Kindern.[24]

Die in Mittelitalien von Soldaten der Wehrmacht verübten Massaker sind, spätestens seit Frühsommer 1944, die eines Heeres auf der Flucht, individuelle oder kollektive Handlungen, begangen aus unterschiedlichen Motivationen und Umständen: Aus Verzweiflung und Hoffnungslosigkeit, aus Mißverständnissen und als Racheakt, aus Mißtrauen und Wut, gegründet auf generelle politische Direktiven, die von deutschen Truppen in allen besetzten Ländern befolgt werden und in der Praxis der Vernichtung gipfeln. Für solche »individuellen Taten in kollektiven Ausnahmezuständen«, die z. B. an ein totalitäres Herrschaftssystem oder kollektiven Terror gebunden auf politisch-ideologischer Massenindoktrination oder der Umwertung sozialethischer Wertvorstellungen basieren, ist der Begriff »Exzeßtaten« eingeführt worden. Die Massaker an der italienischen Zivilbevölkerung sind überwiegend dieser Kategorie zuzuordnen. Sie fanden, was immer auch ihr jeweiliger Auslöser gewesen sein mag, ihre Rechtfertigung in den Weisungen der militärischen Führung, die ihrerseits die systematische Umsetzung der Regierungspolitik waren. Die Täter, Soldaten, Offiziere und Generale, wurden damit zu Handlangern einer ideologisierten Herrschaftspraxis, die seit einem Dezennium zugleich mit der Verherrlichung der arisch-nordischen Rasse die Gültigkeit elementarer Werte humanen Sozialverhaltens negierte.[25]

Auch Angst wird bei dieser Eskalation terroristischer Gewalt eine große Rolle gespielt haben. Die Partisanen hatten ihre Stützpunkte überwiegend im weglosen, wegen der vorherrschenden Macchia schwer zugänglichen, unübersichtlichen und undurchdringlichen Waldgebirge. Sie nutzten die Vorteile, die ihnen Ortskenntnis und Vertrautheit mit dem Gelände boten, vermieden den offenen Kampf, in dem sie von vorneherein unterlegen waren, zogen sich in die Wälder zurück, wechselten häufig ihren Standort, verschwanden, sobald sie merkten, daß die mit schweren Waffen und Gerät nahenden Deutschen die Oberhand behalten würden und tauchten irgendwo im Gebirge unter. Verständlich, daß der Kampf gegen den weitgehend »unsichtbaren«, »unhörbaren«, irgendwo im Dickicht lauernden und das Überraschungsmoment sofort ausnutzenden Gegner dem im »Bandenkampf« nicht ausgebildeten deutschen Soldaten angst machte, und daß solche Angst in befreiende, aber blinde Wut umschlagen konnte. Wenn dazu ein mit großem Aufgebot angesetztes »Bandenunternehmen« auch noch ohne greifbaren Erfolg blieb, weil die Partisanen nicht zu fassen waren, fanden angestauter Frust und Erbitterung bei der meist folgenden »Sühnemaßnahme« ihr Ventil in blindwütiger Gewalt. Was folgte, war oft genug ein exzessiver Rausch des Tötens im Kollektiv, eine Art »Schlachtfeldraserei«, ein »Ausrasten« der sich selbst entfremdeten Männer.[26]

Die französische Philosophin Simone Weil, während des Spanischen Bürgerkriegs auf seiten der Republikaner, entgegnet auf Klagen des katholischen Schriftstellers Georges Bernanos über von Republikanern auf Mallorca verübte Greueltaten: Sie sei unter Spaniern und Franzosen, die nach Spanien gekommen seien um zu kämpfen, niemals einem Menschen begegnet, der »wenigstens im kleinen Kreise Widerwillen, Abscheu oder auch nur Mißbilligung geäußert hätte wegen unnötig vergossenen Blutes«. Angst sei bei diesen Mordtaten auf beiden Seiten gewiß ein auslösender Faktor gewesen, doch habe sie auch scheinbar mutige Männer erlebt, die freundlich lächelnd während eines kameradschaftlichen Essens erzählten, wieviele Priester oder Faschisten sie getötet hätten. Simone Weil folgert daraus: »Wenn die weltlichen und geistlichen Autoritäten eine bestimmte Kategorie menschlicher Wesen für außerhalb der Gemeinschaft stehend und ihr Leben für wertlos erklären, gibt es offenbar nichts Natürlicheres für den Menschen als zu töten. Wenn man weiß, daß es möglich ist zu töten, ohne Strafe oder Tadel zu riskieren, so tötet man«, sollte jemand dabei »anfangs ein wenig Ekel« empfinden, »so verschweigt und erstickt er dieses Gefühl aus Angst, unmännlich zu erscheinen.«[27]

Noch im Nachhinein ist das Unbegreifliche an dieser kollektiven Monstrosität die Normalität der Täterindividuen, die weder kriminell noch sadistisch veranlagt und vermutlich als Einzelne ohne den kollektiven Hintergrund nicht zum Mord fähig, sondern schrecklich und erschreckend normal waren.

Das Ansehen der Wehrmacht

Die Legende vom unbefleckten Schild der Wehrmacht rechnet Grausamkeiten an der Zivilbevölkerung, falls sie denn vorgekommen sein sollten, in der Regel dem Konto deutscher und italienischer SS, SD und Gestapo zu. Auch in der italienischen Öffentlichkeit oder in vielen Berichten und Darstellungen wird deutscher Besatzungsterror überwiegend mit der SS, mit Himmlers Vertretern in Italien, Wolff, Harster, Dollmann und dem SD-Chef von Rom, Kappler, in Verbindung gebracht[28], werden gewalttätige Übergriffe gegen die Zivilbevölkerung undifferenziert der SS zugeschrieben; *riparti di SS* ist der gängige Ausdruck dafür. Zuweilen liegt dem eine Verwechslung etwa mit den Divisionen *Hermann Göring* oder *Brandenburg* zugrunde, und oft steht »SS tedesche« einfach nur als Schlagwort für brutale deutsche Soldateska. Zu solchem einseitig verengten Blickwinkel haben die sich zeitweilig und vielfach überschneidenden Kompetenzregelungen und unterschiedlichen Zuständigkeiten bei der Partisanenbekämpfung beigetragen: Zu erinnern ist hier, daß im Operationsgebiet Mittelitalien allein die Wehrmacht, einschließlich der ihr unterstellten Verbände der Waffen-SS, für die Partisanenbekämpfung zuständig war, während in Oberitalien der dem OB Südwest hierin nachgeordnete HöSSPF nach dessen Richtlinien, aber in eigener Verantwortung den »Bandenkampf« führte. In völliger Umkehr der schrecklichen Realität spielte sich allerdings die Waffen-SS damals als Beschützerin des Volkes auf: Ein großformatiges Farbplakat, von dessen Art es offenbar mehrere gab, zeigt vor dem Hintergrund eines brennenden Dorfes einen SS-Mann, der ein keines Kind im Arm hält; der Text dazu: »Mütter, die SS verteidigt eure Kinder«.[29]

Die Bezeichnung Waffen-SS existierte seit der Anordnung des Stellvertreters des Führers über die »Ergänzung der Waffen-SS« vom 19. Januar 1940, bis dahin wurde von »SS-Verfügungstruppe« oder »SS-Totenkopfverbänden« gesprochen. Nach einer Anordnung Hitlers vom 17. August 1938 – der Form und der Sache nach schon damals eher eine militärische Weisung – war die SS »in ihrer Gesamtheit« eine politische Organisation der NSDAP. Deren bewaffnete Verbände sollten weder Teil der Wehrmacht noch der Polizei und deshalb in Friedenszeiten dem Reichsführer SS, in Personalunion auch Chef der Deutschen Polizei, unterstehen. Im Mobilmachungsfall aber sollten diese Verbände ausschließlich militärischen Gesetzen und Bestimmungen unterworfen sein und vom OBdH »im Rahmen des Kriegsheeres« eingesetzt werden, unter nach wie vor oberster Zuständigkeit des RFSS. Die Waffen-SS war damit kein Wehrmachtteil wie Heer, Luftwaffe und Kriegsmarine, sondern nur organisatorisch dem Kriegsheer verbunden wie Teile des Reichsarbeitsdienstes oder der Organisation Todt, was verfassungsrechtlich und organisatorisch einen Unterschied bedeutet: »Die Wehrmacht war ein Organ der Staatsgewalt, die Waffen-SS ein Organ der Führergewalt.«[30]

So unterstanden die in Mittelitalien kämpfenden und im Partisanenkampf im rückwärtigen Operationsgebiet verwendeten Verbände der Waffen-SS, wie das II. SS-PzK oder die 16. SS-PzGD *Reichsführer SS* taktisch für Zeit und Dauer ihres Kampfauftrages der Heeresführung wie ebenso das I. FjK oder Fallschirmjäger- und Luftwaffenfelddivisionen. Das heißt im konkreten Fall: Sie waren der 10. oder 14. Armee unterstellt, gehörten damit zum Befehls- und Verantwortungsbereich der Armeebefehlshaber und des OB Südwest. Kesselring hat großen Wert auf die bloß taktische Unterstellung gelegt, um damit ein Stück Verantwortung abschieben zu können, aber auch General v. Senger und Etterlin assistiert ihm darin: Schon unter normalen Heeresverhältnissen hätten sich die Verbände der Luftwaffe und der SS nur unter Aufrechterhaltung ihrer Privatdienstwege den örtlichen Befehlshabern unterstellt.[31]

Die Kriegsgreuel, die der 16. SS-PzGD und vor allem deren Aufklärungsabteilung angelastet werden müssen, waren besonders zahlreich. Aber sie heben sich nur durch ihre Massierung und Quantität ab. Die Massentötungen, Geiselerschießungen und Zerstörungshandlungen der Divisionen *Hermann Göring*, *Brandenburg* und der Fallschirmjäger oder die Besatzungswillkür regulärer Heereseinheiten unterscheiden sich davon weder nach dem Ziel noch in der Methode. Die Wehrmacht ist wie bei den Mordaktionen in Polen, Rußland, auf dem Balkan auch in Italien immer dabei. Und nicht nur, wenn es sich um die Massentötung von Juden in Babi Jar, oder um die Einrichtung von Ghettos oder den langsamen Tod russischer Kriegsgefanger handelt, auch Willkürübergriffe gegen die Zivilbevölkerung der besetzten Gebiete Europas gehören überall zu ihrem Metier.[32]

Auffällig verliefen die »Sühnemaßnahmen« gegen die italienische Bevölkerung nach einer einheitlichen, längst auf anderen Kriegsschauplätzen erprobten Methode ab, in der der italienische Historiker Giorgio Bocca geradezu ein Ritual zu erkennen vermeint. Sant'Anna die Stazzema, Cavriglia, Pietransieri seien Wegmarken einer Verrohung, die nicht erst in Italien zur Bestialität eskaliert sei. Vielmehr gehe das Zeremoniell dieses Rituals bis auf die brennenden Synagogen im November 1938 und die ersten Kriegstage 1939 zurück, es habe seine Formen in den litauischen Ghettos, den Vernichtungslagern in Polen, den Lagern für russische Kriegsgefangene entwickelt und sei nun auch, nicht ohne eine sadistische Komponente, über italienische Dörfer gekommen. Überlebende der Gemetzel hätten berichtet, deutsche Soldaten hätten beim Abschlachten von kleinen Kindern Vergnügen gezeigt.[33]

Exzeßtaten dieser Art, bei denen der Täter den »durch Verhaltensvorschriften oder den Vorsatz seines befehlenden Hintermannes abgesteckten, ihm möglicherweise sogar Straflosigkeit verheißenden Rahmen« überschreitet[34], waren zweifellos Ausflüsse einer durch die Kriegsläufe zunehmenden Verrohung, die wiederum Folge eines Hinschwindens der in der Werteskala des Militärs so hoch angesiedelten Disziplin und Manneszucht. Kesselring legte im Sommer 1944 Wert darauf, »daß durch energisches und rasches Handeln und durch den Einsatz disziplinierter Truppen«, wozu die besten gerade gut genug seien, »der Bandenkrieg nicht in unkontrolliertes, eigenmächtiges Vorgehen von schlecht geführten und wenig disziplinierten Truppenabteilungen« ausartete und damit die Vorstufe zum Chaos erreichte.[35] Nachträglich nahm Kesselring für sich in Anspruch, daß nirgends und niemals so viel für die Aufrechterhaltung der Disziplin der eigenen Truppe« getan worden sei.[36] Im Gegensatz dazu steht allerdings seine persönliche Rechtfertigung, die Division *Hermann Göring* und die 1. Fallschirmjägerdivision »führten Krieg nach Grundsätzen, die in gewisser Hinsicht von denen der Armee abwichen«, dagegen sei er machtlos gewesen.[37]

Er schiebt im Nachhinein die Verantwortung für die »Bandenbekämpfung« den Armeebefehlshabern und Korpsführern zu und verdrängt, daß es sich dabei nur um »Zuständigkeiten« für die praktische Durchführung dessen handelte, was er als OB Südwest angeord-

net hatte. Vor den Militärrichtern in Venedig wiederholt der Feldmarschall: Die Bekämpfung völkerrechtswidriger Handlungen – wie
der von den Partisanen geführte *Kleine Krieg* – könne nicht rechtswidrig gewesen sein. Mit allen anderen Vorfällen, die ihm zur Last gelegt
würden, habe er nichts zu schaffen.[38]

Was dem OB recht, ist den ihm nachgeordneten Offizieren billig.
SS-Major Reder streitet jede Verantwortung für das Blutvergießen in
und um Marzabotto ab mit der Behauptung, er sei nicht dabeigewe-
sen, sondern habe nachweislich die Operation fernab vom Geschehen
geleitet, und kommt in der Berufungsinstanz damit durch.[39] General
Crasemann wird von seinen Militärrichtern freigesprochen, weil er
die Verantwortung für das Massaker in den Fucécchio-Sümpfen auf
den Abteilungskommandeur Major Strauch abwälzen kann. Obersturmbannführer Kappler wird nicht wegen der Ermordung von Geiseln verurteilt, sondern nur, weil er zu viele umbringen ließ.

Die Verantwortung vor der Geschichte

Wie andere Feldmarschälle und Generale nach dem Zweiten Weltkrieg, rechtfertigt Kesselring sich und sein Verhalten als Oberbefehlshaber in Italien mit dem Hinweis auf das Prinzip von Befehl und
Gehorsam. Er erklärt zwar in seinem Schlußwort im Prozeß zu Venedig, für die von ihm gegebenen Befehle die Verantwortung tragen zu
wollen[40], aber wo immer möglich, beruft er sich auf die bindenden Befehle und Weisungen Hitlers. Auch damit steht er nicht allein. In zahlreichen Militärprozessen der unmittelbaren Nachkriegszeit reden sich
die Angeklagten oft genug auf den *Höheren Befehl* nach § 47 MStGB
und darauf heraus, daß des »Führers« Wille einem bindenden Gesetz
gleichzuachten und deshalb ohne Wenn und Aber zu befolgen gewesen
sei.[41]

Dennoch kann es weder für die oberste Wehrmachtführung noch
für die nachgeordneten Feldmarschälle und Generale einen Frei-
spruch von der Verantwortung für die Ausführung der verbrecherischen »höheren« Befehle geben, die von Hitler angeregt und erlassen,
die Unterschrift des Chefs des OKW Feldmarschall Keitel tragen. Die
Entwürfe zu den Befehlen, die völkerrechtliche Normen außer Kraft

250

setzen, kommen aus dem OKW und dem Generalstab. Die Einrede, diese Befehle seien ausnahmslos für den Ostfeldzug ergangen und hätten anderswo keine Rolle gespielt, wird jedenfalls durch Italien widerlegt: Sie finden Eingang, gelegentlich wörtlich, in die Weisungen des OB Südwest, werden in Armee- oder Korpsbefehle umgemünzt, angewendet und ausgeführt.

Kesselring, ganz »Soldat bis zum letzten Tag«, distanziert sich in seiner Rückschau verschiedentlich von den ideologischen Grundlagen dieses totalen Weltanschauungskrieges und gibt damit zu erkennen, daß ihm der Unrechtcharakter dieses Staates, dem er diente, bewußt war. Trotzdem ließ er sich, wie der überwiegende Teil der Generalität, immer stärker darin einbinden, indem er die entsprechenden Weisungen von oben letzten Endes ohne Widerrede oder Kritik ausführte bzw. nach unten weitergab. Eine große Rolle spielte dabei die Parole vom Weitermachen bis zum »Endsieg«, der ein profanisierter Endzeitmythos zugrunde liegt, wie er in der mittelalterlichen »Maere« von Kampf und Tod der Nibelungen oder in der germanischen – respektive Wagners – Götterdämmerung zum Ausdruck kommt. Es gab nurmehr Sieg oder Untergang, Menschenleben zählten nicht mehr. Irrationale Hoffnungen, etwa auf eine Wende des Kriegsglücks, wie sie im Winter 1944/45 mit der Ardennenoffensive noch einmal versucht wurde, auf des »Führers Wunderwaffen« oder auf eine politische Fügung, wie sie Friedrich den Großen im Siebenjährigen Krieg gerettet hatte, vielleicht auf den von Hitler im Dezember beschwörend prognostizierten Bruch der antideutschen Koalition, ließen den »Endsieg« als möglich erscheinen, nachdem längst keine reale Chance mehr dafür bestand. Nach der Einschwörung der OBs der Ostfront und anderer Offiziere am 27. Januar 1944 im Führerhauptquartier auf den NS-Geist der Wehrmacht und den Kampf bis zum Letzten, leisteten die Feldmarschälle im März Hitler einen besonderen, von Goebbels vorformulierten Treueeid.[42]

Was den Kriegsschauplatz Italien und den Aktionsradius des OB Südwest betrifft, so sollte die Benennung der Verteidigungslinien wohl eher an den ruhmvollen Kampf der zahlenmäßig unterlegenen Goten unter ihren Königen Teja und Totila erinnern, als an ihren Untergang; aber die Parole vom Durchhalten um jeden Preis drückte sich auch darin aus.

Wieso die deutsche Generalität so weitgehend von der national-sozialistischen Sieg-oder-Untergang-Mentalität besessen war, ist psychologisch nicht mit letzter Sicherheit erklärbar. Es könnte sich aber wohl darin eine unterbewußte Ahnung von der Strafbarkeit ihres nur scheinbar militärischen Blutvergießens, ein unterdrücktes böses Gewissen, Luft gemacht haben. Rational war die Siegeshoffnung nicht mehr begründbar. So ist auch FM Models Appell vom 25. März 1945 an seine im Ruhrkessel eingeschlossenen Truppen ein nahezu schizophrenes Kauderwelsch: »In unserem Kampf für die Ideenwelt des nationalen Sozialismus gegen die Seelenöde des materialistischen Bolschewismus müssen wir mit mathematischer Sicherheit siegen, wenn wir im Willen und Glauben unerschüttert bleiben.«[43] Hatte nicht auch FM Kesselring seinem Führer versprochen, die *Goten*-Stellung bis zum Frühjahr 1946 zu halten, koste es, was es wolle? In seinem späteren Resümee feiert er das Weitermachen in Italien unter erschwerten Bedingungen als »höchsterreichbaren Erfolg«, denn es sei dadurch gelungen, den deutschen Südraum von Kriegsschäden »auf allen Gebieten des menschlichen Lebens fast bis zum Ende verschont« zu halten, »was für die Kriegsrüstung und das Durchhalten von kaum hoch genug einzuschätzender Bedeutung« gewesen sei. Eine Rückbesinnung darauf, was das für Land und Leute Italiens bedeutete, gibt es ebensowenig, wie Einsicht in die eigene Verantwortung dafür.[44]

Verantwortung allerdings ist eine juristisch kaum faßbare Kategorie, da sie fast immer mit ethischen und moralischen Implikationen behaftet ist. Die Defizite des damals geltenden Kriegsvölkerrechts in bezug auf Geiselnahmen und Geiseltötung, kollektive Repressalien und »Sühnemaßnahmen« gegen die Zivilbevölkerung, Widerstandsrecht und Partisanen ermöglichte es zudem den Befehlsgebern, ihr Tun und Handeln als völkerrechtlich korrekt darzustellen und sich vom Vorwurf völkerrechtswidriger Täterschaft zu befreien. Aber die juristische Bewertung des Handelns einzelner militärischer Führer ist nur das Eine, die moralische Verantwortung für das, was in ihrem »Auftrag« geschah, ein Anderes.

Von der Verantwortung vor der Geschichte für die in Italien begangenen Verbrechen gegen die Menschlichkeit sind deshalb weder der damalige OB Südwest, noch seine Armeeführer und Kommandeure als Anstifter und Befehlsgeber freizusprechen, aber auch nicht die beteiligten Soldaten als die eigentlichen Täter. Die Befehle der obersten militärischen Führung waren, was den nachgeordneten militärischen Stellen erkennbar war, unzweideutig verbrecherisch. Trotzdem wurden sie von den Heeresgruppen, den Armeen und deren Befehlshabern gedeckt, befolgt und weitergegeben. Sie wurden überwiegend, wenn überhaupt, mit *militärischen Notwendigkeiten* begründet; doch für die Ermordung von Frauen, Kindern und Säuglingen gibt es keinen Vorwand und schon überhaupt nicht den der *militärischen Notwendigkeit.*

Ethos und Moral sind keine juristischen Kategorien. Deshalb muß sich jeder, der in der Deutschen Wehrmacht – in Italien oder anderswo – gekämpft hat, die Frage nach der (nicht justitiablen) moralischen Verantwortung für die Tötung unbeteiligter Menschen selbst stellen und beantworten. Die Verantwortung vor der Geschichte aber trägt die Deutsche Wehrmacht und ihre Generalität kollektiv. Denn nicht nur die oberste Heeresführung, auch die nachgeordneten Kommandeure sind für die moralisch-politische Indoktrination und Verführung zahlloser Soldaten verantwortlich zu machen. Sie waren es, die durch ihre Befehle ein Klima erzeugten, in dem Mörder sich »unschuldig« fühlen konnten, weil sie in Übereinstimmung mit dem vorgegebenen Ziel handelten. Der amerikanische Ankläger im Nürnberger Prozeß in seinem Schlußplädoyer unmißverständlich: Die deutsche Generalität habe sich mit Hitler verbündet, »mit ihm das Dritte Reich geschaffen; [...] mit ihm haben sie die Welt in einen Krieg gestürzt und Schrecken und Zerstörung über den europäischen Kontinent verbreitet«, aber »das war kein Krieg, das war Verbrechen. Das war nicht Soldatentum, das war Barbarei.« Telford Taylor erkannte schon damals, 1946, daß die deutschen Generale alles tun würden, um die Wirklichkeit ihres Krieges zu verdrängen, und alsbald damit beginnen würden, an der Legende vom »unbefleckten Schild« der Deutschen Wehrmacht zu stricken.[45]

Im Schlußwort vor dem Militärgericht in Venedig erklärt der Feldmarschall des Großdeutschen Reiches Albert Kesselring hingegen wörtlich: »Als ein hoher Führer der Deutschen Wehrmacht hatte ich die Pflicht, in diesem Prozeß zu zeigen, daß auch in dem deutschen Offizier und Soldaten ein hohes sittliches Ethos wohnte, das den trauernden Müttern, Frauen und Kindern den Sinn des Opfertodes ihrer Lieben zeigen und vielleicht auch ein Völkerverstehen erleichtern wird.«[46]

Italienische Mütter, Frauen und Kinder, die Opfertoten von Pietransieri, Sant'Anna, Cavriglia, der »Vorfälle« von Acerra, Caiazzo, Niccioleta und Vinca, der Gemetzel in den Fucécchio-Sümpfen, in Valluccciole und in den Bergdörfern der Gemeinde Marzabotto sind damit nicht gemeint. So gesehen bliebe die Weste des Feldmarschalls Kesselring in der Tat blütenweiß und der Schild der Deutschen Wehrmacht unbefleckt.

Anmerkungen

Kapitel I

1 Caviglia 1952, S. 422; Grandi 1983(a), S. 1067; Grandi 1983(b) S. 275ff; Schreiber 1990, S. 46
2 Piscitelli 1965, S. 7; Davis 1975, S. 168f
3 Piscitelli 1965, S. 7f. Die Inno di Garibaldi wurde im berühmten Zug der Tausend gesungen; Goffredo Mamelis I Fratelli d'Italia, italienische Nationalhymne nach dem Zweiten Weltkrieg, stammt ebenfalls aus dem Risorgimento. Francesco Maria Piave schrieb für mehrere Verdi-Opern die Libretti
4 Origo 1991, S. 52
5 Origo 1991, S. 26f
6 Origo 1991, S. 29
7 Origo 1991, S. 31
8 Origo 1991, S. 40
9 Origo 1991, S. 43
10 Origo 1991, S. 46
11 Deutscher Wehrmachtbericht vom 11. Juli 1943, Oberkommando 1982, 2, S. 516; Goebbels 1993(b), S. 78f
12 Goebbels 1993(a), S. 582f
13 Deakin 1964, S. 459; Bonomi 1947, S. 23
14 Bottai 1949, S. 270ff; umfassend zur Vorgeschichte: Renzo DeFelice, Einl. zu Grandi 1983(b), S. 8ff; auch Rosen 1988, S. 14ff
15 Goebbels 1993(a), S. 225
16 Goebbels 1993(b), S. 134f; Fest 1973, S. 945f; Deakin 1964, S. 461ff; Delzell 1961, S. 230f; Staatsmänner 1970, S. 294ff; Steinert 1994, S. 560f; Ursachen o. J., XX Dok. 3429b, c, S. 261ff
17 Deakin 1964, S. 472; Kirkpatrik 1964, S. 475
18 Goebbels 1993(b), S. 129; Origo 1991, S. 49; Delzell 1961, S. 230
19 Mussolini, Aufzeichnung vom 19.8.1943, Ursachen o.J., XX Dok. 3429c, S. 265
20 Grandi 1983(b), S. 215ff; Kirkpatrik 1964, S. 479
21 Deakin 1964, S. 492; zur deutschen Einschätzung: Goebbels 1993(b), S. 157f
22 Deakin 1964, S. 505
23 Grandi 1983(b), S. 246; Deakin 1964, S. 501
24 Grandi 1983(b), S. 250ff, 260ff; Deakin 1964, S. 514
25 Wortlaut: Deakin 1964, S. 522f; Bottai 1982, S. 404ff; zur Sitzung: Bottai 1949, S. 306ff; Grandi 1983(b), S. 249ff; Colarizi 1984, S. 183ff; Delzell 1961, S. 231f; Rosen 1988, S. 17f: Schröder 1969, S. 199f; Steinert 1994, S. 561ff; auch Goebbels 1993(b), 29. 7. 1943 S. 191f
26 Bottai 1982, S. 420f; Deakin 1964, S. 521
27 Deakin 1964, S. 522ff; Delzell 1961, S. 232f; Steinberg 1992, S. 198ff; Bericht Mussolinis zu Hitler: Goebbels 1993(b), 23. 9. 1943 S. 570f
28 Deakin 1964, S. 540f; Schröder 1969, S. 201

29 Caviglia 1952, 27.7.1943 S. 423; Steinberg 1992, S. 199f
30 Goebbels 1993(b), S. 165f; Klinkhammer 1993, S. 31
31 Warlimont 1962, S. 358; Ursachen o. J., XX Dok. 3431c, S. 285; Delzell 1961, S. 233
32 Warlimont 1962, S. 358ff; Baum 1973, S. 350; Delzell 1961, S. 241; Schreiber 1990, S. 49ff
33 Warlimont 1962, S. 368; Unternehmen »Schwarz«: Schröder 1969, S. 245ff; Scheel 1986, S. 187f; Schreiber 1990, S. 52f; Klinkhammer 1993, S. 33f; Steinert 1994, S. 562
34 Goebbels 1993(b), 27.7.1943, S. 168ff
35 Baum 1973, S. 350f
36 Deakin 1964, S. 573
37 KTB/WFSt 3,2, S. 854
38 Deakin 1964, S. 574
39 Bericht des US-Diplomaten und politischen Beraters von Eisenhower Robert Murphy über die Verhandlungen, Ursachen o. J., XX Dok. 3433, S. 300ff; DiNolfo 1993, S. 37f; Rosen 1988, S. 31ff
40 Rosen 1988, S. 35ff; Steinberg 1992, S. 209
41 Origo 1991, S. 71; Eisenhower 1948(b), S. 227f; Rosen 1988, S. 43ff; Schreiber 1990, S. 93; Shepperd 1968, S. 112ff
42 Origo 1991, S. 71
43 Gasparri 1976, S. 50
44 Davis 1975, S. 327; Delzell 1961, S. 254f; Eisenhower 1948(b), S. 224ff; dazu auch Goebbels 1993(b), 13.9.1943, S. 496f
45 Dieckhoff 1960, S. 246; Rosen 1988, S. 43ff
46 Churchill 1952, S. 133; Delzell 1961, S. 256f
47 Goebbels 1993(b), S. 449f
48 Goebbels 1993(b), S. 450
49 Akten AA VI, Dok. 290, S. 501
50 Originaltext: Actes Saint Siège 7, doc. 385, S. 609f. Dt. Übersetzung: Akten AA VI, Dok 291, S. 501f; abweichend: Ursachen o. J., XX Dok 3433b, S. 307f
51 Ursachen o. J., XX Dok. 3433c, S. 308; Oberkommando 1982, 2, S. 556ff
52 Lagevorträge 1972, S. 523
53 Lagevortrag OB Kriegsmarine 9.–11.8.1943, Lagevorträge 1972, S. 535f; Goebbels 1993(b), S. 456f
54 Goebbels 1992, S. 1947
55 Petersen 1988(b), S. 43; Petersen 1985, S. 113f
56 KTB/WFSt 3,2, S. 1076; Tagesberichte 1988, S. 43
57 Bartoli 1984, S. 81; Petersen 1985, S. 44
58 Anl. z. KTB 1 AOK 10: RH 20-10/55 Anl. 129az
59 Hitler 1933, S. 687
60 Hitler 1933, S. 698
61 Hitler 1933, S. 698
62 Goebbels 1992, S. 1949f
63 Goebbels 1992, S. 1953; ähnlich 27.10.1943, Goebbels 1994 (a), S. 183ff

64 Ferraris 1992, S. 34 f. Von »Nibelungentreue« hat zuerst in ähnlichem Zusammenhang Reichskanzler Fürst Bülow am 29. März 1909 im Reichstag in Hinblick auf den Zweibund mit Österreich-Ungarn gesprochen. Der berühmte Rechtslehrer Franz v. Liszt hat sich im Rahmen einer Vortragsreihe Berliner Hochschullehrer im November 1914 lang und breit über den zu solcher Treue verpflichtenden Schicksalsbund mit Österreich ausgelassen; Liszt 1914, S. 327

65 Ursachen o. J., XX Dok. 3434 a, S. 321 ff

66 KTB/WFSt 3,2, S. 1077; Tageberichte 1988, S. 43

67 Richtlinien/OKW, FM Keitel, z. Vorgehen bei d. Besetzung Italiens v. 30. 8. 1943: Europa 1992, Dok. 160, S. 247 f; Schreiber 1992, S. 97; Klinkhammer 1993, S. 40 f

68 Richtlinien/OKW wie Anm. 67; Deakin 1964, S. 603

69 KTB/Mkdo Süd 8. 9. 1943, RM 35 III/61

70 Goebbels 1947, S. 403

71 KTB/WFSt 3,2, S. 1049; KTB/Mkdo Süd 3. u. 4. 9. 1943, RM 35 III/61; Goebbels 1993 (b), 4. 9. 1943, S. 418

72 KTB/WFSt 3,2, S. 1084 f

73 KTB/Marinekdo Süd 7. 9. 1943, RM 35 III/61

74 Unterredung Hitlers mit Mitgliedern des bulgarischen Regentschaftsrates am 18. 10. 1943, Staatsmänner 1970, S. 319; Westphal 1950, S. 236

75 Staatsmänner 1970, S. 319; KTB/WFSt 3,2, S. 1096 f

76 »Sondermeldung« z. Wehrmachtbericht 10. 9. 1943, Oberkommando 1982, 2, S. 558 f

77 Gasparri 1976, S. 48

78 Origo 1991, S. 74

79 Gasparri 1976; Dieckhoff 1960, S. 246; Schröder 1969, S. 287 ff

80 Origo 1991, S. 76

81 Schröder 1969, S. 288 f; Ringel 1956, S. 252 ff

82 Aufzeichnung des Gesandten Bielfeld, Berlin 11. 9. 1943 in: Akten/ AA VI Dok 310, S. 532

83 Origo 1991, S. 76; Oberkommando 1982, 2, S. 558

84 Davis 1975, S. 435; Delzell 1961, S. 258; Giovana 1977, S. 66; Rosen 1988, S. 48 ff; Steinert 1994, S. 563 f

85 Goebbels 1992, S. 1953 f

86 Goebbels 1992, 15. 9. 1943, S. 1955; Deakin 1964, S. 635; Steinert 1994, S. 564

87 Jacobsen 1977, Dok. 206, S. 375 f

88 Telegr. Botsch. Rahn an AA 23. 9. 43 mit Ministerliste, Cospito 1992, S. 23; Goebbels 1993 (b), S. 535 f; Deakin 1964, S. 646

89 DiNolfo 1993, S. 27

90 Petersen 1985, S. 113; Pavone 1991, S. 42 ff, 119

Kapitel II

1 KTB/WFSt 3,2, S. 1096; Tagesberichte 1988, 12. 9. 1943, S. 66; Abschrift in Anl. 321 zum KTB 1/AOK 10: RH 20-10/56; ital. Text in Collotti 1963, S. 95; »Proclama alla popolazione d'Italia«, Giovana 1977, S. 86

2 Bonomi 1947, S. 105
3 »Ordinanza di Kesselring per il mantenimento dell'ordine« 23.9.1943, Tamaro 1948 II, S. 47; Rossi 1974, S. 15
4 Faksimile der Ordinanze vom 19., 22., 24.12.1943: Perrone Capano 1963, I, o. S.
5 AOK 10, Verordnung über Erfassung von Nahrungsmitteln 4.12.1943, Europa 1992, Dok. 214, S. 288
6 Collotti 1963, S. 96 f
7 Rossi 1974, S. 13; Vitali 1985, S. 33
8 Collotti 1963, S. 98
9 Carocci 1963, S. 59; Tamaro 1948 II, S. 47
10 Mari 1965, S. 75
11 KTB/WFSt 3,2, S. 1126
12 Collotti 1963, S. 99; Anl. z. Tätigkeitsbericht Ic/HGr. B 30.7.–14.11. 1943, RH 19 IX/16
13 KTB/WFSt 3,2, S. 1188
14 Kirkpatrik 1964, S. 518
15 28.9.1943; Tamaro 1948 II, S. 47; Massobrio 1968 II, S. 1056
16 Tamaro 1948 II, S. 47 ff; Kirkpatrik 1964, S. 518
17 Origo 1991, S. 98
18 Aufzeichn. Staatssekretär im AA v. Steengracht 3.11.1943, Akten AA VII Dok 76, S. 145 ff
19 Goebbels 1992/1994 (a), 9.11.1943, S. 263
20 Goebbels 1993 (b), 23.9.1943, S. 567
21 Origo 1991, S. 87
22 Origo 1991, S. 109
23 Kirkpatrik 1964, S. 520
24 Aufzeichn. Staatssekretär im AA v. Steengracht 28.12.1943, Akten AA VII Dok. 149, S. 285 f. Schon früher von Vitt. Mussolini vorgetragen, Aufzeichn. wie oben Akten AA VII Dok. 76, S. 145 ff
25 Kirkpatrik 1964, S. 522
26 Aufzeichn. Gesandter I. Klasse v. Sonnleithner 23.4.1944: Akten AA VII. Dok. 354/55, S. 662 ff; Staatsmänner 1970, Dok. 52/53, S. 406 ff; Deakin 1964, S. 678 ff; Smith 1983, S. 455
27 Goebbels 1992, 27.4.1944, S. 2040
28 KTB/WFSt 3,2 Dok. Anh. Nr. 23, S. 1451 f
29 KTB/WFSt 3,2 Dok. Anh. Nr. 27, S. 1460 f
30 Anl. 1 z. Schreiben RM Lammers »(z. Zt Feldquartier)« an Oberste Reichsbehörden 11.9.1943, Akten AA VI Dok. 311, S. 533; zusätzl. Führer-Erlaß z. territor. Befehlsgliederung in Italien 13.10.1943, Akten AA VII Dok. 39, S. 71 ff; Stuhlpfarrer 1969, Dok. Anh. Nr. 1, S. 137 f
31 Stuhlpfarrer 1969, S. 46 f
32 Notiz HGr. B 15.9.1943, Collotti 1963, S. 411 ff; Stuhlpfarrer 1969, S. 47
33 Akten AA VI Dok. 311 Anl. 2, S. 535; Stuhlpfarrer 1969, S. 47
34 Goebbels 1947, S. 396
35 Neulen 1992, S. 411

36 Einsetzung Bev. General: HGr. B O. Qu/Qu 2 Nr. 1463/43 gKdos
22. 10. 1943, RH 53-7/v87; Collotti 1963, S. 100
37 Akten AA VII Dok. 218 S. 416ff; Klinkhammer 1993, S. 93 f
38 Birn 1986, S. 76 f
39 KTB/WFSt 3,2, S. 1096
40 KTB/WFSt 3,2 Dok. Anh. Nr. 27, S. 1460f; Anl. z. KTB 1, Teil C See-
kriegsleitung, RM 7/237, S. 372
41 KTB/WFSt 3,2 Dok. Anh. Nr. 31, S. 1465 f
42 KTB/WFSt 3,2 Dok. Anh. Nr. 32, S. 1466 f
43 Birn 1986, S. 278 ff
44 Neulen 1992, S. 410
45 Die Chronik der Razzia hat ein Augenzeuge, literarisch verarbeitet, ein
Jahr später niedergeschrieben: Debenedetti 1993, S. 15 ff; FS ObStBF
Kappler an HöSSPF Wolff 17. 10. 43, Europa 1992, Dok. 194, S. 272;
Hilberg 1982, S. 463; Bertoldi 1964, S. 113 ff; Perrone Capano 1963 II,
S. 130 ff; Klinkhammer 1993, S. 536 ff. Beteiligt: Kompanien des 12.,
15. u. 20. Polizeiregiments
46 Aufzeichn. Kardinal Maglione 16. 10. 1943: Actes Saint Siège 9 Dok.
368, S. 505 f; Reitlinger 1992, S. 400 ff
47 Telegramm Moellhausen 6. 10. 43, Akten AA VII Dok. 18, S. 31; Antwort AA Sonnleithner 9. 10. 43, Cospito 1992, S. 180 f; Hilberg 1982,
S. 463; Perrone Capano 1963 II, S. 86 ff
48 Hilberg 1982, S. 463
39 Origo 1991, S. 121 f
50 Bonomi 1947, S. 125
51 Origo 1991, S. 123 ff
52 Schreiber 1990, S. 97
53 Pisanò 1965 I, S. 46; Goebbels 1994 (a), S. 105
54 Richtlinien /OKW 30. 8. 1943, Europa 1992, Dok. 160, S. 247 f; Schreiber 1990, S. 95
55 Schreiber 1990, S. 101; Schröder 1969, S. 284
56 Schreiber 1990 S. 105; Kriegsgliederung 4. 10. 1943, KTB/WFSt 3,2,
S. 1160; Schröder 1969, S. 287 ff. Bartoli 1984, S. 149; Guerrini 1974 (a),
S. 212 f
57 Bartoli 1984, S. 151 ff; Pisanò 1965, I, S. 44; Schreiber 1990, S. 103; Giovana 1977, S. 68
58 Bartoli 1984, S. 156; Schreiber 1992, S. 106 f
59 Schreiber 1989, S. 763
60 Schreiber 1990, S. 215 f; Schreiber 1989, S. 763; Goebbels 1994 (a),
S. 30 f; Bartoli 1984, S. 157
61 RH 19 X/12; Schreiber 1990, S. 216
62 Aufzeichn. LegRat v. Grote 10. 9. 1943, Akten AA VI Dok. 303,
S. 519 f; Stuhlpfarrer 1969, S. 39; Wehrmachtbericht-Sondermeldung
10. 9. 1943, Oberkommando 1982, S. 558 f
63 Dieckhoff 1960, S. 247
64 Aufruf OB Süd, Deutsch u. ital., o. Dat., RH 19 X/7
65 Pisanò 1965, I, S. 100; Origo 1991, S. 83; Rossi 1974, S. 13

66 Bartoli 1984, S. 150f; Davis 1975, S. 456

67 Rossi 1974, S. 14; zum Geiselmassaker in den Fosse Ardeatine s. unten Kap. V,1

68 Rossi 1974, S. 16

69 Davis 1975, S. 455

70 Baum 1973, S. 365f; Michel 1975, S. 523f; Oberkommando 1982, 2, S. 557

71 Baum 1973, S. 361

72 Akten AA VI Dok. 300, S. 515; Telegramm AA an deutsche Botschaft/Rom 12.9.43, Cospito 1992, S. 112

73 Akten AA VI Dok. 314, S. 537; Goebbels 1994 (a), S. 100

74 KTB/WFSt 3,2, S. 1107, 15.9.1943; KTB MKdo Süd 15.9.1943, RM 35 III/61; KTB Seekrltg I C Anl. 400, RM 7/237; Messerschmidt 1969, S. 419

75 Führungsanordnung Nr. 23/16. PzDiv. Abt. I a Nr. 878/43 geh. 5. Oktober 1943; Anl. A z. KTB, RH 27-16/10

76 I a/GenKdo XIV. PzK KTB 5, RH 24-14/72; Schreiber 1990, S. 126f

77 Befehlsentwurf *Achse* 6.9.1943 Anl. 3 I a/Nr. 37/43gKdos u. Bericht *Rosenmontag* Anl. 13 z. KTB 1/GKdo Witthöft, RH 24-73/4

78 KTB/WFSt 3,2, S. 1119; Wehrmachtbericht 24.9.1943, Oberkommando 1982, 2, S. 568; Messerschmidt 1969, S. 419

79 Schreiber 1990, S. 577; Schreiber 1989, S. 765; Schreiber 1992, S. 103

80 Schreiber 1990, S. 125f

81 Schreiber 1990, S. 128; Senger 1960, S. 203

82 Telegramm AA zur Information u. a. deutsche Botschaft/Rom 24.9.43, Cospito 1992, S. 114; Schreiber 1992, S. 764f; Schreiber 1989, S. 101f; Rdschr. Reichsleiter Bormann 28.9.43, Europa 1992, Dok. 183, S. 262; Anordn. OB/HGr. B z. Erfassung u. Entwaffnung ital. Soldaten 29.9.1943, Europa 1992, Dok. 184, S. 263

83 Schreiber 1992, S. 765

84 Weitergeg. durch Führungsanordn. Nr. 23/16. PzDiv. Abt. I a Nr 878/43geh. 5. 10. 1943, Anl. A z. KTB, RH 27-16/10; Telegr. AA 24.9.43 u. Rdschr. RL Bormann 28.9.43 wie Anm. 82

85 Schreiber 1989, S. 104

86 Schreiber 1992, S. 766

87 Aufzeichn. v. Sonnleithner, Akten AA VII Dok. 354, S. 663; ital. Vorhaltungen: Cospito 1992, S. 121ff

88 KTB/WFSt 3,2 4. 10. 1943, S. 1187f; Telegr. Nr. 322 Bevollm. Rahn 1. 12. 1943 an AA, Akten AA VII Dok. 107, S. 213f

89 Dekret Mussolinis u. Zirkular Parteisekretär Pavolini 25.6.1944 üb. Gründung u. Organisation d. Corpo ausiliario delle Camicie Nere, Cospito 1992, S. 277ff; Pisanò 1965 II, S. 639; Deakin 1064, S. 751; Delzell 1961, S. 265ff; Klinkhammer 1993, S. 409ff; Pavone 1991, S. 231

90 Goebbels 1992, 11.9.1943, S. 1952

91 KTB/WFSt 3,2, S. 1096

92 Battaglia 1970, S. 45

93 KTB/WFSt 3,2, S. 1093

94 16. PzDiv./Ia Befehl Nr. 866/43geh. 30. 9. 1943 Anl. A. z. KTB, RH
    27-16/10
95 Befehl OB Südwest z. Kampfführung 9. 6. 44 Ia/Hgr. C Nr. 0126/
    44geh, Anl. 361 z. KTB 7/AOK 10, RH 20-10/129; auch Ia/AOK 14
    Nr. 4501/44 v. 3. 6. 44, RH 24-14/115; auch Richtl. f. d. Ausbau Goten-
    Stellung 11. 6. 1944, Anl. z. KTB/AGr. Witthöft /GKdo LXXIII, RH
    24-73/8 b; BtlBefehl Ia/PiBtl 60 Nr. 45/43gKdos 6. 10. 43, Anl. z.
    KTB 5/XIV. PzK, RH 24-14/82
96 Alvensleben 1972, 23. 9. 1943, S. 333
97 OKW/WFSt/Op. Nr. 662299/43gKdos Chefs. 18. 9. 1943 Anl. KTB/
    Seekrltg/Materialien, RM 7/237; Anl. z. KTB 5/XIV. PzK, RH 24-14/
    81; Anl. z. KTB 5/XIV. PzK, RH 24-14/82; KTB/WFSt 3,2 S. 1119;
    Tagesberichte 1988, S. 100; Klinkhammer 1993, S. 56f
98 Befehl OB/HGr. Süd (Ostfront) FM v. Manstein 11. 9. 1943 üb. Aus-
    plünderung u. Zerstörung zu räumender Gebiete, Dokumente 1979,
    Nr. 29, S. 50f; Westphal 1978, S. 78f
99 KTB/WFSt 3,2, 18. 9. 1943, S. 1119
100 KTB/WFSt 3,2, 30. 9. 1943, S. 1154
101 AOK 10/Ia BvB Nr. 331/43gKdos Armeebefehl Nr. 3 18. 9. 1943 Anl.
    386 z. KTB 1/AOK 10, RH 20-10/61
102 FS AOK 10/Ia an LXXVI. PzK 22. 9. 1943 Anl. z. KTB 2/AOK 10,
    RH 20-10/61
103 Tagesberichte 1988, 9. 11. 1943, S. 375
104 Tätigkeitsbericht Ic/3. PzGDiv. für Zeitraum 1. 10.–16. 11. 1943 Anl. 4
    z. KTB 4, RH 26-3/16
105 FS Nr. 604/43 gKdos Ia XIV. PzK an 3. PzGDiv. 4. 10. 1943 Anl. 4 z.
    KTB 4, RH 26-3/16; Armeebefehl AOK 10/Ia–Ic Br. B. Nr. 2607/43
    geh. Anl. z. KTB 5/XIV. PzK, RH 24-14/82
106 AOK 14/A. Pi. Fü/O. Qu/Ia Nr. 634/43gK 30. 12. 1943 Anl. z. KTB
    Bev. Gen., RH 31 VI/6; FS 226 Ia/XIV. PzK Nr. 604/43gKdos 4. 10. 43
    an Korpseinheiten, RH 24-14/82; Befehl Ia/XIV. PzK Nr. 1860/43geh
    8. 10. 43 und Qu/Qu2 XIV. PzK Nr. 1744/43geh. 9. 10. 1943, Anl. z.
    KTB 5/XIV. PzK, RH 24-14/82
107 Anl. z. KTB Gruppe Witthöft/GKdo LXXIII, RH 24-73/8 b
108 Anl. 423 und 424 z. KTB 1/AOK 10, RH 20-10/56; auch Anl. z. KTB 5/
    XIV. PzK, RH 24-14/81; Anl. 22 z. KTB/FjPzD Hermann Göring,
    RL 32/35; Anl. z. KTB/AOK 10, RH 20-10/63; Klinkhammer 1993,
    S. 183
109 Alvensleben 1972, S. 339
110 OKW/WFSt Qu (Verw) Nr. 005340/43gKdos, Akten AA VI Dok. 325
    S. 553f; Collotti 1963, S. 413ff; Perrone Capano 1963, I S. 447; Schrei-
    ber 1990, S. 225
111 Alvensleben 1972, S. 334
112 Anl. z. KTB 1/GenKdo Witthöft, RH 24-73/4; Schreiber 1990, S. 225f
113 KTB/WFSt 3,2 21. 9. 1943 S. 1127, 1133; Tagesberichte 1988, 23. 9.
    1943, S. 122
114 Aufzeichn. v. Sonnleithner, Akten AA VII Dok. 354 S. 662ff; dazu:

Tel. Botschafter Rahn an AA 26.3.1944, Akten AA VII Dok. 295
S. 568 ff; Tel. Genbev. f. d. Arbeitseinsatz an Botschafter Rahn 8.4.
1944, Europa 1992, Dok. 257, S. 319; Deakin 1964, S. 771
115 Deakin 1964, S. 808 f; dazu auch Guiotto 1992, S. 181 ff; zur Ausbeutung des italienischen Menschenpotentials umfassend: Klinkhammer 1993, S. 178 ff
116 HGr. B Befehl z. wirtsch. Ausnutzung Italiens 11.9.43, Europa 1992, Dok. 172, S. 255; Guiotto 1992, S. 181
117 KTB/WFSt 3,2 Dok.-Anhang Nr. 21 S. 1449 f
118 RW 4/v. 684; Europa 1992, Dok. 173 S. 255 f
119 Erfahrungsbericht Oberst Allmendinger, Wehrwirtschaftsstab OKW, üb. Organisation d. wirtschaftl. Ausbeutung Italiens 1.12.1943, Europa 1992 Dok. 291, S. 285 ff
120 Befehl I a Nr. 855/43 geh. Anl. A z. KTB/16.PzD, RH 27-16/10
121 GKdo LXXV. A. K. Qu/I a Pi Nr. 176/44gKdos Korpsbefehl Nr. 334 11.6.1944, RH 24-75/15
122 Aufzeichn. Hilger 10.10.1943, Akten AA VII Dok. 24, S. 65
123 Davis 1975. 472; zum Folgenden: Klinkhammer 1993, S. 170 ff
124 Akten AA VII Dok. 17, S. 30
125 Akten AA VII Dok. 97, S. 194
126 Aufzeichn. Gesandter I. Klasse Schnurre 6.10.1943, Akten AA VII Dok. 21, S. 38 ff; Telegr. Rahn an AA 6.2.1944, Akten AA VII Dok. 200, S. 389 ff
127 Alvensleben 1972, S. 334
128 Schreiber 1990, S. 227; Hümmelchen 1965, Anl. 8, S. 80 ff; Beitr. d. Heeresgruppen-Richters/OB Südwest f. KTB/HGr. C 11.7.1944, RH 19 X/79
129 Bericht Korvettenkap. Becker üb. Besuch beim Duce 15.10.1943, RM 7/237; Schreiber 1990, S. 227
130 Schreiber 1990, S. 227; AOK 10/II a Nr. 7797/44geh. Armee-Tagesbefehl 24 v. 21.6.1944, RH 20-10/131
131 ObKdo HGr C/I a Nr. 01198/44gKdos 8.7.1944, RH 19 X/36; ObKdo HGr C/I a Nr. 6582/44gKdos 26.7.1944, RH 19 X/36

Kapitel III

1 Lagebeurteilung 4 23.10.1943 GKdo Witthöft/I c Nr. 109/43gKdos Anl. z. KTB I, RH 24-73/4; Bericht Rittmeister LegRat Graf Bossi Fedrigotti v. 19.10.1943, Cospito 1992, S. 248 ff; Michel 1970, S. 304; Salvadori 1974, S. 89 f; Rasero 1970, S. 10 u. 41
2 OB HGr. B/I c Nr. 1371/43gKdos 14.10.1943, RH 19 IX/16; Div. Befehl 16.PzD 22. Okt. 1943 Anl. A z. KTB/16.PzD, RH 27-16/10
3 25.9.1943 »zwei angetrunkene Soldaten«, Div. Befehl 16. PzD 22. Okt. 1943 wie Anm. 2; Florenz: Rossi 1974, 23.9.1943, S. 14; Neapel: Alvensleben 1972, 23.9.1943, S. 334; Bellona: s. Kap. III, 3; Francavilla u. Cisterna s. Kap. IV,3
4 Meldung Ortskomm. Pisa KTB 1 GenKdo LI. GebK 16.11.1943, RH LI-46861/1

5   Bianconi 1970, S. 22; Guerrini 1974(a), S. 221 ff
6   Schreiber 1990, S. 111; Rossi 1974, S. 15; s. Kap. II,2 Anm. 75; Akten
    AA VI Dok. 314, S. 537
7   Rasero 1970, S. 70 f
8   Guiotto 1992, S. 183 f; Mosti 1973, S. 38, 116 f
9   »OB Südwest befiehlt mit I a T. Nr. 0627/44gKdos v. 22.6. 1944«, I a/
    AOK 10 Nr. 2293/44gKdos 7.7. 1944, mit Bez. darauf: GenKdo LI.
    GebK Nr. 688/44gKdos 15.7. 44, Anl. C 95 z. KTB/LI. GebK, RH LI
    62296/36
10 Battaglia 1970 S. 146 f; Casella 1972 S. 104 f; Meldung General d. Inf.
    Toussaint an OKW 4. März 1944, Anl. 197 z. KTB/BevGen., RH 31 VI/
    7; Europa 1992, Dok. 239, S. 308 f
11 Alvensleben 1972, S. 344 f
12 Salvadori 1974, S. 88;
13 16. PzD I a Nr. 878/43geh. Führungsanordnung Nr. 23, 5. Oktober
    1943, RH 27-16/10 Anl. A z. KTB
14 GKdo LI. GebK Tätigkeitsbericht I c 1. 10.–31. 10. 1943, RH LI-46861/
    10
15 Origo 1991, 13. 10. 1943, S. 107; u. a. Tagesberichte 1988, S. 254; auch
    Goebbels 1994 (a) 1. 10. 1943, S. 30
16 Tagebuch des Don Giuliano Giglioni, Guerra 1990, S. 260 f
17 de Blasio-Wilhelm 1988, S. 15; Colarizi 1984, S. 253; DiNolfo 1993, S. 58 f
18 z. B. L'Unità bereits am 22.8. und 7.9. 1943, L'Italia libera am 1.9.
    1943; Giovana 1977, S. 29; Pisanò 1965, I, S. 46
19 GKdo LI. GebK. Tätigkeitsbericht I c, RH LI-46861/10
20 Colarizi 1984, S. 254 f, 267; Salvadori 1974, S. 94 ff
21 Battaglia 1953, S. 140 f; Bocca 1969, S. 84 f; Colacito 1954, S. 6 ff; Gio-
    vana 1977, S. 102 f; Italia Martire 1966, S. 316; Pisanò 1965, I, S. 78 ff;
    Secchia 1965, S. 221 ff; Enciclopedia I, S. 345
22 Bis 3. 10. 1943 ist das I. Btl. FjRgt 8/2. FjD im Raum Teramo zur »Ban-
    denbekämpfung« eingesetzt, Tagesberichte 1988, S. 174; Bocca 1969,
    S. 86 ff; Italia Martire 1966, S. 331; Salvadori 1974, S. 94; Secchia 1965,
    S. 221 ff; Enciclopedia I, S. 586
23 Nach Lagekarte RH 20-10/66k hatte das I. Btl/FjRgt 1 seine Befehls-
    stelle in Matera; Perrone Capano 1963 II, S. 226; Rasero 1970, S. 39;
    Salvadori 1974, S. 90 f; Busch 1983 S. 53
24 Puzzo 1992, S. 21; Tamaro 1948 II, S. 77; Secchia 1965, S. 229 ff; Enci-
    clopedia IV, S. 21
25 Schreiber 1990, S. 129; Pisanò 1965 I, S. 244
26 Bericht des FlakRgt 57: Anl. z. KTB 5/XIV. PzK, RH 24-14/81; GKdo
    XIV. PzK/I a Nr. 531/43gKdos 11.9. 1943, Anl. z. KTB 5/XIV. PzK,
    RH 24-14/81 mit Zusammensetzung KGr. Maucke; Europa 1992,
    Dok. 171, S. 254; Schreiber 1990, S. 128 f; Klinkhammer 1993, S. 52 f
    Anm. 97
27 Tätigkeitsbericht 2./Pi 3 16.9. 1943 zum 12.9. Anl. z. KTB 4/3. PzGD,
    RH 26-3/12,2; Bericht FlakRgt 57/I a 17.9. 1943, RH 24-14/81; Schrei-
    ber 1990, S. 129

28 Tamaro 1948, I, S. 534; Collotti 1963, S. 96
29 D'Agostino 1985, S. 87; de Blasio-Wilhelm 1988, S. 35f; Delzell 1961, S. 283; Perrone Capano 1963 II, S. 224; Tamaro 1948 II, S. 76;
30 Anl. z. KTB 5/XIV. PzK, RH 24-14/81; Alvensleben 1972, S. 333f; de Blasio-Wilhelm 1988, S. 46f; Giovana 1977, S. 90; Puzzo 1992, S. 21; Tamaro 1948 II, S. 76ff; Enciclopedia IV, S. 22
31 Alvensleben 1972, S. 334
32 Anlagen 423 u. 424 z. KTB 1/AOK 10, RH 20-10/56; s. oben Kap. III,1; de Blasio-Wilhelm 1988, S. 45f; Giovana 1977, S. 90; Klinkhammer 1993, S. 178ff; Pisanò 1965 I, S. 249; Tamaro 1948 II, S. 80; Enciclopedia IV, S. 21
33 Battaglia 1970, S. 42ff; Schreiber 1990, S. 226; 16. PzD Besprechungspunkte 24. 9. 1943 Anl. z. KTB 5/XIV. PzK, RH 24-14/81
34 Tamaro 1948 II, S. 80f
35 Alvensleben 1972, S. 334
36 de Blasio-Wilhelm 1988, S. 46; Alvensleben 1972, S. 339; KTB 5/XIV. PzK 26. 9. 1943, RH 24-14/72
37 Tagesmeldung I a / XIV. PzK Nr. 1769/43geh. 23. 9. 1943, Anl. z. KTB 5/XIV. PzK, RH 24-14/81; FS GKdo XIV. PzK/I a 24. 9. 1943, Anl. z. KTB 2/AOK 10, RH 20-10/61; Tagesmeldung FjPzD»HG«/I a 23. 9. 1943, RH 24-14/75; Schreiber 1990, S. 226
38 Einsatzbefehl 26. 9. 1943: I a/GenKdo XIV. PzK Nr. 582/43gKdos, Anl. z. KTB 5/XIV. PzK, RH 24-14/81; Tagesmeldung I a/XIV. PzK 27. 9. 1943, Anl. z. KTB 5/XIV. PzK, RH 24-14/75; Anl. 181 z. KTB 2/AOK 10, RH 20-10/61; Alvensleben 1972, S. 336
39 Schreiben OB Süd an ital. Innenminister 22. u. 23. 9. 1943 Anl. 90 a/b z. KTB 2/AOK 10, RH 20-10/61; GKdo XIV. PzK an AOK 10 26. 9. 1943 I a Nr. 1794/43geh. Anl. 108 z. KTB 2/AOK 10, RH 20-10/61 und weitere Anlagen daselbst; KTB 5/XIV. PzK 23. 9. 1943, RH 24-14/72; Anl. z. KTB 5/XIV. PzK, RH 24-14/81; Tagesberichte 1988, S. 124; de Blasio-Wilhelm 1988, S. 46; Klinkhammer 1993, S. 55ff; Pisanò 1965 I, S. 249
40 Enciclopedia IV, S. 21
41 de Blasio-Wilhelm 1988, S. 54f; Delzell 1961, S. 284; Giovana 1977, S. 91f; Tamaro 1948 II, S. 89f
42 Battaglia 1970, S. 42ff; de Blasio-Wilhelm 1988, S. 48f; Enciclopedia IV, S. 21f
43 de Blasio-Wilhelm 1988, S. 50f; Giovana 1977, S. 92; Tamaro 1948 II, S. 87
44 KTB 2 AOK 10 28. 9. 1943, RH 20-10/60; Alvensleben 1972, S. 339
45 Tagesmeldung I a/AOK 10 29. 9. 1943 Anl. 217 z. KTB 2/AOK 10, RH 20-10/61; Alvensleben 1972, S. 339f
46 KTB/WFSt 3,2 29. 9. 1943, S. 1152; KTB 2/AOK 10 28. u. 29. 9. 1943, RH 20-10/60; Wehrmachtbericht 30. 9. 1943, Oberkommando 1982, 2, S. 572; Alvensleben 1972, S. 339
47 Tagesmeldung I a/GenKdo XIV. PzK 30. 9. 1943, Anl. z. KTB 5/XIV. PzK, RH 24-14/75; Tagesmeldung I a/AOK 10 30. 9. 1943 Anl.

235 z. KTB 2/AOK 10, RH 20-10/61; Tagesberichte 1988, S. 158 f; KTB/WFSt 3,2 S. 1154; Wehrmachtbericht 2. 10. 1943, Oberkommando 1982, 2, S. 574; Alvensleben 1972, S. 340; Goebbels 1994 (a), S. 30, 34, 37; Battaglia 1970, 42 ff; de Blasio-Wilhelm 1988, S. 54 ff; Delzell 1961, S. 284; Giovana 1977, S. 93; Pisanò 1965 I, S. 258 ff; Puzzo 1992, S. 24 f; Tamaro 1948 II, S. 89 ff; Enciclopedia IV, S. 23

48 Pisanò 1965, I, S. 50

49 Caviglia 1952, 8. 8. 1943, S. 428

50 Pisanò 1965, I, S. 69 f

51 Perrone Capano 1963, II, S. 227 ff

52 Nebel 1949, S. 238 ff;

53 Busch 1983, S. 52; Pisanò 1965, I, S. 70 ff; Schreiber 1990, S. 127

54 Perrone Capano 1963 II, S. 226

55 KTB 5/XIV. PzK, RH 24-14/72; Gefechtsberichte, Meldungen PzD »HG«, RL 32/62; die KGr. bestand aus: II./GRgt 29, 2 Sturmgesch. Kpn, 1 PiKp, 1 Zug schw. InfGesch., 1 Zug Pak, alle 3. PzGD, Anl. z. KTB 5/XIV. PzK, RH 24-14/81

56 Rasero 1970, S. 39; Enciclopedia I, S. 6

57 KTB 5/XIV. PzK, RH 24-14/72; Gefechtsberichte PzD»HG«, RL 32/61; Tätigkeitsbericht I c/AOK 10 21.–30. 9. 1943 Anl. 264 z. KTB 2/AOK 10, RH 20-10/61; I./PzGRgt 2»HG«, III./FjRgt 1, PzAA»HG«, PzRgt»HG«, II./PzArtRgt»HG«, 9. FlakRgt»HG«, Lagekarten 1./5. 10., RH 20-10/66 k

58 Rasero 1970, S. 39; Salvadori 1974, S. 91

59 Enciclopedia III, S. 107

60 Battaglia 1970, S. 45; Perrone Capano 1963 II, S. 225; Rasero 1970, S. 39; Enciclopedia I, S. 271 f

61 Text der Inschrift: Croce 1963 II, S. 285

62 Lagekarten zu KTB 2/AOK 10, RH 20-10/66 k u. 67 k

63 Dieckhoff 1960, S. 252 ff

64 KTB 5/XIV. PzK, RH 24-14/72; KTB 4/3. PzGD, RH 26-3/11

65 Italia Martire 1966, S. 232 f

66 Dieckhoff 1960, S. 253

67 Fernmündl. Auskunft d. Justizpressestelle beim Landgericht Koblenz 6. 5. 1993

68 Tagesmeldung KGr. Moeller 4. 10. 1943 Anl. z. KTB 5/XIV. PzK, RH 24-14/76

69 Rasero 1970, S. 39 f; Enciclopedia I, S. 420 f; Italia Martire 1966, S. 233; W. Dietl/J. Hufelschulte, Die Enttarnung des Biedermannes, in: Wochenmagazin Focus Nr. 51/1993, S. 27 ff

70 Meldung PzGRgt 29 13. 10. 1943 Anl. z. KTB 4/3. PzGD, RH 26-3/12,2

71 Croce hat den Text der Inschrift am 14. November 1943 geschrieben, s. Croce 1963, I, S. 211; Text bei Rasero 1970, S. 39 f; Enciclopedia I, S. 421

72 dpa-Meldung 22. 4. 1993, Frankfurter Allgemeine Zeitung 23. 4. 1993; lt. dpa-Meldung im Bonner General Anzeiger vom 7. 11. 1992 hatte das

OLG Koblenz den Haftbefehl gegen den damaligen Leutnant wegen »dringenden Mordverdachts« wieder in Kraft gesetzt. Zum Prozeßbeginn: Bonner General-Anzeiger vom 18./19.12.1993; Dietl/Hufelschulte wie Anm. 69. Der Mordvorwurf bezieht sich nur auf 15 Opfer, die Erschießung der 4 für Partisanen gehaltenen Männer und der 3 Frauen bleibt demnach ungesühnt.

73 Bocca 1966, S. 88f; Colacito 1954, S. 13ff; Pisanò 1965, I, S. 321ff; Salvadori 1974, S. 92; Secchia 1965, S. 240f; Enciclopedia III, S. 258f

Kapitel IV

1 Baum 1973, S. 372f; Churchill 1952, S. 17f; Haupt 1977, S. 73f; Goebbels 1993(b), 19.9.1943, S. 533ff, äußert sich drastisch über voreilige Siegesmeldungen deutscher Militärs, vor allem Kesselrings
2 KTB/WFSt 3,2 23.9.1943, S. 1132
3 Haupt 1977, S. 76
4 KTB/WFSt 3,2 5.10.1943, S. 1174
5 KTB/WFSt 3,2 1.10.1943, S. 1163
6 Baum 1973, S. 372f
7 KTB/WFSt 3,2 4.10.1943, S. 1171f; Text der Weisung ebda Dok.-Anhang Dok. Nr. 28, S. 1461f
8 KTB/WFSt 3,2 6.11.1943, S. 1256ff
9 KTB/WFSt 3,2 4./8.10.1943, S. 1170ff; Busch 1983, S. 54
10 KTB/WFSt 3,2 10. bis 19.10.1943, S. 1190ff; KTB 5/XIV. PzK, RH 24-14/72; Baum 1973, S. 390; Dieckhoff 1960, S. 255ff; Eisenhower 1948(a), S. 215; Mennel 1971, 150f
11 KTB/WFSt 3,2 25.10.1943, S. 1220
12 Abendlage 26.10.1943, Hitler 1962(a), S. 400; KTB/WFSt 3,2 14.11.1943, S. 1280f, 17.11.1943 S. 1287f
13 KTB/WFSt 3,2, 17.11.1943, S. 1288
14 KTB/WFSt 3,2 26.12., 27.12.1943, S. 1383, 1386; Baum 1973, S. 390; Eisenhower 1948(a), S. 234; Shepperd 1968, S. 159ff; Westphal 1954, S. 92
15 Colacito 1954, S. 15; Origo 1991, 8.11.1943, S. 119
16 Busch 1983, S. 55f; Goebbels 1994 (a) 22.–29.12.1943, S. 525ff; Goebbels' Stiefsohn Harald kämpfte hier im Verbund der 1. FjD; Graham 1986, S. 407
17 Churchill 1952, S. 280f
18 Baum 1973, S. 392; Busch 1983, S. 56, 112; Goebbels 1994(b) 23.1.1944, S. 141ff, 24.1. S. 147, 25.1. S. 157, 26.1. S. 173f; Graham 1986, S. 408; Origo 1991, 22.1.1944, S. 145; Westphal 1954, S. 93
19 Baum 1973, S. 392; Busch 1983, S. 56f; Goebbels 1994 (b) 16. bis 19.2.1944, S. 294ff
20 KTB/WFSt 4,1, S. 479ff, 483f
21 Churchill 1953 S. 192ff, 205ff; Westphal 1954, S. 94f
22 Goebbels 1992, 4.3.1944, S. 2005; Churchill 1953, S. 187ff; Westphal 1954, S. 93
23 Jars 1954, Annex 3, S. 241f

24 KTB/WFSt 4,1, S. 491; Baum 1973, S. 394; Busch 1983, S. 112 f
25 DiNolfo 1993, S. 42 f
26 Petersen 1988(b), S. 47 f
27 Aga Rossi 1992, S. 52 f; Ferraris 1992, S. 37; zur Vorgeschichte des CLN
   s. Rosen 1990, S. 119 ff
28 DiNolfo 1993, S. 56 f
29 Calvocoressi 1984, S. 407
30 Bonomi 1947, passim; Delzell 1961, S. 271 f; DiNolfo 1993, S. 63; Giovana 1977, S. 129 ff; Piscitelli 1965, S. 62 ff, 110 ff; Salvadori 1974, S. 87
31 DiNolfo 1993, S. 63; Giovana 1977, S. 131 ff; Michel 1975, S. 528 f; Piscitelli 1965, S. 114 ff; Enciclopedia I, S. 599 ff
32 DiNolfo 1993, S. 63 f
33 Aga Rossi 1992, S. 62 ff; Colarizi 1984, S. 350 f; Delzell 1961, S. 332 ff;
   DiNolfo 1993, S. 84 f; Giovana 1977, S. 133 ff; Piscitelli 1965, S. 118;
   Salvadori 1962, S. 46; Verso il governo 1977, Nr. 11 Mozione al con-
   gresso di Bari 26. 1. 1944, S. 112 f;
34 Vitali 1985, S. 31
35 Mosti 1973, S. 31; Enciclopedia I, S. 128; III, S. 422
36 Salvadori 1962, S. 47 ff; Enciclopedia IV, S. 533
37 Enciclopedia IV, S. 529; VI, S. 50
38 Blasio-Wilhelm 1988, S. 110
39 Lill 1992, S. 5; zur Entstehung der frühen Partisanengruppen jetzt
   Klinkhammer 1993, S. 424 ff
40 Colarizi 1984, S. 254 ff; Kühnrich 1968, S. 307 ff; Michel 1970, S. 304 f;
   Tamaro 1948, II, S. 285 ff
41 Delzell 1961, S. 413 f; Kühnrich 1968, S. 313; Pavone 1991, S. 149 f;
   Puzzo 1992, S. 40 ff
42 Colacito 1954, S. 9 ff, S. 15 ff; Pisanò 1965, S. 317; Salvadori 1974, S. 39
43 Bocca 1966, S. 302
44 Bericht des tenente colonello Amato Tiraboschi üb. die Organisation d.
   5. Garibaldi-Brigade, Salvadori 1962, S. 212 ff; Salvadori 1974, S. 39
45 Riservato 1974, Not. 21-3-1944 prov. Teramo S. 47 f; Battaglia 1970,
   S. 79; Salvadori 1962, S. 71 ff
46 Tätigkeitsbericht I c/GenKdo LI. GebK. 1. 10.–31. 10. 43 Anl. z. KTB/
   LI. GebK., RH LI-46861/10; Battaglia 1970, S. 105 ff; Salvadori 1974,
   S. 97 f; Enciclopedia I, S. 474 f
47 Bocca 1966, S. 301; Delzell 1961, S. 275 f; Gasparri 1977, S. 94 ff; Salvadori 1974, S. 98 f; Enciclopedia V, S. 17 f
48 Bocca 1966, S. 301 f
49 Fs Nr. 604/43 gKdos I a/XIV. PzK an 3. PzGDiv 4. 10. 43 Anl. 4 zu
   KTB 4, RH 26-3/16; ähnl.: Armeebefehl 6 AOK 10/I a Nr. 409/
   43gKdos 4. 10. 43 Anl. zu KTB 5, RH 24-14/82; ebfs: Armeebefehl
   AOK 10/I a–I c Nr. 2607/43 geh. Anl. KTB 5, RH 2414/82; Nero-Befehl: Anl. KTB Seekrltg/Materialien RM 7/237; Tätigkeitsbericht I c/
   3. PzGDiv. 1. 10.–16.11. 43 Anl. 4 zu KTB 4, RH 26-3/16; Rasero
   1970, S. 59
50 Warlimont 1962, Dok. 29, S. 300 f

51 KTB / WFSt 3,2 7. 11. 1943, S. 1259; Busch 1983, S. 54
52 Lagekarten zu KTB 3 / AOK 10, RH 20-10/81 k
53 Anja Oehlers, Die Bücher der Sabatinis; DIE ZEIT Nr. 26 vom
21. Juni 1991, S. 58
54 Rasero 1970, S. 77; Enciclopedia III, S. 270; IV, S. 590
55 Mit der korrekten Schreibweise deutscher Namen haben Italiener offenbar Schwierigkeiten, aber auch bei den genannten Feldpostnum-
mern stimmt nicht alles: Die Feldpostnummer 41604 gehört mindestens
bis 7. September 1943 zur 1. Sanitätskompanie 29, das könnte also stimmen, aber die Feldpostnummer 35713 gehörte jedenfalls 1940 laut Feld-
postliste zum Feldlazarett 610; der Stab des I. Btl und die Kpn 1 bis 4 /
FjRgt 1, die im November 1943 im Abschnitt Roccaraso-Castel di Sangro eingesetzt sind, haben ausweislich der deutschen Feldpostübersich
ten 1939/40, 1942 und Juli 1944 die Feldpostnummer 35361: Kannapin
1980, II, S. 288, 294, 395
56 Lagekarten zu KTB 3 / AOK 10, RH 20-10/81 k
57 Briefl. Mitt. H. J. Teichler mit Kopie: Aufstellung Bundesarchiv – Zen-
tralnachweisstelle 9. 7. 1985 betr. Militärische Dienstlaufbahn des
Oberstleutnants z. V. Wolf-Werner Graf von der Schulenburg, geb. am
14. 9. 1899; nach Stellenbesetzung Febr. bis Mai 1944 war Komm.
FjRgt 1: Oberst Schulz, Btlkomm. I. / FjRgt 1: Major Graf v. d. Schulenburg, Busch 1983, S. 59; so auch Stellenbesetzung Stand 15. 3. 1944,
Kühn 1975, S. 367
58 Korpsbefehl LXXVI. PzK / I a Nr. 813 / 43 4. 11. 43 Anl. z. KTB /
LXXVI. PzK, RH 24-76/7; KTB 26. PzDiv. 18. 11. 43, RH 27-26/41;
Befehlsstand PiBtl 93 am 19. 11. 43 nicht mehr Roccaraso lt. Lagekarte
19. 11. 43 z. KTB 3 / AOK 10, RH 20-10/81 k
59 Rasero 1970, S. 74 ff; Enciclopedia IV, S. 590
60 Rasero 1970, S. 76 f
61 I a/XIV. PzK Fs. Nr. 604/43 gKdos 4. 10. 43 Anl. 4 z. KTB 4/3. PzD,
RH 26-3/16
62 Masci 1959, S. 79 ff; Rasero 1970, S. 77 ff; Battaglia 1970, S. 68; Enciclopedia IV, S. 590 f
63 Lagekarten z. KTB 3 / AOK 10, RH 20-10/81 k
64 Rasero schreibt den Namen: Schulemburg. In einem anderen Fall, dem
der Geiseltötung in Filetto, gibt er den Namen des Verantwortlichen
korrekt wieder.
65 Oberkommando 1982, S. 610 f
66 Enciclopedia VI, S. 523
67 Enciclopedia II, S. 413; Busch 1983, S. 55
68 Italia Martire 1966, S. 106

Kapitel V
1 Moellhausen 1949, S. 131
2 Goetz 1983, S. 169
3 Die Angaben über die zivilen Opfer des Attentats sind kontrovers, bis
zu zehn, darunter 6 Kinder werden genannt: Kesselring 1953, S. 436;

Laternser 1950, S. 52; Westphal 1975, S. 255; nach Perrone Capano 1963 II, S. 232 gibt es keine offizielle Zahl; ihm folgt Goetz 1983, S. 169; Puzzo 1992, S. 29 ff

4 Goetz 1983, S. 169; Kurzman 1978, S. 170 ff; Moellhausen 1949, S. 132 ff
5 Weizsäcker 1974, S. 363 f; Goetz 1983, S. 164
6 Goetz 1983, S. 162 ff; Moellhausen 1949, S. 146
7 Bonomi 1947, S. 171 f; Delzell 1961, S. 373; Goetz 1983, S. 166 ff; Laternser 1950, S. 53; Battaglia 1970, S. 99; Tamaro 1948 II, S. 533 ff
8 Delzell 1961, S. 374; Kurzman 1978, S. 171; Mayda 1985, S. 75
9 Telegramm 131/71742 vom 23.3.1944 Citissime, Akten AA VII Dok. 289, S. 551
10 z. B. Anordnung zu Sühnemaßnahmen für Sabotageakte: KTB 5/AOK 10 z. 23.3.1944, RH 20-10/99; Telefongespräch: Anl. 945 z. KTB 5/AOK 10, RH 20-10/106
11 Goetz 1983, S. 169 f; Laternser 1950, S. 54 ff; Westphal 1975, S. 256
12 Goetz 1983, S. 170; Kurzman 1978, S. 174; Laternser 1950, S. 55 ff; Piscitelli 1965, S. 297; Westphal 1975, S. 256; Verhältnis 10:1 auch Goebbels 1994 (b) 25.3.1944, S. 548
13 Goetz 1983, S. 170; Kurzman 1978, S. 174 f; Laternser 1950, S. 64 f; Piscitelli 1965, S. 297 f
14 Laternser 1950, S. 65
15 Delzell 1961, S. 374; Kurzman 1978, S. 179; Laternser 1950, S. 65; Mayda 1985, S. 75; Puzzo 1992, S. 31 f; Scheel 4/1984, S. 19; SPIEGEL 35/1977 S. 97; Tamaro 1948 II, S. 538 ff, Planskizze der Höhlen S. 536
16 Laternser 1950, S. 59 ff; Perrone Capano 1963 II, S. 276
17 Letzte Briefe 1955, S. 271; Tamaro 1948 II, S. 531 f; Enciclopedia VI, S. 28
18 Namensliste: Enciclopedia I, S. 119 ff; Pisanò 1965 I, S. 294
19 Battaglia 1970, S. 102 f; Delzell 1961, S. 374; Piscitelli 1965, S. 298 f; Tamaro 1948 II, S. 532
20 Kurzman 1978, S. 180; Perrone Capano 1963 II, S. 238; Piscitelli 1965, S. 299 f
21 Origo 1991, 25.3.1944, S. 172
22 Piscitelli 1965, S. 300
23 Goetz 1983, S. 175; Piscitelli 1965, S. 301
24 Westphal 1978, S. 77
25 Armeebefehl AOK 10 v. 22.9.1943, Anl. 89 a/b z. KTB 2/AOK 10, RH 20-10/61; Armeebefehl AOK 14 v. 14.6.1944 Anl. 581 z. KTB 3/AOK 14, RH 10-14/35; KTB 3/AOK 14 z. 13.6.1944, RH 20-14/32
26 Anl. 954 zu KTB 5/AOK 10, RH 20-10/106
27 Heeresdienstvorschrift/HDV 2g, Abschn. 9, Ziff. 12; Kalkbrenner 1951, S. 2 ff
28 Beilage 6 z. Anl. 5 z. ObdH-GenStdH-OpAbt. Nr. 44440/39 gKdos v. 29.10.1939, Prozess 1947, XXX, S. 210 ff
29 Prozeß 1947, XXXVII Doc. 508-F, S. 213 ff; Dokumente 1993, Dok. 51, S. 132 f

30 Prozeß 1947, XXVII Doc. 1588-PS, S. 364ff, Doc. 1590-PS, S. 374; Dokumente 1993, Dok. 60 u. 61, S. 147ff; s. Kap. V,3
31 Delzell 1961, S. 374f; Tamaro 1948 II, S. 537
32 Geiseltötung 1968, S. 3ff
33 Goetz 1983, S. 177
34 Urteil des italienischen Militärgerichts für den Bezirk Rom vom 20. Juli 1948, Archiv des Völkerrechts 3, 1951, S. 357ff
35 Urteil S. 364
36 Origo 1991, 8. 11. 1943, S. 119
37 Origo 1991, 1. 1. 1944, S. 141; wieder am 13. 2., S. 154
38 Anl. 309 KTB 3/AOK 14, RH 20-14/33; Hauck 1975, S. 167ff passim
39 Tätigkeitsbericht I c/GenKdo LI. GebK., RH LI-46861/10
40 Origo 1991, passim zwischen Januar und April 1944
41 Riservato 1974, prov. Macerata not. 3-4-44, S. 71
42 Riservato 1974, prov. Chieti not. 25-1-44, S. 53; prov. Ancona not. 19-3-44, S. 62; prov. Massa-Carrara not. 15-3-44 und 25-3-44 S. 103f; prov. Grosseto not. 15-3-44, S. 111
43 Wiederkehrende Hinweise in Meldungen, Berichten, Einträgen in KTB und in Tagesmeldungen der GNR an Mussolini, z. B. Riservato 1974, prov. Arezzo not. 16-4-44, S. 108, »In den Landgemeinden favorisieren die Landbewohner die Rebellen«.
44 Origo 1991, 27. 2. 1944, S. 159; ihr eigenes Tun: passim
45 In einem Brief an die *Times*, 15. 9. 1969, Salvadori 1962, S. 171; weitere Beispiele: Casella 1972, S. 37ff
46 Sacconi 1975, S. 36
47 Origo 1991, 14. 3. 1944, S. 167
48 Battaglia 1953, S. 261
49 17. 3. 1944 KTB 5/AOK 10, RH 20-10/99
50 Pisanò 1965 I, S. 327ff; Enciclopedia IV, S. 654
51 Letzter derartiger Einsatz der *Brandenburger* zuvor vom 15.–17.3., KTB 5/AOK 10 17. 3. 1944, RH 20-10/99; Neuregelung: FS I a/AOK 31. 3. 1944, Anl. 1090 z. KTB 5/AOK 10, RH 20-10/106; KTB 5/AOK 10 31. 3. 1944, RH 20-10/99; Anl. 289 z. KTB AOK 14, RH 20-14/33
52 KR-FS WFSt/Op(H)/Südost 1. 10. 1943, RH 26-1002/6; Bericht I c/ Div. *Brandenburg* 23/44 gKdos 27. 5. 1944 an OKW/WFSt (Op/72), RH 26-1002/6; Spaeter 1978, S. 309
53 Spaeter 1978, S. 312, 345ff, 408ff
54 Anl. 819, Anl. 822 z. KTB 5/AOK 10, RH 20-10/105
55 Abschlußmeldung I a/AOK 14 an OB Südwest, Anl. 309 z. KTB 3/ AOK 14, RH 20-14/33
56 Pisanò 1965 I, S. 329; Enciclopedia V, S. 168
57 Tagesberichte 1987, 7. 4. 1944, S. 105; Battaglia 1953, S. 259, 261; Pisanò 1965 I, S. 329ff; Enciclopedia III, S. 322; V, S. 167
58 Abschlußmeldung I a/AOK 14 13. 4. 1944, Anl. 321 z. KTB 3/AOK 14, RH 20-14/33; Verfügung I a/AOK 14 v. 6. 4. 1944 über Zurverfügungstellung Zwangsarbeiter an Armee-Pionierführer, Anl. 298 z. KTB 3/ AOK 14, RH 20-14/33; Tagesberichte 1987, 5. 4. 1944, S. 176

59 Abschlußmeldung I a / AOK 14 13. 4. 1944, Anl. 321 z. KTB 3 / AOK 14,
    RH 20-14/33; Tagesberichte 1987, S. 132; Battaglia 1953, S. 261 f
60 Spaeter 1978, S. 345
61 Tagesberichte 1987, 11. 3. 1944, S. 30; Salvadori 1962, S. 269 f
62 Riservato 1974, prov. Macerata not. 3-4-44 S. 71?f; Enciclopedia I
    S. 585, III S. 458, VI S. 403
63 Tagesberichte 1987, S. 77; Enciclopedia II, S. 690
64 Bis Ende Mai, KTB 5 / AOK 10 z. 28. 5. 1944 betr. Abgabe beider Ein-
    heiten, RH 20-10/99
65 Bericht Ic/LXXV.AK an AGr. v. Zangen Nr. 822/44geh. 23. 4. 44,
    Anl. z. KTB 1 / LXXV.AK, RH 24-75/20; Bericht üb. Bandenlage
    11.–25. 4. 1944, AGr. v. Zangen/Ic Nr. 490/44gKdos 28. 4. 1944, RH
    24-87/61; KTB 4 / AGr. v. Zangen z. 11. 4. 1944, RH 24-87/32; Tages-
    meldung I a / AGr. v. Zangen 13. / 15. 4. 1944, Anl. z. KTB 4 / AGr.
    v. Zangen, RH 24-87 / 47; KTB 1 / LXXV.AOK 10. 4. u. 13. 4. 1944,
    RH 24-75/2
66 Tätigkeitsbericht Ic u. KTB 4 / AGr. v. Zangen wie Anm. 65; Europa
    1992, Dok. 267, S. 326; Verni 1990, S. 131
67 Tätigkeitsbericht Ic, Tagesmeldung I a 12. 4. 1944 u. KTB 4 / AGr.
    v. Zangen wie Anm. 65; Tätigkeitsbericht Ic / AGr. v. Zangen April
    1944 Nr. 534/44gKdos 1. 5. 1944, RH 24-87/61; Tagesberichte 1987,
    15. 4. 1944, S. 129; 20. 4. 1944, S. 144; Bericht d. Ortskomm. d. GNR
    Stia v. 17. 4. 1944, Anl. 2,1 Verni 1990, S. 163; Carocci 1963, S. 124 ff
    (Bericht Carlo Levi); Casella 1972, S. 139 f; Klinkhammer 1993,
    S. 452 f; Pisanò 1965 I, S. 388 f; Sacconi 1975, S. 62 ff, 70 ff; Verni 1990,
    S. 131 ff; Enciclopedia VI, S. 286 f
68 Riservato 1974, prov. Firenze not. 9-4-44 S. 92 f; prov. Perugia not.
    10-4-44, S. 81
69 Tagesmeldung I a/LXXV.AK 4. /5. 5. 1944, RH 24-75/12; KTB 2/
    LXXV.AK, RH 24-75/9; KTB 4 / AGr. v. Zangen, RH 24-87/32; Be-
    richt Ic/LXXV.AK Nr. 935/44geh. 9. 5. 44 üb. Bandenlage 21. 4. bis
    5. 5. 1944, RH 24-75/22; Tätigkeitsbericht Ic / AGr. v. Zangen, RH 24-
    87/61; Casella 1972, S. 141; Klinkhammer 1993, S. 461
70 Meldungen I a/AOK 14 19. 3. u. 21. 3. 1944, Anl. z. KTB 2 / AOK 14,
    RH 20-14/28
71 KTB 5 / AOK 10, RH 20-10/99; Tagesberichte 1987, 23. 4. 1944. S. 152;
    Casella 1972, S. 126 f; Enciclopedia III, S. 117
72 KTB / WFSt 4,1, S. 486
73 Hitler 1973, S. 2078; Messerschmidt 1992(b), S. 442
74 zitiert bei Förster 1993, S. 152; Laternser 1950, S. 53
75 Dokumente 1979, S. 159
76 Sywottek 1976, S. 162 f; Wette 1989, S. 216 ff
77 Jacobsen 1979, S. 139; Messerschmidt 1992(b), S. 396; Steinert 1994,
    S. 464 ff; Uhlig 1965, S. 304 ff
78 Messerschmidt 1989, S. 314; Messerschmidt 1992(b), S. 396 f
79 OKW/WFSt/Abt. LIV/Qu Nr. 44560/41gKChefs., RW 4/v 524; Ja-
    cobsen 1979, Dok. 11 (Ausfertigung AOK 17), S. 187

80 Jacobsesn 1979, Dok. 8, S. 181; Entwurf dazu v. 6. Mai 1941, Jacobsen 1979, Dok. 5a, S. 175
81 Jacobsen 1979, Dok. 30, S. 215 f; Kalshoven 1971, S. 201 ff; Browning 1983, S. 37 f
82 Pavone 1991, S. 475 ff
83 Deutsche Textfassung: Völkerrecht 1967, S. 1892 ff; französische Originaltexte: Consolidatet Treaty Series 1907, S. 277 ff; 1898/99, S. 429 ff
84 IV. Genfer Konvention zum Schutze von Zivilpersonen in Kriegszeiten vom 12. August 1949, insbes. d. Artikel 33, 34, 49, 51, 53 u. 68, Völkerrecht 1967, S. 2069 ff
85 Jacobsen 1979, Dok. 41, S. 230 f; Waltzog 1942, S. 7 f
86 Siegert 1958, S. 13 ff; Geiseltötungen 1968, S. 3 f; v. d. Heydte bei Uhlig 1965, S. 339
87 Kalkbrenner 1951, S. 94, 99, 107; Geiseltötungen 1968, S. 41 f; Zitat bei Kalkbrenner 1951, S. 45
88 Laternser 1950, S. 66 ff, 122 ff; Herrmann 1955, S. 230 f, S. 234, der weitgehend Laternser folgt
89 Prozeß 1947, XXXVII Dok. 508-F, S. 213 ff; XXVII Dok. 1588-PS, S. 364 ff, Dok. 1590-PS, S. 373 f; Browning 1983, S. 34
90 OB Südwest/Ic.III Nr. 315/41g.Kdos 12. 1. 1944, RH 24-14/141
91 Pavone 1991, S. 487 ff
92 Messerschmidt 1971, S. 92, 95
93 Hitlers »Bandenbefehl« 16. 12. 1942, Prozeß 1947, XXXIX Doc. 66-UK/A, S. 128 f

Kapitel VI
1 Colarizi 1984, S. 280 f
2 Blasio-Wilhelm 1988, S. 110 f
3 Kesselring 1953, S. 325
4 KTB/WFSt 4,1, S. 486, 523, 588
5 Wortlaut des Beschlusses in »Verso il governo« 1977, Nr. 37, S. 136 f; Puzzo 1992, S. 41 ff
6 Kesselring 1953, S. 324
7 Blasio-Wilhelm 1988, S. 11
8 s. Kap. V,3
9 Senger 1960, S. 342
10 Collotti 1966, S. 55 ff
11 Kühnrich 1968, Dok. 93, S. 629 ff
12 RH 19 X/35; Abschrift in Anl. 240 KTB 6/AOK 10, RH 20-10/116
13 Manifesto dello Commandante supremo delle Truppe Tedesche 1. 5. 1944 (zitiert nach »La Liberta« no 8, 15 Maggio 1944), Francovich 1961, S. 203; Befehl OB Südwest wie Anm. 12; Klinkhammer 1993, S. 443 ff
14 AOK 10/Ia FS v. 1. 4. 44 Anl. 1090 z. KTB 5/AOK 10, RH 20-10/106; Klinkhammer 1993, S. 457 f; Verni 1986, S. 230
15 Armeebefehl Nr. 1554/44 gKdos Anl. 289 z. KTB/AOK 14, RH 20-14/33

16 Bev. Gen./Ia Az II,26 Nr. 2079/44 gKdos 4.4.1944, RH31 VI/8;
17 KTB/WFSt 4,1, S. 486; Bev. Gen. z. Bandenbekämpfung 4.4.1944, OB
    Südwest z. Außerkraftsetzung 11.4., Bestätigung OKW/WFSt 15.5.
    KTB/Bev. Gen., RH31 VI/5; FS OB Südwest Nr. 2117/44 gKdos betr.
    Regelung Bandenbekämpfung 9.4.1944, RH31 VI/8; z. Abgrenzung
    Befehlsbefugnisse KTB/WFSt 4,1 S. 629ff; Korpsbefehl Nr. 33 Gen-
    Kdo/LXXV.AK Ic/Ia Nr. 1025/44geh. 9.6.44, RH24-75/13; Baum
    1973, S. 383; Collotti 1966, S. 42, 47f; Klinkhammer 1993, S. 457ff
18 Riservato 1974, prov. Pesaro not. 10-4-44, 25-4-44, S. 77
19 Riservato 1974, prov. Arezzo not. 7-4-44, S. 108
20 Riservato 1974, prov. Siena not. 12-6-44, S. 132f; Origo 1991, 4.4.
    1944, S. 176 und öfter; Partisanen u. Landbevölkerung: Gasparri 1976,
    S. 214ff
21 Verordnung OB/AOK 10 4.12.1943, Europa 1993, Dok. 214, S. 288
22 Riservato 1974, prov. Chieti not. 24-1-44, S. 53; prov. Arezzo not.
    19-3-44, 11-4-44, 1-6-44, S. 62ff; prov. Macerata not. 25-3-44 S. 70f,
    10-4-44 S. 72
23 Riservato 1974, prov. Macerata not. 17-3-44, 25-3-44, S. 70, 11-4-44, S. 72
24 Riservato 1974, prov. Pesaro not. 6-5-44, S. 77
25 Riservato 1974, prov. Ancona not. 9-5-44, S. 63f
26 Riservato 1974, prov. Macerata not. 12-5-44, S. 72
27 Riservato 1974, prov. Macerata not. 3-4-44, S. 71
28 Battaglia 1970, S. 153f
29 Riservato 1974, prob. Teramo not. 15-5-44, S. 59f
30 Riservato 1974, prov. Lucca not. 21-5-44, S. 123
31 Riservato 1974, prov. Firenze not. 13-6-44, S. 100ff
32 Tätigkeitsbericht Ic/LI. GebK. 1.5.–30.6.44, Anl. z. KTB/LI. GebK,
    RH55780/4; Korpsbefehl Nr. 42 GenKdo LXXV.AK/Ia Nr. 607/
    44gKdos v. 5.7.1944, RH24-75/13; Macksey 1978, S. 212
33 KTB7/AOK 10 vom 13.6.1944, RH20-10/126; Anl. 440, 453 z.
    KTB7/AOK 10, RH20-10/130
34 Origo 1991, 31.3.1944, S. 175
35 Casella 1972, S. 143; Westphal 1954, S. 95; Riservato 1974, prov. Siena
    not. 10-5-44, S. 130f; Tagesberichte 1987, 15.6., 22.6.1944, S. 271, 287
36 Gasparri 1976, S. 263ff
37 Anl. z. Tätigkeitsbericht Ic/AOK 10 Juni 1944, RH20-10/194
38 Zwischen- u. Tagesmeldung Ia/AOK 10 v. 16.6.1944, Anl. 524, 531 z.
    KTB7/AOK 10, RH20-10/130; Meldung Ic/OB Südwest 16.6.1944,
    RH19 X-24
39 Anordnung z. Sicherung v. Nachrichtenverbindungen 22.9.1943 Anl.
    89a, 89b z. KTB2/AOK 10, RH20-10/61; »Warnung-Avvertimento«
    Bev. Gen., Storia 1979, Tafel 8 S. 138; Avviso tedesco/Livorno 28.9.
    1943, Carocci 1963, S. 59
40 KTB5/AOK 10 v. 23.3.1944, RH20-10/99; KTB3/AOK 14 13.6.
    1944, RH20-14/32
41 Armeebefehl 14.6.1944 geh., Anl. 581 z. KTB3/AOK 14, RH20-14/
    35

42 Verni 1986, S. 230; Origo 1991, 26. 4. 1944, S. 191 f; Neuregelung OB
    Südwest/Ia T Nr. 0402/44gKdos. 17. 6. 1944, Prozeß 1947, XXXIX
    Dok. 066-UK/B, S. 130 ff
43 Meldung Ia/HGr Südwest 13. 6. 1944 über Eingang FS/Lf1Kdo 2/Chef
    GenSt. Anl. 17 z. KTB/HGr, RH 19 X/22.
44 KTB/WFSt 4,1, S. 588 f
45 OB Südwest/Ia T Nr. 0402/44gKdos v. 17. 6. 1944 Anl. z. KTB/Bev.
    Gen 20. 6. 1944, RH 31 VI/10; Prozeß 1947, XXXIX dok. 066-UK/B,
    S. 130 ff; Abschrift des Bürger-Befehls in Anl. z. KTB/LXXV.AK,
    RH 24-75/22; Casella 1972, S. 175; Klinkhammer 1993, S. 465; Kühn-
    rich 1968, S. 632 ff
46 AGr. Befehl 29. 6. 44: Ia/AGr. v. Zangen T. Nr. 116/44, RH 24-87/37;
    HGr. C an Leitkommandantur Bologna FS Ia Nr. 12099/44gKdos
    1. 7. 44 mit Bez. auf FS 20. 6. 44, Prozeß 1947, XXXIX dok. 066-UK/C,
    S. 135 f; Gilbert 1989, S. 550; Klinkhammer 1993, S. 476 ff; Wiskeman
    1992, S. 389
47 Armeebefehl AOK 14/Ia Nr. 2741/44gKdos vom 3. 7. 44, Anl. 658 z.
    KTB 4/AOK 14, RH 20-14/42; Korpsbefehl Nr. 42 GenKdo. LXXV.
    AK/Ia Nr. 607/44gKdos 5. 7. 44, RH 24-75/13
48 Laternser 1950, S. 81 ff
49 Chef/OKW Nr. 004879/42gKdos WFSt/Op(N) 16. 12. 1942, Prozeß
    1947, XXXIX dok. 066-UK/A, S. 128 f
50 Europa 1992, Dok. 235, S. 305 f
51 Riservato 1974, prov. Frosinone not. 11-5-44, S. 41
52 Origo 1991, 19. 1. 1944 S. 143, 12. 6,. S. 220, wo sie 1. u. 4. Division
    schreibt, 18. 6., S. 231 f, wo richtig vom Regiment die Rede ist; Casella
    1972, S. 202
53 Hildebrand 1990, 3, S. 408 ff
54 Hümmelchen 1978, Anl. 8 S. 80 ff; Beitrag für KTB/HGr. Südwest
    11. 7. 44, RH 19 X/79
55 Armeebefehl AOK 14 3. 7. 44, Korpsbefehl Nr. 42/GenKdo LXXV.
    AK/Ia Nr. 607/44gKdos 5. 7., RH 24-75/13
56 FS AOK 10/Ia Nr. 0612/44geh. 22. 8. 44 Anl. 489 b z. KTB/AOK 10,
    RH 20-10/150
57 Giorgio Amendola, zitiert: Puzzo 1992, S. 33
58 Pavone 1991, S. 449
59 s. oben Kap. V,3
60 Geiseltötungen 1968, S. 87; Strupp-Schlochauer 1962, S. 744
61 Schmid 1957, S. 155
62 Geiseltötungen 1968, S. 80 f
63 Schmid 1957, S. 147
64 Schmid 1957, S. 144 f, 92 f
65 Waltzog 1942, S. 17 f; Sonderbestimmungen f. d. Verwaltung u. Befrie-
    dung besetzter Gebiete vom 29. 10. 1939: Freischärler sind nach § 161/
    MStGB und § 3/KSSVO zu behandeln, Prozeß 1947, XXX, S. 211 ff;
    MStGB/KSSVO S. 28, 30 f; einengender u. schärfer Schwinge 1943,
    S. 373 f, 383 ff

66 Waltzog 1942, S. 5f
67 Messerschmidt 1992, S. 393f
68 Schmid 1957, S. 44
69 Messerschmidt 1992, S. 394
70 Kramer 1993, S. 87ff
71 Geiseltötungen 1968, S. 6f; Kalkbrenner 1951, S. 93ff; Art. 43 HLKO, Völkerrecht 1967, S. 1905
72 Waltzog 1942, S. 74ff, 82
73 Geiseltötungen 1968, S. 6f
74 Schmid 1957, S. 148ff
75 Waltzog 1942, S. 78ff
76 Tamaro 1948 II, S. 287; Pavone 1991, S. 124; Puzzo 1992, S. 40ff
77 Pavone 1991, S. 125ff
78 Delzell 1961, S. 404; Kühnrich 1968, S. 313f; Tamaro, 1948 II, S. 287; Ic/AOK 14 Nr. 2596/44geh v. 8.8.44, RH 20-14/116; Chef GenSt./LI. GebK. an AOK 10 v. 2.7.1944, Europa 1992, Dok. 283, S. 337
79 Pavone 1991, S. 457ff
80 Pavone 1991, Kernthema der umfangreichen Analyse, vor allem Kap. 4–6; Laqueur 1977, S. 230ff; Delzell 1961, S. 261; Blasio-Wilhelm 1988, S. 97; Puzzo 1992, S. 95f
81 Prozeß 1947, XXV dok. 389-PS S. 530ff; Jacobsen 1970, Dok. Nr. 30, S. 215ff
82 Abendlage 1. Dezember 1942, Hitler z. Entwurf »Bandenbefehl«, Warlimont 1962, S. 300
83 Hitler 1962(b), Nr. 46a/b, S. 206ff; Befehl üb. d. Vernichtung v. Kommandotrupps u. Fallschirmspringern 18.10.1942, Prozeß 1947, XXXVI dok. 498-PS, S. 100f
84 Messerschmidt 1992, S. 418ff; Kalshoven 1971, S. 184ff; Taylor 1994, S. 612
85 Aussage Major Frederick W. Roche in Nürnberg 7.1.1946, Prozeß 1947, IV, S. 498ff; Nazi Conspiracy 1946, V Doc. 2610-PS, S. 330ff; Dohna 1989, S. 257f; Oberkommando 1982 27.3.1944, 3, S. 67; Mosti 1973, S. 37; dazu jetzt auch Taylor 1994, S. 303f
86 Petersen 1989, S. 115f
87 Führungsanordnung Nr. 23. 16. PzD/Abt. Ia Nr. 878/43geh. v. 5.10. 1943, RH 27-16/10 Anl. A z. KTB/16.PzD
88 Bericht Korvettenkapitän Becker 15.10.1943, RM 7/237 KTB Seekriegsltg I, Teil C Anl. S. 499
89 Salvadori 1962, S. 250ff

Kapitel VII
1 KTB/WFSt 4,1, S. 487f, 491ff; Oberkommando 1982, 3,S. 105; Churchill 1953, S. 325f; Baum 1973, S. 395ff; Busch 1983, S. 58
2 KTB/WFSt 4,1 S. 532ff, 551f; Churchill 1953 S. 325; Busch 1983, S. 60; Puzzo 1992, S. 52
3 KTB/WFSt 4,1, S. 499ff; Oberkommando 1982, 3, S. 117f
4 Origo 1991, 5.6.1944, S. 211

5 Goebbels 1992, 6.6.1944, S. 2043
6 KTB/WFSt 4,1, S. 500f; Baum 1973, S. 395
7 KTB v. Richthofen 4.6.1944, zitiert: Gundelach 1981, S. 1115, Anm. 245
8 KTB/WFSt 4,1, S. 515ff
9 Delzell 1961, S. 403
10 Gilbert 1991, S. 539
11 Tagesberichte 1987: 22.6.1944, S. 287, 24.6., S. 293, 5.7., S. 319, 28.7. S. 388, 4.8., S. 410
12 KTB/WFSt 4,1 S. 588f; Delzell 1961, S. 405ff; Parri Venturi 1964, S. 32ff. Vor dem OB Südwest hatte bereits General v. Zangen angeordnet, gegen Partisanen »mit drakonischer Schärfe« vorzugehen: »Banditen sind aufzuhängen«; FS AGr v. Zangen an LXXV.AK 15.6.44, Anl. 113 z. KTB/LXXV.AK, RH 24-75/14; Klinkhammer 1993, S. 475
13 KTB/WFSt 4,1, S. 519, 523; Gundelach 1981, S. 814
14 KTB/WFSt 4,1, S. 526ff; Kesselring nimmt außerdem aus der Hand des »Führers« die höchste Auszeichnung, das Eichenlaub mit Schwertern und Brillanten zum Ritterkreuz des Eisernen Kreuzes entgegen, Steinert 1994, S. 580
15 KTB/WFSt 4,1, S. 531f; Schimak 1969, S. 322
16 KTB/WFSt 4,1, S. 534f; Oberkommando 1982, 3, S. 188ff; Hümmelchen 1965, S. 30ff, 45ff, Karte S. 553
17 Mosti 1973, S. 80; Sacconi 1975, S. 44
18 I a/AGr. v. Zangen Nr. 2700/44geh. an BevGen 9.6.44, Anl. z. KTB/ AGr. v. Zangen RH 24-87/40; zum mangelhaften Ausbaustand der Grün-Stellung: I a/AGr v. Zangen Nr. 989/44 vom 16.6.1944, Anl. z. KTB/AGR. v. Zangen, RH 24-87/40; Deutschlands Rüstung 1969, S. 374, 379f; Klinkhammer 1993, S. 470f; Verni 1990, S. 147f
19 KTB/WFSt, 4,1 S. 519
20 Bev. Gen. I a/Az I/4a Nr. 2617/44gKdos 7.6.44, Anl./KTB Bev. Gen., RH 31 VI/10; Richtlinien General Witthoeft Anl./KTB GenKdo LXXIII, RH 24-73/86; Tagesmeldung I a/AOK 14 Nr. 4871/44gKdos v. 14.9.1944, Anl. z. KTB 4/AOK 14, RH 20-14/46, Verni 1990, S. 145f
21 KTB/WFSt 4,1, S. 518; Gundelach 1981, S. 817
22 KTB/WFSt 4,1, S. 544ff, 550ff
23 Battaglia 1970, S. 128; Piscitelli 1965, S. 369f; Kurzman 1978, S. 325; Enciclopedia III, S. 277
24 KTB/WFSt 4,1, S. 513f, 522f, 588; Tagesberichte 1987, S. 271, 287 u. ö.
25 Abwehrlagebericht 25.5.–10.6.44 114. JDiv./Ic Nr. 954/44g 10.6.44, Abwehrlagebericht 25.6.44 Ic Nr. 1001/44g und 3.7.44 Ic Nr. 1033/ 44g, RH 26-114/40
26 Rasero 1970, S. 136ff; Masci 1959, S. 298ff; Enciclopedia II, S. 345; DER SPIEGEL Nr. 28/1969, S. 67ff, Nr. 30/1969, S. 33f, Nr. 32/ 1969, S. 54ff, 60f
27 Rasero 1970, S. 137ff
28 Rasero 1970, S. 153ff; Masci 1959, S. 295ff; Enciclopedia IV, S. 237

29   Enciclopedia III, S. 561, IV, S. 511f; Schimak 1969, S. 309ff
30   Bericht Ia/GenKdo LI. GebK., Oberst Klinkowstroem an AOK 10 v.
      2.7.1944, Europa 1992, Dok. 283, S. 337
31   Salvadori 1962, S. 109f, 212, 281; Enciclopedia III S. 181; Tagesbe-
      richte 1987, S. 293
32   KTB 7/AOK 10, RH 20-10/126; Anl. 440, 453 zu KTB 7/AOK 10,
      RH 20-10/130; Spaeter 1978, S. 414
33   Casella 1972, S. 203; Origo 1991, 12.6.1944, S. 220
34   Battaglia 1970, S. 154f; Bocca 1966, S. 351; Enciclopedia I, S. 689
35   Anl. 1326 z. KTB 7/AOK 10, RH 20-10/135; Casella 1972, S. 212; Cu-
      rina 1957, S. 482
36   Salvadori 1974, S. 134; Enciclopedia IV, S. 689
37   Casella 1972, S. 212; Enciclopedia I, S. 538; Anl. 524 z. KTB 7/
      AOK 10, RH 20-10/130
38   Curina 1957, S. 480
39   Tagesberichte 1987, S. 303
40   Tagesmeldung Ic/LXXV.AK 11.6.44, Anl. z. KTB/LXXV.AK,
      RH 24-75/23; Gasparri 1976, S. 261, 267ff; Casella 1972, S. 181f;
      Klinkhammer 1993, S. 473f; Senger 1960, S. 334f; Enciclopedia II,
      S. 672f
41   GenKdo LXXV.AK/Ic Nr. 151/44 v. 13.6.1944, RH 24-75/14;
      FS XIV. PzK/Ia Nr. 1622/44geh. u. XIV. PzK/Ia Nr. 1630/44geh v.
      16.6.1944, Anl. z. KTB 6/XIV. PzK, RH 24-14/115; Gen. Dostler am
      23.3.1944:»Ungerechte Strafen erschüttern das Vertrauen der Bevöl-
      kerung und schaffen neue Banden«, Anl. 43 z. KTB/LXXV. AK,
      RH 24-75/20; Casella 1972, S. 182; Gasparri 1976, S. 269ff; Klinkham-
      mer 1993, S. 450
42   Gruppenbefehle 3 u. 6: Ia/KGr. Pfeiffer Nr. 2406/44geh. v. 11.6. u.
      Nr. 2408/44, Anl. z. KTB 6/XIV. PzK, RH 24-14/115
43   Casella 1972, S. 183ff; Enciclopedia IV, S. 117, II, 672; Battaglia 1970,
      S. 154f; Bocca 1966, S. 351
44   Casella 1972, S. 213; Enciclopedia, IV S. 566f; Tätigkeitsbericht Fla.-
      Lehr- u. Ausb. Komp./AOK 10 für 11.6.–20.6.44 vom 21.6.44,
      Guerra 1990, Documenti, S. 391
45   Casella 1972, S. 213; Guerra 1990, Cronologia, S. 351
46   Abwehrlageberichte 10.6.–25.6.44 114. JD/Ic Nr. 1001/44g u.
      1.–30.6.44 Nr. 1033/44g, RH 26-114/40; Bocca 1966, S. 351; Pisano
      1965 I, S. 345f; Enciclopedia II, S. 690
47   In einer Karte z.»Bandenlage« Ic/LXXVI.PzK v. 30.6.44geh, RH 24-
      76/13, wird der Raum Civitella als »Bandengebiet« ausgewiesen. Zum
      Vorgang bisher: Casella 1972, S. 215ff; Curina 1957, S. 490ff; Verni
      1990, S. 150; Enciclopedia I, S. 571; Zeugenvernehmung Kesselring,
      Nürnberg 13.3.1946, Prozeß 1947, IX S. 253. Die Vergeltungsmaß-
      nahmen in Civitella und S. Pancrazio standen jüngst im Mittelpunkt
      des *Convegno Internazionale di Studi per il 50. anniversario dei mas-
      sacri in provincia di Arezzo* (Arezzo 22.–24. Juni 1994); relevante vor-
      bereitete Kongreßpapiere: Enzo Droandi, I massacri avvenuti attorno

ad Arezzo nei Documenti delle »Wehrmacht«; Giovanni Contini, Divide Memory, zitiert ausführlich Berichte Überlebender der Massaker; Carlo Gentile, La Guerra antipartigiana nell'Italia Centrale, stützt die These von der Täterschaft der Fallschirmjäger der FjPzD *Hermann Göring*

48 Casella 1972, S. 215; Gentile 1994, wie Anm. 47; Guerra 1990, Cronologia S. 160; Italia martire 1966, S. 358; Enciclopedia I, S. 396

49 KTB 7/AOK 10, RH 20-10/126; Anl. 867, 868 z. KTB/AOK 10 29.6. 1944, RH 20-10/133; Casella 1970, S. 215; Sacconi 1975, S. 104; Verni 1990, S. 150; Enciclopedia I, S. 525; Guerra 1990, Documenti, S. 359

50 KTB 7/AOK 10 z. 26.6., 28.6., 29.6.1944, RH 20-10/126; Anl. 793 z. KTB 7/AOK 10, RH 20-10/132; Tätigkeitsbericht Ic/AOK 10 Juni 1944, Anl. z. KTB 7/AOK 10 sowie Anl. 814, 838, 841, 864 z. KTB 7/ AOK 10, RH 2010/133; Anl. z. KTB/LXXVI.PzK, RH 24-76/13 Zeugenvernehmung Kesselring 13.3.1946 Nürnberg, Lagebericht/OB Südwest 26.6.1944, Prozeß 1947, IX, S. 252f; Tagesberichte 1987, 26.6., S. 298, 30.6.1944, S. 308; Guerra 1990, Documenti, S. 392ff; Curina 1957, S. 207f

51 Delzell 1961, S. 403

52 »Verso il governo« 1977, doc. 41, S. 138

53 Weisung OB 14. Armee 11.10.1944, Europa 1992, Dok. 336, S. 376f

54 OKW/WFSt Qu. 2/V 1 Nr. 009169/44 30.7.44, Prozeß 1947, XXXV Dok. 762-D, S. 503f; Dokumente 1993, Dok. 88, S. 253

55 WFSt/Qu 2/Verw. 1. Nr. 009169/44 18.8.1944, Prozeß 1947, XXXV Dok. 764-D, S. 505f

56 FS Wehrmachtbefehlshaber i. d. Niederlanden 21.9.1944, Prozeß 1947, XXXV Dok. 769-D, S. 512f

57 FS WFSt/Qu2/Verw. 1 u. a. an OB Südwest 24.9.1944, Prozeß 1947, XXXV Dok. 770-D S. 513f

58 Weisung OB 14. Armee 11.10.44, Europa 1993, Dok. 336, S. 376f

59 Ital. Text »Ribelli e complici sono avvertiti« nach »Resto del Carlino« mit Kommentar, Capobianco 1985, S. 105; Carocci 1963, S. 97f; Tamaro 1948 III, S. 190ff

60 Delzell 1961, S. 402f; Tamaro 1948 III, S. 193ff

61 Sacconi 1975, S. 43; Tagesberichte 1987, S. 355

62 Bericht Ia/GenKdo LI. GebK an AOK 10 2.7.44, Europa 1992, Dok. 283, S. 337

63 Casella 1972, S. 220ff; Curina 1957, S. 495f; Laternser 1950, S. 93

64 Casella 1972, S. 227; Curina 1957, S. 500

65 Sacconi 1975, S. 109

66 »Bandenlage« 11.7., 13.7.44 KTB 7/AOK 10, RH 20-10/126; Tagesmeldung Ia/AOK 10 Nr. 9387/44 v. 11.7.44 Anl. 1176 z. KTB 7/ AOK 10, RH 20-10/135; Tätigkeitsbericht Gr. Geh. Feldpol. 741 v. 30.7.44, RH 20-10/195

67 Laternser 1950, S. 95

68 Sacconi 1975, S. 112f

69 Curina 1957, S. 505; Sacconi 1975, S. 115; Laternser 1950, S. 93f

70 Eccidio e atrocità tedesche a Castelnuovo dei Sabbioni (Arezzo), Testi-
    monianze firmate in: Guerra 1990, Documenti S. 456 ff
71 Casella 1972, S. 225 ff; Curina 1957, S. 497 ff; Pisano 1965 II, 725 ff; La-
    ternser 1950, S. 92 f; Enciclopedia I, S. 492, III, S. 661, 762
72 Curina 1957, S. 501 ff; Casella 1972, S. 227 ff; Enciclopedia III, S. 762.
    Im Bericht des ComGen dei Carabinieri 7.8. 1944 werden für Badicroce
    30 Opfer genannt, Guerra 1990, Documenti, S. 418 ff
73 Bericht ComGen dei Carabinieri 7.8. 1944, Guerra 1990, Documenti,
    S. 418 ff; Situation Report 1st Guards Brigade 17.7. 1944, Guerra 1990,
    Documenti, S. 383; Gilbert 1990, S. 553
74 Verni 1990, S. 153; Guerra 1990, Cronologia, S. 374
75 Curina 1957, S. 507 f; Casella 1972, S. 231 ff; Gentile 1994, wie Anm. 47;
    Laternser 1950, S. 95 f
76 Tätigkeitsbericht I c/GenKdo LI. GebK 1.7.–31.8.44, GenKdo LI.
    GebK/I c Nr. 3724/44; RH LI-62297
77 Enciclopedia IV, S. 202
78 114. JD/I c 1.–31.7.44, RH 26-114/40; KTB 7 AOK 10 v. 9.7.44,
    RH 20-10/126; Tagesmeldung I a/AOK 10 v. 9.7.44 Anl. 1088 KTB 7/
    AOK 10, RH 20-10/134
79 Enciclopedia, I S. 587
80 Tagesmeldung I c/AOK 14 Nr. 3199/44gKdos 24.7.44, Tagesmeldung
    I c/AOK 14 Nr. 2896geh 25.7.44, in: Biscarini 1991, S. 238 ff
81 H. Köhler in Taviani 1988, S. 131 ff; Biscarini 1991, S. 215 ff; Klinkham-
    mer 1993, S. 510
82 Casella 1972, S. 241 f; der Fall Guardistallo wird jetzt erneut von einem
    ital. Historikerteam kritisch untersucht, mdl. Mitt. v. L. Klinkhammer
    Juli 1994
83 KTB/WFSt 4,1, S. 529; I a/162.(turk) ID Nr. 376/44gKdos 3.5.44,
    RH 24-75/11
84 Tagesmeldung I a/AOK 14 Nr. 2964/44gKdos 10.7.1944, RH 20-
    14/46; Tagesmeldung LXXV.AK 13.6.44, RH 24-75/12; Tages-
    berichte 1987, S. 319; Bericht FestBrig 135/I a Nr. 1500/44geh 6.7.44,
    Anl. z. Tätigkeitsbericht I c/LXXV.AK, RH 24-75/22; Tagesmeldun-
    gen 9.7., 10.7., 16.7. LXXV.AK, RH 24-75/12; Klinkhammer 1993,
    S. 475 f
85 Enciclopedia IV, S. 574, 628
86 Ordine di evacuazione della popolazione, Mosti 1973, S. 72; zu den Eva-
    kuierungen in der Toskana und im Vorfeld der Grün-Stellung im Som-
    mer 1944 insgesamt: Klinkhammer 1993, S. 506 ff; dort S. 511 ff auch
    Zahlenmaterial zu den Deportationen
87 OB 14. Armee an Komm. Gen. LXXV.AK 29.7.44, Europa 1992,
    Dok. 293, S. 344; auch KomGen LXXV.AK an 16. SS-PzGD 31.7.44,
    RH 24-75/15; Klinkhammer 1993, S. 509
88 AOK 14/I a Nr. 5043/44geh 9.7.44 Anl. 694 KTB/AOK 14, RH 20-14/
    42; Hümmelchen 1965, Anl. 3, S. 72
89 FS I a/LI.GebK Nr. 2148/44geh. 4.7.1944, Anl. C 24, RH LI-62296/
    3 b; AOK 14/I a Nr. 2916/44gKdos Anl. 693 KTB/AOK 14, RH 20-14/

42; Befehl OB Südwest z. K. u. Weiterveranlassung GenKdo LI.
GebK/Ia mit Datum 8.7.1944, Anl. C 73, RH LI-62296/3 b; Hümmelchen 1965, Anl. 4 S. 73
90 Zeugenvernehmung Kesselring 13.3.1946 Nürnberg, Prozeß 1947, IX, S. 254 ff; Senger 1960, S. 225
91 Sonderbericht Gr. Wehrmachtstreifendienst Guse, Staffel Florenz 10.8.1944 Br. B. Nr. 276/44geh, Hümmelchen 1965, Anl. 8, S. 80 ff
92 Origo 1991, S. 261 ff
93 Calamandrei 1977, S. 175; Casella 1972, S. 269 f; Enciclopedia V, S. 177

Kapitel VIII

1 KTB/WFSt 4,1 S. 480, 492, 497, 529, 531; Haupt 1977, S. 154; Klietmann 1965, S. 203 f; Schütter 1983, S. 340
2 Casella 1972, S. 156 ff; Enciclopedia VI, S. 423
3 Bocca 1966, S. 433; Enciclopedia V, S. 69
4 Casella 1972, S. 331 ff; Secchia 1965, S. 735; Enciclopedia VI, S. 628
5 Calamandrei 1977, S. 270; Enciclopedia I, S. 109
6 Armeebefehl AOK 14 v. 21.7.1944 u. Bericht betr. »Bandenlage« Ic/ AOK 14 Nr. 2596/44geh. v. 8.8.44 sowie Anl. 4, RH 20-14/116; Ia/ LXXV.AK Nr. 780/44gKdos 31.7.44, RH 20-14/44; Tagesberichte 1987, S. 410; Klinkhammer 1993, S. 481 f
7 KTB 4/AOK 14, RH 20-14/41
8 Tagesmeldung Ia/AOK 14 4.8., 5.8.44, Anl. z. KTB 4/AOK 14, RH 20-14/46; Raumeinteilung: Lagekarten AOK 14, RH 20-14/47 k; Klinkhammer 1993, S. 481 ff
9 Tagesmeldung Ia/AOK 14 12.8.44, Anl. z. KTB 4/AOK 14, RH 20-14/46; Tagesmeldungen Ic/AOK 14 v. 12./13.8.1944, Anl. z. KTB 4/ AOK 14, RH 20-14/46; Europa 1992, Dok. 343, S. 382
10 KTB 4/AOK 14 9.8.1944, RH 20-14/41; Bocca 1966, S. 433 f; Casella 1972, S. 303; Enciclopedia V, S. 357 f, VI, S. 366 f
11 Battaglia 1953, 450 f; Battaglia 1970, S. 211 ff; Bocca 1966, S. 434 f; Casella 1972, S. 303 ff; Manlio Cacogni in: La Resistenza 1965, S. 45 ff; Pisanò 1965 II, S. 754 ff; Sensoni 1981, S. 104 ff; Volpe Rinonapoli 1961, S. 29 ff; Enciclopedia V, S. 357 f
12 Tagesmeldung Ic/AOK 14 v. 18.8.1944, Anl. z. KTB 4/AOK 14, RH 20-14/46; Battaglia 1953, S. 451 f; Battaglia 1970, S. 213 f; Casella 1972, S. 315 f; Mosti 1973, S. 83 ff; Enciclopedia I, S. 242
13 Battaglia 1953, S. 452 ff; Battaglia 1970, S. 214 ff; Calamandrei 1977, S. 275; Casella 1972, S. 320 ff; Mosti 1973, S. 103 ff; Enciclopedia VI, S. 397 f
14 Tagesmeldung Ic/AOK 14, Tagesmeldung Ia/AOK 14 Nr. 4644/44 v. 26.8.44, Anl. z. KTB 4/AOK 14, RH 20-14/46; Europa 1992, Dok. 343, S. 382
15 Tagesmeldung Ic/AOK 14 v. 3.9.1944, Anl. z. KTB 4/AOK 14, RH 20-14/46; Europa 1992, Dok. 343, S. 382; Casella 1972, S. 359 ff; Mosti 1973, S. 120 ff; La Resistenza 1965, S. 158 f; Enciclopedia III, S. 483 f

16 Calamandrei 1977, S. 275 ff; Casella 1972, S. 361 f; Mosti 1973, S. 158 ff
17 Battaglia 1953, S. 454; Battaglia 1970, S. 217; Casella 1972, S. 368 ff; Mosti 1973, S. 169 ff
18 KTB/WFSt 4,1, S. 553
19 KTB/WFSt 4,1, S. 532 ff; S. 533 steht irrtümlich Bergola für Pergola, S. 536 Casale für Cesano
20 KTB/WFSt 4,1, S. 550 ff; Busch 1983, S. 114 f, 192 f
21 Tagesmeldung I c / AOK 14 v. 12. 8. 1944, Anl. z. KTB 4 / AOK 14, RH 20-14/46; Europa 1992, Dok. 343, S. 282; Rocetta und Fasano: vermutlich Rocchetta und Fanáno, nördlich von Pistoia
22 Tagesmeldung I a / AOK 14 13. 8. 44, Anl. z. KTB 4 / AOK 14, RH 20-14/46; Greiner 1968, S. 100 f; Enciclopedia III, S. 807
23 Tagesmeldung I c / AOK 14 v. 18. / 19. 8. 1944, Anl. z. KTB 4 / AOK 14, RH 20-14/46; Europa 1992, Dok. 343, S. 282
24 Tagesmeldungen I a / AOK 14 Nr. 4597/44 u. 4603/44 23. / 24. 8. 1944, Anl. z. KTB 4 / AOK 14, RH 20-14/46
25 Enciclopedia II, S. 342; KTB 8 / AOK 10 11. 9. 44, RH 20-10/143; Anl. 963 z. KTB 8 / AOK 10, RH 20-10/155; KTB 4 GenKdo LI. GebK. 11. 9. 44, RH LI-63601
26 Curina 1957, S. 509 f; Sacconi 1975, S. 135; Enciclopedia III, S. 806, IV, S. 708; Laternser 1950, S. 97, gibt eine verharmlosende Schilderung
27 Curina 1957, S. 510; Sacconi 1975, S. 152 f; Enciclopedia IV, S. 708
28 Sacconi 1975, S. 127
29 KTB 8 / AOK 10 14. 8., 20. 8., 21. 8., 25. 8. 44, RH 20-10/143; Tagesmeldung I a / AOK 14 v. 14. 8. 44, Anl. 304 z. KTB 8 / AOK 10, RH 20-10/148; Anl. 458, 542 z. KTB 8 / AOK 10, RH 20-10/150; KTB 3 GenKdo LI. GebK. 21. 8. 44, RH LI-62296/1
30 Laternser 1950, S. 96 ff
31 KTB 4 GenKdo LI. GebK. 11. 9., 12. 9. 44, RH LI-63601
32 KTB 3 GenKdo LI. GebK. 20. 8., 21. 8., 25. 8. 44, RH LI-62296/1
33 I a / AOK 10 FS Nr. 0612/44 geh. 22. 8. 44, Anl. 489 b z. KTB 8 / AOK 10, RH 20-10/150
34 Pionierlagemeldung PiBtl 190 17. 7. 44, Biscarini 1991, S. 208
35 Tagesmeldungen I a / AOK 14 Nr. 4597 / 44 v. 23. 8. 1944, I c / AOK 14 Nr. 3145 / 44 v. 23. 8. 44, Nr. 3152 / 44 v. 24. 8. 44, Anl. z. KTB 4 / AOK 14, RH 20-14 / 46; Biscarini 1991, S. 282 ff; 401 ff; Casella 1972, S. 341 f; ausführlich Cardellicchio 1974, besonders S. 42 ff, 91 ff, 109 ff, Totenliste mit 175 Namen S. 166 ff; Pisanò 1965 II, S. 742 ff; Enciclopedia II, S. 450; Laternser 1950, S. 100 f; Staiger 1957, S. 94
36 Tagesmeldung I c / AOK 14 v. 26. 8. 44, Anl. z. KTB 4 / AOK 14, RH 20-14/46; Biscarini 1991, S. 284
37 Giorgi 1987, S. 11 f;
38 Giorgi 1987, S. 27 ff; Blasio-Wilhelm 1988, S. 111
39 Giorgi 1987, S. 33 ff; Blasio-Wilhelm 1988, S. 112 f
40 Giorgi 1987, S. 43 ff; Klinkhammer 1993, S. 462; Sensoni 1981, S. 59 ff, 73 ff; Enciclopedia III, S. 574 f
41 Blasio-Wilhelm 1988, S. 114 f; Sensoni 1981, S. 96

42 Greiner 1968, S. 103 ff
43 KTB 4 / AOK 14 29. 9. 44, RH 20-14/41; Tagesmeldung I a / AOK 14
2. 10. 44, Anl. z. KTB 5 / AOK 14, RH 20-14/54; Tagesmeldung I c /
AOK 14 2. 10. 44, Anl. z. KTB 5 / AOK 14, RH 20-14/54; Kartenskizze:
Giorgi 1987; Kunz 1967, S. 5 ff; Pisanò 1965 II, S. 1181 ff; Sensoni 1981,
S. 89 f, 95 ff
44 Giorgi 1987, S. 49 f, 60; Sensoni 1981, S. 98 ff
45 KTB 4 / AOK 14 v. 30. 9. 44. RH 20-14/41; Tagesmeldung I a / AOK 14
v. 2. 10. 44, Anl. z. KTB / 5 AOK 14, RH 20-14/54
46 Giorgi 1987, S. 103 ff; Sensoni 1981, S. 107 f
47 Giorgi 1987, S. 35 ff; Sensoni 1981, S. 111 f
48 Giorgi 1987, S. 44 ff; Sensoni 1981, S. 113
49 Giorgi 1987, S. 50 ff
50 Giorgi 1987, S. 91 ff, 97
51 Giorgi 1987, S. 109, 111, 113, 121; Sensoni 1981, S. 116 f
52 Battaglia 1953, S. 455; Sensoni 1981, S. 121 ff
53 KTB 4 / AOK 14 v. 30. 9. 44, RH 20-14/41; Tagesmeldung I a / AOK 14
v. 2. 10. 44, Anl. z. KTB / 5 AOK 14, RH 20-14/54; Tagesmeldung I c /
AOK 14 Nr. 3410/44 geh 2. 10. 44, RH 20-14/121, auch Europa 1992,
Dok. 343, S. 383 f; Klinkhammer 1993, S. 486
54 Oberkommando 1982, S. 271
55 Carli-Ballola 1957, S. 219; Battaglia 1970, S. 219; Giorgi 1987, S. 122 f;
Sensoni 1981, S. 119
56 Giorgi 1987, S. 137 f; die neuen Berechnungen des Comitato Regionale
jetzt in: Marzabotto 1994, S. 153 ff. Die zum 50. Jahrestag des Gemetzels Ende September 1994 erschienene Publikation enthält zudem die
vollständigen Namenlisten der zwischen Juni und Oktober 1944 in den
communi Marzabotto, Monzuno di Vado und Grizzana von Deutschen
Getöteten und Auszüge aus dem Urteil des Militärgerichts Bologna
vom 31. 10. 1951 gegen Walter Reder.
57 Giorgi 1987, S. 140 f
58 FS I a / AOK 14 an OB Südwest Nr. 5062/44 Kdos.Chefs., v. 2. 10. 44,
Anl. 993 a z. KTB 5 / AOK 14, RH 20-14/50; Tagesmeldung I c / AOK 14
Nr. 3410 / 44 geh 2. 10. 44, RH 20-14 / 121; Europa 1992, Dok. 343,
S. 382; Deutschland 1985, S. 150
59 KTB 5 / AOK 14 2. 10. 44, RH 20-14/49; Befehl I a / AOK 14 Nr. 5071/
44 gKdos, Anl. 992 z. KTB 5 / AOK 14, RH 20-14/50; Anordnung I a /
AOK 14 zur »Bandenbekämpfungswoche« 2. 10. 44, Anl. z. KTB 5 /
AOK 14, RH 20-14/120; Bericht I a / AOK 14 Nr. 6666/44 geh. 11. 10.
1944, Anl. 1053 z. KTB 5 / AOK 14, RH 20-14/50
60 Klietmann 1965, S. 204
61 Kunz 1967, S. 71; zum Prozeß: Sensoni 1981, S. 121 ff
62 Giorgi 1987, S. 150 ff; Sensoni 1981, S. 131 ff; Enciclopedia V, S. 70

Kapitel IX
1 Bertoldi 1964, S. 27
2 Leserbrief Kopsch, FAZ Nr. 283 vom 5. 12. 1992, zum Bericht »Die

Massaker von Marzabotto« von U. Wöll in FAZ Nr. 277 vom 28. 11.
1992
3 Leserbriefe Spohr und Dr. Schreiber, FAZ Nr. 299 vom 23. 12. 1992
4 Petter 1992, S. 162; M. Messerschmidt, ZEIT-Gespräch, DIE ZEIT
Nr. 5/1993; Messerschmidt 1992(a), S. 170
5 Rückerl 1982, S. 95 ff
6 Kesselring 1953, S. 444
7 Messerschmidt 1992(a), S. 180 f
8 The War behind the Front. Guerilla Warfare. In: World War II German
Military Studies vol. 14, Part VI: The Mediterranean Theater. New
York 1979
9 Kramer 1993, S. 87 ff
10 Kesselring 1953, S. 329
11 Kesselring 1953, S. 331 f
12 Kesselring 1953, S. 327
13 Kesselring 1953, S. 324, 327; Colarizio 1984, S. 271 ff; Petersen 1989,
S. 115
14 Pavone 1991, S. 372 f
15 Browning 1983, S. 32
16 Zitat: Ic/AOK 14 Nr. 2596/44geh 8. 8. 1944, RH 20-14/116; Klinkhammer 1993, S. 483. Auch Evakuierungsmaßnahmen im Sommer 1944 in
der nördlichen Toskana wurden als Strafaktionen angeordnet: Klinkhammer 1993, S. 510
17 Messerschmidt 1992(b), S. 394, 397
18 Tagesbefehl 25. 9. 1941, zitiert bei Browning 1983, S. 36
19 Messerschmidt 1992(b), S. 403
20 zitiert nach Messerschmidt 1992(a), S. 180 f
21 Kreuder 1993, S. 550
22 Kesselring 1953, S. 326 f
23 Jäger 1982, S. 307 ff
24 Kesselring 1953, S. 335; Laternser 1950, S. 91; Klinkhammer 1993,
S. 423 f, Anm. 6; nicht nur in Italien, auch im Falle Oradour: Thankmar
v. Münchhausen in FAZ Nr. 169 vom 23. 7. 1994, S. 3
25 Jäger 1982, S. 22; Kreuder 1993, S. 550; Browning 1993, S. 210; Biagianti 1990, S. 184
26 Browning 1993, S. 209
27 Zitat: Ignazio Silone, Notausgang. Köln 1991, S. 180
28 Wiskeman 1992, S. 381; Bertoldi 1964, S. 173 f
29 Casella 1972, S. 89
30 Buchheim 1979, S. 160 ff
31 Zeugenvernehmung Kesselring am 13. 3. 1946 in Nürnberg, Prozeß
1947, IX, S. 255; Senger 1960, S. 225
32 Messerschmidt, DIE ZEIT, wie Anm. 4
33 Bocca 1966, S. 43
34 Kreuder 1993, S. 548
35 Kesselring 1953, S. 331 f
36 Kesselring 1953, S. 334 ff

37 Kesselring 1946 in Nürnberg, wie Anm. 31
38 Kesselring 1953, S. 337ff; Laternser 1950, S. 51ff; Macksey 1978, S. 232ff; Macksey 1975, S. 166; Bertoldi 1964, S. 172ff
39 DER SPIEGEL Nr. 5/1985, S. 96
40 Laternser 1950, S. 109
41 Rückerl 1982, S. 286ff. Dazu schon am 27.5.1948 der damalige Chefredakteur der Wochenzeitung DIE ZEIT Ernst Friedländer in seinem Leitartikel »Zuviel Gehorsam«, Friedländer 1983, S. 65ff
42 Lagebesprechung 12. Dezember 1944; Oberreuther 1992, S. 24; Steinert 1994, S. 571f; Goebbels 1994 (b) 20.3.1944, S. 514f
43 Tagesbefehl 29. März 1945, Messerschmidt 1992(b), S. 400
44 Kesselring 1953, S. 322
45 Messerschmidt 1992(a), S. 183ff; Taylor 1994, S. 613
46 Laternser 1950, S. 109

Abkürzungen

AA	Aufklärungsabteilung
AA	Auswärtiges Amt
Abt	Abteilung
AGr	Armeegruppe
AK	Armeekorps
AOK	Armee-Oberkommando
AWA	Allgemeines Wehrmachtamt
BevGen	Bevollmächtigter General der Deutschen Wehrmacht in Italien
Btl	Bataillon
CCLN	Comitato Centrale di Liberazione Nazionale
CLN	Comitato di Liberazione Nazionale
CLNAI	Comitato di Liberazione Nazionale per Alta Italia
ComGen	Commandante Generale
CVL	Corpo Volontario di Liberazione
FestBrig	Festungsbrigade
FjD	Fallschirmjäger-Division
FjK	-Korps
FjPzD	-Panzerdivision
FjRgt	-Regiment
Flak	Flugabwehrkanone
FM	Feldmarschall
FS	Fernschreiben
GAP	Gruppi di Azione Patriottica
GebD	Gebirgsdivision
GebK	Gebirgskorps
GebTr	Gebirgstruppe
GenKdo	Generalkommando
GenQu	Generalquartiermeister
Gestapo	Geheime Staatspolizei
gKdos	Geheime Kommandosache
GNR	Guardia Nazionale Repubblicana
GRgt	Grenadierregiment
GrKdo	Gruppenkommando

HGr	Heeresgruppe
HKL	Hauptkampflinie
HLKO	Haager Landkriegsordnung
HöSSPF	Höchster SS- und Polizeiführer
HSSPF	Höherer SS- und Polizeiführer
I a	1. Generalstabsoffizier, Chef des Stabes
I c	Nachrichten-/Abwehroffizier
ID	Infanteriedivision
JD	Jägerdivision
KGr	Kampfgruppe
Kp	Kompanie
KomGen	Kommandierender General
KSSV	Kriegssonderstrafrechtsverordnung
KTB	Kriegstagebuch
KZ	Konzentrationslager
LegRat	Legationsrat
MKdo	Marinekommando
MStGB	Militärstrafgesetzbuch
NATO	North Atlantic Treaty Organisation
NSDAP	Nationalsozialistische Deutsche Arbeiterpartei
OB	Oberbefehlshaber
OBdH	Oberbefehlshaber des Heeres
ObKdo	Oberkommando
ObStbF	Obersturmbannführer
OKW	Oberkommando der Wehrmacht
OT	Organisation Todt
Pak	Panzerabwehrkanone
PCI	Partito Communisto Italiano
PdA	Partito d'Azione
PDC	Partito Democrazio Christiano
PiBtl	Pionierbataillon
PS	Pubblica Sicurezza
PSI	Partit Socialisto Italiano
PzA	Panzer-Armee
PzAA	-Aufklärungsabteilung
PzD	-Division
PzGD	-Grenadierdivision

PzK	Panzer-Korps
PzTr	Panzertruppe
Qu	Quartiermeister
RAM	Reichsaußenminister
RFSS	Reichsführer-SS
Rgt	Regiment
RL	Reichsleiter
RM	Reichsminister
RSHA	Reichssicherheitshauptamt
RSI	Repubblica Sociale Italiana
SAP	Squadre di Azione Patriottica
SD	Sicherheitsdienst
SiPo	Sicherheitspolizei
WFSt	Wehrmachtführungsstab

Benutzte Quellen und Literatur

A Ungedruckte Quellen

Bundesarchiv – Abt. Militärarchiv, Freiburg i. Br.

RH 19 X	Heeresgruppe C/Süd/Südwest
RH 20-10	AOK 10
RH 20-14	AOK 14
RH 20-28	Armeeabt. *v. Zangen*
RH 24-14	XIV. AK
RH 24-51	LI. GebK
RH 24-73	LXXIII. AK *Witthöft*
RH 24-75	LXXV. AK
RH 24-76	LXXVI. AK
RH 24-87	LXXXVII. AK
RH 26-3	3. PzGD
RH 26-29	29. PzGD
RH 26-44	44. ID / *Reichsgren. Div. Hoch- und Deutschmeister*
RH 26-65	65. ID
RH 26-114	114. ID
RH 26-278	278. ID
RH 26-305	305. ID
RH 26-715	715. ID
RH 26-1002	Div. *Brandenburg*
RH 27-16	16. PzD
RH 27-26	26. PzD
RH 31 VI	Bev. Gen. d. Dt. Wehrmacht i. Italien.
RH 53-7	Wehrkreiskdo VII (München)
RL 12	Verbände, Einheiten der Flakartillerie
RL 32	FjPzD *Hermann Göring*
RL 33	Verbände, Einheiten der Fallschirmtruppe
RM 7	Seekriegsleitung
RM 35 III	MarineGrKdo Süd
RM 36	MarineObKdo Süd
RS 3	16. SS-PzGD *Reichsführer SS*
RW 4	Wehrmachtführungsstab

B Gedruckte Quellen

Actes et Documents du Saint Siège relatifs à la Seconde Guerre Mondiale. Ed. par Pierre Blet et. al.
   7: Le Saint Siège et la Guerre Mondiale Novembre 1942–Décembre 1943. Città del Vaticano 1973
   9: Le Saint Siège et les Victims de la Guerre. Janvier–Décembre 1943. Città del Vaticano 1975

Akten zur deutschen auswärtigen Politik 1918–1945. Serie E: 1941–1945.
  Göttingen 1979
VI: 1. Mai bis 30. September 1943
VII: 1. Oktober 1943 bis 30. April 1944
VIII: 1. Mai 1944 bis 8. Mai 1945
Collotti, Enzo: Documenti sull'attività del Sicherheitsdienst nell'Italia occu-
  pata. In: Il movimento di liberazione d'Italia 17, 1966 H. 83
The **Consolidated Treaty** Series. Edited and annotated by Clive Parry.
  Vol. 187, 1898–1899. New York 1979
  Vol. 205, 1907. New York 1980
Cospito, Nicola – Hans Werner Neulen: Salò – Berlino: l'alleanza difficile. La
  Repubblica Sociale Italiana nei documenti segreti del Terzo Reich. Mi-
  lano 1992
Deutsche Geschichte 1933–1945. Dokumente z. Innen- und Außenpolitik.
  Hrsg v. Wolfgang Michalka. Neuausg. Frankfurt/M. 1993
Deutschlands Rüstung im Zweiten Weltkrieg. Hitlers Konferenzen mit Al-
  bert Speer 1942–1945. Hrsg. u. eingel. v. Willi A. Boelcke. Frankfurt/
  M. 1969
Documents on the Laws of War. Ed. Adam Roberts and Richard Guelff.
  Oxford ²1989
Dokumente der Deutschen Politik und Geschichte von 1848 bis zur Gegen-
  wart. Hrsg. Johannes Hohlfeld. Bd. 5, Berlin o. J.
Dokumente des Verbrechens. Aus Akten des Dritten Reiches. Helma Kaden
  u. a. (Hg). Bd. 1: Schlüsseldokumente. Berlin 1993
Dokumente zur deutschen Geschichte 1942–1945. Hrsg. v. Wolfgang Ruge
  und Wolfgang Schumann. Frankfurt/M. 1979
Europa unterm Hakenkreuz. Die Okkupationspolitik des deutschen Faschismus (1938–1945).
  6: Die Okkupationspolitik des deutschen Faschismus in Jugoslawien,
    Griechenland, Albanien, Italien und Ungarn (1941–1945). Hrsg.
    vom Bundesarchiv. Berlin 1992
Die **geheimen Tagesberichte** der deutschen Wehrmachtführung im Zweiten
  Weltkrieg 1939–1945. Hrsg. v. Kurt Mehner. Osnabrück 1985 ff
   8. Berichtszeit 1. 9. bis 30. 11. 1943. 1988
   9. Berichtszeit 1. 12. 1943 bis 29. 2. 1944. 1987
  10. Berichtszeit 1. 3. bis 31. 8. 1944. 1987
  11. Berichtszeit 1. 9. bis 31. 12. 1944. 1985
Hitler, Adolf: Hitlers Lagebesprechungen, Protokollfragmente seiner militärischen Konferenzen 1942–1945. Hrsg. v. Helmuth Heiber. Stuttgart
  1962
Hitler, Adolf: Hitlers Weisungen für die Kriegführung. Hrsg. v. Walther Hubatsch. Frankfurt/Main 1962
Hitler, Adolf: Mein Kampf. Ausg. in 1 Band. München ³²1933
Hitler, Adolf: Reden und Proklamationen 1932–1945. Hrsg. u. komm. v.
  Max Domarus. Bd II,2. Wiesbaden 1973
Kannapin, Norbert: Die deutsche Feldpostübersicht 1939–1945. Bd 1–3 Os-
  nabrück 1980/82

Kriegstagebuch des Oberkommandos der Wehrmacht (Wehrmachtführungsstab) 1940/1945. Geführt v. Helmuth Greiner u. Percy Ernst Schramm. Hrsg. v. P. E. Schramm.
III: 1. Jan. 1943–31. Dez. 1943. Zsgest u. erl. v. Walther Hubatsch. Frankfurt/M. 1963
IV: 1. Jan. 1944–22. Mai 1945. Eingel. u. erl. v. P. E. Schramm. Frankfurt/M. 1961
Lagevorträge des Oberbefehlshabers der Kriegsmarine vor Hitler 1939 bis 1945. Hrsg. von Gerhard Wagner. München 1972
Letzte Briefe zum Tode Verurteilter aus dem europäischen Widerstand. Hrsg. von Piero Malvezzi u. Giovanni Pirelli. Zürich 1955
Marzabotto. Quanti, chi e dove. I Caduti e le vittime delle stragi nazifasciste a Monzuno, Grizzana e Marzabotto. A cura di Comitato Regionale per le onoranze ai Caduti di Marzabotto. Bologna 1994
Militärstrafgesetzbuch (MStGB) vom 10. Oktober 1940. Kriegssonderstrafrechtsverordnung (KSSVO) vom 17. August 1938 (H. Dv. 3/1). Berlin 1940
Nazi Conspiracy and Agression. Ed. Office of US Chief of Counsel For Prosecution of Axis Criminality. Vol. V, Vol. VII. Washington 1946
»Das **Oberkommando** der Wehrmacht gibt bekannt . . .« Der deutsche Wehrmachtbericht. Vollst. Ausgabe Hrsg. v. Günter Wegmann. Osnabrück 1982
Bd 2: 1942–1943
Bd 3: 1944–1945
Der **Prozeß** gegen die Hauptkriegsverbrecher vor dem Internationalen Militärgerichtshof. Bd I ff, Nürnberg 1947
Riservato a Mussolini. Notiziari giornalieri della Guardia Nazionale Repubblicana. novembre 1943–giugno 1944. A cura di Luigi Bonomini e al. Milano 1974
Schwinge, Erich: Militärstrafgesetzbuch nebst Kriegssonderstrafrechtsverordnung. Erl. von –. Berlin [5] 1943
Staatsmänner und Diplomaten bei Hitler. Hrsg. u. erl. v. Andreas Hillgruber. T. 2, 1942–1944. Frankfurt/M. 1970
Trials of War Criminals before the Nuremberg Military Tribunals 1946/49
X: Case 12. The High Command Case. Washington 1950
Ursachen und Folgen. Vom deutschen Zusammenbruch 1918 u. 1945 b. z. staatlichen Neuordnung. Eine Urkunden- u. Dokumentensammlung zur Zeitgeschichte. Hrsg. Herbert Michaelis u. a. Bd XX. Berlin o. J.
Urteil des italienischen Militärgerichts für den Bezirk Rom vom 20. Juli 1948 in Sachen Kappler. Ausz. erl. v. Manlio Lo Cascio. (Arch. d. Völkerrechts 3, 1951)
»**Verso il governo** del popolo«. Atti e documenti del CLNAI 1943/1946. a cura di Gaetano Grassi. Milano 1977
Völkerrecht: Dokumentensammlung hrsg. von Friedrich Berber.
Bd II: Konfliktrecht. München 1967
Waltzog, Alfons: Recht der Landkriegsführung. Kommentar. Berlin 1942

World War II German Military Studies ed. Donald S. Detwiler et al. New
York 1979
XIV: Part VI. The Mediteranean Theater, enth.: Kesselring, Albert:
The War behind the Front: Guerilla Warfare

C Tagebücher, Memoiren, Erinnerungen

Alvensleben, Udo von: Lauter Abschiede. Tagebuch im Kriege hrsg. von
Harald von Koenigswald. Berlin 1972
Badoglio, Pietro: Italien im Zweiten Weltkrieg. München 1947
Bonomi, Ivanoe: Diario di un anno. Milano 1947
Bottai, Giuseppe: Diario 1935–1944. Milano 1982
Bottai, Giuseppe: Vent'Anni e un giorno (24 luglio 1943). Milano ²1949
Caviglia, Enrico: Diario (aprile 1925–marzo 1945). Roma 1952
Churchill, Winston S.: Der Zweite Weltkrieg (Memoiren)
5,1: Italien kapituliert. Bern 1952
5,2: Von Teheran bis Rom. Bern 1953
Croce, Benedetto: Quando l'Italia era tagliate in due. Bari 1963 (Scritti e
discorsi politici 1943–1947, vol. 1)
Debenedetti, Giacomo: 16 Ottobre 1943. Rom 1979
Debenedetti, Giacomo: Am 16. Oktober 1943. Eine Chronik aus d. Ghetto.
Berlin 1993
Dohna-Schlobitten, Alexander zu: Erinnerungen eines alten Ostpreußen.
Berlin 1989
Eisenhower, Dwight D.: Crusade in Europe. New York 1948 (a)
Eisenhower, Dwight D.: Kreuzzug in Europa. Amsterdam 1948 (b)
Goebbels, Joseph: Tagebücher aus den Jahren 1942–43. Hrsg. v. Louis
P. Lochner. Zürich: 1947
Goebbels, Joseph: Tagebücher 1924–1945. Hrsg. v. Ralf Georg Reuth, 5
Bde. München 1992.
5: 1943–1945
Goebbels, Joseph: Die Tagebücher von Joseph Goebbels. Hrsg. v. Elke
Fröhlich. Teil II: Diktate 1941–1945. München 1993 f
Bd 8: April bis Juni 1943. 1993 (a)
Bd 9: Juli bis September 1943. 1993 (b)
Bd 10: Oktober bis Dezember 1943. 1994 (a)
Bd 11: Januar bis März 1944. 1994 (b)
Grandi, Dino: Pagine di diario del 1943. 1983 (a) (Storia Contemporanea,
anno XIV, Nr. 6)
Grandi, Dino: 25 luglio. quarant'anni dopo. a cura di Renzo DeFelice. Bolo-
gna 1983(b)
Guariglia, Raffaele: Riccordi 1922–1946. Napoli 1950
Kesselring, Albert: Soldat bis zum letzten Tag. Bonn 1953
Möllhausen, Eitel Friedrich: Die gebrochene Achse. Alfeld 1949
Nebel, Gerhard: Auf ausonischer Erde. Latium und Abruzzen. Wuppertal
1949
Origo, Iris: Toskanisches Tagebuch 1943/44. München 1991

Quazza, Guido: La resistenza italiana. Appunti e documenti. Torino 1966
Rahn, Rudolf: Ruheloses Leben. Düsseldorf 1949
Rossi, Giusesppe: Firenze: settembre 1943. Appunti, Firenze 1974 (La Resistenza in Toscana 9–10)
Senger und Etterlin, Frido von: Krieg in Europa. Köln 1960
Taylor, Telford: Die Nürnberger Prozesse. München 1994
Warlimont, Walter: Im Hauptquartier der Deutschen Wehrmacht 1939 bis 1945. Frankfurt/M. 1962
Weizsäcker, Ernst von: Die Weizsäcker-Papiere 1933–1945. Hrsg. v. Leonidas E. Hill. Frankfurt/M. 1974
Westphal, Siegfried: Erinnerungen. Mainz 1975

D Sekundärliteratur

Anatomie des SS-Staates, Hans Buchheim, Martin Broszat u. a. Bd 1–2, München ²1979
Appleman, John Alan: Military Tribunals and International Crimes. Indianapolis 1954
Bartoli, Domenico: L'Italia si arrende. 8 settembre 1943. Milano ²1984
Battaglia, Roberto – Giuseppe Garritano: Der italienische Widerstandskampf 1943/45. Berlin 1970
Battaglia, Roberto: Storia della resistenza italiana. Torino ²1953
Baum, Walter – Eberhard Weichold: Der Krieg der »Achsenmächte« im Mittelmeer-Raum. Göttingen 1973
Bergonzini, Luciano: La Resistenza a Bologna. Bologna 1967
Bertoldi, Silvio: I Tedeschi in Italia. Milano 1964
Biagianti, Ivo: Antifascismo, Resistenza e stragi nell' aretino. Napoli 1990 (Guerra di sterminio 1990)
Bianconi, Pietro: L'insurrezione popolare di Piombino nel Settembre 1943. Firenze 1970. (La Resistenza in Toscana 7)
Birn, Ruth Bettina: Himmlers Statthalter. Die Höheren SS- u. Polizeiführer als nationalsozialistische Führungselite. München 1989 (Der Zweite Weltkrieg 1989)
Birn, Ruth Bettina: Die Höheren SS- und Polizeiführer. Düsseldorf 1986
Biscarini, Claudio – Giuliano Lastraioli: »Arno-Stellung«. La quarantena degli Alleati davanti a Empoli (22 luglio–2 settembre 1944). Empoli 1991
Blasio-Wilhelm, Maria de: The Other Italy. Italian Resistance in World War II. New York 1988
Bocca, Giorgio: Storia dell'Italia partigiana. Bari 1966
Bocca, Giorgio: Storia d'Italia nella guerra fascista 1940–1943. Bari 1969
Bramsted, Ernest K.: Goebbels und die nationalsozialistische Propaganda 1925–1945. Frankfurt/M. 1971
Browning, Christopher R.: Ganz normale Männer. Das Reserve-Polizeibataillon 101 u. d. »Endlösung« in Polen. Reinbek 1993
Browning, Christopher R.: Wehrmacht Reprisal Policy and the Mass Murder of Jews in Serbia. 1983. (Militärgeschichtl. Mitt. Bd 33, 1/1983)

Buchheim, Hans: Die SS – das Herrschaftsinstrument. München [2]1979. (Anatomie d. SS-Staates 1)
Bullock, Alan: Hitler und Stalin. Parallele Leben. Berlin 1991
Busch, Erich: Die Fallschirmjäger-Chronik 1935–1945. Friedberg 1983
Calamandrei, Piero: Uomini e città della Resistenza. Roma 1977
Calvocoressi, Peter, Guy Wint, John Pritchard: Total War. The Causes and Courses of the Second World War. Harmondsworth [2]1984
Capobianco, Giuseppe: 1945: Ricostituzione della provincia di Caserta. Roma 1985 (Resistenza 1985)
Cardellicchio, Riccardo: L'estate del '44. Firenze 1974
Carli-Ballola, Renato: Storia della resistenza. Milano 1957
Carocci, Giampiero: La Resistenza Italiana. Milano 1963
Casella, Luciano: La Toscana nella guerra di liberazione. Carrara 1972
Colacito, Corrado: La Resistenza in Abruzzo (1943–1944). Milano 1954 (Il movimento di liberazione in Italia. No 30)
Colarizi, Simona: La seconda guerra mondiale e la Repubblica. Torino 1984 (Storia d'Italia XXIII)
Collotti, Enzo: L'Amministrazione tedesca dell'Italia occupata 1943–1945. Milano 1963
Collotti, Enzo: Sui compiti repressivi degli Einsatzkommandos della polizia di sicurezza tedesca nei territori occupati. Milano 1971 (Il movimento di liberazione d'Italia 23)
Curina, Antonio: Fuochi sui monti dell'Appennino Toscano. Arezzo 1957
D'Agostino, Guido: Napoli: governo e amministrazione della città dalla caduta del fascismo all'avvento della Repubblica (1943–1945) Roma 1985 (Resistenza 1985)
Davis, Melton S.: Söhne der Wölfin. Rom 1943. Stuttgart 1975
Deakin, Fred. Will.: Die brutale Freundschaft. Köln 1964
Delzell, Charles F.: Mussolini's Enemies. The Italian Anti-Fascist Resistance. Princeton 1961
Deutsche Reden in schwerer Zeit, gehalten v. d. Professoren a. d. Universität Berlin. Hrsg. v. d. Zentralstelle f. Volkswohlfahrt... Bd 1, Berlin 1914
Die **Deutschen** und die Judenverfolgungen im Dritten Reich. Ursula Büttner (Hrsg). Hamburg 1992
Deutschland im Zweiten Weltkrieg. Autorenkollektiv 6: Die Zerschlagung des Hitlerfaschismus u. d. Befreiung d. deutschen Volkes. Wolfgang Schumann u. a. Köln 1985
Deutschland – Italien 1943–1945. Aspekte einer Entzweiung. Hrsg. v. Rudolf Lill. Tübingen 1992
Deutschland 1933–1945. Neue Studien zur nationalsozialistischen Herrschaft. Karl Dietrich Bracher u. a. Düsseldorf 1992
Dieckhoff, Gerhard: 3. Infanterie-Division. Göttingen 1960
Dietrich, Wolfgang: Die Verbände der Luftwaffe 1935–1945. Stuttgart 1976
DiNolfo, Ennio: Von Mussolini zu de Gasperi. Paderborn 1993
Ellwood, David W.: Italy 1943–1945. Leicester 1985

Enciclopedia dell'antifascismo e della resistenza. vol. 1–6 Milano 1969 ff
European Resistance Movements 1939–1945. vol. 1–2. Oxford 1960/64
Faldella, Emilio: L'Italia nella secondo guerra mondiale. Roma 1959
Ferraris, Luigi Vittorio: Die Italiener zwischen Faschismus und Demokratie. Tübingen 1992 (Deutschland–Italien 1992)
Fest, Joachim C.: Hitler. Eine Biographie. Berlin 1973
Förster, Jürgen: Das andere Gesicht des Krieges. München 1993 (»Unternehmen Barbarossa« 1993)
Francovich, Carlo: La resistenza a Firenze. Firenze 1961
Friedländer, Ernst: Klärung für Deutschland. Leitartikel aus d. ZEIT 1946–1950. Hrsg. v. Norbert Frei u. Franziska Friedländer. München 1983
Fuhrmann, Peter: Der höhere Befehl als Rechtfertigung im Völkerrecht. München 1963
Gasparri, Tamara: La Resistenza in Italia. Rimini 1977
Gasparri, Tamara: La Resistenza in provincia di Siena 8 settembre 1943–3 luglio 1944. Firenze 1976. (Bibl. di Storia Toscana 11)
Geisel- und Partisanentötungen im Zweiten Weltkrieg. Zentrale Stelle d. Landesjustizverwaltungen in Ludwigsburg (Hg). Masch. Vervielfält. 1968
Gilbert, Martin: Der Zweite Weltkrieg. München 1991
Giorgi, Renato: Marzabotto parla. Nuov. ed. Venezia ² 1987
Giorgi, Renato: Marzabotto spricht. Berlin 1958
Giovana, Mario: Resistenza e guerra di liberazione. Milano 1977
Goetz, Helmut: Das Attentat in Rom und die Fosse Ardeatine (1944). Eine vorläufige Bilanz. Innsbruck 1983 (Innsbrucker Hist. Forsch. 6)
Graham, Dominik – Shelford Bidwell: Tug of War. The battle for Italy, 1943–1945. London 1986
Greiner, Heinz: Kampf um Rom – Inferno am Po. Der Weg d. 302.ID 1944/45. Neckargemünd 1968
Guerra di sterminio e resistenza. La provincia di Arezzo 1943–1944 a cura di Ivan Tognarini. Napoli 1990
Guerrini, Libertario: La resistenza all'esecuzione del piano Alarico in Toscana. Firenze 1974(a). (La Resistenza in Toscana 9–10)
Guerrini, Libertario: La Toscana dal 25 luglio all' 8 settembre 1943. Firenze 1974(b) (La Resistenza in Toscana 9–10)
Guiotto, Maddalena: Die Lageberichte der deutschen Militärverwaltungsgruppen. Tübingen 1992. (Deutschland-Italien 1992)
Gundelach, Karl: Die deutsche Luftwaffe im Mittelmeer 1940–1945. Bd. 2. Frankfurt/M 1981
Hauck, Friedrich Wilhelm: Eine deutsche Division in Rußland und Italien. 305. ID 1941–1945. Dorheim 1975
Haupt, Werner: Kriegsschauplatz Italien 1943/45. Stuttgart 1977
Herrmann, Siegfried: Die Kollektivstrafe. Diss. Tübingen 1955
Hilberg, Raul: Die Vernichtung der europäischen Juden. Berlin 1982
Holocaust – die Grenzen des Verstehens. Hrsg. v. Hanno Loewy. Reinbek 1992

Hoppe, Harry: Die 278. Infanterie-Division in Italien 1944/45. Bad Nauheim 1953

Hümmelchen, Gerhard: Die Kämpfe um Florenz im Sommer 1944. Bonn 1965

Italia Martire. Sacrificio di un popolo 1940–1945. Ed. dall'Ass. Naz. Vittime Civili di Guerra. Roma ²1966

Italien und die Großmächte 1943–1949. Hrsg. v. Hans Woller. München 1988

Jacobsen, Hans-Adolf: Kommissarbefehl und Massenexekutionen sowjetischer Kriegsgefangener. München 1979. (Anatomie d. SS-Staates 2)

Jacobsen, Hans-Adolf: Der Weg zur Teilung der Welt. Koblenz 1977

Jäger, Herbert: Verbrechen unter totalitärer Herrschaft. Frankfurt/M ²1982

Jars, Robert: La Campagne d'Italie 1943–1945. Paris 1954

Kalkbrenner, Jürgen: Die Tötung von Einwohnern kriegsmäßig besetzter Gebiete. Diss. Kiel 1951

Kalshoven, Frits: Belligerent Reprisals. Leyden 1971

»Keiner fühlt sich hier mehr als Mensch«. Erlebnis u. Wirkung d. Ersten Weltkriegs. Hrsg. v. Gerhard Hirschfeld u. a. Essen 1993

Kirkpatrick, Ivone: Mussolini. Berlin 1964

Klietmann, K.-G.: Die Waffen-SS. Eine Dokumentation. Osnabrück 1965

Klinkhammer, Lutz: Zwischen Bündnis und Besatzung. Das nationalsoz. Deutschland u. d. Republik von Salò 1943–1945

Kramer, Alan: »Greueltaten«. Zum Problem d. deutschen Kriegsverbrechen i. Belgien u. Frankreich 1914. Essen 1993 (Keiner fühlt sich... 1993)

Kreuder, Thomas: Die Exzeßtat als Spiegel der Verhältnisse. Frankfurt/M. 1993. (Die Neue Gesellschaft-Frankfurter Hefte 6, 1993)

Kriegsheim, Herbert: Getarnt, getäuscht und doch getreu. Die geheimnisvollen *Brandenburger*. Berlin 1959

Kuby, Erich: Verrat auf deutsch. Hamburg 1982

Kühn, Volkmar: Deutsche Fallschirmjäger im Zweiten Weltkrieg. Stuttgart 1975

Kühnrich, Heinz: Der Partisanenkrieg in Europa 1939–1945. Berlin 1968

Kunz, Wolfgang: Der Fall Marzabotto. Diss. Würzburg 1967

Kurzman, Dan: Fällt Rom? München 1978

Lang, Jochen von: Der Adjutant. Karl Wolff. Der Mann zw. Hitler u. Himmler. München 1985

Laqueur, Walter: Guerilla. A historical and critical study. London 1977

La Resistenza in Lucchesia. A cura del Comitato Provinciale Lucchese. Firenze 1965

Laternser, Hans: Verteidigung deutscher Soldaten. Plädoyers vor alliierten Gerichten. Bonn 1950

Lemelsen, Joachim: 29. Division. Bad Nauheim 1960

Lill, Rudolf: NS-Deutschland als Besatzungsmacht in Italien. Tübingen 1992 (Deutschland–Italien 1992)

Linea Gotica 1944. Eserciti, popolazioni, partigiani. A cura di Giorgio Rochat et al. Milano 1986

Liszt, Franz von: Von der Nibelungentreue. Berlin 1914 (Deutsche Reden aus schwerer Zeit Bd. 1)

L'Italia nella seconda guerra mondiale e nella resistenza. A cura di Francesca Ferratini Tosi et al. Milano 1988

Macksey, Kenneth: Kesselring: The Making of the Luftwaffe. London 1978

Macksey, Kenneth: The Partisans of Europe in World War II. London 1975

Mari, Giuseppe: Guerriglia sull'Apennino. La resistenza nella Marche. Urbino 1965

Masci, Manlio: Abruzzo anno zero 1943/44. Pescara 1959

Massobrio, Franco – Umberto Guglielmotti: Storia della Repubblica sociale. vol. 1–2. Roma 1968

Mayda, Giuseppe: Il sistema del terrore nei territori dell'Italia controllata dai nazifascisti. Roma 1985 (Resistenza, autogoverno. 1985)

Mennel, Rainer: Italien 1943–1945. Ein Beitr. z. Polit. Geographie e. Wehr- u. Kampfraumes. Diss. Berlin 1971

Messerschmidt, Manfred: Das Heer als Faktor der arbeitsteiligen Täterschaft. Frankfurt/M 1992(a) (Holocaust 1992)

Messerschmidt, Manfred: Revision, Neue Ordnung, Krieg. Akzente d. Völkerrechtswiss. i. Deutschland 1933–1945. 1971 (Militärgeschichtl. Mitt. 1/1971)

Messerschmidt, Manfred: Die Wehrmacht im NS-Staat. Zeit d. Indoktrination. Hamburg 1969

Messerschmidt, Manfred: Die Wehrmacht im NS-Staat. Düsseldorf 1992(b) (Deutschland 1933–1945. 1992)

Messerschmidt, Manfred: Wehrmacht, Ostfeldzug und Tradition. München 1989 (Der Zweite Weltkrieg 1989)

Michel, Henri: La Guerre de L'Ombre. La Résistance en Europe. Paris 1970

Michel, Henri: The Second World War. London 1975

Mosti, Emidio: La Resistenza Apuana luglio 1943–aprile 1945. Milano 1973

Neulen, Hans Werner: Deutsche Besatzungspolitik in Westeuropa zwischen Unterdrückung und Kollaboration. Tübingen 1992 (Deutschland–Italien 1992)

Oberreuter, Heinrich: Der Nationalsozialismus in der Endphase des Krieges. Tübingen 1992 (Deutschland-Italien 1992)

Ognibene, Giorgio: Dossier Marzabotto. Bologna 1990

Orgill, Douglas: The Gothic Line. The Autumn Campaign in Italy 1944. London 1967

Parri, F. – F. Venturi: The Italian Resistance and Allies. Oxford 1964 (European Resistance Mouv. II)

Pavone, Claudio: La guerra civile. Brescia 1986 (La Repubblica sociale ital. 1986)

Pavone, Claudio: Una guerra civile. Torino 1991

Perrone Capano, Renato: La Resistenza in Roma. Vol. 1–2. Napoli 1963

Petersen, Jens: Deutschland und Italien 1939 bis 1945. München 1989 (Der Zweite Weltkrieg 1989)

Petersen, Jens: Deutschland und der Zusammenbruch des Faschismus in Italien im Sommer 1943. 1985. (Militärgeschichtl. Mitt. 37, H. 1/1985)

Petersen, Jens: Italia e Germania: Due immagini incrociate. Milano 1988 (a) (L'Italia nella seconda guerra 1988)

Petersen, Jens: Sommer 1943. München 1988 (b) (Italien u. d. Großmächte)

Petter, Wolfgang: Wehrmacht und Judenverfolgung. Hamburg 1992 (Die Deutschen und die Judenverfolgungen im Dritten Reich 1992)

Pisanò, Giorgio: Storia della guerra civile in Italia (1943–1945). vol. I–III. Milano 1965

Piscitelli, Enzo: Storia della Resistenza Romana. Bari 1965

Puzzo, Dante A.: The Partisans and the War in Italy. New York 1992

Rasero, Aldo: Morte a Filetto. La Resistenza e le stragi naziste in Abruzzo. Milano 1970

Reitlinger, Gerald: Die Endlösung. Berlin [7] 1992

La **Repubblica** sociale italiana 1943–1945 a cura di Pier Paolo Poggio. Brescia 1986 (Annali d. Fond. L. Micheletti 2)

Rentsch, Hellmuth: Partisanenkampf. Erfahrungen u. Lehren. Frankfurt/M 1961

Resistenza, Autogoverno e Problemi selle Autonomie nell'Italia 1943–1945 a cura di Mario Giovana. Roma 1985

Ringel, Julius: Hurra die Gams. Die 5. GebD. Graz 1956

Rosen, Edgar R.: Königreich des Südens: Italien 1943/44. Teil 1. 2. Göttingen 1988/1990

Rossi, Elena Aga: Der ungewisse Weg zur Demokratie. Tübingen 1992 (Deutschland-Italien 1992)

Rückerl, Adalbert: NS-Verbrechen vor Gericht. Heidelberg 1982

Salvadori, Massimo: Breve storia della Resistenza Italiana. Firenze [2] 1974

Salvadori, Massimo: La Resistenza nell'Anconetano e nel Piceno. Roma 1962 (Italia contempor. 1)

Sacconi, Raffaello: Partigiani in Casentino e Val di Chiana. Firenze 1975 (Quaderni dell'ist. stor. d. Resistenza i. Toscana 2)

Sacchetti, Giorgio: Renicci: un campo di concentramento per slavi ed anarchici. Napoli 1990 (Guerra di sterminio 1990)

Scheel, Klaus: »Es lebe das freie Italien«. Das Massaker i. d. Ardeatin. Höhlen. Berlin 1984(a) (Der antifasch. Widerstandskämpfer 4, 1984)

Scheel, Klaus: Marzabotto, Ort der Trauer. Berlin 1984(b) (Der antifasch. Widerstandskämpfer 9, 1984)

Scheel, Klaus: La politica di occupazione del fascismo tedesco in Italia nel 1944. Milano 1986 (Linea Gotica 1986)

Schimak, Anton: Die 44. Infanterie Division. Tagebuch der Hoch- und Deutschmeister. Wien 1969

Schmid, Jürg H.: Die völkerrechtliche Stellung der Partisanen im Krieg. Zürich 1957

Schreiber, Gerhard: Die italienischen Militärinternierten im deutschen Machtbereich 1943–1945. München 1990 (Beitr. z. Militärgesch. 28)

Schreiber, Gerhard: Militärinternierte – italienische Kriegsgefangene in Deutschland. Tübingen 1992 (Deutschland–Italien 1992)

Schreiber, Gerhard: Militärsklaven im »Dritten Reich«. München 1989 (Der Zweite Weltkrieg 1989)

Schröder, Josef: Italiens Kriegsaustritt 1943. Die deutschen Gegenmaßnahmen. Göttingen 1969 (Studien u. Dok. 10)

Schütter, Fritz Wilhelm: Männer der Waffen-SS. Der Weg e. Truppe 1935–1945 Pr. Oldendorf 1983.

Secchia, Pietro – Filippo Frassati: Storia della Resistenza. La Guerra di Liberazione in Italia 1943–1945 vol. 1–2. Roma 1965

Sensoni, Remo – Vinicio Ceccarini: Marzabotto. Un paese, una strage. Milano 1981

Shepperd, G. A.: The Italian Campaign 1943–1945. London 1968

Siegert, Karl: Repressalie, Requisition und Höherer Befehl. Göttingen 1958

Smith, Denis Mack: Mussolini. Eine Biographie. München 1983

Spaeter, Helmuth: Die Brandenburger, eine deutsche Kommandotruppe. München 1978

Staiger, Georg: 26. Panzer-Division. Bad Nauheim 1957

Steinberg, Jonathan: Deutsche, Italiener und Juden. Der ital. Widerstand geg. d. Holocaust. Göttingen 1992

Steinert, Marlis: Hitler. München 1994

Storia dell'Italia contemporanea. dir. da Renzo DeFelice. V: Resistenza e Repubblica 1943–1956. Napoli 1979

Strupp-Schlochauer: Wörterbuch des Völkerrechts, begr. v. Karl Strupp, hrsg. v. H. J. Schlochauer. Bd. 1–3. Berlin [2] 1960/62

Stuhlpfarrer, Karl: Die Operationszonen »Alpenvorland« und »Adriatisches Küstenland« 1943–1945. Wien 1969 (Publ. d. Österr. Inst. f. Zeitgesch. 7)

Sywottek, Jutta: Mobilmachung für den totalen Krieg. Opladen 1976

Tamaro, Attilio: Due anni di storia. vol. 1–3. Roma 1948/50

Taviani, Paolo – Vittorio Taviani: La notte di San Lorenzo. Die Nacht von San Lorenzo. Hrsg. u. mit e. dok. Anh. vers. v. Hartmut Köhler. Nördlingen 1988.

Theil, Edmund: Kampf um Italien. München 1983

Tomkins, Peter: Verrat auf italienisch. München 1967

Uhlig, Heinrich: Der verbrecherische Befehl. Frankfurt/M 1965 (Vollmacht d. Gewissens 2, 1965)

»Unternehmen Barbarossa«. Zum histor. Ort d. deutsch-sowjetischen Beziehungen von 1933 bis Herbst 1941. Hrsg. v. Roland G. Foerster. München 1993 (Beitr. z. Militärgesch. 40)

Vaccarino, M. G.: La Resistance aux Fascisme en Italie de 1923 a 1945. Oxford 1960 (European Resistence Movements I, 1960)

Verni, Giovanni: Appunti per una storia della Resistenza nell'aretino. Napoli 1990 (Guerra di sterminio 1990)

Verni, Giovanni: La documentazione della Wehrmacht per la storia degli anni 1943–'44 in Toscana. Brescia 1986 (La Repubblica soc. ital. 1986)

Villari, Luigi: The Liberation of Italy. Appleton 1959

Vitali, Stefano: L'opera di Governo del Comitato Toscano di Liberazione nazionale. Roma 1985 (Resistenza, autogoverno. 1985)

Vollmacht des Gewissens. Hrsg. v. d. Europ. Publikation e. V. Bd. 2, Frankfurt/M. 1965

Volpe Rinonapoli, Anna Maria: Fuoco sulla Versilia. Milano 1961

Werthen, Wolfgang: Geschichte der 16. Panzer-Division 1939–1945. Bad Nauheim 1958

Westphal, Siegfried: Der deutsche Generalstab auf der Anklagebank. Mainz 1978

Westphal, Siegfried: Der Feldzug in Italien. Stuttgart 1954. (Weltkrieg 1939–1945. Ehrenbuch d. Dt. Wehrmacht 1954)

Westphal, Siegfried: Heer in Fesseln. Bonn 1950

Wette, Wolfram: Zur psychologischen Mobilmachung der deutschen Bevölkerung 1933–1939. München 1989 (Der Zweite Weltkrieg 1989)

Willmott, H. P.: The Great Crusade. London 1989

Wiskemann, Elizabeth: The Rome-Berlin Axis. London [2] 1992

Der **Zweite Weltkrieg**. Analysen, Grundzüge, Forschungsbilanz. Hrsg. von Wolfgang Michalka. München 1989.

Personenregister

Geographisches Register